수능
국어는
감 이다

수능 국어는 감이다

지은이 | 남충희

1판 1쇄 펴낸날 | 2013년 6월 15일

펴낸이 | 이주명
편집 | 문나영
출력 | 문형사
종이 | 화인페이퍼
인쇄 · 제본 | 한영문화사

펴낸곳 | 필맥
출판등록 제300-2003-63호
주소 | 서울시 서대문구 충정로2가 184-4 경기빌딩 606호
이메일 | philmac@philmac.co.kr
홈페이지 | www.philmac.co.kr
전화 | 02-392-4491
팩스 | 02-392-4492

ISBN 978-89-97751-23-5 (53710)

이 도서의 국립중앙도서관 출판시도서목록(CIP)은 e-CIP 홈페이지(http://www.nl.go.kr/cip.php)에서
이용하실 수 있습니다.(CIP제어번호: CIP2013007040)

수능 국어는 감이다

필맥

남충희 지음

| 머리말 |

흔히 국어(언어) 영역은 공부를 해도 성적이 오르지 않고, 공부를 안 해도 성적이 크게 떨어지지 않는 '이상한' 과목이라고 말한다. 또 '무엇을' '어떻게' '얼마만큼' 공부해야 하는지 막막하다는 하소연을 가장 많이 듣는 과목이기도 하다. 물론 다른 과목에서도 이런 느낌을 경험할 수는 있다. 하지만 그 '빈도'나 '강도'에서 국어에 비견될 과목은 '단언컨대' 없다. 그래서인지 학생들 사이에서는 '공부 따로 시험 따로인 과목', '아무리 공부해도 결국 기본 실력으로 풀게 되는 과목', 심지어는 '십 수 년 인생사로 해결하는 과목'이라는 자조 섞인 이야기가 나올 정도다. 하지만 그렇다고 손을 놓고 있을 수는 없는 일이라, 학생들은 그것이 강의가 됐든 교재가 됐든 국어 공부를 '하기는' 한다.

하지만 시중에 나와 있는 다양한 국어 교재에 대한 학생들의 반응은 그다지 호의적이지 않다. 해설과 설명, 그리고 '스킬'이나 '접근법'은 매우 '지당한' 내용을 담고 있지만, 많은 학생들이 정답에다 해설을 짜 맞춘 느낌이 든다고 토로한다. 단지 정답을 먼저 본 사람의 '특권' 같다는 불만이다. 교재를 쓴 사람이 교재를 집필하기 전에 시험을 친다면, 과연 교재의 설명이나 스킬대로 문제를 해결할 수 있을지 의문이 든다는 '아픈' 지적도 그래서 있다. 심지어 "교재를 쓴 사람이 그 교재

4

를 쓰기 전에 나와 같이 시험을 치르면 누가 더 높은 성적이 나올지 진짜 궁금하다"는 도발적인 질문을 하는 학생까지 있다.

　필자가 주목하는 지점은 '국어 과목'과 '국어를 제외한 다른 수능 과목'은 성격이 본질적으로 다르다는 것이다. 가장 결정적인 차이점은 '지식의 성격'에 있다. 대부분의 수능 과목은 그 지식의 성격이 '표상적'이지만, 국어는 '절차적'성격이 매우 강하다. 여기서 표상적 지식은 '정보의 소유'를, 절차적 지식은 '능력의 소유'를 의미한다. 예를 들면 "김연아 선수는 스케이트를 탈 줄 안다"와 "김연아 선수는 점프나 회전을 하는 데 어떤 근육이 어떤 방식으로 사용되는지 안다"에서 '안다'는 전혀 다른 의미로 사용된 것이다. 전자의 '안다'가 능력의 소유를 의미하는 '절차적 지식', 후자의 '안다'가 정보의 소유를 의미하는 '표상적 지식'이다. 절차적 지식에서는 명실 공히 세계 최고인 김연아 선수지만, 그녀가 스케이트에 관한 표상적 지식의 양이나 수준에서도 과연 세계 1위일지는 의문이 들 수밖에 없다. 자전거 타기에 비유하자면, 《자전거 잘 타는 법》이라는 책에 담긴 '정보'가 표상적 지식이라면, 절차적 지식은 실제로 넘어지고 다치면서 어느 순간 체득하게 된 자전거 타는 '능력'이다. 세상에 어느 누가 《자전거 잘 타는 법》이라는 책을 열심히 읽다보면 언젠가는 자전거를 잘 타게 될 것이라는 '헛된'기대를 할까? 당연하게도, '자전거 잘 타는 법'에 관한 책 '만 권'을 '만 번'읽어도 실제로 자전거를 타면 단 1미터도 운전할 수 없는 상황이 연출될 뿐이다. 하지만 이상하게도 '국어'에는 이런 헛된 기대가 매우 당연한 것으로 널리 퍼져 있다. 많은 아이들이 《국어 잘하는 법》이라는 책을 열심히 공부하다 보면 언젠가는 국어 시험을 잘 칠 수 있을 것이라는 '신화', 그러니까 '집단적 착각'속에 빠져 있는 것이다.

　"아무리 공부해도 결국은 기본 실력으로 문제를 풀게 된다"거나 "십 수 년 인생사로 보는 시험이 국어 시험"이라는 학생들의 자조적인 표현에는 바로 이와 같은 '국어의 불편한 진실'이 숨어 있다. '기본 실력'이나 '십 수 년 인생사'는 바로 그 학생이 소유한 ('정보'가 아닌) '능력' 또는 ('표상적 지식'이 아닌) '절차적 지식'

일 가능성이 매우 높기 때문이다.

국어에 대해 자주 듣게 되는 '공부 따로 시험 따로' 라는 말도 마찬가지다. 이 말은 표상적 지식(정보의 소유)과 절차적 지식(능력의 소유) 사이에 메울 수 없는 간극이 존재한다는 의미다. 다른 과목은 정보의 소유와 능력의 소유를 이어주는 연결고리가 존재한다. 축적된 '정보' 는 결국 '능력' 으로 발휘되기 때문이다. 하지만 국어는 둘 사이의 연결고리가 아예 없거나 매우 허약하다. 당연히 아무리 많은 '정보' 를 축적하고 소유해도 실제 시험에서 발휘되는 '능력' 은 크게 뒤떨어지는 상황이 실제로 자주 발생한다.

필자에게는 많은 아이들을 지도하고 그들과 속 깊은 대화를 나누면서 발견한 '충격적인' 사실이 하나 있다. 그것은 이미 대다수의 학생들이 '이미' 그런 능력, 즉 절차적 지식을 충분히 갖추고 있다는 사실이다. 이는 적어도 수능 국어 영역에서는 2등급 이상을 얻을 능력을 수험생의 80% 이상이 '이미' 갖추고 있다는 말과 '똑같은' 의미다. 모국어 화자로 태어나서 십 수 년 동안 한국어를 말하고 듣고 쓰고 한 보편적인 언어체험이 바로 그런 '절차적 지식' 으로 작동한다.

흔히 하는 말로 '국어는 감(感)' 이라고 할 때 그 '감' 의 실체가 바로 이 '절차적 지식' 이다. '감으로 문제를 푼다' 는 말은 '절차적 지식으로 문제를 해결한다' 는 말과 완전히 동일한 의미다. 그리고 필자가 많은 아이들을 관찰한 결과, 그런 절차적 지식의 수준은 난독증이나 언어장애 같은 병적인 증상이 있는 경우를 제외하고는 대다수 수험생들 간에 거의 차이가 없었다. 아이들이 지닌 절차적 지식은 모국어 화자로 태어나 '공통' 의 언어환경 속에서 '공통' 의 언어체험을 하면서 만들어진 보편적인 능력이기 때문이다.

하지만 여기서 또 다른 의문이 제기될 수밖에 없다. 아이들 대다수가 비슷한 수준의 능력, 그러니까 비슷한 수준의 절차적 지식(감)을 소유하고 있는데, 왜 그들 간에 성적 차이가 발생하는가?

그 이유는 많은 학생들이 자신이 소유한 절차적 지식(감)을 제대로 발휘하지 못하는 데 있다. 그렇게 된 가장 큰 원인은 대부분의 국어 교재나 강의가 강조하는 것, 즉 '국어는 감으로 풀지 말라' 는 조언이 학생들에게 '내면화' 됐기 때문일 가능성이 높다. 다른 과목의 공부 방식이 국어에도 적용될 수 있다는 잘못된 통념이 '감' 에 대한 이 같은 '집단적 혐오' 를 더욱 부추기는 역할을 하고 있다. 수많은 국어 시험을 통해 매번 '감' 의 존재나 역할을 생생하게 느끼면서도 그것을 부정하는 이런 모순적인 태도는 '공부는 표상적 지식의 습득과 축적' 이라는 선입견 때문이다. 당연하게도 그 선입견은 '감' 에 대한 의도적 무시나 경시로 이어질 수밖에 없다.

하지만 똑같은 수능 과목이라고 해도 수학, 영어, 탐구는 국어와 그 지식의 성격이 '전혀' 다르다. 국어는 "감이 통한다"고 당당히 말해도 되는 과목이다. 오히려 그렇게 당당히 말하고 나서 감의 실체가 무엇이고, 그 감이 어떤 방식으로 발휘되는지에 대해 고민하는 것이 국어라는 '괴물' 을 상대하는 사실상 '유일한' 방법이다. '국어는 감' 이라는 '불편한 진실' 을 받아들이는 것이야말로 제대로 된 국어 공부의 출발점이다.

하지만 실제로는 '감' 의 실체를 파고들어가는 진지한 노력이 전무한 상황에서, '감' 은 국어를 잘하는 아이들이 원래부터 갖고 있는 '말로 설명할 수 없는 신비한 능력' 정도로 치부되는 상황이 벌어진다. 반대로 국어를 못하는 친구들은 자신이 이미 가지고 있는 '감(절차적 지식)' 을 의식적으로 무시하거나 경시하고 표상적 지식의 습득과 축적만으로 국어를 '정복' 하려는, 처음부터 '불가능한' 시도를 끊임없이 하게 된다. 미안하지만, 표상적 지식은 아무리 많은 양이 축적된다 하더라도 결코 절차적 지식으로는 바뀌지 않는다는 것이 국어의 '잔인한' 진실이다. 오히려 국어에서는, 표상적 지식에 바탕을 둔 원칙적이고 꼼꼼한 문제해결 방식이 성적의 하락이나 불안정을 가져오는 '주범' 역할을 하는 경우가 훨씬 더 많다. 공부를 '더' 하면 성적이 오히려 '더' 떨어지는 '기이한' 현상이 국어에서는 실제로 자주 벌어진다.

'감' 을 이야기할 때 가장 먼저 부닥치는 어려움은 그것이 '언어의 한계' 를 넘어서는 것이라는 데서 기인한다. 감은 '말 그대로' 감이기 때문에 다른 사람이 이해할 수 있는 방식으로 설명하는 데는 큰 어려움이 따를 수밖에 없다. '감'을 둘러싸고 벌어지는 논란의 핵심도 바로 여기에 있다. 국어를 잘하는 아이들에게 왜 시험을 잘 보느냐고 물어보면 "그냥 답이 보인다"는 대답을 가장 많이 한다. 세상에 답이 보인다니, 그것도 그냥! 사실 그 친구들이 국어를 잘하는 근본적인 이유는 감이 제대로 발휘된다는 데 있지만, 자기가 문제를 풀 때 느낀 그 '감'을 다른 사람도 알아듣게끔 '언어'로 설명하기는 어렵다. 답이 보이고 그래서 그걸 선택하면 정답이 되는 경험을 매번 하지만, 그 감의 실체와 작동방식에 대해 구체적으로 설명하기란 그들에게 능력 밖의 일이기 때문이다.

이 책의 목적은 '감'을 '언어'로 풀어서 밝히는 것이다. 아마도 최초일 듯싶은 이 작업은 이미 감으로 시험을 잘 치는 학생에게도, 감의 존재를 애써 무시하면서 그동안 표상적 지식의 습득에만 주력했던 학생에게도 중요한 의미를 갖는다.

필자가 원하는 것은 두 가지다. 그동안 감으로 국어 시험을 잘 치던 아이들은 자신이 지금까지 잘하고 있었다는 '확인'과 '격려'를 얻게 되기를 바라고, 못 치던 친구들은 그동안 자신이 경시하거나 무시했던 '감'의 존재를 새롭게 인식해서 '감'이 국어 고득점의 필수조건이라는 '불편한 진실'을 '납득'하고 '수용'하게 되기를 바란다.

이 책은 학생 두 명이 질문과 답변을 주고받는 대화 형식으로 이뤄져 있다. '국어를 잘하는 아이'와 '국어를 못하는 아이', 이 둘의 솔직한 대화가 이 책의 기본적인 구성이다. 여기서 '국어를 잘하는 친구'는 국어를 잘할 뿐만 아니라 국어에서 '감'이란 무엇이고 그것이 시험에서 어떤 식으로 작동하는지도 설명할 수 있는 학생을 가리킨다. '국어를 못하는 친구'는 그동안 여러 종류의 국어 공부를 섭렵했지만 결국 성적을 향상시키는 데는 실패한, 말하자면 국어에 크게 '좌절'한 학생이다. 이 책에서 '국어를 못하는 친구'는 대화와 논쟁, 그리고 구체적인 문제풀이 과정 등을 통해 결국 '국어는 감'이라는 사실에 동의하게 된다. 그리고 '국어 잘하는 친구'가 제안하는 훈련법, 다시 말해 이미 소유한 '감'을 이끌어내는 몇 가지 훈련 방법을 새로운 국어 공부법으로 흔쾌히 받아들이게 된다. 자, 이제부터는 '감'이 그대와 함께 하길!

| 차례 |

머리말__4

1부 국어 삼총사__13

국어라는 괴물_ 무엇을, 어떻게, 얼마만큼 해야 하는지 알 수 없는 과목

국어 삼총사_ '국어만 잘하는 아이', '국어도 잘하는 아이', '국어만 못하는 아이'

독해력 향상 프로그램?_ 읽기 습관은 그렇게 쉽게 바뀌지 않는다

정답을 먼저 본 사람의 '특권'_ 길면 자르고 짧으면 늘이는 프로크루스테스의 침대들

괄호 치기_ 국어 공부에 대한 잘못된 통념과 신화

2부 국어와 자전거 타기__59

국어의 역설_ 공부를 '더' 하면 '더' 떨어지는 성적

김연아 선수가 될 것인가, 스포츠 평론가가 될 것인가_ 능력의 소유와 정보의 소유

당신은 이미 국어 고수_ 국어 공부는 새로운 '정보'를 쌓는 게 아니라
　　　　　갖고 있는 '능력'을 끄집어내는 것

업은 아이 삼 년 찾기_ 자기 능력에 대한 불신이 가져온 비극

지리산에서 호랑이 찾기_ 기존 학습서의 기대하지 않은 효과

국어는 감으로 풀면 망한다?_ 아이들의 발목을 잡는 '신화 중의 신화'

'감'_ 국어 문제 해결의 결정적 도구

쉬운 문제, 어려운 문제_ 난이도를 결정하는 변수들

정답의 표지성_ 5지 선다형 객관식 문항의 태생적 한계

유연함, 편안함, 과감함_ 국어 잘하는 아이들의 특징

불편한 진실_ 국어 선생님들도 '감'으로 문제를 푼다

비밀의 문을 여는 열쇠_ '정답률'은 굉장히 중요한 정보

예상 정답률과 실제 정답률의 차이_ '감'이 부리는 요술

'감'의 두 얼굴_ 정답을 알아보는 능력과 자신의 그런 능력에 대한 신뢰

3부   정답의 표지성__157

독립적 표지성과 관계적 표지성_ 답지 세계에도 '왕따'가 있다

과도하고 단정적인 표현_ 부정발문에서는 찍더라도 이런 걸 찍어라

상식의 중요성_ '제시문 지상주의'를 경계하라

답지의 정보성_ 당연한 것이 적절한 것

바람이 불면 통장수가 돈을 번다?_ 긴 추론과 생각의 '점핑'

무조건 나무보다 숲_ 전체 내용과의 연관성에 주목하라

말 바꾸기_ 가장 위험한 '복병'

위험한 '〈보기〉 만능주의'_ 출제자의 '호의'일까, '악의'일까

레드 계열과 블루 계열_ 답지에서 부조화가 느껴지는 경우

눈 뜨고 코 베인다_ 익숙함을 역이용하는 방식

고치면 틀리는 이유_ '확인 욕구'를 잠재워라

4부　다른 정답률, 다른 대응방식__265

정답률 90% 이상 문제_ 뻔한 답지, 시간 소비를 조심하라

정답률 70~80%대 문제_ '점수 차이'의 원인은 '능력 차이'가 아니라 '태도 차이'

정답률 60%대 문제_ '분수령' 세트와 '월리를 찾아라'

정답률 50%대 이하 문제_ '지옥행 급행열차'를 안 타려면

맺음말__406

부록: 2009~2013학년도 수능(홀수형)과 교육과정평가원 주관 6·9월 모의평가 정답률__409

1부

국어 삼총사

국어라는 괴물
_무엇을, 어떻게, 얼마만큼 해야 하는지 알 수 없는 과목

― '국어'가 싫어.

= 밑도 끝도 없이 그게 무슨 소리야? 왜? 공부가 안되니?

― 쉬운 게 어디 있겠어? 영어, 수학도 힘들지. 그런데 국어는…….

= 국어는?

― 다른 과목하고는 달라.

= 뭐가?

― 성적이 안 올라.

= 다른 과목은?

— 다른 과목? 열심히 해야지. 시험 잘 보려면. 그런데 그건 노력의 문제라는 생각이 들거든.

= 노력의 문제?

— 그래. 열심히 하면 결국은 좋아질 거다, 뭐 이런 기대가 있다는 거야. 다른 과목은. 지금 잘하지 못하는 건 내가 게을러서라고 탓할 수도 있고 말이야. 탓할 수 있다는 건 어쨌든 답답한 상황에서 그나마 숨통이 트이는 거잖아. 그렇게 내 탓을 하고 나면 "이제부터 진짜 열심히 하자"는 다짐도 할 수 있고, 잘될 거라는 기대감도 새롭게 생길 테고. 그런데 국어는 그런 느낌이 안 든단 말이야.

= 어떤 느낌?

— '아무리 열심히 공부해도 결국 수능 시험을 못볼지도 모른다'는 느낌. 그렇다고 그걸 내 탓으로만 돌릴 수도 없을 거 같은. 굉장히 기분 나쁜 느낌이야.

= 공부하면서 드는 느낌치고는 정말 안 좋은 느낌이다. 아무리 공부해도 결국 잘 안될 수 있다니. 그런데 정말 아무리 공부해도 성적이 안 오르니?

— 꼭 그런 건 아니야. 잘 볼 때도 가끔 있어. 분명히 있지. 그런데 성적이 올라도 마냥 즐겁지는 않아. 이게 진짜 내 실력이 좋아져서 그런 건지, 어쩌다보니 그런 건지 도무지 알 수가 없거든. 다른 과목처럼 성적이 올랐다고 좋아하기에는 뭔가 찜찜한 구석이 많다는 거야. 시험을 아무리 잘 봐도 마음껏 '자축'하는 게 정말 망설여지는 과목이야. 컨디션이 좋아선지 뭔지는 모르겠지만 찍은 게 많이 맞아서 그런 것 같기도 하고 말이지. 어쨌든 내 진짜 국어 실력이 어느 정돈지 도대체 가늠이 안 돼. 어떤 때는 1, 2등급이 나오다가 어떤 때는 4, 5, 6등급이 나오기도 하고. 정신

이 하나도 없어. 롤러코스터를 탈 데가 그렇게 없어 시험에서 그걸 타냔 말이지. 다른 과목은 안 그런데. 속상해.

= 왜? 롤러코스터, 스릴 있잖아?

— 재미없어.

= 웃자고 한 말인데 그렇게 정색하는 걸 보니, 네가 여유가 없기는 없나 보구나. 어쨌든 미안. 그런데 다른 과목도 컨디션이 좋으면 성적이 잘 나오지 않나?

— 그거야 당연하지. 컨디션이 좋다는 건 뭔가 기분 좋고, 자신감 있고, 힘이 생긴 거 같고, 열중이 잘 되는 느낌이잖아. 그런데 그런 느낌은 내 마음대로 생기는 게 아니니까 문제지. 그런 상태를 만든 다음 시험을 본다는 게 말처럼 쉬운 일도 아니고. 더 황당한 건, 컨디션이 좋은데 시험을 망치는 경우도 국어에서 더 많다는 거야. 감기 같은 게 걸려서 컨디션이 나쁜데도 오히려 보통 때보다 성적이 잘 나오기도 하고. 내가 롤러코스터라는 말을 괜히 한 게 아니거든. 안정적이라는 말과는 거리가 너무 먼, 파악조차 잘 안 되는 과목이야. '괴물' 같은 과목.

= 괴물 같다? 예측이 불가능하다? 공부를 열심히 해도 그렇단 말이지? 알았어. 또 뭐가 있니?

— 공부를 어떻게, 또 얼마큼 해야 하는지 '감'이 오질 않아. 길을 가는데 어디로 가야 하는지, 또 어디까지 가야 하는지, 한없이 막막하다고나 할까? 정처 없이 그냥 걸어가고 있는 느낌이야. 걸어가는 방향이 어쨌든 목적지 쪽이면 그나마 괜찮겠지. 그런데 혹시 반대 방향으로 가는 건 아닌지, 그래서 걸어가면 갈수록 오히려 가려는 곳과 멀어지고 있는 건 아닌지, 두려울 때도 많아. 항상 불안하고, 그렇다고

공부를 안 할 수는 없어서 온라인이든 오프라인이든 강의도 듣고, 문제집도 풀고, 좋다는 교재도 챙겨보기는 하거든. 하지만 그런 공부가 확실하게 내가 원하는 성적으로 이어질 거라는 믿음, 그런 믿음은 솔직히 말하면 안 들어.

= 그래? 여러 가지로 힘들겠구나. 차라리 공부 안 하고 시험을 못 봤다면, '앞으로는 잘해보자'는 의욕이라도 생길 텐데 말이지. 나름대로 이것저것 다 챙겨서 공부하는데도 나아지는 느낌이 전혀 안 든다는 거지?

— 맞아. 답답해.

= 그렇다면 국어라는 과목은 공부법이 '아예' 없다고 보는 게 맞는 거 아닌가? 혹시 그런 생각은 해본 적 있니?

— 글쎄. 그렇게까지 극단적으로 생각하는 건 좀 그런데. 네 말은 결국 아무리 공부해봤자 안 되는 거니까 국어는 포기하라는 말이잖아. 조언을 해달라고 했더니 희망이 없다고 말하는 게 어디 있니.

= 내 생각을 말한 게 아닌데. *"공부를 '어떻게' 해야 하는지 모르겠다", "'무엇'을 '얼마큼' 해야 하는지도 알 수 없다", "그래서 다른 아이들이 보통 하는 강의나 문제집, 교재를 따라 하기는 하지만 효과에 대해서는 솔직히 확신할 수 없다", "어쩌다 성적이 잘 나와도 다음에도 그럴 거라는 기대는 도저히 못 하겠다", 뭐 이 정도를 너는 이야기한 거잖아. 그렇다면 그런 공부는 차라리 안 하는 게 더 낫겠다, 이런 이야기를 나는 하고 있는 거야.* 미안하지만, 내가 한 이야기는 당연한 문제제기라고 생각하는데. 그건 공부하고 시험이 완전히 따로 논다는 말이잖아. 보통은 그런 걸 두고 '헛수고'라고 하지 않나?

— 그럴 수도, 그래, 그럴 수도 있겠지. 하지만 어쨌든 공부는 하는 게 안 하는 거보다 낫겠지. 그게 어떤 공부가 됐든 말이야. 그렇게 하다 보면 결국 시험을 잘 보게 되지 않을까?

= 뭐가 됐든 '그래도' 하는 게 아무 것도 안 하는 거보다는 나을 거다?

— 그렇지. 국어도 어차피 시험 과목이잖아. 어쨌든 잘하는 아이, 못하는 아이가 나눠지고. 그 구분선을 누가 자 대고 쭉 그은 것도 아닐 테고. 또 이유가 너무 궁금하지만, 잘하는 아이들은 꾸준히 잘하는 경우가 훨씬 많거든. 그 아이들 속마음이 어떤지는 잘 모르겠어. 하지만 겉으로만 보면, 상당히 안정적이라는 느낌을 준단 말이야. 그런데 국어 못하는 게 지울 수 없는 '낙인'은 아니잖아? '낙인'이라면 그건 거의 '저주'라고 봐야겠지. 그게 아니라면, 잘하는 아이들은 뭔가 노력해서 그렇게 된 게 아닐까 싶은 거야. 어차피 그 아이들도 국어 잘하라는 '축복'을 받고 태어나지는 않았을 테니까 말이지.

= 국어에 '저주'와 '축복'은 없다? 정말 그렇게 생각하니? 국어 잘하는 사람은 원래부터 잘한 게 아니라 어떤 노력을 한 결과라는 거지?

— 당연하지. "누군가가 '국어능력 선'을 그어 놓았는데 국어 잘하는 아이들은 태어날 때 이미 그 선보다 위쪽에 있었다." 이런 말을 어떻게 받아들일 수가 있겠니?

= 국어는 타고나야 한다는 건 '죽어도' 인정할 수 없다는 거구나.

— 그래. 아직까지는.

= 아직까지는?

— 그래. 나도 국어 공부를 나름 하고는 있어. 하지만 정말 '미친 듯이' 하지는 않았거든. 만약 그렇게까지 했는데도 여전히 달라지는 게 없다면 그때는 나도 결국 인정할 수밖에 없겠지. 그런 절망적인 순간이 오지 않기만을 바랄 뿐이야.

국어 삼총사
_ '국어만 잘하는 아이', '국어도 잘하는 아이', '국어만 못하는 아이'

= 그래. 그건 알겠어. 그런데 혹시 네 주변에 국어 잘하는 친구들 있니?

— 왜 없겠어. 있지. 존재 자체가 '스트레스'인 아이들.

= 존재 자체가 스트레스라구? 너한테 말이지? 하여튼 좋아. 혹시 그 친구들한테
어떻게 국어를 잘하게 됐는지 물어본 적은 있니?

— 있지.

= 뭐라고 그러니?

— 글쎄, 그게 조금 그래.

= 조금 그래? 뭐가?

— 이상하다구.

= 뭐가 이상해?

— '그냥' 잘하게 됐다는 이야기를 정말 많이 하거든. 말 그대로 '그냥'. 이상하지 않아? '그냥' 답 같아서 답으로 고르면 그게 정답이 된다는 거야. 한번은 그런 아이랑 문제를 같이 푼 적이 있어. 정확하게 말하면, 같이 푼 건 아니야. 내가 문제를 풀고 있는데, 심심했던지 옆으로 다가오더라구. 그래서 내가 너도 한번 풀어보라고 했지. 그랬더니 제시문하고 답지를 한번 쭉 훑어보더라. 자리에 앉지도 않고 그냥 선 채로 말이지. 그렇게 한번 훑어보더니 "이게 답인 거 같다"고 하는 거야. 그래서 "왜 이게 답인 거 같냐?"고 물어봤지. 사실 그때 나는 다른 게 답인 줄 알았거든. 문제가 조금 어려워서 확실하게 고른 건 아니었지만, 어쨌든 다른 게 답이라고 생각했어. 그런데 그 아이 말이 "다른 건 답이 아닌 거 같다"는 거야. "답이 아니다"가 아니라 "답이 아닌 거 같다"고 말이지. 아니, 답이 아니면 아닌 거지 답이 아닌 거 같다는 건 또 뭐니? 기분 나쁘게. 그래서 "왜 답이 아닌 거 같냐"고 했더니 자기도 설명하기는 그런데 하여튼 그렇다는 거야. 그런데 그 문제, 누가 맞았을 거 같니?

= 네가 맞았으면 그런 이야기를 했겠니? 당연히 그 아이가 맞았겠지.

— 맞아. 결국 그 문제, 그 아이는 맞고 나는 틀렸는데, 그런 상황이 정말 짜증날 정도로 많거든. 어떻게 그럴 수 있는지 정말 이해도 안 되고, 속상하고, 황당하기도 하고. 이 정도면 말 그대로 '존재 자체가 스트레스'가 될 만한 아이 아냐?

= 하하. 스트레스 받을 일이 얼마나 많은데 그런 거에서까지.

— 웃지 마.

= 안 웃을게. '그냥' 고르면 답이 된다? 그것 참, 속상할 이야기네. 좋아. 그런데 혹시 그 친구들, 국어 잘하는 친구들 말이야, 어떤 특징 같은 게 있니?

— 글쎄. 옆에서 언뜻 보기에 책 읽기를 좋아하는 거 같기는 해. 고전 명작이든, 판타지든, 인터넷 소설이든. 하여튼 읽는 걸 그다지 싫어하지는 않는 거 같더라구. 그런데 그렇다고 해서 국어 공부라고 부를 수 있는 걸 특별히 열심히 하는 것 같지는 않아.

= 책 읽기를 좋아하는 것 같다, 그런데 국어 공부라는 이름을 붙일 만한 공부는 특별히 하는 것 같지 않다?

— 그래. 한번은 하도 답답해서 진짜 마음먹고 그 아이들을 자세히 관찰한 적이 있거든. 얼마나 궁금했으면 내가 그랬겠니. 오랫동안 관찰한 결과, 그 아이들은 크게 두 가지 부류로 나눠진다는 걸 알아냈지. 흠흠.

= 오, 분류까지! 애쓴 거 맞구나.

— 어째 비웃는 느낌인데. 어쨌든 그 가운데 한 부류가 '국어만 잘하는' 아이들이야.

= '국어만 잘하는' 아이들?

— 그래, 국어만 잘하는 아이들. 주변에 있는 사람들에게 스트레스를 동반한 '질투심'을 가장 많이 불러일으키는 아이들이지. 한마디로 '질투 유발자'들. 이 친구들

은 기본적으로 국어가 됐든 영어가 됐든 수학이 됐든, 공부 자체를 별로 안 해. 공부에 취미가 없어요. 참 속 편한 아이들이지. 공부를 안 하니까 당연히 성적이 안 나와야 하고, 영어나 수학은 실제로도 성적이 안 나온단 말이지. 그런데 국어는 안 그런 거야. 이상하게도 높은 성적이 나오거든. 그게 또 상당히 안정적이고. 기이할 정도로 항상 일정하게 높은 등급이 나오는 '미스터리' 한 존재들이지. 보통 한 반에 몇 명은 꼭 있어. 나로서는 특별연구 대상들이야.

＝ 그래서 연구를 했니?

— 하기는 뭘 해. 연구할 거리가 없는데. 이 아이들은 수험생이 왜 저러나 싶게 정말 하는 게 없거든. 분명히 뭔가 있긴 있는 거 같은데 그걸 도저히 찾아낼 수가 없어. 그래서 아직까지는 판단을 미루고 '괄호 안'에다 넣어두고 있지.

＝ 오, '*괄호 안에 넣어두기*'라! 좋은 말인데.

— 그래? 괄호 안에 넣는 게 좋은 거야? 그렇게 좋은 거면 너도 괄호 안에 넣어줄까?

＝ 됐어. 네가 말한 '괄호 치기'는 '에포케'라고도 해. 고대 철학에서는 그리스의 회의론자들, 현대 철학에서는 현상학자들이 사용한 말이래. 사회 시간에 안 배웠니?

— 글쎄. 기억이 잘 안 나는데. 아니면 벌써 '반납' 됐나?

＝ 반납? 어쨌든 '괄호 치기'는 네가 말한 대로 '판단 보류'라는 의미야. 판단을 미리 하면 안 된다는 거지. 보통 미리 하는 판단을 선입견이라고 하잖아. 선입견을

많은 사람들이 의심 없이 받아들이면 그게 결국 통념이 되는 거고. '괄호 치기'는 그런 통념의 '근거'를 의심해보는 거야. 그동안 한 번도 의심받지 않았던 그 근거가 정말로 맞는 건지 '정색하고' 다시 물어보자는 거지. 만약 틀리다 싶으면 과감하게 버리고 말이지. 그렇게 버릴 거 다 버리고 나면 결국 뭔가가 남을 거잖아? 더 이상은 버릴 수 없는, 더 이상은 무효화할 수 없는 어떤 '잔여물' 같은 거 말이지. 오직 그것만을 인정하고 받아들이자는 거야.

— 그런데?

= 내가 지금부터 너한테 하고 싶은 말이 '괄호 치기', 바로 그거야. 네가 사용한 이 말의 의미하고는 좀 다르지만 말이지. 잘 들어봐. 국어에는 '확신'에 가까운 '잘못된 신념'들이 정말 많거든. 그리고 그걸 당연한 것으로 받아들이는 태도가 굉장히 널리 퍼져 있고. 말하자면 잘못된 통념이지. '괄호 치기'는 바로 그런 통념을 문제 삼는 거야. 그렇게 보면 '괄호 치기'는 잘못된 통념을 무너뜨리는 출발점이 되는 거지. '창조적 파괴'의 출발점.

— 알 듯 말 듯한 말인데 그럴듯하게 들리기는 한다. 국어 잘하는 아이들은 두 부류가 있다는 이야기를 하다가 옆길로 새버렸네. 다시 돌아가자.

= 그래. 나도 이럴 생각은 없었는데 네가 그 말을 써서 조금 덧붙인 거야. 아무튼 '괄호 치기'는 꼭 기억해둬. 국어를 잘하려면 국어를 대하는 태도가 지금까지와는 크게 달라져야 하는데, '괄호 치기'는 그런 태도변화의 출발점이니까. 그럼 다시 돌아가자. 아까 국어 잘하는 아이들 가운데 첫 번째 부류, 그러니까 '국어만 잘하는' 아이들까지 이야기했지? 그럼 또 다른 부류는?

— '국어도 잘하는' 아이들이야.

＝ '국어도 잘하는' 아이들? 다른 것들도 잘하고 국어까지 잘하는 아이들?

― 그렇지. 이 아이들은 말 그대로 공부를 잘하는 친구들이야. 머리도 좋고 공부도 열심히 하고, 뭐 나무랄 데 없이 훌륭한 아이들이지. 국어뿐만 아니라 다른 과목도 성적이 잘 나오고, 롤러코스터 타기나 널뛰기도 안 하고. 그런데 이 아이들한테도 이상한 점이 있어.

＝ 이상하다니 뭐가? 갑자기 으스스한데.

― 이 아이들한테 이상한 게 뭐냐면, 다른 과목에 비해 국어는 공부를 열심히 하지 않는 거야. 확실히 그래. 가만히 보면 영어나 수학은 항상 공부할 걸 손에 들고 다니는 거 같은데, 국어는 가끔 문제집 푸는 정도야. 별로 신경을 안 쓴다고나 할까.

＝ 그래? 잘하니 마음 놓고 있는 건 아닐까?

― 아니. 잘해서 마음 놓고 있는 건 아닌 거 같아. 그렇다면 다른 과목도 그래야지. 내 말은 국어만 그렇게 소홀히 한다는 거야. 어떤 때는 국어를 못하는 나보다도 공부량이 적은 거 아닌가 하는 생각까지 든다니까. 그렇다면 도대체 난 뭐니?

＝ 다른 과목도 잘하고 거기에다 국어까지 잘한다? 정말 부러운 친구들이네. 그런데 이상하게 그 아이들도 국어는 덜 챙기는 거 같다?

― 그렇지. 확실히 덜 챙겨. 아, 그리고 지금 생각났는데, 또 한 부류가 있어. 이 아이들도 이상해.

＝ 국어에는 이상한 아이들 투성이구나. 이번엔 으스스하지 않고 궁금하기만 하

다. 어떤 친구들이니?

– 국어를 잘하는 부류는 아니야. 말하자면 '국어만' 못하는 아이들. 이런 친구들이 의외로 많거든.

= 그래? '국어만 잘하는 아이들'에 '국어도 잘하는 아이들', 거기에다가 '국어만 못하는 아이들'까지. '국어 삼총사'네.

– 자주 안 오는 기회가 왔으니 나도 아는 척을 좀 해야겠다. 삼총사를 영어로는 'The Three Musketeers'라고 해. 프랑스 소설가 뒤마가 루이 13세 때를 배경으로 지은 역사소설의 제목이기도 하지. 여기서 총사, 그러니까 Musketeer는 '머스킷 총을 쏘는 사람'이란 뜻이야. 뒤마의 소설에는 리슐리외 추기경의 음모에 맞서 왕비를 구하는 왕실 근위병 삼총사, 그러니까 아토스, 포르토스, 아라미스가 나오지. 거기에 시골검객 달타냥도 등장하고.

= 오!

– 그러니까 삼총사는 안 맞는 말이지. '국어만 잘하는' 아이들이나 '국어도 잘하는' 아이들은 시험 볼 때 정답을 잘 맞히니 '총사'일지 모르겠어. 하지만 '국어만 못하는' 아이들은 아니잖아? 굳이 총사라고 한다면, 쏘라는 상대방은 안 쏘고 자기를 쏘는 '자해' 총사가 되는 거지. 그리고 또 한 부류, 이 아이들은 본인들 자존심도 있고 해서 말 안 하려고 했는데, '국어도 못하는' 아이들이 있거든. 이 아이들은 그럼 뭐니?

= 네 말대로 하면 국어 2총사네. 나머지 아이들은 혹시 리슐리외의 음모에 빠진 왕비가 아닐까?

— '국어만 못하는' 아이들과 '국어도 못하는' 아이들이 리슐리외의 음모에 빠진 왕비라구?

= 그래, 정말 그럴지도 몰라. 어쨌든 '국어만 못하는' 친구들은 다른 과목은 잘하는데 국어만 못한다는 거지?

— 그래. 이 친구들은 보통 노력파고 머리도 나쁘지 않은 아이들인데, 시험을 보면 이상하게 국어만 망하더라구. '간혹' 망하는 게 아니라 '항상' 망한단 말이야.

= 그래. 네 말대로 '조금' 이상하기는 하다.

— 아니, '많이' 이상한 거지.

= 그 아이들, 혹시 두 번째 부류처럼 국어 공부를 덜 해서 그런 건 아닐까? 국어 공부를 많이 안 하는 건 똑같은데, 그게 '국어도 잘하는' 아이들한테는 문제를 안 일으키는 거지. 하지만 '국어만 못하는' 아이들한테는 그게, 뭔지는 몰라도, 안 좋은 영향을 주는 건 아닐까?

— 공부를 '더' 하는 것도 아니고 '덜' 하는 건데? 공부를 덜 하는 효과가 사람마다 다르다는 거니? 그런 게 어디 있어.

= 혹시 그럴지도 몰라서.

— 아니, 절대 아니야. 국어만 못하는 아이들은, 국어 때문에 나중에 발목이 잡힐지도 모른다는 생각을 많이 하는 친구들이거든. 그래서 보통은 더 열심히 챙겨서 공부한단 말이지. 문제집도 많이 풀고, 시중에 나온 이런 저런 교재도 다 사서 보고.

하여튼 국어에 좋다면 뭐든지 다 하는 아이들이야. 가끔 보면, 몸에 좋다고만 하면 뭐든지 안 가리고 게걸스럽게 먹는 사람들 있잖아. 이 아이들이 약간 그런 스타일이거든. 그런데 먹는 게 다 어디로 가는지, 시험을 보면 여전히 국어만 성적이 낮게 나온다니까. 이상하지?

= 이상하기는 하다. 그런데 어쨌든 조금씩이라도 좋아지지는 않을까? 그렇게 열심히 하는데.

― 아니, 그게 그렇지가 않아. 본인 말로는 별 짓을 다 해도 정말 성적이 안 오른다고 하더라. 내가 봐도 그 정도로 국어 공부를 하면 성적이 오를 만도 하거든. 그런데 정말 '징그럽게' 안 오르는 거야. 내가 지금 남 걱정할 처지는 아니지만, 어떤 때는 옆에서 보기에 안쓰러울 정도야.

= 그렇구나. 그럼 다시 첫 번째 부류, 그러니까 '국어만 잘하는' 아이들로 돌아가자. 그 아이들 진짜 국어 공부 안 하니? 따로 하는데, 네가 잘 모르는 거 아냐?

― 아니. 그 아이들 중에는 나랑 친한 친구들도 있거든. 나한테 거짓말 할 이유도 없고. 설사 숨기는 게 있어도 '사기'는 안 통하지. 내가 그 친구들 성격이랑 라이프 스타일을 너무 잘 알거든. 아무튼 물어보면, 그 흔한 자습서도 한번 본 적이 없다고 하는 아이도 있어, 심지어는 문제집도 안 푼다고 말하는 아이도 있고. 내가 봐도 실제로 그래. 그런 걸 할 '위인'들이 아니거든. 그런데 그 친구들, 국어라는 과목에 대해서만큼은 부담감이 거의 없어. 도대체 뭘 믿고 그러는지는 모르겠지만 말이지. 문제 풀 때도 굉장히 편하게 푸는 거 같고. 심지어 시간까지 많이 남아요. 그런데도 항상 좋은 성적이 나오는 거야. 신기하기도 하고, 도저히 이해가 안 되기도 하고, 얄밉기도 하고, 하여튼 그래. 어떤 때는 스트레스나 질투만 유발하는 게 아니라 '구타하고 싶은 마음'까지 유발한다니까. 어떤 때는 하도 답답해서 "내 수학 점수

20점 떼어줄 테니까 네 국어 점수 10점만 달라"고 하고 싶을 때가 있어. 진짜 그게 가능한 일이라면, 정말 아무 주저 없이 그렇게 할 수 있을 거 같아.

= 수학 점수 20점과 국어 점수 10점을 '등가'로 교환한다? 네가 급하긴 급한가 보구나. 수학 점수를 20점이나 줘버리고 나면 너는 어쩌려고?

─ 수학 점수를 다시 원래대로 회복시키려면 나도 고생 좀 해야겠지. 그래도 열심히 하면 다시 올려놓을 수는 있을 거 같거든.

= 너야말로 수학 어려워하는 친구들한테 '구타 심리'를 유발하는 거 아니니?

─ 그런가? 하지만 실제로 점수를 주고받는, 그런 일이 가능할 리가 없잖아. 통장 입출금하는 것도 아니고 말이지. 말하자면 그 정도로 국어 잘하는 친구들이 너무 부럽다는 거야. 또 국어를 그 아이들처럼 잘한다는 게 다른 과목보다 정말 힘들다는 이야기를 하고 있는 거고.

= 그렇구나. 어쨌든 알았어. 그런데 그런 걸 타고났다고 말하면 안 되는 거니? 네가 아까 뭔지는 모르겠지만, 그 아이들이 나름대로 노력한 결과일 거라고 했잖아? 그런데 솔직히 말하면, 네 이야기만으로는 그 친구들이 뭔가 특별한 노력을 하는 것 같지는 않거든. 너에게 구타 심리를 불러일으키는 '국어만 잘하는' 아이들 말이야. 그 아이들은 기본적으로 국어뿐만 아니라 다른 과목도 공부를 안 하는 친구들이라며? 또 네가 그토록 부러워하는 '국어도 잘하는' 친구들도 다른 과목에 비하면 국어는 공부가 엄청 소홀하다는 거고. 그렇다면 결국 국어는 타고나는 거 아닌가 싶은 거지. 굳이 이유를 들자면 책읽기를 좋아하는 정도? 아니니?

─ 그런지도 모르겠네.

= 네 말을 듣다보니, 국어를 잘하는 아이들은 어쨌든 그런 능력을 타고난 아이들이라는 생각이 든다. 불행하게도 그걸 타고나지 못했다면 그나마 도움이 되는 공부법은 독서뿐이라는 거 같고. 비록 늦었다 하더라도 독서만이 살 길이다! 뭐 이런 거지. 결론적으로.

― 독서라. 그래, 독서가 중요한 건 알겠어. 그걸 누가 부정하겠니. 아, 그러고 보니 갑자기 생각나는 게 있어.

= 무슨?

― 그래서인지는 몰라도, 친구들 중에 '독해력 향상 프로그램' 같은 거에 '죽자 살자' 매달리는 아이들이 있거든. 다른 국어 공부는 아예 거들떠도 안 보고 말이지.

= 독해력 향상 프로그램?

독해력 향상 프로그램?
_읽기 습관은 그렇게 쉽게 바뀌지 않는다

— 그래. 그런 프로그램을 소개하는 인터넷 사이트가 몇 개 있어. 몇 주에서 몇 달까지 자기들이 하라는 대로 독해력 향상 코스를 거치면 읽기 능력이 급격하게 좋아진다, 하여튼 그렇다고 광고하던데.

= 아. 나도 한 번 본 것 같다. 의미 단위로 끊어 읽는 연습을 하거나 주어, 서술어 찾기 훈련을 하는 거?

— 그래. 그런 거.

= 그런데 독서하는 거 하고 독해력 향상 프로그램 하는 게 같은 건가?

— 무슨 말이야? 결국 같은 거지. 어차피 뭔가를 읽는 거잖아? 그런 사이트를 보면, 국어를 잘하려면 다 필요 없대, 독해력만 기르면 된다는 거야. 조금 지나친 감은 있지만, 그렇다고 잘못된 말은 아니잖아?

= 일부는 맞고 일부는 그렇지 않을 수도 있지.

— 일부는 맞고 일부는 아니라구?

= 국어에서 독해력이 중요하다는 건 지극히 당연한 말이잖아? 국어란 게 기본적으로 언어고, 독해력이란 건 결국 그 언어로 된 정보를 빠르고 정확하게 인식하는 능력일 테니까.

— 그래. 그런데 그렇지 않을 수도 있다는 말은 또 뭐니?

= 글쎄. 조금 전에 독서와 독해력 향상 프로그램은 같은 게 아닐 수도 있다고 했잖아. 독해력이 중요한 건 알겠는데, 꼭 그런 특별 프로그램을 통해서만 그 능력이 길러지는 건지는 잘 모르겠다는 말이야. 만약 그걸 안 하면 독해력은 '영원히 꽝'이되는 건지도 잘 모르겠고. 그냥 잡지나 소설, 인터넷 게시글, 신문 같은 걸 봐도 되는 거 아닌가 싶은데. 독서는 학습이라기보다는 체험이잖아, 일상적인 체험.

— 아니, 그렇지 않을 수도 있지. 수능에 나왔던, 아니면 나올 만한 수준의 비문학제시문만 따로 모아서, 그동안 잘못됐던 읽기 방식을 체계적이고 단계적으로 교정한다는 거야. 나름 효과적이지 않을까? 그럴듯하잖아?

= 글쎄. 그게 한국어를 처음 배우는 사람한테는 좋을지도 모르겠어. 하지만 국어라는 모국어 화자로 태어나서 십수 년 동안 국어를 읽고 말하고 쓰고 한 사람한테도 적용이 될까? 지난 십수 년 동안 어쨌든 굳어진 그 사람만의 읽기 패턴이 있을 텐데 말이지. 그게 단지 몇 주나 몇 달 만에 쉽게 바뀔까 싶은 거야. 다리 떠는 습관하나, 손톱 물어뜯는 버릇 하나 고치는 데도 그보다 더 많은 시간이 걸리잖아? 습관으로 굳어진 뒤에 흘러간 시간이 길면 길수록 그걸 고치거나 없애는 데 드는 시

간도 그만큼 늘어날 텐데 말이지. 또 그래서 독해 습관이 바뀐다 치자. 그게 실제 시험 보는 데 반드시 좋은 쪽으로만 작용한다는 보장도 없을 거 같아. 바뀐 습관은 나한테 익숙한 게 아니잖아. 원래 내 것이 아니었던 거란 말이지. 그런 게 실제 시험 상황에서 자유자재로 사용될 수 있을까? 너도 알다시피 사람이란 게 긴장하면 원래 습관으로 다시 돌아가는 경향이 있거든. 내 생각엔 어차피 난독증이나 언어 장애 수준이 아닌 한, 어떤 읽기 방식은 좋고 어떤 읽기 방식은 나쁘다고 하는 건 조금 심한 말 같아. 언어능력이란 게 기본적으로 다양한 방식으로 오랫동안 쌓인 체험의 결과일 테니까 말이지.

— 음.

= 정작 그런 식의 독해 학습이 효과적인 시기는 따로 있을 거 같아. 어떤 언어를 처음 배울 때가 그런 시기 아니겠어? 진짜 궁금한 건 이거야. 독해 프로그램이 그렇게 효과적인 거라면 왜 수능을 코앞에 둔 시점에야 그걸 하라고 하는 거지? 그렇게 대단한 거라면 당연히 초등학교 때부터 그런 식의 독해법을 아이들한테 가르쳐야지. 그렇지 않아? 하지만 초등학교에서 국어를 가르치면서 어떤 특별한 독해법을 같이 가르친다는 말은 여태까지 들어본 적이 없어.

— 그럼 효과가 없다는 거니?

= 그렇다고 효과가 전혀 없다고 단정 지을 수는 없겠지. 어쨌든 그것도 넓은 의미의 독서에 속할 테니까. 그리고 안 하는 거보다는 나은 걸 수 있으니까. 하지만 새로 배운 독해 방식 때문에 원래 가지고 있던 읽기 패턴이 흔들리는 경우도 생각해보자는 거야. 그게 반드시 좋은 쪽으로만 작용하지 않을 수도 있을 거라는 걱정은 들어.

— 그래?

= 그래. 그리고 그런 주장에 따르면, 결국 국어를 잘하는 아이들은, 의미 단위로 끊어 읽든 서술어를 찾아서 읽든, 어쨌든 거기서 말하는 그런 방식으로 글을 읽기 때문이라는 거잖아. 하지만 막상 그 아이들에게 글을 어떻게 읽느냐고 물어보면 그냥 편하게 읽는다고 말하거든. 뭔가 정해진 방식으로 독해를 하는 것 같지는 않다는 거야. 그 친구들은 아마 그런 독해 프로그램이 있다는 것조차 모르고 있을 걸. 이건 그 친구들한테 물어보면 금방 알 수 있겠지. 더군다나 그 독해력이란 게 일부 어려운 비문학, 그것도 보기나 답지를 뺀 제시문 독해에만 한정된 거잖아. 설사 비문학에 효과가 있다 하더라도, 그럼 문학은 어떻게 해야 하는 거냐고 묻지 않을 수 없어. 그런 방식의 독해로는 해결이 안 되는 부분이 훨씬 더 많을 테니까. 국어를 잘한다는 건 문학이든, 비문학이든, 작문이든, 문법이든, 화법이든 모두 다 잘한다는 거잖아. 왜 그렇게 다 잘할 수 있는지를 설명하려면 독해력만 가지고는 부족하잖아?

— 그렇게 말하니까 그럴 수도 있겠다는 생각이 드는데.

= 그래. 그리고 *더 중요한 건 국어 시험을 잘 보느냐 못 보느냐는 전적으로 제시문을 잘 이해하느냐 이해하지 못하느냐의 문제만이 아닐 수도 있거든.*

— 그게 무슨 말이니? 너 지금 제시문을 완벽하게 독해해도 문제가 잘 안 풀릴 수 있다는 말을 하고 있는 거니?

= 그래. 제시문이 어려워도 정답률이 높을 수 있어. 반대로 제시문이 쉬워서 높은 정답률을 예상한 문제인데 엄청나게 틀리는 경우도 흔하고.

― 제시문이 어려워도 문제가 쉬울 수 있고, 거꾸로 제시문이 쉬워도 문제가 어려울 수 있다는 거네. 그러고 보니, 나도 그런 경험을 실제로 많이 했던 것 같아.

= 그래. 그런 거.

― 그러고 보니, 빠트리고 못한 말이 있어.

= 뭔데?

― 솔직히 말하면, 난 독서가 유일한 국어 공부법이라는 데 동의하지 않는 편이거든. 그건 지나친 말이라고 생각해. 실제로도 내 주변에 책은 안 읽어도 국어를 잘하는 친구들이 있거든. '국어만 잘하는' 아이든, '국어도 잘하는' 아이든 말이지. 그 아이들이 비록 책은 안 읽었어도 독해력이 뛰어나기 때문에 그렇다고 생각할 수도 있겠지. 하지만 그것도 곰곰이 생각해보면 이해가 안 돼. 독해력에는 우선 두 가지가 있을 것 같아. 어쨌든 많은 독서를 하다 보니 자기도 모르게 몸에 배는 독해력이 있겠지. 또 하나는, 책은 많이 안 봤어도 어떤 특별한 독해 방식 때문에 생겨나는 독해력도 있을 수 있잖아? 많은 독서가 아니면 어떤 특별한 독해법, 결국 둘 중 하나겠지. 그런데 둘 다 아니라면 독해력도 결국은 타고나는 거겠지. 인정하기는 정말 싫지만 말이야. 하지만 독서를 별로 안 하면서도 국어 시험 잘 보는 아이들이 있잖아. 그렇다고 그 아이들이 어떤 특별한 독해법을 가지고 있다고도 생각하지 않거든. 국어 잘하는 아이들한테 독해력 향상 프로그램에 대해 물어본 적 있냐고 했지? 물어봤어. 당연히 물어봤지. 그런데 그 아이들은 그런 프로그램이 있는 줄도 몰라. 그리고 "글이란 게 그냥 읽으면 되는 거지, 그런 걸 도대체 왜 하느냐"고 나한테 반문하는 경우가 대부분이었거든.

= 그래. 그럴 거야.

— 그리고 설사 독서량이 많아서 독해력이 생긴 아이들이 있다고 치자구. 하지만 어차피 우리나라 같은 상황에서 그 아이들이 책을 읽었으면 얼마나 읽었겠니? 극소수를 빼고는 다 비슷하지 않을까? 책 많이 읽으면 곧바로 국어 영역 1등급을 꿰찬다? 솔직히 받아들이기 어려운 말이잖아? 그리고 그동안 책을 많이 읽었든, 안 읽었든 이제는 어차피 다 고등학생이 돼버렸잖아. 수험생이 된 이상 학과 공부 때문에 책 읽을 시간도 마땅치 않을 테고 말이지. 독서를 통해 독해력을 향상시키라는 건 그다지 현실적인 조언은 아닌 것 같아.

= 독서의 효과는 어쨌든 커. 독해력 향상 프로그램은 어떤지 잘 모르겠지만.

— 그래. 그건 알겠어. 그런데 그 말이 나한테는 '독서량이 적은 사람들은 그냥 국어를 포기하라' 는 말로 들려. 네가 뭔가 특별한 독해법이 있다는 주장은 미심쩍다고 했잖아? 그렇다면 독서량이 적은 상태에서는 결국 별 짓을 다 해도 국어 잘하기는 어렵다는 말을 하고 싶은 거니? 달리 방법이 없는 거야? 그렇다면 절망인데.

= 그동안 독서를 하지 않은 것은 백 번 천 번 반성해야 돼. 앞으로는 그러지 않겠다는 다짐도 필요하고. 대학에 가든 사회생활을 하든 독서는 평생 해야 하는 거야. 하지만 그렇다고 너무 절망할 필요는 없어. 독서나 독해력이 중요하긴 하지만 국어가 그게 전부는 아니니까.

— 그래. 국어 잘하는 그 친구들은 말은 안 해도 독서 말고 뭔가 따로 하는 공부가 있을 거야.

= 그게 뭔지 물어봤니? 자의에서든, 타의에 의해서든 책 많이 읽은 거 말고 뭔가 다른 거. 정말 그런 게 있다면 그건 거의 '비법(秘法)' 같은 건데. 솔직히 말하면 나도 궁금하다.

— 글쎄. 그런 게 있다는 이야기는 듣지 못했어.

= 그렇다면 그 친구들이 여전히 너에게 뭔가 숨기고 있는 건 아닐까? 속상한 현실이지만, 어차피 너도 그 친구들에게 경쟁자잖아?

— 아니야. 그 아이들이 자기만 잘되려고 뭔가를 숨기는 그런 친구들은 아니야. 그리고 '입시 경쟁 때문에 모든 친구들이 적이 된다' 는 건 언론에서 과장해서 하는 이야기지. 몇몇 사례를 가지고 전부 다 그런 거처럼 호들갑떨며 부풀리고, 그런 게 언론의 속성이잖아. 그래야 사람들의 호기심을 자극할 테니까. 정작 자기도 별다른 대책이 없으면서 말이야. 하지만 실제로 아이들이 그렇지는 않아. 공부하다가 도움이 되고 좋은 게 있으면 서로 정보를 주고받기도 하고 그래. 정말 의도적으로 뭔가를 숨긴다면, 그런 친구는 따돌림을 당해도 싸. 그건 외모나 성격 같은 걸 가지고 왕따시키는 거 하고는 다른 거야. '야비한' 행동에 대한 '정당한' 응징이지. 말하자면 '자업자득' 이야. 어른들 세계는 어떤지 모르겠어. 우리가 어른이 되면 어떻게 변할지도 장담할 수 없고. 하지만 아직까지는 친구들 사이가 그렇게까지 야박하지는 않아.

= 그래? 그렇다면 결국 그 친구들도 특별한 공부법은 가지고 있지 않다는 거잖아?

— 아니. 뭔가가 있지만, 그걸 말로 표현하기가 어려워서 그러는 게 아닐까?

= 뭔가가 있기는 하지만, 말로 표현하기는 어렵다?

— 그렇지.

= 그럼 없는 거라고 생각하는 게 상식적인 거 아닌가? 잘 생각해봐. 만약에 그 뭔

가라는 게 어떤 특별한 교재로 공부하는 거라면, 그 교재 이름을 너한테 알려주면 되는 거잖아? 그럼 간단한데. 말하자면 너에게 '국어 고수' 들의 세계에서 입으로 만 전해 내려오는 어떤 '비서(秘書)' 같은 걸 소개해주는 거야. 만약에 그 친구들의 능력이 특별한 교재를 통해 길러진 게 아니라면, 자기들만의 특별한 공부 방법이 있을 테니 그걸 알려주든가. *결국 두 가지 중 하나잖아. 특별한 교재, 아니면 특별한 공부법.*

— 글쎄. 국어 쪽에 그런 '비서' 같은 특별 교재가 있을까? 그걸 보는 순간 성적이 수직 상승하게 하는 책이?

= 왜? 있을 수도 있지.

정답을 먼저 본 사람의 '특권'
_길면 자르고 짧으면 늘이는 프로크루스테스의 침대들

─ 아. 그러고 보니 '국어를 못하는' 아이들이 그 비슷한 이야기를 하는 걸 얼핏 들었던 거 같아. 말하자면 어떤 교재를 한번 봤더니 엄청 도움이 됐다는 이야기. 물론 그런 판단은 그 친구들만의 느낌일 수 있고, 그 아이들이 실제 시험에서 어떤 결과를 얻었는지도 잘 모르겠지만. 원래 성적이 오른 건 이야기해도 떨어진 건 말을 잘 안 하잖아. 모의고사 치르고 나면 "어떤 교재를 봤는데 이번에 엄청 잘 봤다"는 이야기가 여기저기서 들리거든. 그런 이야기 듣다 보면 마치 전국의 1등급들이 다 우리 학교에 모여 있는 것 아닌가 하는 착각이 들 정도라니까. 그런데 그랬던 아이들이 막상 성적표에 나온 점수는 절대 안 알려준단 말이지.

＝ 누가 다른 아이에게 성적표를 보여주니?

─ 맞아. 당연히 나도 안 보여줘. 하지만 그 아이들은 자기가 공부한 교재의 효과를 톡톡히 봤다고 떠들던 아이들이고, 그렇다면 실제 점수를 당당하게 공개해도 나쁠 건 없잖아? 재미있는 건 실제로 '국어를 잘하는' 아이들은 절대 안 그런다는 거지. 어떤 특별한 교재 때문에 자기가 시험을 잘 보게 됐다고 이야기하거나 호들

갑떠는 일이 결코 없다는 거야. 그건 '국어만 잘하는' 아이들이나 '국어도 잘하는' 아이들이나 마찬가지야.

= 잠깐. 국어를 못하는 친구들에게 엄청 도움이 됐다고? 혹시 그 아이들이 '국어만 못하는' 친구들이니?

— 맞아. 어떻게 알았어? '국어만 못하는' 아이들이 주로 그런 이야기를 많이 해. 그런데 정말 미안하게도, '국어만 못하는' 아이들이 '국어도 잘하는' 아이들로 바뀌는 경우는 정말 흔하지 않거든.

= 그게 어떤 책이니? 혹시 그 책을 너도 봤니?

— 그 책 나도 봤지. 일반적인 형태의 교재는 아닌데, 지푸라기라도 잡아야 하는 입장에서는 상당히 솔깃한 내용이더라구.

= 일반적인 형태의 교재는 뭐고, 일반적이지 않은 형태의 교재는 또 뭐니?

— 글쎄. 보통은 장르별로 제시문 나오고, 거기에 딸린 문제 몇 개 나오고, 뒤에 해설 나오는 형태가 일반적인 거 아닌가?

= 일반적이지 않은 형태의 교재는?

— '스킬'이나 '접근법'들을 몇 가지로 분류하고 이런 제시문이나 문제에는 이런 해법이 있다는 식이야. 그리고 그 스킬이나 접근법들을 적용하는 과정을 알려주는, 뭐 그런 교재. 최근 들어 많이 나오는 것 같기도 하고, 유행인가?

= 그래? 그럼 독서나 독해력 이야기는 잠시 미뤄두고, 말 나온 김에 '교재' 이야기 한번 해보자. 먼저 네가 처음에 말한 거. 지금도 서점 책꽂이의 대부분을 차지하고 있는 일반적인 형태의 교재 말이야. 한 가지 물어볼게. 너 문제 풀고 나서 해설은 꼼꼼히 보니?

– 맞은 문제는 잘 안 보지만, 틀린 문제는 볼 때도 있어. 아주 헷갈렸던 문제는 오답 풀이까지 챙겨볼 때가 있고.

= 그래. 많은 친구들이 해설은 그다지 챙겨보지 않지. 어떤 교재는 문제보다 해설의 분량이 더 많더라. 그래서 두꺼운데다 무겁기까지 하고 말이지. 해설은 잘 보지도 않는데 갖고 다니기만 힘든 거 같아. 분책하면 나중에 답지하고 해설이 어디 있는지 찾기도 힘들어지고. 아무튼 그건 그렇고, 해설을 보면 이해가 가니? 왜 틀렸는지, 또 왜 맞았는지 해설을 보면 납득은 가니?

– 글쎄. 답에다 해설을 짜 맞춘 느낌이랄까? 단지 정답을 우리보다 먼저 본 사람의 '특권' 같은 거 있잖아. 그런 느낌? 공감이 가지 않는 설명이 많았던 것 같아.

= *아이들보다 정답을 먼저 본 사람의 특권?* 재미있는 말이네. 그 '특권'에 대해서는 나중에 이야기할 기회가 있을 거야. 그건 그렇고, 공감이 가지 않는다? 좀 더 자세히 말해봐.

– 비문학은 *"몇 번째 문단, 몇 번째 문장이 정답과 오답의 근거다"*, *"제시문 '어디에' 이런 정보가 나와 있는데, 그걸 바탕으로 '이렇게' 추론하면 정답 여부를 알 수 있다"*, 뭐 이런 해설이 대부분이잖아. 이거 정말 짜증나거든.

= 그렇지. 그런데 그게 왜 짜증이 나니?

— 사실 쉬운 문제는 제시문으로 다시 돌아가지 않아도 답이 보이는 경우가 많잖아? 그리고 어려운 문제는 답지가 맞는지 틀리는지 알 수 있게 해주는 정보가 제시문 어디에 있는지 확인이 안 되거나, 그걸 찾는 데 시간이 많이 걸려서 어려운 거고. 어떤 때는 비슷한 정보를 찾아도 그걸 가지고 해설대로 추론하기 어려운 경우도 많거든. 솔직히 말해서, 답을 판단하는 정보가 어디에 있는지 금방 찾아내고, 그 정보를 가지고 해설처럼 정확하게 추론할 수 있었다면, 아이들이 시험장에서 그렇게 고민을 했겠니?

= 그래? 그렇다면 그게 결국 독해력이 달려서 그런 거 아닌가?

— 또 독해력으로 돌아간 거야? 이거 뭔가 이야기가 도돌이표 만난 것처럼 자꾸 빙빙 도는 거 같은데. 네가 아까 그랬잖아, 독해력은 그렇게 길러지는 게 아니라며? 또 독해력이 전부도 아니고.

= 그래. 미안, 신경질 부리지 마. 어쨌든 그래서 하고 싶은 말이 정확하게 뭐야?

— 그런 '판에 박힌' 해설은 별로 도움이 안 된다는 거지. 어차피 똑같은 제시문이 또 나올 리도 없고, 다른 제시문과 문제를 만나면 쉬운 문제는 여전히 쉽고, 어려운 문제는 여전히 어려울 테니까. 어떤 제시문의 내용을 꼼꼼하게 분석하고 정오답의 이유를 자세히 설명한 해설을 봤다고 치자구. 그렇게 했다고 해서 다음번에 만나는 다른 제시문을 더 잘 이해하고, 거기에 딸린 문제를 더 잘 해결하게 되는 거 같지는 않다는 말이야.

= 그래? 그런데 왜 그런 교재를 사서 문제를 풀고, 해설을 보니?

— 정말 몰라서 묻니? 그것 말고는 할 게 없잖아? 어쨌든 제시문도 읽게 되고, 문제

푸는 연습도 하게 되고. 뭐 그런 거지.

= 문학 쪽은 어때?

— 문학은 더 어거지 같아. *"이 작품의 주제는 이거고, 이 부분이나 이 장면은 이런 의미이기 때문에 정답은 이거"*라는 해설이 대부분이잖아. '지당한 말씀'이기는 하지만, 그걸 시험 볼 때 알았다면 그 문제를 틀릴 리가 없었겠지. 푸는 시간도 엄청 빨랐을 테고. 솔직히 말하면, 실제 시험장에서라면 해설을 쓴 사람 자신도 그런 걸 다 생각한 다음에 정답을 고를까? 정말 의문이야. 가끔 내가 해설 쓴 사람하고 그 사람이 해설 쓰기 전에, 그러니까 정답을 미리 보기 전에 같이 시험 보면 누가 더 높은 성적이 나올까 진짜 궁금하거든. 나중에 시험지를 가지고 이런 저런 설명이나 해설을 달아놓는 일은 쉽진 않겠지만, 나도 하라면 할 수는 있을 것 같아. 수험생에게 진짜 필요한 건, 그런 수준까지는 이르지 못했어도, 어쨌든 정답을 고를 수 있게 해주는 '어떤' 방법이잖아?

= 음. 정답을 먼저 본 사람의 '특권' 이야기가 또 나왔네. 하지만 문제를 많이 풀고 해설을 꼼꼼히 보고, 하여튼 그렇게 하다보면, 언젠가는 해설대로 문제를 풀게 되지 않을까?

— 농담하니?

= 농담 아닌데. 어쨌든 그런 방식으로 꾸준히 공부하다보면 뭔가 얻는 것이 있지 않을까 싶어서 물어본 거야. 너무 까칠하게 반응하지 마.

— 음, 얻는 거라. 그러고 보니 문제 유형은 조금 익숙해지는 것 같아.

= 문제 유형?

— 작문에서 개요 수정이나 조건을 고려한 표어 만들기 같은 거, 비문학에서 일치 문제, 시에서 공통점 문제 같은 것들.

= 아, 그런 유형! 그럼 한번 물어볼 테니 솔직하게 대답해줘.

— 너랑 이야기하는데 자존심 때문에 숨기고 그러는 건 진짜 없어. 내가 그렇게 한가한 상황이 아니거든. 물론 막연한 느낌, 말로 설명하기는 어려운, 뭐 그런 부분이 간혹 있기는 해. 하지만 그런 것까지 해서 솔직하게 이야기할게.

= 그래. 계속 그렇게 해주렴. 신경질은 부리지 말고. 자, 비문학에서 어떤 유형의 일치 문제가 나온다는 걸 아는 것이, 다른 시험에서 나오는 또 다른 비문학 일치 문제를 푸는 데 어떤 도움을 주는 것 같니? '아, 이번은 일치 문제구나' 라고 생각하게 하는 익숙함은 빼고.

— 글쎄. 생각해보니 익숙함 말고는 없었던 것 같은데. 제시문의 내용이 쉽고 답지 가운데 눈에 확 들어오는 게 있으면 쉽게 해결이 되는데, 그렇지 않은 경우에는 어려웠던 것 같아. 그리고 지금 그런 어려운 상황을 겪고 안 겪고는 그 전에 다른 일치 문제를 풀었던 경험과는 전혀 상관이 없는 것 같고.

= 네가 생각하기에, 일반적인 교재를 공부하면서 얻게 되는 소득에는 또 뭐가 있니?

— 문학의 경우, 작품에 대한 익숙함은 생기는 것 같아.

= 그래?

— 그런데 그것도 가만히 생각해보면 별로야. 낯선 문학작품이 나오면 여전히 헤매게 되고, 예전에 교재에서 봤던 해설을 지금 보는 다른 작품에도 순발력 있게 적용한다는 것이 실제 시험 상황에서는 거의 불가능하거든. 시를 볼 때 화자가 처한 상황이나 정서, 표현법을 체크하고, 소설 같은 건 인물이나 갈등 관계, 배경이나 소재의 기능을 챙겨 보라는 조언이 있기는 하지. 하지만 솔직히 말해서, 문제 풀 때 누가 그런 걸 다 신경 쓰면서 작품을 읽니? 물론 공부할 때는 '다음번엔 이렇게 해야지' 하는 생각이 조금 들기는 하지만, 그런 다짐은 오직 그때만 유효하다는 게 문제야. '유효기간'이 엄청 짧아. 솔직히 실제 시험을 치면서는 그렇게 하려고 시도해본 적이 거의 없거든. 더 정확하게 말하면, 사실 그렇게 해야겠다는 생각조차 아예 안 드는 경우가 대부분이지. 더구나 교재에서 한번 봤던 작품이 또 다시 나와도 문제가 까다로우면 헷갈리는 건 여전하고. 하여튼 그래.

= 그렇구나. 아무튼 네 이야기를 듣다보니, 국어라는 과목이 진짜 '공부 따로 시험 따로'라는 생각이 계속 들기는 한다. 내가 다 답답하다.

— 그래. 국어는 평소에 아무리 공부를 많이 해도 시험 볼 때는 결국 기본실력으로 문제를 풀게 된다고들 해. 그렇다 보니 아이들 사이에서 "국어 시험은 결국 십수 년 인생사로 푼다"는 자조 섞인 말까지 나온다니까. 아무리 그냥 하는 말이라도 그렇지, 세상에 인생으로 문제 푸는 과목이 국어 말고 또 있겠니? 그런 걸 시험 과목이라고 할 수는 있는 거야?

= 십수 년 인생사로 문제를 푼다? 아이들은 체념하는 심정으로 한 말 같은데, 내가 보기에는 굉장히 중요한 말이야.

— 그래?

= 그래. 이 이야기는 너무 중요하니까 내가 너한테 꼭 들려주고 싶은 이야기랑 나중에 같이 하는 게 좋을 거 같아. 그런데 그렇게 문제를 많이 풀다보면 어쨌든 문제 푸는 시간은 좀 줄어들지 않니? 너 문제 풀 때 시간은 재면서 푸니?

— 어떤 때는 그냥 풀기도 하지만 어떤 때는 시간을 재면서 푸는데, 시간을 재도 그저 빨리 풀어야 한다는 생각을 조금 더 하는 정도야. 시간을 재지 않을 때랑 그렇게 많이 다른 거 같지는 않아. 결국 쓰는 시간도 비슷한 것 같고. 시간 재면서 푸는 경험을 많이 해도 실제 시험에서 시간이 단축된다는 느낌은 잘 안 들어. 그냥 쉬운 문제가 많으면 시험 시간이 딱 맞거나 조금 남고, 어려우면 결국 몇 문제 못 풀게 되고. 결국 그래.

= 그렇구나. 빨리 풀어야 한다는 압박을 느끼는 것이 심리적으로는 영향을 주는데 실제 시간을 단축하는 데는 별 효과가 없다는 말이네. 그리고 그런 경험을 여러 번 했다고 해서 걸리는 시간이 단축되는 것도 아니라는 거고. 결국 시간 문제는 그때그때 시험의 난이도에 달린 거 같다는 거지?

— 맞아. 힘들어.

= 사실은 나도 너만큼 그런 해설서가 마음에 안 들거든. 솔직히 말하면 마음에 안 드는 정도를 넘어서 굉장히 회의적인 생각을 갖고 있어. 괜히 너한테 그런 거 하다보면 무슨 소득이 있지 않겠냐고 자꾸 물어봤지만, 속마음은 너하고 비슷해.

— 그래? 그런데 왜 "무슨 소득이라도 없냐"고 그렇게 집요하게 물어봤니?

= 한번 깊게 생각도 해보고 '괄호' 도 쳐보라는 거지. 국어 교재를 공부하는 효과에 대해서 말이야.

― 음.

= 내가 볼 때 속상한 건 이거야. 그런 해설이란 게 이런 저런 말로 아무리 포장해봤자 결국 "바보 같이 왜 이 내용을 보지 못했느냐", "바보 같이 왜 이 내용을 가지고 이렇게 추론하지 못했느냐"고 아이들한테 따지는 거잖아? 그건 문제를 틀린 아이들한테는 "너는 멍청이"라는 질책으로밖에 받아들여지지 않거든. 아이들 입장에서는 '보이지 않았기 때문에 보지 못한 것'이고, '추리할 수 없었기 때문에 추리하지 못한 것' 뿐인데 말이지. 결국 이런 질책은 아이들의 '자괴감'으로 이어질 수밖에 없거든. 하지만 이런 질책과 자괴감이 모의고사든 수능이든 다음 번 시험을 치는 데 과연 도움을 줄 수 있을지는 정말 의문이야. 아이들 심리를 위축시키지나 않으면 그나마 다행이지. *제시문이나 작품에 대한 '뒷북 때리는' 해설, 정오답에 대한 '지당하신' 설명, 그저 이런 이야기를 일방적으로 할 뿐이라는 거야. 그것도 네가 말한 대로, 단지 아이들보다 정답을 먼저 봤기 때문에 그나마 가능한 '특권'일지 몰라.* 솔직히 말하면, 교재를 쓴 사람이 아이들보다 실제로 문제를 더 잘 푼다는 증거는 어디에도 없어.

― 그래? 어쨌든 속상해.

= 그럼 이번에는 '스킬'이나 '접근법'을 소개하는 교재에 대해서 말해볼까? 네가 말하는 일반적이지 않은 형태의 교재, 그리고 '국어만 못하는' 아이들이 도움을 크게 받았다고 '주장'하는 그런 교재. 그런 '스킬'과 '접근법'이 유용하니?

― 유용하냐고? 그건 아직 잘 모르겠고, "아! 국어 영역에도 이런 게 있구나" 하는

생각은 들더라. 뭔가 논리적이고 과학적인 것 같고, 그래서 읽다보면 대단한 것을 배우는 것 같은 느낌이 들어. 난 국어 공부란 게 그저 문제나 풀고, 문학작품이나 많이 보고, 그런 건 줄 알았거든. 그런데 그런 교재를 보면서 국어에도 뭔가 공식이나 틀 같은 게 있다는 생각이 '처음으로' 들더라구. 일반 교재에 나오는 '공자님 말씀' 같은 해설보다는 어쨌든 나아 보여. 나도 처음 봤을 때 꽤 신선하다는 느낌을 받았거든. 충격적이라고까지 말하는 아이들도 있어. 아까도 말했지만, 특히 '국어만 못하는' 아이들 가운데 그런 말을 하는 친구들이 많아.

= 그래? 뭔가 대단한 것을 배우는 느낌이 들었다는 말이지? 그럼 시험 볼 때 그 방법을 적용해봤니? 너도 여러 번 말했지만, 국어에서는 시험하고 따로 노는 공부가 참 많잖아? 그렇다면 공부할 때 아무리 좋아 보여도 결국 시험에서 통해야만 의미가 있는 거잖아?

— 그렇지. 그런데 그게 조금 애매해.

= 애매하다니?

— 책을 볼 때는 뭔가 적용할 수 있을 것 같은데, 막상 시험 볼 때는 그게 잘 안 되는 것 같아. 스킬이나 접근법대로 하려고 하면, 일단 시간이 많이 걸려. 평소에는 그냥 풀었을 문제도 스킬이나 접근법을 적용해야 한다는 생각 때문에 더 꼼꼼하게 보게 되고. 또 그 적용법이라는 게 조금 추상적이라서 모든 문제에 딱 맞아떨어지는 게 아니거든. 뭐 그런 느낌 있잖아. 평소 같으면 아무 생각 없이 하던 일을 특별히 신경 써서 하려고 하면, 이상하게 부자연스러워지면서 실수도 더 하게 되는 거. 그럴 경우에는 평소보다 시간도 많이 쓰게 되고. 어떤 문제는 그냥 원래대로 푸는 것보다 오히려 더 헷갈리는 것 같아.

= 그럼 그건 안 되는 거잖아?

— 아니. 그 책을 보면, 지속적으로 반복하고 훈련하면 언젠가는 그런 스킬이나 접근법이 '내면화' 된다고 하더라구. 그렇게 되면 그때는 아주 편하게 그걸 적용할 수 있게 된다고. 어쨌든 그 책이 이상한 이야기를 하고 있는 건 아니잖아? 그렇다면 내 노력이 아직 부족한 거겠지.

= 얼마나 노력해야 할 것 같니?

— 그렇게 될 때까지 노력해야지. 10번, 어떤 경우 20번도 넘게 정독한 아이들도 있다는데, 나도 더 열심히 해야겠지.

= 아무리 노력해도 안 되면?

— 그렇게 될 수 있다고 믿고 열심히 해야지 뭐. 달리 뾰족한 수도 없잖아?

= 너 혹시 '프로크루스테스의 침대' 라는 말 들어봤니?

— 아니.

= 프로크루스테스는 그리스 신화에 등장하는 인물인데, 아테네 교외에 여관을 짓고 살면서 여행객을 대상으로 강도질을 했던 사람이야. 그 여관에는 쇠로 만든 침대가 있는데, 프로크루스테스는 지나가는 행인을 붙잡아 그 침대에 누이고 키가 침대보다 크면 그만큼 잘라내고, 키가 침대보다 작으면 억지로 침대 길이에 맞게 몸을 늘여서 죽였다고 해.

— 오, 끔찍하다.

= 그의 이런 '악행' 은 결국 아테네의 영웅 테세우스에 의해 끝이 나지. 테세우스는 프로크루스테스를 그 침대에 누이고는, 그가 다른 사람들을 죽인 방법을 그대로 써서 그를 죽였다고 해.

— 그거 쌤통이다. 통쾌한 이야기네. 그런데 그 이야기는 왜 하니?

= 내가 보기에 '스킬' 이나 '접근법' 을 소개하는 책이 꼭 '프로크루스테스의 침대' 같아.

— 뭐라고?

= 제시문이나 문제를 '스킬' 이나 '접근법' 이라는 틀이나 공식에 끼워 맞춰 설명한다는 말이야. 해설서가 '지당한' 방식으로 짜 맞추는 거라면, '스킬' 이나 '접근법' 은 '지당하지 않은' 방식으로 짜 맞추는 거지. 어쨌든 정답을 먼저 본 사람의 '특권' 이라는 점에서, 또 짜 맞춘다는 점에서는 둘 다 똑같아. 다만 해설서는 그나마 보편적인 쇠침대를 가지고 '그 짓' 을 하고 있는 거고, 스킬이나 접근법은 보편성 없는 자기만의 쇠침대에 국어 영역을 눕혀놓고 '그 짓' 을 하고 있는 거야. 그러니 당연히 길면 자르고 짧으면 늘리는 억지가 일반 해설서에서보다 더 많이 일어나겠지.

— 음.

= 너, 조금 전에 그런 스킬이나 접근법은 처음엔 적용이 잘 안 돼도, 많은 연습과 훈련을 통해 내면화하면 결국은 그렇게 된다고 했지? 책에도 그렇게 나와 있

다고 했고.

─ 그래.

= 그런데 그게 그렇지가 않아. 내면화란 게 정신적으로나 심리적으로 마음속에 깊이 자리 잡힌다는 말이거든. 나중에 자세히 이야기하겠지만, 스킬이나 접근법이 마음속에 자리 잡히는 거 하고 실제 시험을 잘 보는 건 사실 전혀 관련이 없어. 둘 사이에는 처음부터 연관성이 없기 때문이야. 그건 노력하면 되는 게 아니라 처음 부터 불가능한 거야. 아이들이 국어 공부를 하면서 겪는 불행의 대부분은 불가능 한 것을 가능한 것으로 착각하고, 그런 방향으로 무지 애를 쓰는 데서부터 시작되 는 거거든. 불가능한 방식은 불가능하다고 정확하게 평가하고, 가능한 다른 방식 을 찾는 것이 당연한 데도 말이지. 물론 그렇게 하지 못하는 건 누군가가 그런 착각 을 지속적으로 불어넣기 때문이겠지. 책을 쓴 사람조차도 실제 문제 풀 때는 사용 하지 않는 방식, 심지어는 떠올리지도 않는 방식을 '반복을 통한 내면화'라는 허 울 좋은 이름으로 아이들에게 강요한다면, 그건 아이들에게 '희망고문'을 하는 거 야. 그것도 아주 잔인한.

─ 희망고문?

= 그래. 실제로 그렇게 될 가능성이 없는데도 계속 하다보면 결국 그렇게 될 거라 는 희망을 계속 주입하는 거. 좌절하고 절망해서 '포기'라도 할라치면 '포기'는 배추 셀 때나 쓰는 말이라면서 또 희망을 품으라고 하는. 고문 치고는 진짜 잔인한 고문이지.

─ 그렇게까지 말하는 건 심한 거 아냐? 포기하지 말라는 게 어떻게 고문이니?

= 국어를 누가 '포기' 하니?

— 뭐라고?

= 너 학교에서 모의고사 볼 때 가장 조용한 시간이 언제 같니?

— 갑자기 무슨 소리야?

= 대답해봐.

— 음. 생각해보니까 1교시였던 것 같아. 국어 영역. 어? 왜 그렇지?

= 왜 그렇긴. 누구도 포기를 안 해서 그렇지. 국어는 아무리 못하는 아이들도 자기가 풀 수 있는 문제는 풀려고 하거든. 덮어놓고 찍지는 않는다는 말이야. 어쨌든 국어는 우리나라 말이잖아. 자기 나라 말을 누가 포기하니? 하지만 수학이나 영어는 다르지. 포기하고 그냥 찍는 아이들이 굉장히 많거든. 특히 수학이 그래. 찍고 나면 시간이 남아도니까 다른 '수포자' 들하고 떠드는 통에 감독하는 선생님도 1교시에 비하면 많이 힘드시지. '수포자' 만큼은 아니지만 '영포자' 도 적지 않고. 그러나 '국포자' 는 분명히 말하지만 단 한 명도 없어.

— 에이. 설마 한 명은 있겠지.

= 아니. 그런 건 포기라고 하는 게 아니야. 뭔가 하려다가 잘 안 돼서 좌절하고 결국 그 과목을 버리는 것이 포기라고 한다면, '국포자' 는 '포기자' 가 아니야. '국포자' 들 인생에는 대학이라는 두 글자가 아예 없거든. 뭐 꼭 그게 나쁘다는 말은 아니야. 그러나 어쨌든 그렇기 때문에 국포자들에게는 당연히 수능을 포함한

그 어떤 시험도 아무런 의미가 없겠지. 일찌감치 대학 진학이 아닌 다른 쪽으로 진로를 잡은 아이들이니까. 그 아이들이 수능 날 시험장에 가는 이유도 친구들은 다 시험 보러 갔는데, 자기만 혼자 집에 있기가 뭐하기 때문일 테고. 굳이 말하자면, 그나마 후배들이 타주는 커피라도 마시고자 하는 게 시험장에 가는 유일한 목적일 거야.

— 음. 커피는 집에서 타 마셔도 되는 건데. 그래도 그런 경우가 있겠구나.

= 남이 타주는 커피가 더 맛있어. 하여튼 그러니까 국어 교재 같은 데서 "포기하면 안 된다"고 하면, 그 말은 '국어'를 포기하지 말라는 게 아니야. 누가 포기하라고 옆에서 고사를 지내도, 심지어는 걸 그룹이 옆에서 춤을 춰도 아이들이 절대 포기하지 않는 과목이 국어니까. 일단 시험지를 앞에 두면 누구라도 나름대로 풀게 되는 게 국어야. 문제를 아예 보지 않고 OMR 카드에 마킹을 하는 게 문자 그대로 '포기'지. 그런데 국어 시험에서는 그런 포기는 절대 없어.

— 그럼, 뭘 포기하지 말라는 거야?

= 자기가 쓴 교재에 대한 믿음을 포기하지 말라는 거겠지. 뭔가 미심쩍고 불확실해도 자기만 믿고 따라오라는 거야. 괜히 따지지 말고 말이지. 그러면 결국 1등급으로 '인도' 해주겠다는 건데, 그게 바로 '희망고문'이라니까. 특히 수능 국어에서는 그런 고문이 정말 많이 '자행' 되거든. 밖에서 가해오는 고문도 있고, 아이들 스스로 그런 이야기를 '금과옥조'로 받들면서 자기가 자기한테 가하는 '자학적인' 고문도 있고.

— 아무리 그래도 그렇지, 책 내용을 반복해 읽고 따라 해서 내면화하라는 게 어떻게 희망고문이야?

= 정말 그렇게 생각하니?

- 그럼.

괄호 치기
_국어 공부에 대한 잘못된 통념과 신화

= 그렇다면, 어디서 주워들은 이야기나 마땅히 그럴 거라는 신념, 그런 거 다 내려놓고 아까 말한 '괄호 치기', 그걸 한번 해봐. '반복을 통한 내면화'라는 신념을 '괄호' 안에 넣고, 판단을 보류해보라는 거야. 그런 다음 그 신념의 근거에 의문을 던져보고. 미안하지만 반복해서 내면화되는 경우보다 아무리 반복해도 그렇게 되지 않는 경우가 세상에는 훨씬 더 많아. 그리고 설사 책 내용이 내면화됐다 하더라도 그것과 실제로 시험 잘 보는 건 상관이 없거든. 그 증거를 찾으려고 멀리 갈 것도 없어. 그동안 네가 국어 시험을 보면서 수도 없이 경험했던 느낌, '반복을 통한 내면화'라는 신념이 결코 무효화시키지 못했고, 그 어떤 교재의 그 어떤 주장도 결코 없애지 못했던, 그 생생한 느낌이 내는 소리에 귀를 한번 기울여봐.

— 가만있어봐. 음……. 아무 소리도 안 들리는데. 안 느껴져.

= 여기가 조금 시끄러워서 그래. 그리고 지금은 시험 보는 상황이 아니라서 그 느낌을 떠올리기가 어렵기도 하고. 지금이 아니라 과거에, 실제로 국어 시험을 치르고 있거나 치른 직후에 지금부터 내가 말하는 느낌들이 들었던가를 한번 생각

해봐.

− 어떤 느낌들?

= 애매하다, 모호하다, 무기력하다, 막막하다, 수상쩍다, 불확실하다, 미심쩍다, 절망스럽다, 비관적이다, 골치가 아프다, 의심스럽다, 분명하지 않다, 두렵다, 조바심난다, 당황스럽다, 압박당한다, 위압당한다, 겁난다, 염려스럽다, 안절부절못한다, 불안정하다, 걱정스럽다, 불쾌하다, 헛되다, 불편하다, 불안하다, 마음이 무겁다.

− 그게 다 뭐야? 세상의 안 좋은 느낌들은 다 모아 놓은 거잖아. 너 나한테 왜 이러니? 그리고 그런 느낌들이 공부를 하거나 시험을 보면서 드는 거라면, 그건 국어만 해당되는 건 아니잖아?

= 그렇지. 다른 과목도 해당이 되겠지. 하지만 국어 시험 칠 때 드는 이런 '안 좋은' 느낌은 그 '빈도'나 '강도'에서 다른 과목 시험 칠 때와는 '비교 불가'야. 공부를 안 하고 시험을 치는 경우라면 이런 느낌이 드는 게 다른 과목에서도 마찬가지 겠지. 하지만 공부를 했는데도, 그것도 반복을 통해 내면화하려고 그토록 애를 썼는데도 이런 느낌이 사라지는 게 아니라 오히려 더 강하게 드는 과목은 국어가 '유일'하거든. 네가 솔직한 사람이라면 이건 인정해야 돼.

− 음.

= 너, 수능을 앞두고 오프라인 강의 중에서 종강이 가장 늦은 과목이 뭔지 아니? 바로 국어야. 어떤 강사는 수능 시험 전날까지 수업을 하는 경우도 있어. 왜 그러겠니? 아이들이 불안해서 그러는 거야. 수능 전날 하는 수업이 얼마나 도움이 될지

는 모르겠지만, 그만큼 국어는 불안하고 미심쩍고 불확실한 과목이라는 걸 아이들도 이미 잘 알고 있어. 그렇다면 뭐가 됐든 국어 교재라고 불리는 거라면 말이지, 그걸 가지고 시험 볼 때 드는 그런 '더러운' 느낌들을 조금이라도 없애줘야 한다는 거지. 하지만 실상은 그렇게 해주지 못 하잖아?

— 음.

＝ 진짜 속상한 건 딴 게 아니야. 아이들은 그런 '스킬'이나 '접근법'을 아무리 공부해도 적용이 안 된다고 하소연하고 있다는 거거든. '안 좋은' 느낌이 사라지지 않고 오히려 더 커진다고 '애원'하고 있는 거잖아. 그런데 거기에다 대고 '반복을 통한 내면화'를 또 앵무새처럼 말하잖아. 아이들은 그 말을 믿고 혹시나 하면서 또 그걸 반복하게 되는 거고. '다음번에는 기필코' 하면서 말이지. 차라리 "이 방식은 너와 안 맞는다, 그러니 더 늦기 전에 다른 방법을 찾아라", 이렇게 말해주는 게 그나마 고마운 거지. 마치 구세주를 믿는 신앙인처럼 너무나도 성실하게 교재를 공부했는데도 여전히 점수가 안 나오는 아이들, 특히 국어만 못하는 '죄 없는' 친구들. 이런 친구들은 '반복을 통한 내면화'에 대해서 진짜 할 말이 많아. _그건 국어 때문에 흘린 눈물을 닦아주기를 그토록 간절하게 바라는 아이들을 결국 더 울게 만드는 거야._

— 눈물을 닦아주기를 바라는 아이들한테 말이지?

2부

국어와 자전거 타기

국어의 역설
_공부를 '더' 하면 '더' 떨어지는 성적

= 너 혹시 *'표상적 지식'* 과 *'절차적 지식'* 이 무슨 말인지 아니?

— 갑자기 무슨 말이야? 잘 모르겠어. 지식의 종류야?

= *국어는 표상적 지식이 아니라 절차적 지식이야.* 수능 과목 중에서는 국어
만 그래.

— 무슨 소리야? 알아듣게 설명해줘.

= 너, 자전거 탈 줄 아니?

— 그럼. 두 손 다 놓고도 탈 수 있을 정도로 잘 타.

= 자전거 타기를 어떻게 배웠니?

— 그냥 배웠지.

= 그냥?

— 그래. 자전거 끌고 학교 운동장 같은 데 가서 넘어지기도 하고, 다치기도 하면서 계속 타다가 어느 순간부터 잘 탈 수 있게 된 것 같아.

= 혹시, 자전거 배우기 전에 책 본 적 있니? 《자전거 잘 타는 법》 같은.

— 아니. 그런 책이 정말 있어? 있더라도 그런 책을 누가 사?

= 왜? 자전거의 작동원리나 무게중심, 탑승자의 바른 동작 같은 지식을 습득한 후에 자전거를 배우면 더 효과적일 수 있잖아?

— 글쎄. 자전거를 탈 수 있게 된 다음에 개인적으로 궁금해서, 그러니까 자전거가 어떻게 작동하는지, 탑승자의 몸놀림은 어때야 하는지 등을 책을 통해 확인할 수는 있겠지. 하지만 자전거 타기 전에 그런 지식을 먼저 쌓는다는 건 많이 이상한데. 설사 '자전거가 왼쪽으로 기울면 핸들을 왼쪽으로 틀어라' 같은 지식을 미리 배웠다고 쳐도 그래. 자전거를 익숙하게 타게 된 다음에는 그런 지식 같은 건 의식하지 않고도 자전거를 잘 타는 거 아닌가? 이것저것 다 떠나서 자전거를 잘 타게 된 다음에도 그런 걸 궁금해 한다는 것 자체가 정말 특이한 거잖아? 정말 그런 사람이 있기는 있니?

= 있지. 그것도 많이.

— 그래? 내 주변에는 그런 사람이 한 명도 없는데.

= 자전거는 그렇겠지. 하지만 국어 영역에서는 그렇게 '이상한' 사람들이 꽤 많아. 이상하기는 매한가지야. 지금 우리가 국어를 공부하는 방식, 말하자면 '독해법'이나 '해설'도 그렇지만 특히 '스킬'이나 '접근법' 위주의 학습은 마치 자전거를 배우기 전에《자전거 잘 타는 법》이라는 책을 '죽어라고' 읽는 것과 똑같아.

— 그래? 그게 정말이야?

= 더 재미있는 이야기 해줄까?

— 그래. 꼭 재미있어야 해.

= 국어를 줄곧 잘하던 친구가 갑자기 성적이 떨어지는 경우가 있어. 시간이 남아돌던 친구가 시간이 부족해 쩔쩔매게 되기도 하고. 그건 '국어만 잘하는' 친구든 '국어도 잘하는' 친구든 똑같아. 하지만 '국어만 잘하는' 친구들은 네 말대로 공부 자체를 안 하다보니 이런 위험에 노출될 가능성이 상대적으로 적지. 그냥 '게으른' 그 상태로 수능까지 쭉 가면 되는 거야. 다른 과목은 몰라도 국어는 여전히 고득점할 가능성이 높으니까. 문제는 '국어도 잘하는' 아이들이야. 잘못하면 '국어도 잘하는' 아이가 '국어만 못하는' 아이로 전락할 수 있어. 끔찍하게도.

— 정말 그럴 수가 있어? 왜 그런 거야?

= 국어 공부를 '더' 해서 그래.

— 뭐라고? 공부를 '더' 해서 성적이 떨어진다구? 세상에 그런 일이 어디에 있어.

= 여기.

— 그건 받아들이기가 힘든데. 아무리 그래도 그렇지, 공부를 더 하는데 어떻게 성적이 떨어질 수가 있어?

= 나도 처음엔 도무지 이해가 안 됐어. 충격적이기도 하고. 상식적으로는 도저히 받아들이기 힘든 일이니까 말이지. 하지만 그게 사실인 걸 어떻게 하겠니? '불편한 진실' 이지. 국어에는 불편한 진실이 정말 많아. 문제는 불편하다고 부인하거나 거부하면 그 진실에는 영원히 다가갈 수 없게 된다는 거지. 불편하더라도 받아들이고 나면 전혀 다른 세상이 펼쳐질 수 있는 거고.

— 정말이야? 왜 그런 거야?

= 예를 들어 볼게. 지금 자전거를 아무 문제 없이 잘 타고 있는 사람이 있다고 치자. 그런데 이 사람이 어느 날인가부터 '지금 내가 진짜 자전거 잘 타고 있는 거 맞나?', '이러다 갑자기 자전거를 못 타게 되면 어쩌지?' 하는 불안한 생각이 들기 시작한 거야. 그래서 《자전거 잘 타는 법》이라는 책을 사서 꼼꼼히 읽었지. 그때부터 그 사람에게는 전에는 전혀 생각하지 않았던 욕구가 생긴 거야. 말하자면 책에 나온 내용을 실제 자전거 타는 상황에 적용해보려는 욕구가 새로 생긴 거야. 그런데 바로 이런 욕구가 거꾸로 자전거 타기를 방해할 수 있거든. 이미 자전거를 잘 타고 있으면서도 '내가 지금 책에 나온 대로 타고 있지 않으면 어쩌지' 하는 생각이 들면, 그 사람이 자전거를 제대로 탈 수 있겠니? 그동안 아예 몰라서 의식하지도 않았던 자전거의 작동원리나 무게중심, 탑승자의 올바른 동작 같은 것들이 머릿속에 떠오르면서 자전거 타는 거 자체가 상당히 부자연스러워지는 거야. 한번 이런 생각에 사로잡히기 시작하면, 그동안 아무 생각 없이 잘 타던 자전거에서 보기 좋게 떨어질 수도 있어. 더 잘하려고 한 것이 그나마 잘하던 것도 못 하게 만드는 거지. 전혀 예상하지 못한 부정적 효과, 그러니까 '역효과' 가 발생하는 거야.

― 음.

= 앞에서 이야기한 표상적 지식과 절차적 지식이라는 말 기억하니?

― 그래.

= 표상적 지식은 '*정보의 소유*'를 의미해. 절차적 지식은 '*능력의 소유*'를 의미하고. 자전거에 대한 '정보'는 전혀 소유하지 않아도 자전거를 잘 탈 수 있는 '능력'을 소유할 수 있어. 반대로 실제로는 자전거를 전혀 못 타면서도 자전거 잘타는 법에 대한 정보는 엄청 많이 갖고 있을 수도 있고.

― 알 듯 말 듯한 이야기네.

김연아 선수가 될 것인가, 스포츠 평론가가 될 것인가
_능력의 소유와 정보의 소유

= 그럼 예를 하나 더 들어볼게. 너 피겨 좋아하니?

— 피겨? 피겨 스케이트 말이지? 좋아하지. 특히 김연아 선수. 진짜 잘 타잖아.

= '김연아 선수는 스케이트를 탈 줄 안다' 와 '김연아 선수는 점프나 회전을 하는데 어떤 근육이 어떤 방식으로 사용되는지 안다' 에서 '안다' 는 서로 다른 의미로 사용된 거 알겠지? *전자의 '안다' 가 능력의 소유를 의미하는 '절차적 지식', 후자의 '안다' 가 정보의 소유를 의미하는 '표상적 지식' 이야.* 자, 한번 보자. 절차적 지식에서는 명실 공히 세계 최고인 김연아 선수지만, 그녀가 스케이트에 관한 표상적 지식의 양이나 수준에서도 과연 세계 1위일까?

— 글쎄. 꼭 그럴 것 같지는 않은데. 그런 지식은 스포츠 평론가나 스포츠학과 교수님이 훨씬 더 많이 알고 있지 않을까?

= 맞아. 어떤 사람이 어떤 스포츠에 대해 많은 정보를 갖고 있다고 해서 반드시 그

스포츠를 잘하는 건 아니지. 반대로 스포츠를 잘하기 위해 반드시 스포츠에 관한 정보를 갖고 있어야 하는 것도 아니고. 같은 원리로, 피겨 같은 절차적 지식을 갖기 위해선 훈련을 통해 몸과 마음을 특정한 방식으로 조직하고 단련하는 노력이 필요할 뿐이야. 따로 표상적 지식을 쌓을 필요는 없다고 보는 게 맞아.

― 잠깐만! 정보를 소유하는 것과 능력을 소유하는 것은 서로 다른 거라는 말이야? 그러면 국어는 정보의 소유가 아니라 능력의 소유라는 말이야?

= 자전거나 피겨하고 국어 영역이 100% 똑같다는 것은 아니야. 하지만 국어 시험을 잘 치는 데는 정보의 소유보다 능력의 소유가 '결정적'이라는 말이지. 다른 과목은 전혀 안 그렇거든.

― 음.

= 다시 예를 들어볼게. 사람들이 실제 빙판에서 스케이트를 잘 타고 싶다고 하면서도, 김연아 선수가 아니라 스포츠학과 교수님이나 스포츠 평론가가 되려고 무진장 애쓰고 있다면, 그건 정말 이상한 거 맞지?

― 그래. 이상하네.

= 그런데 국어 영역을 잘하고 싶다고 말하는 사람들 중에는 김연아 선수가 되려는 사람보다 스포츠학과 교수님이나 스포츠 평론가가 되려고 노력하는 사람이 훨씬 많은 거야. 정말 이상하게도 말이지. 실제 시험장에서 국어 시험을 잘 보는 게 목적이 아니라, 시험이 끝난 뒤에 문제를 설명하고 제시문을 분석하는 게 목적인 사람들, 말하자면 국어 선생님이나 국어 평론가처럼 되려는 거야.

— 그래? 그런데 질문이 하나 있어. "스포츠 평론가가 실제 스포츠는 못할 수 있다." 이건 수긍이 가는데, 국어 선생님은 그렇지 않잖아? 실제 국어 시험을 잘 보시잖아?

= 국어 선생님들한테는 죄송한 말이지만, 그분들 실제 국어 시험을 보면 정말 잘 보실까?

— 당연하지. 전문가들인데. 국어에 관한 '지식'이 얼마나 많겠니?

= 지금부터 내가 하는 이야기는 나도 전해들은 것을 다시 전하는 거야. 일부에 불과한 사례일 수도 있다는 걸 감안하고 들으렴.

— 그래.

= 내가 아는 학원에 어떤 국어 선생님이 계셔. 그 학원은 아주 커서 국어 선생님만 열 분이 넘어. 그런데 그 어떤 국어 선생님이 한번은 수능 당일 교무실 풍경을 전해주시더라구. 그분으로서는 누워서 침 뱉는 이야기를 하신 건데, 왜 군이 나한테 그 이야기를 하셨는지는 모르겠어. 하여튼 그 이야기를 재미있게 들었던 기억이 있어. 수능 시험에서 국어(언어) 영역은 1교시잖아. 1교시가 끝나면 국어 영역 문제지하고 정답지가 교육과정평가원 사이트에 올라오지. 그날 저녁에 학원에 오는 '정신 나간' 고3이나 재수생은 물론 없겠지. 하지만 예비 고3 수업이 있어서 그날 치른 수능 문제를 풀어봐야 하는 경우도 있잖아? 그런 경우에는 바로 문제를 풀어본다는 거야. 한 분이 다운받은 문제를 복사해서 다른 선생님들한테 나눠주고, 모든 선생님들이 마치 수험생이 된 듯이 문제를 풀어본다는 거야.

— 그런데?

= 그런데 수능에서 주어지는 시간 안에 문제를 다 푸는 선생님이 거의 없다는 거야. 또 시간을 널널하게 잡고 풀어도 2등급 이상의 점수를 맞는 선생님도 극소수고. 말 그대로 극소수. 심지어는 아예 없을 때도 많대. 물론 이런 일은 그 학원에서만 일어나는 일일 지도 모르지만, 어쨌든 신기하잖아.

— 음.

= 또 한 번은 사이트에 문제는 올라왔는데 정답지가 안 올라오는 거야. 안 올라온 건지, 인터넷 회선에 문제가 있었는지는 모르지만, 하여튼 정답지를 못 보게 된 거야. 수업시간은 임박하고, 선생님들은 거의 '패닉' 상태가 됐지. 그래서 궁여지책으로 "일단 서로 문제를 풀고 나서 답을 비교해보자, 그러고 나서 많이 고른 답지를 잠정적으로라도 정답으로 정하자", 이렇게 한 거야. 그런데 이번에도 재미있는 일이 벌어졌어. 몇몇 어려운 문제는 선생님마다 고른 답이 다 달라서 도대체 뭐가 정답인지 당신들도 황당해 했다는 거지. 서로 어색한 웃음만 짓고 말이야.

— 허.

= 또 어떤 선생님들은 아예 대놓고 '국어 시험을 잘 보도록 가르치는 것'과 '실제로 국어 시험을 잘 보는 것'은 전혀 다른 거라고 공공연히 말하기도 한다지. 너도 이런 이야기는 어딘가에서 한번 들어봤을지도 모르겠다. 언뜻 들으면 그럴 듯한데, 가만히 생각해보면 이것처럼 이상한 말도 없거든. 실제 시험을 보면 80점 밖에 얻지 못하는 사람이 어떻게 다른 사람에게 100점을 맞도록 가르칠 수 있다는 건지 도무지 납득이 안 되잖아? 다른 사람에게 100점을 맞도록 가르친 내용이나 방법을 자기도 문제 풀 때 적용하면 당연히 100점을 맞아야 하는 거잖아.

— 듣고 보니 그러네.

= 또 아이들이 답지 없이 교무실에 와서 질문을 하면 가장 난처한 표정을 짓는 선생님들도 국어 선생님이래. 같은 이야기지만, 답지 먼저 보고 답에 맞춰 설명을 하는 경우도 국어 선생님이 가장 많고. 말하자면 정답을 먼저 본 사람의 '특권'이 가장 크게 작용하는 과목이 국어라는 거지. 그런데 문제는, 수학이나 영어, 탐구 과목 선생님들 사이에서는 앞에서 말한 여러 가지 일들, 재미있기는 하지만 뒷맛이 씁쓸한 일이 매우 적다는 거야.

— 너무 극단적인 사례 같기는 한데, 대충 무슨 말인지는 감이 온다. 그런데 그렇다면 정말 이상한 일이네. 국어에 대한 지식이 그렇게 많은 선생님들조차 실제 시험은 못 볼 수도 있다는 거잖아. 피겨로 말하면, 국어 지식은 없지만 국어 시험을 잘 보는 친구들은 김연아 선수, 시험은 잘 못 보지만 지식은 많은 선생님은 스포츠학과 교수님이나 스포츠 평론가가 되는 거겠네.

= 그렇지. 물론 일부 선생님들이 그렇다는 얘기야.

당신은 이미 국어 고수
_국어 공부는 새로운 '정보'를 쌓는 게 아니라
 갖고 있는 '능력'을 끄집어내는 것

— 아무리 그래도 학과목인 이상, 국어도 정보를 소유해야 능력이 길러지는 거 아
닌가? 어떻게 정보가 하나도 없는데 능력이 갖춰질 수 있지?

= 그런데 그게 맞아. 그 부분이 그동안 우리가 몰랐던 국어 영역의 '비밀' 가운데
하나야.

— 뭐라고? 지식이나 정보가 없어도 능력을 가질 수 있다구? 정말 그래? 그렇다면
그런 능력은 어떻게 하면 길러지는 건데?

= '대다수' 아이들은 그런 능력을 '이미' 소유하고 있어.

— 뭐라고?

= 지금 네가 큰 불편 없이 우리말을 듣고, 말하고, 읽고, 쓰고 있다면 너에겐 그런
능력이 이미 존재한다는 말이야.

– 큰 불편 없이?

= 그래. 난독증이나 언어장애 같은 병적인 증상이 없고, 말이나 글을 통해 한국어를 일상적으로 구사할 수만 있다면, 이미 그런 능력을 소유하고 있다는 거야.

– 그래? 조금 황당한 이야기네.

= 단지 몰랐을 뿐이지. 더 정확하게는 무시했던 거고.

– 몰랐다는 거하고 무시했다는 게 다른 거야?

= 몰랐다는 건 말 그대로 그런 게 있는지조차 알지 못했다는 거지. 무시했다는 건 그런 게 있다는 걸 알면서도 의도적으로 없는 거라고 생각하는 거고. 친구가 옆에 있다는 걸 알지 못하는 거 하고, 옆에 있다는 걸 알면서도 무시하는 건 완전히 다르지.

– 그렇구나. 그런데 그게 중요한 거야?

= 중요하지. 아이들은 대부분 표상적 지식이 많다고 국어 시험 잘 보는 게 아니라는 걸 그동안의 반복적인 체험을 통해 충분히 알고 있어. 모르는 게 아니라 이미 잘 알고 있다는 말이야. 단지 왜 그런 현상이 나타나는지 논리적으로 설명이 안 되니까 더 이상 생각을 이어가기가 어려운 거뿐이지. 그럴 때 보이는 반응은 결국 무시하는 거 밖에 없을 테고. 아이들로서도 달리 방법이 없겠지. 이 이야기는 중요한 거니까 이따가 자세하게 다시 말해줄게.

– 그래? 꼭 이야기해줘. 그런데 너, 좀 전에 대다수 아이들이 국어를 잘할 수 있는

능력을 이미 갖추고 있다고 했지? 그럼 구체적으로 물어볼게. 그런 능력을 소유하고 있는 수험생의 비율이 어느 정도야?

= 전체 수험생의 80% 이상.

― 뭐라고?

= 그러니까 고등학생의 대다수.

― 놀라운 이야기네. 하지만 그 능력이라는 것도 자세하게 짚어보면 차이가 있을 거 아냐?

= 차이가 있겠지. 그러나 적어도 수능의 국어 영역 시험을 치는 데서는 무시해도 좋을 정도의 차이야.

― 수능 말고 국어 시험이 또 있니?

= 있지. 법학전문대학원(로스쿨)에 가려면 쳐야 하는 법학적성시험(LEET)의 '언어이해 영역'과 행정고시나 외무고시 같은 5급 공무원 시험에 응시하려면 쳐야 하는 공직적격성평가(PSAT)의 '언어논리 영역' 같은 게 있지.

― 그래?

= 그런데 이런 시험은 수능 국어 영역하고는 차원이 다르지. 작은 능력 차이가 결과적으로 큰 영향을 미치기도 한다는 말이야. PSAT의 언어논리 영역은 합격자 평균 점수가 보통 70점 내외이고, 문제를 끝까지 다 푸는 사람도 많지 않아. LEET의

언어이해 영역에서는 70점 이상을 얻은 사람이 아예 한 명도 안 나온 적도 있어. 이른바 명문대에 재학 중이거나 대학을 졸업한 후 유명 대기업 같은 데 다니던 사람들이 주로 치는 시험인데도 말이야. 그것도 오랫동안 준비해서 보는 건데도. 하지만 수능 국어 영역은 그 정도 시험이 '절대' 아니야. 적어도 아이들이 소유한 능력의 차이가 그대로 실제 점수 차이로 이어지지는 않아.

― 그래? 그렇다면 네가 말한 80% 이상이 수능 국어 영역에서 얻을 수 있는 등급은 어때?

= 2등급 이상.

― 뭐? 너 지금 수능 국어 영역에서 2등급 이상 맞을 수 있는 능력을 수험생의 80% 이상이, 그것도 '이미' 갖추고 있다고 말하는 거니?

= 그래. 다시 한 번 말하지만, 수험생이 적어도 고등학생 이상인 경우 80% 이상은 이미 2등급을 얻을 수 있는 능력을 소유하고 있어.

― 1등급은 왜 안 되지?

= 안 되는 건 아니야. 1등급을 맞을 수도 있어. 하지만 그건 약간 불안정해.

― 왜?

= 그건 정보의 소유가 어느 정도 관여하기 때문이야.

― 정보의 소유가 관여한다고? 표상적 지식?

= 그래. 문법에 관한 암기적 지식, 비문학이나 문학에 대한 배경지식, 어휘적 지식 같은.

– 잠깐만. 어휘력은 그럴지 몰라도, 국어 영역은 암기적 지식이나 배경지식을 묻는 시험이 아니라고 하잖아?

= 꼭 그렇다고는 볼 수 없어. 문법에 관한 암기적 지식은 문제를 풀 때 큰 효과를 내주잖아? 물론 수능 문법 문제는 '수험생들은 암기적 지식이 없다' 는 전제 아래 출제되기는 해. 그래서 보기 같은 걸 통해서 문제를 푸는 데 필요한 만큼의 배경지식을 그때그때 제공하는 거고. 그런 보기를 통해 정답을 찾아낸다는 거 자체가 평가요소가 되거든. 그런데 그런 상황에서 암기적 지식이 있는 사람과 그렇지 않은 사람 간에는 문제 푸는 감각이 많이 틀릴 수밖에 없어.

– 음.

= 또 제시문과 관련된 배경지식은 제시문을 이해하는 정도와 속도에 조금이라도 영향을 미칠 테고. 거기에다 배경지식이 있을 때 느껴지는 익숙함이 수험생에게 가져다주는 자신감도 무시할 수 없거든.

– 그렇구나.

= 국어 시험은 암기적인 지식이나 배경적인 지식을 묻지 않는다는 주장이 있기는 하지. 완전히 틀린 말은 아니지만, 그렇다고 전적으로 맞는 말도 아니야. 미안하지만, 이 말은 암기적 지식이나 배경지식이 적은 아이들이 스스로를 '위로' 할 때 사용하는 경우가 많거든. 그렇게라도 '위로' 를 얻으려는 심리를 탓할 수는 없지만, 안정적인 1등급을 얻으려면 다시 한 번 생각해봐야 할 부분이야. 일부 교재나 강의

도 아이들의 이런 '자기 위로'를 부추기는 경향이 있어. 강의나 교재를 통해서 배경지식을 기른다는 게 말처럼 쉬운 일이 아니라서 그렇겠지. 특히 강의가 그럴 거야. 눈에 보이는 효과도 적은데다가 그런 수업에서는 선생님의 역할도 별로 없을 테니까 말이야. 국어에서 '배경지식 기르기'라는 강좌, 혹시라도 본 적 있니? 아마 없을 거야. 있을 수가 없지. 논술에는 간혹 비슷한 강좌가 있어. 하지만 그것도 상당히 제한적일 수밖에 없거든. 왠지 아니? 배경지식이란 건 기본적으로 폭 넓고 깊이 있는 독서 체험을 통해서 길러지는 거라 그런 거야. 결국은 스스로 해야 하는 부분이라는 거지. 어휘력, 이것도 마찬가지야. '어휘 강좌' 같은 게 국어에서 가능하겠니? 영어는 모르겠지만 말이야. 설사 국어에 '어휘 수업'이 개설돼도 누가 그 수업을 듣겠니? 영어처럼 고교 필수 어휘란 게 있는 것도 아니잖아.

— 음.

= 그나마 강의에서 가능한 건 문법에 대한 암기적 지식이겠지. 하지만 이것도 강사 입장에서는 그다지 '폼 나게' 가르칠 만한 게 아니거든. 아이들도 따분해 할 테고 말이지. 국어 문법을 깊게 파고 들어간다는 것 자체가 현장 강의에서는 상당히 부담스러운 일이야. 내가 보기엔 차라리 얇게 만들어진 문법 교재를 하나 사서 여러 번 읽는 게 더 좋아. 강의 듣는 것보다 그게 더 효과적일 거야.

— 그래. 잘 알았어. 하지만 수험생에게는 어떤 식으로든 '위로'가 필요해.

= 위로, 당연히 필요하지. 하지만 '가짜' 위로는 머지않은 장래에 더 큰 절망을 가져다줄 수 있거든. 배경지식이나 암기적 지식 없이도 만점 맞을 수 있다고 주장하는 건 '거짓' 위로야. 오히려 암기적 지식, 배경적 지식 같은 '표상적 지식'도 중요하지만, '절차적 지식'이 훨씬 더 중요하다고 말해주는 게 그나마 '진짜' 위로겠지. 아이들이 이미 갖고 있는 절차적 지식에 비하면 암기적 지식이나 배경지식 같

은 표상적 지식은 어쨌든 국어 시험에서 차지하는 비중이 '절대적으로' 작아. 물론 이미 안정적인 2등급이 된 친구들은 당연히 이 부분까지 챙기는 게 좋겠지만 말이야.

— 암기적 지식이나 배경지식과 상관없이 수험생의 80% 이상이 2등급을 얻을 수 있는 능력을 이미 소유하고 있다? 하지만 그런 지식이 있으면 1등급 맞기가 상대적으로 편하다?

= 그래. '배경지식'이나 '어휘력'은 결국 언어 체험의 폭과 깊이에 달린 문제라 사실 특별한 대책이 없어. 다시 독서의 중요성을 강조하는 정도로 하고 넘어갈게. 하지만 '암기적 지식'은 마음먹고 하면 단기간에 완성할 수도 있어. 국어 문제 가운데 문법 문제가 주는 위압감이 가장 크지만, 이것도 사실은 그렇게 크게 걱정할 부분은 아니거든. 어쨌든 중요한 건, 이런 '표상적 지식'을 뺀 나머지 '절차적 지식', 그러니까 대다수 수험생들이 이미 가지고 있는 국어 능력만으로도 2등급을 맞을 수 있다는 사실이야. 잘하면 1등급도 가능하고 말이지.

— 그래? 그런데 왜 시험을 못 보는 아이들이 그렇게 많아?

= *소유한 능력을 발휘하지 못해서 그래.*

— 능력은 이미 소유하고 있는데, 그걸 발휘하지 못해서 그렇다는 거니?

= 맞아.

— 능력이 있으면 그 능력은 당연히 발휘되는 거 아닌가?

= 능력이 자연스럽게 발휘되는 걸 가로막는 게 없다면 그렇겠지.

— 잠깐만. 이 부분은 천천히 이야기해봐야겠어. 두루뭉술하게 넘어갈 이야기가 아닌 것 같아.

= 그렇게 하렴. 그런데 그럼 지금까지 내가 한 이야기는 두루뭉술했다는 거니?

— 아니. 이 부분은 좀 더 꼼꼼하게 이야기해야 할 거 같다는 말이야. 설마 '정색' 하고 그렇게 물은 건 아니겠지?

= 정색하고 물은 거야.

— 그렇다면 미안. "대다수 아이들이 이미 소유한 능력이 발휘되지 않는 건 그걸 가로막는 방해물이 있어서다, 만약 그 장애물이 제거되면 그 능력은 자연스럽게 발휘된다." 네가 하고 싶은 말이 이런 거니?

= 그래.

— 정말?

= 그래. 정확해.

업은 아이 삼 년 찾기
_자기 능력에 대한 불신이 가져온 비극

― 좋아. 네 말대로라면 '국어만 잘하는' 아이들은 어쨌든 능력이 방해받지 않고 충분히 발휘돼서 그렇다는 거지?

= 맞아. 그런 게 아니라면 공부도 안 하면서 항상 좋은 성적을 얻는 '기이한' 현상을 도저히 설명할 수가 없어. 너 아까 이런 아이들을 연구하고 싶다고 했지? 그런 욕구가 생기는 게 당연해. 다른 과목에서는 결코 발생하지 않는, 정말 이상한 일이거든. 그 흔한 문제집도 한 권 안 푸는 아이들이 어떻게 고득점을 하게 되는지, 이걸 도대체 어떻게 설명할 수가 있겠니? 그 아이들 중에 가뜩이나 책까지 안 읽는 아이들이 포함돼 있다면 더 그렇겠지. 그리고 이 친구들이 우리가 말한 '스킬'이나 '접근법', 더구나 '독해력 향상 프로그램', 그런 거에 관심조차 있을까? 아니, 그런 게 있다는 사실이나마 알고 있을까? 아까도 이야기했지만, 절대 그렇지가 않아.

― 음.

= 국어 잘하는 게 이 친구들만은 아니겠지. 하지만 이 아이들이 주변으로부터 특별한 시기와 질투를 한 몸에 받게 되는 것도 무리는 아니야. 하는 게 없거든. 국어 공부라고는 정말 하는 게 없는데, 성적은 항상 잘 나오니까. 국어 공부라고 이것 저것 챙겨서 하는 데도 성적이 안 나오는 입장에서는 정말 때려주고 싶겠지. 그렇다면 이런 '구타 유발자들'이 국어에서 좋은 성적을 내는 이유는 결국 그 아이들에게 어떤 능력이 있다는 거고, 내가 보기엔 그 능력이 잘 발휘되는 거뿐이라는 거야. 물론 그 능력은 이 친구들뿐만 아니라 대다수 아이들이 이미 갖고 있는 능력인 거고.

— 그래. 알겠어. 그렇다면 '국어도 잘하는' 아이들도 결국 그 능력이 방해받지 않아서 그런 거겠네?

= 그렇지.

— '국어만 못하는' 아이들은 능력은 갖고 있지만, 그게 무슨 이유 때문인지 방해받아서 그런 거고.

= 정확해.

그렇다면 국어는 새로운 정보를 쌓거나 새로운 능력을 기르는 게 아니라, 이미 갖고 있는 능력을 끄집어내거나 살리는 게 중요하다는 거니? 그리고 혹시 그 능력이 뭔가에 의해 막혀 있다면, 그걸 치우는 게 중요하다는 말이니?

= 맞아. 새로운 정보를 쌓거나 새로운 능력을 기르는 게 중요한 게 아니라, 이미 가지고 있는 능력을 발휘하는 게 중요하다는 거지. 만약 지금 능력이 발휘되고 있지 못하다면, 그건 그 능력이 발휘되는 통로가 외부에 의해 자기도 모르게 막혔거

나, 스스로 틀어막고 있기 때문이라는 거고. 말하자면 그런 거야.

— 그래? 그럼, 그 통로를 막는 게 뭐야? 아까 말한, 공부를 '더' 하는 것도 그런 거야?

= '자전거 타기'에 다시 비유해볼게. 그게 좋을 거 같아.

— 그래.

= 사람들은 결국 넘어지고 다치고 하다가 어느 순간부터 자전거를 잘 타게 된다고 했잖아.

— 그래.

= 여기서 자전거를 배우기 위해 넘어지고 다치고 하는 과정은 우리가 모국어 화자로 태어나서 십수 년 동안 국어를 말하고, 읽고, 쓰고 했던 과정이라고 보면 돼. 내 말은, 그런 보편적인 과정을 거쳐 어쨌든 고등학생이 됐다면 적어도 수능 국어 영역에서 2등급 이상을 얻을 수 있는 능력을 이미 갖췄다고 봐야 한다는 거야. 아까 말한 난독증이나 언어장애 같은 병적인 증상이 없다면, 그 사람은 이미 국어를 잘할 수 있는 능력, 말하자면 국어에 관한 '절차적 지식'을 충분히 갖추고 있다는 거지.

— 그래. 거기까진 알겠어.

= 사실 '국어만 잘하는' 아이들은 그 능력을 굳이 발휘해야겠다는 의식 없이 그저 발휘한 것뿐이야. 자전거를 타게 된 사람이 굳이 자전거를 잘 타야겠다는 특별

한 의식 없이 그냥 편안하게 자전거를 타는 것과 똑같은 거야. 더군다나 이 친구들은 내가 지금 진짜 자전거를 잘 타고 있는 건지 궁금해 하지도 않아. '혹시 어느 날 갑자기 내가 자전거를 못 타게 되면 어쩌지' 하는 걱정과 불안감도 없고. 결국 어떤 상황에서도 편안하게 자전거를 잘 타는 거지.

— 그래? 그럼 '국어도 잘하는' 아이들은?

= '국어도 잘하는' 아이들, 이 친구들도 자기가 가진 능력을 별 생각 없이 발휘하고 있는 거야. 그런데 이 친구들은 '국어만 잘하는' 아이들과는 조금 달라. 이미 잘하고 있으면서도 뭔가 더 잘해 보려는 욕구가 있거든. 입시가 가까워질수록 그 욕구는 점점 더 강해질 테고. 그래서 어떻게 하면 지금처럼 앞으로도 자전거를 꾸준히 잘 탈 수 있을까 고민하기도 하고, 결국 《자전거 잘 타는 법》 같은 책도 구해서 보게 되는 거야. 그런데 이게 거꾸로 자전거 타는 능력을 크게 떨어트리거나 방해하는 거지.

— 그래? 하여튼 거기까진 알겠어. 그런데 '국어만 못하는' 아이들은 말하자면 자전거를 아예 못타는 아이들과 같은 거 아니야?

= 심각한 난독증이나 언어장애가 있다면 그렇겠지. 그런데 그렇다면 국어만 못할 리가 없잖아? 다른 과목은 잘하고 있다면 그게 더 이상한 거겠지. 그리고 적절한 비유는 아니지만, 난독증이나 언어장애를 굳이 자전거 타기에 비유하면 탑승자가 두 팔이 없거나 두 다리가 없는 거나 마찬가지야. 정말 그래. 정말 심각하고 예외적인 경우야. 우리가 여기서 이러쿵저러쿵 이야기할 수 있는 사례는 아니라고 봐야겠지. 그 친구들은 '학습'이 아니라 '치료'가 필요해. 이건 웃자고 하는 이야기가 아니야.

— 그럼 '국어만 못하는' 아이들도 자전거 잘 타는 능력은 이미 갖고 있다는 거지? 국어로 말하면, 국어를 잘할 수 있는 능력은 이미 갖추고 있다는 거고. 그런데 왜 시험을 못 보는 거야?

= 아까 말한 대로 자기도 모르게 그 능력이 발휘되는 통로가 막혀버린 거겠지. 아니면 스스로 틀어막은 것일 수도 있고.

— 왜 그런 거야?

= 이 친구들은 불행하게도 자기가 이미 자전거 잘 타는 능력을 갖추고 있다는 사실 자체를 몰라. 그러면서 《자전거 잘 타는 법》이란 책을 통해서만 자전거를 배우려고 엄청 애쓰는 거야. 당연하게도 그런 식으로 자전거를 배우려고 하면 자전거 잘 타기는 한없이 늦춰지는 거야. 그런데 이상하게도 자전거 타기가 지연되면 지연될수록, 이 친구들은 《자전거 잘 타는 법》이라는 책에 더 '강박적'으로 매달리게 되거든. 해도 안 되는 거라고 분명하게 판단하면 그나마 괜찮은데, 이상하게도 책을 제대로 읽지 않았다거나 더 열심히 적용하려고 노력하지 않았다고 자기 탓을 하는 거야. 이건 '강박'에서 '자학'으로, 다시 '강박'으로 이어지는 '절망의 사이클' 안에 자기도 모르게 들어가는 거야. 그런데 웃긴 게 뭔 줄 알아? 이미 자전거를 탈 줄 아는데, 도대체 뭘 새로 배우겠다는 거야? 그걸 모르고 책만 보면 자전거를 잘 탈 수 있을 거라고 착각하는 게 비극이라면 비극이지. 마치 아이를 등에 업고 있으면서도 그 아이를 잃어버린 걸로 착각하고, 산이고 바다고 몇 년을 찾아 헤매는 꼴인데, 그러면 그럴수록 자기도 지쳐가고 희망도 점점 사라지게 되는 거야. 그러다 어느 순간 등에 업혀 있던 아이마저 어딘가에서 진짜로 잃어버리는 끔찍한 일을 겪게 될 테고.

— 업고 있던 아이를 진짜 잃어버린다? 업고 있던 아이는 이미 갖고 있는 국어 능

력이겠지? 그런 식으로 가다보면, 그 능력을 정말로 상실할 수도 있다는 말이니?

= 너 혹시 '안타이오스' 이야기 아니?

— 모르겠는데.

= 안타이오스는 그리스 신화에 등장하는 힘센 거인인데, 땅의 여신 가이아의 아들이래. 안타이오스는 땅에 발을 붙이고 있는 한 누구한테도 지지 않았어. 그런데 그의 영토를 통과하려는 여행자는 그와 반드시 겨뤄야 했거든. 살아서 지나간 사람은 당연히 단 한 명도 없었지. 그런데 어느 날 헤라클레스와 딱 맞붙게 된 거야. 헤라클레스는 안타이오스의 그 어마어마한 힘의 원천을 알고 있었거든. 그래서 그를 번쩍 들어 올린 거야. 발이 땅에서 떨어진 안타이오스는 제대로 힘도 써보지 못하고 죽을 수밖에 없었지.

— 재미있는 이야기네. 그런데 왜 갑자기 그 이야기를 하는 거야?

= 이 신화는 국어를 못하는 친구들에게 중요한 의미를 갖거든. 안타이오스가 대지에서 태어나 거기서 힘을 얻었듯이, 이미 국어를 잘하고 있는 친구들도 바로 '절차적 지식' 속에서 힘을 얻고 능력을 최대한 발휘하고 있다는 거야. 땅에 발을 붙여야 '천하무적' 이 되는 안타이오스처럼 아이들도 절차적 지식을 신뢰하고, 그것과 넓은 접촉면을 유지해야만 국어 고득점의 가능성을 높일 수 있다는 거지. 만약 수험생이 절차적 지식이라는 '견고한 대지' 로부터 공기가 희박한 공중으로 높이 올라가 표상적 지식만으로 뭔가 해보려고 하면 어떻게 되는 줄 아니? 자칫 원래 갖고 있던 국어 능력마저 잃어버릴 위험을 감수해야 한다는 말이야. 국어 못하는 아이들이 바로 이런 상태거든. 그런데 수많은 학습서들까지 가세해서, 그 아이들에게 절차적 지식의 세계를 떠나라고 자꾸 부추기고 있는 거야. 땅에서 발을 떼라는

거지. *그건 아이들에게 원래 가지고 있던 국어 능력을 포기하라고 권유하는 거나 마찬가지야.*

― 잠깐만. 국어 공부하는 게 그렇게 나쁜 거야? 네 말대로라면 국어 공부는 거의 '악의 축'이고 '절대 악' 수준인데.

= 그렇게 되나? 나는 사실 국어 공부 자체를 비판하는 게 아니야. 국어 공부가 도대체 뭔지에 대해 근본적인 질문을 던져보라는 거지. 그리고 그런 강의나 교재들이 만들어놓은 통념을 의심 없이 받아들이기보다는, 거기에 '괄호'를 치는 게 중요하다는 걸 강조하는 거야. 첫 단추를 잘못 끼우면 옷을 아무리 제대로 입으려고 해도 그럴 수가 없거든. 결국 번거롭더라도 단추를 풀고 난 다음에 처음부터 다시 입어야 해. 내 말은 그게 제대로 된 국어 공부의 출발점이란 거야. *잘못된 통념은 마치 '매트릭스' 같아서 "나는 지금 내 의지와 노력으로 공부를 하고 있다"고 생각할 때조차, 그 의지나 노력의 내용이 사실은 누군가에 의해 나에게 '주입'된 것일 가능성이 높거든.* 그러니까 뭔가 근본적으로 다른 방식, 말하자면 매트릭스에서 빠져나올 수 있게 해주는 '빨간 약' 같은 게 필요한 거야. 또 영화 〈매트릭스〉의 주인공 '네오'처럼 그걸 삼키는 용기도 필요한 거고.

― 음.

지리산에서 호랑이 찾기
_기존 학습서의 기대하지 않은 효과

= 물론 국어 공부, 그러니까 해설이나 스킬, 접근법 같은 것이 나오는 교재도 '기대하지 않은 효과'란 게 있기는 있어.

— 기대하지 않은 효과? 그게 뭔데?

= 말하자면 이런 거야. 책에 적힌 해설이나 스킬 혹은 접근법을 완벽하게 이해하려 하고, 그걸 시험에 적용하려는 태도부터 먼저 버려야 한다는 거지. 그게 급선무야. 그런 걸 통해서는 절대 우리가 원하는 능력이 길러지지 않거든. 왠지 알아? 우리는 이미 그 능력을 갖고 있기 때문이지. 그러니 따로 그 능력을 기른다는 것 자체가 말이 안 되는 거야. 그랬다가는 자칫하면 있던 능력마저 사라지게 돼. 딱 하나, 책에 실린 제시문이나 보기, 문항, 답지, 심지어는 해설이나 접근법에 관한 내용을 '그냥' 편하게 읽는 것은 괜찮아. 다시 말하면, 보편적인 의미의 독서 경험은 국어 능력 유지에 도움이 된다고 볼 수 있어. 그게 바로 기대하지 않은 효과야. 내가 보기에는, 국어 교재를 공부해서 어떤 효과를 봤다면 그 효과는 백이면 백 모두 이런 거야. 부수적인 효과.

— 부수적인 효과? 기대하지 않은 효과?

= 그래. 예를 들면 이런 거지. 지리산에 들어가서 호랑이를 잡는 게 내 원래 목적이거든. 그런데 지리산에는 처음부터 호랑이가 없어. 잡고 싶어도 잡을 수가 없는 거야. 그렇다면 호랑이를 잡겠다는 목적은 시작부터가 잘못된 거야. 하지만 호랑이를 잡겠다고 지리산 여기저기를 돌아다니면 나도 모르게 얻게 되는 게 있다는 거지. 산의 지형이나 날씨의 변화, 식물의 분포 같은 거. 거기에다 여기저기 돌아다니면서 몸에 근육도 생기고 체력도 좋아지겠지. 물론 나는 '이 따위' 경험을 하려고 지리산을 돌아다닌 게 절대 아니거든. 하지만 이런 체험은, 정말 지리산에 호랑이가 나타났을 때, 호랑이가 아니라면 적어도 늑대 정도가 나타났을 때, 전혀 생각하지 못했던 긍정적 효과를 발휘한다는 거야.

— 그래? 지리산을 돌아다닌다는 건, 국어로 말하면 결국 일상적인 독서 체험을 말하는 거지? 그런데 그런 경험이라면 꼭 국어라는 말이 타이틀에 들어간 책을 통해야만 할 필요는 없을 거 같은데.

= 맞아. 아무 내용이든 문자언어로 적혀 있는 걸 자주, 그리고 많이 읽는 것이 중요해. 신문도 좋고, 잡지도 좋고, 소설도 좋고, 인터넷 게시글도 좋고. 그건 마치 자전거 타는 감각을 잃지 않게 도와주는 것과 같은 역할을 하거든.

— 그런데 그건 어쨌든 독서가 중요하다는 말 아니니? 다시 독서로 돌아간 거야?

= 꼭 그런 건 아니야. 이제부터는 다른 이야기를 할 거거든. 하지만 국어 영역, 그리고 일부 사회탐구 영역에서 그나마 믿을 수 있고 검증된 공부법은 여전히 독서야. 그냥 일상적으로 편하게 하는 '독서'. 그 효과는 우리가 생각하는 거보다 훨씬 커. 문제집 보고 교재 볼 시간에 책을 봐야 돼.

― 문제집 풀고 교재를 보는 대신 소설이나 잡지, 인터넷 게시글 같은 걸 보라는 거니?

= 그래. 사실 문제집이나 자습서도 잡지나 소설, 인터넷 게시글 보듯이 보면 독서 효과는 비슷할 수 있어. 문제는 학생들이 그렇게 보지 않는다는 거지.

― 그렇게 보지 않는다?

= 이미 가지고 있는 국어 능력, 말하자면 절차적 지식을 유지하는 방식이 아니라, 뭔가 새로운 표상적 지식을 얻으려고 책을 본다는 말이야. 이미 소유한 '절차적 지식'을 유지하는 '체험'이 아니라, 새로운 '표상적 지식'을 습득하는 '학습'으로서의 독서, 그런 방식은 해롭다는 거지.

― 좋아. 하지만 EBS 교재는 조금 다르지 않니?

= 제시문의 내용이나 거기에 나오는 개념이 수능에 재활용된다고 하니까 다른 거보다 조금 더 꼼꼼히 읽을 필요는 있겠지. 그렇다고 어차피 달달 외울 수는 없는 일이고, 어차피 수능에 임박해서 한 번 다시 훑어봐야 하잖아? EBS 교재의 제시문도 잡지나 소설 읽듯이 편하게 읽는 게 가장 좋아. 그래야 기억도 오래 가거든. EBS 교재에만 나온 낯선 문학작품 정도는 정리가 필요하겠지. 수능 날 그 작품을 만나면 어쨌든 익숙할 테니까. 국어에서 익숙함은 자신감으로 이어질 가능성이 높거든. EBS 교재는 활용 가능성이 상대적으로 높은 배경지식을 쌓는다는 기분으로 읽으면 충분해.

― 그래? 어쨌든 좋아. "대다수 학생들이 수능 국어 영역을 잘 치를 수 있는 능력을 이미 소유하고 있다." "그런데 기존의 학습방식은 오히려 그 능력을 사라지게 만

든다." 지금까지 뭐 이런 이야기를 한 거지?

= 그래. 그리고 국어 능력의 발휘를 방해하는 걸림돌이 하나 더 있어.

— 첩첩산중이네. 그래? 그게 뭔데?

= 신화.

— 신화?

국어는 감으로 풀면 망한다?
_아이들의 발목을 잡는 '신화 중의 신화'

= 너, 신화가 뭐라고 생각하니?

— 신에 관한 이야기 아닌가? 그리스로마 신화 같은. 네가 앞에서 '프로크루스테스' 하고 '안타이오스' 이야기도 했잖아?

= 문학적으로는 그렇지. 하지만 사회과학에서는 '신화' 라는 말을 조금 다른 의미로 사용하거든. 사회과학에서 신화는 '실제로는 그렇지 않은데 많은 사람들이 그렇다고 믿는 것', 말하자면 '집단적 착각' 이라는 의미야. 국어 영역에는 이미 소유한 '절차적 지식' 이나 '능력' 의 발휘를 보이지 않게 숨어서 방해하는 신화가 있어. 대부분의 학습서가 그런 신화를 더 부추기고 있고.

— 그래? 네가 앞에서 말한 '잘못된 통념' 도 넓은 의미에서는 신화겠네?

= 그렇지. 잘못된 통념이란 게 '사실은 그렇지 않은데 그렇다고 대다수가 믿는 거' 니까, 그것도 일종의 신화지. 하지만 지금 말하려는 신화는 이미 소유한 국어

능력을 결정적으로 가로막는 것, 굳이 말하면 '신화 중의 신화' 야.

— '신화 중의 신화' ? 그게 뭐야?

= 좀 긴 데 들어볼래?

— 그럼. 당연하지.

= 너, 처음에 교재에 있는 해설이 마음에 안 든다고 했지?

— 그래.

= 비문학은 해설이 어떻게 돼있다고 했니?

— "제시문의 몇 번째 문단, 몇 번째 문장이 정답과 오답의 근거다." "제시문의 '어디에' 이런 정보가 나와 있는데 그걸 바탕으로 '이렇게' 추론하면 정답 여부를 알 수 있다." 뭐 이런 정도 아닌가?

= 그런데?

— 별로 도움이 안 된다는 거지. 이건 시험 볼 때마다 번번이 드는 생각이기도 하고. 사실 제시문으로 다시 돌아가지 않아도, 그러니까 앞에서 대충 읽은 내용만으로도 답이 보이는 경우도 있거든. 하지만 정말 어려운 문제는 답지가 맞는지 틀리는지 알 수 있는 정보가 제시문의 어디에 있는지 확인이 안 되고, 또 그걸 찾는 데 시간이 많이 걸려서 어려운 거잖아. 어떤 때는 그 비슷한 정보를 찾아도 그걸 가지고 해설대로 추론하기 어려운 경우도 많고. 해설서에 따르면 아무리 어려워도 그

런 과정을 통해서 문제를 해결해야 한다는 거잖아? 하지만 실제 시험장에서 그렇게 하기가 쉽냐는 거지. 해설처럼 답을 판단하는 정보가 어디에 있는지 금방 찾아내고, 그 정보를 가지고 정확하게 추론할 수 있다면 왜 걱정을 하겠니?

= 그렇지. 그런데 너 혹시 제시문을 한 번 읽고 답지를 보면 이게 답 같은데, 막상 제시문에서 그 내용을 확인하려고 하면 잘 안 찾아지는 경험 한 적 있니?

— 많지.

= 그럴 때는 어떻게 하니? 그냥 답 같은 걸 고르고 넘어가니?

— 아니. 어떻게 그래? "모든 답의 근거는 제시문 안에 있다"는 '철칙' 모르니? 왜 답인지, 왜 답이 아닌지를 알려주는 걸 제시문으로 돌아가서 눈에 불을 켜고 찾아야지.

= 잘 찾아지니?

— 잘 찾아지면 그 고생을 하겠니? 안 찾아지기도 하고, 찾아도 그게 아닌 거 같고, 그러다보면 시간만 엄청 쓰게 되고. 그런 문제 몇 개 만나면 그날 시험 망하는 거지 뭐.

= 제시문에서 근거를 찾으려고 애쓰지만, 그게 쉽지 않다?

— 그래.

= 다시 한번 물어볼게. 교재를 보든 문제를 풀든, 하여튼 그런 걸 많이 해도 어려

운 제시문이나 문제를 만나면 여전히 근거를 찾는 게 어렵다는 거지? 그리고 근거를 계속 찾으려고 시도하다보면 시간만 많이 쓰게 된다는 거고?

— 그래.

= 그렇다면 그런 문제는 어때? 시간은 썼지만 그래도 맞는 편이니?

— 아니. 대부분 틀려.

= '이중고'구나.

— 이중고?

= 그래. 시간을 많이 썼으면 맞기라도 해야 하는데, 틀리기까지 한다는 거잖아. 그건 국어 시험에서 가장 안 좋은 상황이거든. 시간도 쓰고 답도 틀리고, 그러니까 '이중고'지.

— 맞아. 이중고네.

= 이건 나중에 다시 자세하게 이야기할 건데, 지금 간단하게만 물어보자.

— 그래.

= 너 아까 제시문이 어렵든 쉽든 일단 읽고 나서 답지를 보면 답 같은 게 보인다고 했잖아? 그런데 그걸 답으로 고른다는 게 말이 안 되는 거 같고 불안하기도 하니까 제시문 같은 데서 근거를 찾으려고 애쓴다는 거잖아. 그런데 그게 잘 안 돼서 시간

을 많이 쓰게 된다, 뭐 이런 거지?

— 그렇지.

= 알았어. 그럼 처음에 그냥 답처럼 보이는 걸 고른 경우하고, 제시문에서 근거를 찾으려고 애쓰다 결국 찜찜하지만 이거라고 고른 경우가 있는 거잖아? 그 둘 중에 어느 게 정답인 경우가 많니? 결과적으로 보면.

— 그러고 보니 처음에 답처럼 보이는 걸 고른 경우가 정답이 되는 경우가 훨씬 많았던 거 같은데. 그런데 그렇게 맞았다고 해서 처음부터 문제를 그렇게 '막' 풀려고 한 건 아니야. 남은 시간이 많지 않아서 어쨌든 빨리 풀고 넘어가야겠다고 마음먹을 때 그렇게 돼. 말하자면 어쩔 수가 없어서 '막' 풀게 되는 거지. 그런데 그런 게 맞는 경우가 무지 많아. 어, 다시 생각해보니 조금 신기하네.

= 그럼, 아예 처음부터 그런 식으로 문제를 '막' 풀면 좋잖아? 괜히 눈에 불 켜고 여기저기 샅샅이 뒤지면서 잘 찾아지지도 않는 근거를 찾기보다는 말이지.

— '막' 풀라고? 장난하니? 그럴 수는 없지. 어떻게 그런 식으로 답을 고르니? 그건 수험생이 하면 안 되는 행동이잖아.

= 아니. 그렇게 고른 답이, 근거 찾으려고 애쓰다 결국 마지못해 고른 답보다 정답 인 확률이 높다며?

— 어쩌다 그런 거겠지.

= 어쩌다? 많은 경우에 그렇다고 네 입으로 말했잖아. 좋아. 그렇다면 다 떠나서,

확률적으로도 그게 훨씬 정답이 될 가능성이 높은 건 사실이잖아? 그렇다면 '눈 딱 감고' 그렇게 해도 되는 거 아닌가?

— 궤변 같은데.

= 궤변?

— 그렇지. 궤변. 설사 맞힌다고 하더라도 그렇게 문제를 푸는 게 어디 있어? 그게 무슨 시험이야?

= 그래? 그럼 그렇게 안 풀면? 네가 하는 건 제대로 푸는 거야?

— 당연하지.

= 그런데 그렇게 제대로 풀려고 하면 시간만 엄청 쓰고 결국 틀린다며?

— 그건 내 실력이 그 정도라 그런 거지. 진짜 제대로 풀면 그렇지 않겠지.

= 이야기가 또 제자리에서 맴도는 것 같은데, 좋아. 그러면 언제쯤 그렇게 될 수 있다는 거니?

— 그건 나도 모르지.

= 너도 모른다고?

— 말해 놓고 보니까 이상하기는 한데, 솔직히 언제 그렇게 될지는 나도 잘 모르겠어.

= 만약 수능 시험 볼 때까지 그렇게 안 되면, 너 어떻게 할 거야?

─ 글쎄. 거기까지는 생각 안 해봤는데. 그때까지는 잘되겠지.

= 허.

─ 웬 허탈한 웃음?

= 너 지금 몇 학년이니?

─ 고등학교 2학년.

= 그럼 지금까지 그렇게 해도 안 되던 게 1년 정도 지나면 결국 될 거라는 거야? 미안하지만, 그거야 말로 근거 없는 희망 아니니?

─ …….

= 국어 공부를 별로 안 하는 아이들이 어쨌든 지금까지 시험을 잘 봐왔고, 앞으로도 잘 볼 거잖아. 그런데 나름대로 공부한다고 한 너는 아직까지는 잘 못 봤지만, 앞으로는 무슨 일이 생겨서 '갑자기' 잘 보게 될 거다? 너 정말 그렇게 될 수 있다고 생각하니? 그거 자신에게 하는 '희망고문' 아니니?

─ 누구한테 고문당하는 것도 아니라 내가 나에게 고문을 하고 있다는 말이니?

= 국어를 잘하는 아이들, 특히 '국어만 잘하는' 아이들의 특징이 뭔지 아니?

— 아까 이야기했잖아? 읽는 거 좋아하는 거 같고, 국어에 대한 부담감이 없고, 문제를 편하게 푸는 거 같고, 시간도 안 모자라고. 네 식으로 말하면 이미 갖고 있는 국어 능력이나 '절차적 지식'을 아무런 방해 없이 잘 발휘하는 거고. 그 정도 아닌가?

= 그 아이들이 지닌 또 다른 특징이 뭐냐면, 제시문 한 번 읽고 답지를 훑어봤을 때 답으로 보이는 걸 그대로 고르는 거야. 그게 다른 사람한테는 문제를 편하게 푸는 걸로 보이는 거고.

— 뭐라고? 설마. 설사 그렇더라도 그건 문제가 쉬울 때만 그렇겠지.

= 아니. 어려운 문제도 그렇게 하는 경우가 훨씬 많아.

— 거짓말. 쉬운 문제는 나도 그런 느낌을 경험한 적이 있어. 제시문 한 번 읽고 답지 보면 '이게 답이다'라는 느낌. 어떤 때는 그래 놓고도 불안하니까 제시문에서 근거를 찾아서 '쐐기'를 박으려고 하기도 하지만, 그럴 필요까지는 없겠다 싶은 경우도 있었던 것 같아. 하지만 어려운 문제도 그런 식으로 푼다는 건 좀 무모하잖아?

= 무모하다? 그럼 한번 물어볼게. 제시문이 어렵거나 문제 형태가 복잡하면 '이게 답인 것 같다'는 느낌을 주는 답지가 아예 안 보인다는 말이니? 아니면 그런 게 보이기는 하지만 그걸 그냥 고르기가 두려워서 추가로 확인 과정을 거친다는 말이니?

— 후자에 가깝지. 보이기는 해도 그걸 그대로 선택하기에는 찜찜함이 많이 남잖아?

= 그렇다면 어려운 문제는 항상 제시문에서 근거를 찾고, 그 근거로 이런저런 추론을 해서 답을 고르니?

— 그럴 때도 있고 아닐 때도 있고.

= 아닐 때는 언제니?

— 시험 시간이 얼마 안 남았을 때는 할 수 없이 처음에 보이는 답을 고르는 경우가 있지.

= 그래서 결과는 어떤데?

— 그게 좀 이상하다니까.

= 어떻게 이상해?

— 아까도 말한 거 같은데, 그렇게 '편하게' '성의 없이' '막' 푼 문제가 제시문에서 근거를 찾고 그걸로 추론해서 풀려고 한 문제보다 정답을 고르게 되는 경우가 많거든.

= 혹시 그게 네가 이미 가지고 있는 국어 능력이 발휘된 거라고는 생각 안 하니?

— 뭐라고?

= 아까 대다수 아이들이 그런 능력을 이미 소유하고 있는데 발휘를 못한다고 내가 말했잖아. 그 대다수에는 당연히 너도 포함될 테고. 그렇다면 혹시 답인 거 같

아서 편하게 풀었는데도 정답을 고르게 되는 그런 상황이 네가 가진 능력 때문이라고 생각해본 적은 없냐고 묻는 거야.

— 그런 생각은 한 번도 해본 적이 없는데.

= 그래? 쉬운 문제야 어차피 잘하는 아이든 못하는 아이든 이게 답인 거 같다는 느낌이 비슷하게 오거든. 그럼에도 불구하고 머뭇거리고, 쩜쩜해 하고, 불안해하는 심리가 다를 뿐이고. 결국 그런 '심리의 차이'가 '해결 시간의 차이'를 가져오고, '점수의 차이'로 결론이 나는 거거든.

— 그래?

= 재미있는 건 어려운 문제에서도 이게 답인 거 같다는 초반의 느낌은 잘하는 아이나 못하는 아이나 거의 비슷하다는 거야.

— 정말?

= 그래.

— 너 지금 제시문 읽고 답지를 훑어봤을 때 이게 답인 것 같다는 느낌, 그 느낌이 국어 능력이라는 거니? 대다수 아이들이 이미 소유한?

= 맞아.

— 가만있어봐. 그건 보통 '감(感)'이라고 하는 건데.

= 뭐 표현이야 아무래도 상관이 없지. 그게 '감'이든, '절차적 지식'이든, '보편적인 언어 체험의 결과'든.

– '감'이 국어 능력이라니, 너 제정신이니?

= 그래. *그게 '진실'이야. 그동안 아무도 말하지 않던 '국어의 불편한 진실'.*

– 아니, 그럴 리가 없어. 교재를 보거나 강의를 들어보면 '감'으로 풀면 안 된다는 말뿐이잖아? 국어 시험은 정오답의 근거를 찾는 논리적 과정이라는 거지. 상식적으로도 맞는 말이잖아? 세상에 어떻게 감으로 시험을 보니? 설사 감으로 어쩌다 문제를 잘 풀었다 해도, 그걸 믿고 어떻게 중요한 시험을 치르니? 안정적이지 못한 거잖아.

= 안정적이지 못하다?

– 그래.

'감'
_국어 문제 해결의 결정적 도구

= 그렇다면 감으로 풀지 않는 방식, 그러니까 지금 네가 푸는 방식은 '안정적'인 거니? 너, 문제 풀 때 정답의 근거를 논리적으로 찾아야 한다고 했지? 그런데 결국 시험 볼 때 그게 잘 안 돼서 성적이 안 나오는 거고. 그런 상황이 매번 반복된다며? 가슴에 손을 얹고 말해봐. 그게 정말 안정적인 거니?

— 꼭 그런 건 아니지만, 아무리 그래도 감으로 문제를 푼다는 건 조금.

= 사실 쉬운 문제는 이런 이야기를 할 것도 없어. 그냥 풀면 되니까. 그런 문제를 가지고 왈가왈부하는 건 입만 아픈 일이야. 오히려 그냥 풀면 될 문제인데 근거를 찾는다든가 오답을 확실하게 제거하려고 하다가, 헷갈리거나 틀리는 경우가 대부분이거든. 어려운 문제도 헷갈리는 답지들 가운데서 감으로 이거라고 판단되는 답지를 선택하는 게 제시문에서 근거를 찾으려고 애쓰거나 뭔가 추론해서 답을 고르는 것보다 몇 배는 정답률이 높아. 거짓말 같지만 진짜 그래.

— 그 말은 받아들이기 어려워. 그렇게 애매하게 문제를 푼다는 건 말이 안 돼.

= 네가 의외로 단호하구나. 좋아. 그럼 네 말대로 어려운 문제를 만나서 감이 아닌 논리적 풀이 과정을 거쳤다고 치자. 그렇게 하면 헷갈림이나 애매함이 눈 녹듯이 사라질 거 같니? 오히려 시간만 쓰다가 여전히 남는 애매함을 '그래도 나는 논리적으로 근거를 찾으려고 노력했다'는 그럴듯한 구실로 합리화할 가능성이 훨씬 더 높아. 인정하기 힘들겠지만, 그게 실제 모습이야.

– 음.

= 흔히 '감'이라고 부르는 절차적 지식은 사실 우리가 생각하는 것처럼 아무렇게나 작동하는 게 아니야. 모국어 화자로 태어나 적어도 십수 년 동안 한국어를 읽고, 말하고, 쓰고 했던 경험은 그렇게 간단한 게 아니거든. 사실은 나도 모르게 쌓인 엄청난 '언어적 재산'이지. 다시 말하지만, 국어는 지식이 아니라 체험이야. 말 그대로 '체험'. 네가 아까 국어는 아무리 이것저것 공부해도 결국 '십수 년 인생사'로 문제를 풀게 된다고 말했지? <u>그 '십수 년 인생사'의 다른 이름이 바로 '감'이야.</u>

– 좀 억지 같은데. 아무리 그렇게 이야기해도 그런 방식은 여전히 위험한 거 같아. 불안하기도 하고 운적인 요소도 많이 개입될 텐데, 시험 준비를 그런 식으로는 할 수 없을 거 같아.

= 그게 '신화 중의 신화'라는 거야. 사실 국어를 잘하는 아이들이 문제를 푸는 '궁극적 도구'는 감이야. 오히려 그 감을 신뢰하지 못하고, 예민하게 만들지 못하는 데서 '국어의 불행'이 시작되는 거지. 특히 '국어만 못하는' 아이들의 '비극'은 전적으로 여기에서 싹트는 거야. 이런 신화는 이미 소유한 국어 능력을 무디게 만들어. 아니면 아이들로 하여금 자기가 가진 그런 능력의 힘을 일부러 무시하게 만들고. 그러면서 '표상적 지식'의 중요성만을 내내 강조하는 거야. 실제 시험 상황

에서는 써먹을 수도 없고, 써먹으려고 이렇게 저렇게 시도하면 오히려 큰 어려움을 겪게 만드는.

— 네가 하는 말에 동의하기는 솔직히 어려워. 하지만 한번 이야기나 들어보자. 그렇다면 어떻게 해야 하는 건데?

= 이미 소유하고 있는 '감'을 끄집어내야지. 지금은 동의하기 힘들고 믿기 어렵겠지. 하지만 *그것만이 국어 문제를 '주어진 시간 안에' '제대로' 해결하는 유일한 방법이야.* 이제부터 그 감을 신뢰하고 예민하게 만드는 방법을 말해줄게.

— 잠깐만. 네 이야기도 어떤 의미에서는 '표상적 지식' 아니니?

= 그렇지 않아. 모순적인 말이지만, 표상적 지식으로부터 벗어나게 도와주는 표상적 지식이라고는 할 수 있겠지. 이건 '자전거 잘 타는 법'을 구구절절이 설명하는 게 아니거든. 그게 아니라, 네가 지금 이미 자전거 잘 타는 능력을 가지고 있다는 사실을 '상기' 시키는 거고, 또 네가 지금 이미 자전거를 잘 타고 있다고 '격려' 하는 거야.

— 음.

쉬운 문제, 어려운 문제
_난이도를 결정하는 변수들

= 하나 물어볼게.

― 그래.

= 자전거 타기가 쉽다는 게 무슨 말이니?

― 말 그대로 자전거 타는 게 어렵지 않다는 말이지.

= 그럼 이렇게 물어볼게. 국어 시험에서 어떤 문제가 쉽다고 할 때, 그 문제는 왜 쉬운 거니?

― 쉬우니까 쉬운 거지.

= 답이니까 답이라는 말하고 비슷하네.

— 그런가? 말해 놓고 보니까 그러네.

= 문제가 쉽다는 말의 정확한 의미가 뭐니?

— 잘 모르겠어.

= 조금 긴 이야기니까 집중해서 들어봐. 먼저 제시문이나 작품 내용이 일반적이면서 친숙하면 쉽겠지? 핵심 내용이 반복되거나 직접적으로 드러나도 쉽겠고. 어쨌든 편안한 기분으로 읽을 수 있을 테니까 말이지.

— 그렇겠지. 또?

= 내용이 조금 낯설어도, 글의 구조나 전개방식, 그리고 표현 같은 것들이 단순하고 분명하면 쉽겠지? 처음에는 지레 겁먹고 위축됐다가도 글을 읽다보면 어쨌든 몰입이 되면서 나름 이해가 될 가능성이 높으니까 말이지.

— 그럴 거 같아. 다른 게 또 있니?

= 아직 많이 남아있어. 보기나 자료, 그래프나 그림 같은 특이한 조건을 사용하지 않고 단순한 형태를 보이면 쉽겠지. 어쨌든 제시문이나 작품만 가지고 문제를 풀면 될 테니까, 복잡하지는 않잖아?

— 맞아.

= 또 있어. 답이라고 판단하는 데 필요한 '언어단위' 가 작은 경우에도 아이들은 보통 쉽다고 생각해.

— 언어단위? 그게 무슨 말이야?

= 아. 언어단위. 문제를 해결하기 위해서 필요한 정보의 양이야. 예를 들면 단어 나 어휘가 가장 작은 단위고, 그 다음은 하나의 어구나 문장, 그 다음은 두세 문장, 그 다음은 문단, 마지막으로 가장 큰 언어단위는 제시문 전체가 되는 거야.

— 아. 그런 걸 언어단위라고 하는구나. 그렇다면 하나의 어구나 문장으로 풀리는 문제가 두세 문장이나 문단을 이해해야 풀리는 거보다 쉬운 거겠네?

= 그렇지. 일단 언어단위가 작으면 아이들은 대부분 쉽다고 여기게 되고, 실제로 도 잘 푸는 경향이 있어.

— 또?

= 문제를 해결하는 데 필요한 사고수준이 낮을수록 쉬운 문제라고 그래.

— 사고수준? 그게 뭔데?

= 이 말은 자주 들어봤을 거 같은데.

— 무슨 말?

= 사실적 사고, 추론적 사고 같은 말.

— 아, 그게 사고수준이야?

= 그래. 단순하게 제시문의 정보를 사실적으로 확인만 하면 풀리는 문제가 가장 쉬운 문제야. 말하자면 제시문에 나와있는 정보가 그대로 답지에 다시 등장하는 경우. 같은 내용이지만 표현이 다른 걸로 바뀌면 조금 어려워지겠지. 하지만 크게 바뀌지만 않는다면 대부분 쉽게 해결해. 그 다음이 추론적 사고야. 이건 단순한 사실확인보다 조금 더 어렵다고 봐야겠지. 말하자면 제시문과 똑같거나 비슷한 답지를 고르는 게 아니라, 제시문 내용을 바탕으로 이런저런 추론과 상상을 해야 답이 골라지는 경우야. 보통 '심화학습'이나 '글을 읽은 후에 보인 반응', '글을 읽은 후에 던진 질문' 같은 게 이런 문제야. '비판적 사고'니 '창의적 사고'니 하는 것도 크게 보면 이 추론적 사고에 포함되는 거고.

― 그렇구나. 사고수준은 이 두 가지뿐이야?

= 아니. 두 가지가 더 있어. 세부내용 확인하고 어휘력.

― 그래?

= 세부내용 확인도 자주 들어본 말이지? 제시문이 낯선데다가 글이 전개되는 모양이 복잡하고 까다로워서 이해가 잘 안 되는 경우가 있잖아? 그럴 때는 세부정보란 게 쉽게 확인이 안 되거든. 당연히 시간도 많이 쓰게 되고. 거기에다 세부정보가 하나가 아니라 제시문 여기저기에 흩어져 있고, 그걸 모두 확인하고 종합해야 하는 문제는 많이들 어렵다고 하지. 실제로 정답률도 떨어지고.

― 어휘력은 뭐야? 말 그대로 어휘를 많이 안다는 건가?

= 그렇지. 제시문이나 답지를 읽을 때 결정적인 역할을 하는 어휘가 간혹 있거든. 그때 그 의미를 모르거나 잘못 알고 있으면, 다른 게 다 잘 돼도 큰 문제가 생기거

든. 그거 하나 때문에 정오답이 갈리는 경우가 실제로 꽤 많아. 일반적인 어휘력 말고도 문맥적 의미나 사전적 의미를 묻는 문제, 속담이나 한자성어 같은 관용적 표현, 이런 것도 넓게 보면 어휘력에 포함된다고 할 수 있겠지.

— 아. 그럼 사고수준이란 게 '단순 사실확인'이 가장 낮고, 그 다음이 '추론적 사고', 그리고 '세부정보 확인'과 '어휘력'이 가장 높은 거란 말이지? 단순 사실확인 →추론적 사고→세부정보 확인 순으로 문제가 어려워진다는 건 알겠는데, 어휘력은 다소 의외다.

= 그래서 독서가 필요하다고 했잖아.

— 어휘력은 독서 말고는 답이 없는 거야?

= 독서도 중요하지만, 어휘와 관련된 문제는 첫 느낌이 중요해. 모국어 화자로서 십수 년 동안 한국어를 지속적으로 체험한 사람들만 갖게 되는 '언어적 직관'이란 게 바로 그때 작동하거든. 그런데 이 초반의 느낌을 무시하고 뭔가 논리적으로 접근하거나 잘못된 익숙함을 떠올리면서 문제를 해결하려고 시도하면 오히려 시간만 쓰고 결국 틀리는 경우가 많아. 어휘 문제는 나중에 다시 자세하게 이야기하자.

— 알았어. 문제가 쉽다고 여기는 이유에는 또 뭐가 있어?

= 이건 국어 시험 정답률에 가장 큰 영향을 주는 건데, 사실 주목하는 사람들이 많지 않아.

— 그래? 가장 중요한데, 사람들은 별로 신경을 안 쓴다? 그게 뭔데?

= *정답의 표지성이 강하고, 오답의 간섭도가 낮을 때 정답률이 높아져.*

− 쉬운 게 아니고 정답률이 높아진다고 말하는 거니? 쉬우니까 정답률이 높은 거 아냐?

= 객관적으로 문제가 쉽다는 것과 결과적으로 정답률이 높다는 건 엄격하게 말하면 다른 말이야. 문제가 어려워도 정답률이 높을 수 있고, 문제가 쉬워도 정답률이 낮을 수 있으니까 말이지.

− 그래?

= 그래. 이 이야기는 따로 할 기회가 있을 거야.

정답의 표지성
_5지 선다형 객관식 문항의 태생적 한계

— 알았어. 그런데 정답의 표지성이 뭐야? 표지? 책의 겉장이나 커버를 말하는 거니?

= 책의 겉장이나 커버를 말하는 표지는 한자로는 '表紙'라고 쓰는데, 내가 말하는 표지는 그런 표지가 아니라 '標識'라고 쓰는 표지야.

— 무슨 뜻이야?

= 국어사전을 찾아보면, 표지는 '1. 표시나 특징으로 어떤 사물을 다른 것과 구별하게 함. 또는 그 표시나 특징. 2. 다른 대상과 구별하여 어떤 대상을 확정하고 그것을 인식할 수 있게 하는 개념적 특성. [유의어] 마크'라고 나와 있어. 정답의 표지성은 쉽게 말하면, 오답과 구별되는 정답의 특성이라는 의미야.

— 오답과 구별되는 정답의 특성? 그럼 오답의 간섭도는?

= 흔히 하는 말로 오답의 매력도라고도 해. 간섭도 또는 간섭성이 높다는 것은 오답이 간섭하는 정도가 커서 정답 찾는 행동을 방해한다는 의미야.

— 정답의 표지성과 오답의 간섭성이 같은 말이니?

= 완전히 똑같은 말은 아니지만, 서로 밀접하게 관련되지. 말하자면 정답의 표지성은 매력적 오답이 간섭하는 정도가 크면 그 뚜렷한 정도가 낮아지겠지. 물론 어떤 정답의 표지성은 아무리 매력적인 오답이라도 간섭할 수 없을 정도로 강렬한 경우도 있고. 제시문이 객관적으로 굉장히 어려운데 정답률이 예상 외로 높게 나오는 경우가 있잖아? 그건 대부분 여기에 해당되는 거라고 보면 맞아. 어떤 경우든 국어 시험에서는 그런 정답의 표지성을 알아보는 '눈' 이 가장 중요한 거야.

— 아.

= 재미있는 건 *'읽기' 에서 문제 푸는 데 어려움을 만들어내는 가장 큰 원인이 바로 이 정답의 표지성이라는 사실이야.* 문학이든 비문학이든 말이지.

— 그래? 그럼 화법이나 작문, 문법은 다르다는 거니?

= 화법은 대화 내용이 생소하거나 복잡할 때 수험생들이 어려워하고, 작문은 문제 푸는 시간이 길면 심리적 부담을 느끼면서 페이스를 잃고 흔들리는 경우가 많아. 문법은 암기적 배경지식이 없으면 조금 어렵겠지. 어쨌든 작문이나 문법 문제에서는 오답의 매력도가 미치는 영향이 매우 적어.

— 정말? 확실해?

= 크게 보면 그래. 이건 내 마음대로 하는 이야기가 아니야. 아이들을 대상으로 한 실증적인 연구 결과가 많이 있거든. 궁금하면 국회 도서관 같은 데 가서 찾아보렴. 자료를 직접 안 봐도 내 이야기를 듣다보면 결국 너도 동의하게 될 거야. 네가 아까 말로는 설명하기 힘든 느낌까지 포함해서 솔직하게 이야기하겠다고 했잖아. 어디서 주워들은 이야기나 막연히 그럴 것이라는 기대를 다 내려놓고, 그동안 국어를 공부하거나 시험을 치면서 겪었던 생생한 경험을 떠올려 보자는 거지. 그때 네 속마음이 내는 소리를 있는 그대로 들어보면, 내가 하는 이야기가 무슨 뜻인지 차차 알게 될 거야.

— 음. 그런데 질문이 있어.

= 뭔데?

— 내용이 어렵고 복잡하니까 오답 제거가 쉽지 않아서 정답이 눈에 안 들어오는 거 아닌가? 그래서 결국 시간이 많이 소비되는 거고. 이렇게 보면 서로 다 연결되는 거 아냐?

= 그런 면도 있겠지. 하지만 그렇지 않은 경우가 더 많아.

— 정말?

= 아까 비슷한 이야기를 한 거 같은데, 제시문은 쉬운데 문제는 어렵다거나 반대로 제시문은 어려운데 문제는 쉽다는 말, 들어본 적 있니?

— 들어봤을 뿐만 아니라, 나도 그런 경험을 많이 하는데. 아, 그게 이거야?

= 관련이 있지. 제시문이 낯설고 까다로워서 제대로 이해가 되지 않았는데도 정답이 눈에 확 들어오는 경우가 있잖아. 거꾸로 제시문이 친숙하고 쉬워도 답이 금방 눈에 들어오지 않는 경우가 의외로 흔하고. 결국 정답이 눈에 확 들어온다는 건 정답의 표지성이 강하거나 오답의 간섭성이 낮아서 그렇다는 말이거든. *'답이 보인다'는 말은 달리 말하면, 오답의 간섭에도 불구하고 정답의 표지성을 금방 알아본다는 의미야.*

— 왜 그런 거야?

= 읽기는 문학이든 비문학이든 제시문 자체의 어려움, 조금 어려운 말로 '문항의 내적 근거'로만 난이도가 결정되는 게 아니거든. 오히려 지금 말하는 정답의 표지성이 정답률에 미치는 영향이 훨씬 더 커. 객관식 5지 선다형 문항의 특징이자 한계지. 우리가 국어 영역을 정복한다고 할 때, 비집고 들어갈 수 있는 '결정적 틈새'가 바로 이 부분이야.

— 결정적 틈새?

= 그래. 우리가 보는 객관식 5지 선다형 시험의 문항은 결국 4개의 오답과 1개의 정답으로 이뤄질 수밖에 없잖아? 이런 시험은 출제자가 그렇게 답지를 만들지 않으려고 아무리 애를 써도, 거의 필연적으로 정답의 표지성이 드러날 수밖에 없거든. 선다형은 답지 안에서 정답을 추측하고 예상할 수 있는 흔적이나 '마크'를 아무리 없애려 해도 결코 없앨 수 없는 시험이라는 거야. *선다형 문항이 갖는 일종의 특징이기도 하지만, 한편으로는 태생적 한계라고도 볼 수 있지.* 특히 정답이 정확하게 판단이 안 되는 경우가 있잖아? 우리 표현으로는 답지를 두 개 남겨놓고 무지 헷갈릴 때. 그때 결국은 정답이 갖는 표지성을 알아보느냐 못 알아보느냐에 따라 정오답이 갈리는 거거든. 너도 가만히 생각해보면 내 말이 무슨 의미인

지 어렴풋하게라도 느낌이 올 거야. 그렇다면 문제는 그런 헷갈리는 상황에서 그나마 정답의 표지성을 찾아내는 거겠지. _우리가 앞에서 말한 '국어만 잘하는' 아이들이나 '국어도 잘하는' 아이들이 가지고 있는 국어 능력이란 게 사실은 바로 이거야. '정답의 표지성을 발견하는 능력', 쉬운 말로는 '감'._

— 그래?

= 5지 선다형 객관식 문항에서 잊지 말아야 할 게 있어. 정답은 상대적이라는 거. 말이 좀 웃기지만, 국어 시험에서 절대적인 건 절대적으로 없거든. 절대적인 판단이 아니라 상대적인 판단이 중요하다는 거야. 그리고 그 상대적 판단의 정확성은 5개 답지 가운데 1개 답지가 갖는 '상대적' 표지성을 알아차리고, 그 표지성이 이끄는 대로 따라가는 '순종적인 태도'에서 비롯된다는 거지. 많은 경우 논리적 해석과 추론은 시간이 지나면 지날수록 처음에 '감'으로 알아본 표지성에서 점점 멀어지는 방향으로 작동하거든. 그때는 이미 감이 많이 사라진 상태기 때문에 헷갈리면 헷갈릴수록 안 찾아지는 근거를 찾으려고 더욱더 집착하게 되는 거야. 논리적 해석이나 추론도 더 하게 되고 말이지. 사실 아이들 마음속을 들여다보면 그런 해석과 추론이 맞는다는 확신이 전혀 없는 데도 말이지. 결국 그냥 그렇게 흘러가게 되는 거야. 그저 내 논리와 해석과 추론이 더 가해졌다는 데서 오는 일종의 '애정'과 '집착'이 오답을 선택하게 하는 부정적 힘으로 작용한다고 봐야겠지.

— 그래? 그런데 영어나 수학도 5지 선다형이잖아?

= 수학은 정답의 표지성이라는 게 아예 없어. 매력적 오답이란 것도 굳이 말하면 정답 앞뒤로 근접한 수치를 차례로 제시하는 것 정도겠지. 국어에서 말하는 정답의 표지성이나 오답의 매력도가 문제가 되는 시험이 처음부터 아니야. 영어는 수학보다는 낫겠지. 영어도 '언어'니까 말이야. 하지만 국어처럼 정답의 표지성이나

오답의 매력도가 미치는 영향이 '절대적' 이지는 않아.

— 그렇구나.

= 그래. 문제가 쉽다는 말이 무슨 의미인지 지금까지 설명했는데, 반대의 상황이 되면 그 문제가 어려워진다는 건 알겠지?

— 그래. 그건 내가 한번 말해볼게.

= 그래. 한번 해보렴.

— 문제가 어렵다는 건 첫째, 제시문이나 작품 내용이 낯설거나 핵심 내용이 반복되지 않고 직접적으로 드러나 있지 않은 경우야.

= 그래. 또.

— 둘째, 설사 내용이 익숙해도 글의 구조나 내용전개 방식, 그리고 표현 같은 것들이 복잡하고 까다로운 경우.

= 또.

— 셋째, 보기나 자료, 그래프나 그림 같은 특이한 조건을 사용해서 복잡한 형태를 보이는 경우도 어려운 문제야.

= 또.

─ 넷째, 답이라고 판단하는 데 필요한 언어단위가 큰 경우.

= 그렇지. 계속해보렴.

─ 다섯째, 문제를 해결하는 데 필요한 사고수준이 높아도 어려워.

= 마지막으로 또.

─ 여섯째, 오답의 간섭도가 높아서 정답의 표지성이 약하다면 그건 어려운 문제야. 그리고 이건 실제로 정답률에 가장 큰 영향을 주는 거야.

= 그래. 잘했어.

─ 정리해 놓고 보니, 결국 국어 문제가 어렵거나 쉬운 이유는 여섯 개네.

= 세분하면 더 많아질 수 있겠지. 하지만 보통 그 정도라고 보면 돼. 그리고 여기서 정말 중요한 게 하나 있어.

─ 뭔데?

= 첫째에서 다섯째까지의 이유와 마지막 여섯째 이유는 차원이 다르다는 거.

─ 차원이 다르다고? 어떻게?

= 제시문이 쉽다, 구조나 표현이 단순하다, 문제 형태가 평이하다, 언어단위가 작다, 사고수준이 낮다, 이 다섯 가지는 말 그대로 그 자체만으로 수험생들에게 쉽다

는 느낌을 주는 거거든. 그리고 그런 게 쉬운 건 세 번째, 그러니까 복잡한 문제 형태만 빼면 모두 제시문 자체의 특성, 말하자면 제시문이 읽기 쉽냐 어렵냐에서 비롯되는 거고. 그런데 마지막 여섯째 이유, 정답의 표지성이 강하다는 건 제시문에 대한 이해와 큰 관련이 없는 경우가 많아.

— 그래?

= 중요한 게 또 하나 있어.

— 뭔데?

= 첫째에서 다섯째까지의 요인 때문에 어려운 경우, 다시 말하면 제시문이 어렵고, 구조나 표현이 복잡하고, 문제 형태가 까다롭고, 언어단위가 크고, 사고수준이 높아서 문제가 어려울 때도 문제 해결의 결정적 키는 여전히 여섯째 요인인 정답의 표지성이 갖게 되는 경우가 많다는 거야. 거꾸로 앞의 다섯 가지 요인 때문에 쉽더라도 문제 해결 시간을 단축시키는 데는 여섯째 요인, 그러니까 정답의 표지성이 또 큰 영향을 미치게 된다는 거고.

— 음.

= 마지막으로 하나 더. *정답의 표지성을 발견하는 능력은 곧 오답의 매력을 '무시'할 수 있는 능력이야.*

— 오답의 매력을 무시한다고?

= 그래, 무시.

− 오답은 '무시'하는 게 아니라, '제거'해야 되는 거 아닌가? 교재를 보면 정답을 고르는 능력보다 오답을 제거하는 능력이 더 중요하다고 나와 있잖아? 네 말을 듣다 보니 교재에 있는 말이 다 맞는 건 아니라는 생각이 들기는 해. 하지만 "정답을 고르는 능력보다 오답을 제거하는 능력이 더 중요하다"는 건 맞는 말 아닌가?

= 그것도 잘못된 통념, 그러니까 '신화'야. '집단적 착각'. 오답을 제거해서 남는 답지를 정답으로 고르는 것보다 곧바로 정답을 알아보고 선택하는 게 몇십 배는 더 효과적이야.

− 너는 네 마음에 들지 않으면 다 '신화'니? 제시문에서 근거를 찾아서 오답을 제거하는 게 뭐가 나빠? 그렇게 하는 게 정확하고 안정적으로 문제를 푸는 거잖아.

= 정확하게 문제를 푼다?

− 그래.

= 정말 그렇게 하면 정확하게 문제가 풀리니? 그렇게 풀 때 쓰는 시간은 또 어떻게 하니?

− 시간을 쓰게 되는 건 불가피한 거지. 너무 많이만 안 쓴다면.

= 오답을 무시하면 안 된다? 그래서 모든 오답의 근거를 제시문에서 찾아서 제거하는 게 정확한 거고, 그때 쓰는 시간은 어쩔 수가 없는 거다? 다시 물어볼게. 그렇다면 도대체 시간은 얼마나 써야 하는 거니?

− 그건 문제에 따라 다르겠지. 잘 안 찾아지면 많이 쓰겠지.

= 시간을 많이 써도 근거가 안 찾아지면?

— 그때까지 찾은 거로라도 답을 고르고 넘어가야겠지.

= 그게 정확한 거니?

— 내가 할 수 있는 한, 정확하게 풀려고 애쓴 거지.

= 할 수 있는 한, 정확하게 풀려고 애쓴 거다? 하지만 그건 정말 정확하게 푼 게 아니라 말 그대로 정확하게 풀려고 '애쓴' 거뿐이잖아? 애를 썼다는 칭찬은 받을 수 있겠지만, 그게 정말 정확하게 문제를 푸는 걸까? 1문제를 1시간씩 풀면 '명실 공히' 네 말처럼 정확하게 풀 수 있을지는 모르겠다. 하지만 그게 실제로 가능할까?

— 가능하도록 노력해야지.

= 아무리 노력해도 안 되는 거라면?

— 거기까진 생각 안 해봤어.

= 너, 답변이 궁색하면 항상 "거기까진 생각 안 해봤다"고 말하는 버릇 있는 거 아니?

— 그래?

= 그래. 왜 생각을 하다가 멈추니? 끝까지 생각해야지. 너한테는 '노력하면 언젠가는 정확하고 안정적으로 문제를 풀게 될 거'라는 신념이 있는 거잖아. 그 신념에

아까 말한 '괄호 치기', 그걸 한번 해보라니까. '그렇게 되지 않을 수도 있다' 고 판단을 보류해보라는 거야. 그런 다음 그런 신념을 갖게 된 이유가 도대체 뭔지 깊이 파고 들어가보라는 거야. 물론 그때는 어디서 주워들은 이야기나 마땅히 그럴 것이라는 통념은 제쳐둬야겠지. 그건 잘못된 통념을 또 다른 통념으로 합리화하는 거니까 말이지. 그동안 네가 국어 시험을 보면서 수도 없이 경험했던 생생한 느낌들에만 초점을 맞춰보렴. 아마 그 느낌들은 네가 가진 신념과는 전혀 다른 목소리를 낼 거야.

— 음.

= 노력하면 된다는 말, 그동안 교재나 강의에서 항상 들었던 이야기지만 사실은 한 번도 경험한 적이 없잖아? 실제로 네가 시험 볼 때마다 매번 경험하는 건 여전히 미심쩍고 절망스러운 상황이잖아. 둘 가운데 어느 게 진실인지 한번 작정하고 끝까지 생각해볼 필요가 있다는 거야. 국어의 진짜 모습, 그 진실을 발견했을 때 네가 그동안 막연하게 생각했던 것과 너무 달라서 정말 많이 놀랄 수도 있어. 조금 심하게 말하면 경악할 정도로. 하지만 그런 '경악' 을 경험해야 비로소 국어라는 '괴물' 을 다스릴 수 있게 되는 거야.

— 어렵다.

= 어렵지 않아. 내가 옆에서 도와줄 거니까. 그리고 너 조금 전에 '안정적' 이라는 말도 했지? 너 안정적이라는 말을 은근히 자주 쓰는데, 네 말대로 정확하게 문제를 풀면 실제 성적이 안정적으로 나온다는 거니? 아니면 그럴 때 네 마음이 안정적이 된다는 거니?

— 실제 성적이 안정적이면 무슨 걱정이겠니?

= 그렇다면 '난 지금 정확하게 문제를 풀고 있고, 어쨌든 그런 문제풀이 태도는 제대로 된 거니까 난 잘하고 있다.' 결국 이렇게 생각하게 되는 데서 오는 심리적 안정감이 더 크다는 이야기네.

— 결과적으로는 그렇지.

= 그런 안정감 있으면 뭐하니? 도대체 어디에다 쓰니?

— …….

유연함, 편안함, 과감함
_국어 잘하는 아이들의 특징

= 국어를 잘하는 아이들이 갖고 있는 특성 중에 재미있는 게 있어.

― 뭔데?

= '정확하게' 문제를 풀지 않아.

― 뭐라고?

= 네가 말하는 의미에서 정확하게 문제를 풀지 않는다고. '안정적'이지 않다는 거야.

― 내가 말하는 의미?

= 그래. 근거를 찾아서 오답을 제거하고 남는 답지를 정답으로 확정하는 경우가 거의 없다구.

— 그게 사실이야? 그럼 어떻게 하는데?

= 먼저 정답을 찾고, 나머지 답지에는 크게 신경 쓰지 않아. 어떤 의미로는 의도적으로 무시해. 답이 보이면 그대로 그걸 고르고 다음 문제로 신속하게 넘어가는 거지. 진짜 불안해서 확인을 하더라도 그 답지만 확인하고 말지. *네가 말하는 '안정적으로 문제를 풀려는 욕구', 그러니까 '다른 답지는 왜 안 되는지 확인하려는 욕구'는 믿기 힘들겠지만 '국어를 못하는' 아이들, 특히 '국어만 못하는' 아이들이 가장 커.*

— 뭐라구? 오답지를 확인하려는 욕구가 국어를 잘하는 아이들보다 못하는 아이들이 더 크다구? 잘하는 아이들이 못하는 아이들보다 답지를 덜 확인한다는 거야? 그런데도 성적은 더 높게 나온다는 거야?

= 그래. 잘하는 아이들은 답지에 대한 확인 욕구 자체가 크지 않을뿐더러, 설사 확인을 하더라도 그 과정이 굉장히 유연해.

— 확인 과정이 유연하다구? 무슨 말이야?

= 정밀하거나 엄격하지 않다는 거야. 이 부분은 중요한 거라 나중에 자세히 이야기하려고 해.

— 그래? 어쨌든 알았어. 다른 특징이 또 있어?

= '이다'가 아니라 '인 것 같다'는 말을 많이 써.

— '이다'가 아니라 '인 것 같다'는 말을 많이 쓴다구?

= 그래. 너도 비슷한 이야기를 한 적이 있어. 국어를 잘하는 아이들은 "이게 정답이다"가 아니라 "이게 정답인 거 같다"라거나, "이건 오답이다"가 아니라 "이건 오답인 거 같다"라는 말을 자주 한다는 거야.

— 맞아. 국어 잘하는 친구 이야기하면서 내가 그런 말을 했지. 그런데 그게 무슨 차이야?

= 조금 전에 말한 거하고 비슷해. 정확성에 대한 강박이 없고, 그 결과로 사고가 매우 유연하다는 거야. 이런 유연성이 결국은 문제를 편하게 풀게 하고 시간도 크게 줄여주는 거야. 더 중요한 건 이런 태도가 오답의 매력에서 벗어나 정답의 표지성을 더 잘 알아볼 수 있게 하는 능력, 바로 '감'을 높여준다는 거야. 국어 시험에서 '이게 답인 거 같다'는 판단과 '확실하게 이게 답이다'라는 판단은 하늘과 땅 차이거든.

— 하늘과 땅 차이?

= 판단에 이르기까지의 과정과 시간이 전혀 다르다는 거야. 비문학도 그런 측면이 있지만, 특히 문학에서는 '확실하게 이게 답이다'라는 판단에 도달하기까지의 사고과정은 아이들이 상상할 수 없을 만큼 복잡한 거야. 그렇게 했다고 해서 애매함이란 게 완전히 사라지는 것도 결코 아니고.

— 음.

= 예를 하나 들어볼게. 우리에게도 친숙한 시 몇 편을 몇 년 동안 연구하신 국문과 교수님들이 계시거든. 재미있는 건, 그렇게 오랫동안 연구하고도 아직도 충분하지 않다고 말씀하신다는 거야.

— 시 몇 편을 몇 년 동안 연구한다구?

= 그래. 국문과 교수님들도 그러신데, 아이들이 고작 몇 분 동안 작품을 읽으면서 모든 모호함을 제거하겠다고 하면, 그게 가능한 일이겠니? 결국 모호함과 애매함은 고스란히 남아있는 상태에서 아까운 시간만 더 쓰게 될 뿐이지. 사실 '열심히 하면 언젠가는 확실하게 이게 답이라고 확신하게 해주는 사고과정을 신속하게 진행할 수 있겠지' 라고 막연하게 기대하는 것만큼 무모한 건 없어. 솔직히 말하면 '감'에 의존하는 것보다 이게 몇십 배는 더 무모한 거야. 당연히 더 불안정한 거고. 간과하면 안 되는 게 있어. 잘하는 아이들은 절대 그렇게 하지 않는다는 거, 그래서 성적이 높게 나온다는 거, 즉 '국어의 역설' 이야. 국어를 못하는 아이들의 목표가 결국은 잘하는 아이처럼 되는 거라면, 원칙적이라고 하는 문제풀이 방식은 방향을 크게 잘못 잡은 거란 말이지.

— 그래? 그런데 '감' 이라는 걸 좀 더 자세하게 설명해주면 좋겠는데. 쉬운 문제는 나도 '이게 답인 거 같다' 는 느낌이 든 적이 많거든. 그런 느낌에 특별히 이름 붙일 필요가 없기도 하고, 그냥 컨디션이 좋아서 그런가보다 하고 넘어갈 때가 많았지만 말이야. 하지만 네 말대로라면, 나도 그 순간에 어쨌든 정답의 표지성을 알아본 거겠네. 그 당시에는 그렇다는 걸 의식하지는 못했지만 말이지. 하지만 헷갈리는 문제에서 작동하는 감은 네가 좀 더 구체적으로 설명해줘야 할 거 같아. 감이란 게 말 그대로 감인데, 그게 말로 표현될 수 있을까 의문이 들기도 하고. 어떻게 보면, 바로 이런 것이 감을 둘러싸고 벌어지는 가장 큰 논란이잖아?

= 맞아. 국어를 잘하는 아이들에게 왜 시험을 잘 보느냐고 물어보면 "그냥 답이 보인다"는 말을 가장 많이 하잖아. 세상에 답이 보인다니, 그것도 그냥! 뭔가 잔뜩 기대하고 물어본 사람 입장에서는 정말 맥 빠지는 대답이지. 사실 그 친구들이 잘하는 건 감이 제대로 발휘돼서 그런 건데도 말이야. 내 식으로 말하면, 이미 가지고

있는 국어 능력이나 절차적 지식이 방해받지 않고 발휘돼서 그런 거고. 하지만 자기가 문제 풀 때 느낀 그 '감'이라는 걸 다른 사람도 알아듣게 말로 설명하는 건 어려운 일이거든. 그건 그 아이들의 능력 밖의 일이니까 말이지. 정확하게는 능력 밖이라기보다 불가능한 쪽에 가깝지. 그래서 결국 하는 말이 "그냥 답이 보인다"야. 정말 원하지 않았던 대답이지. 뭔가 숨기려는 게 아니라 자기들도 어쩔 수 없어서 그런 말을 하게 되는 거야.

─ 맞아. 그런 거 같아.

= 더구나 국어에서 '감'이라는 말이 갖는 뉘앙스가 하도 안 좋다보니까, 차마 그런 단어를 못 쓰는 심리도 있겠지. 여러 교재나 강의에서도 만날 하는 말이 "감으로 풀면 망한다"는 거뿐이잖아. *아이들과 이야기해보면 '국어는 감으로 풀지 말라'는 이런 조언이 거의 '내면화'된 경우가 정말 많거든. 정작 내면화돼야 할 건 안 되고 엉뚱한 게 마음속에 굳게 자리를 잡은 거지. 다른 과목의 공부 방식이 국어에도 여전히 적용될 수 있다는 잘못된 통념의 내면화가 '감'에 대한 이 같은 '집단적 혐오'를 더 부추기는 역할을 하고 있는 거야.* 그동안 친 수많은 국어 시험을 통해 번번이 '감'의 존재나 역할을 생생하게 느꼈으면서도 그것을 부정하는 이런 모순적인 태도는, 결국 '공부는 표상적 지식의 습득과 축적'이라는 선입견 때문이야. 당연하게도 그런 선입견은 '감'에 대한 의도적 무시나 경시로 이어질 수밖에 없는 거고.

─ 음.

= 하지만 똑같은 수능 과목이라고 해도 수학, 영어, 탐구하고 국어는 정말 다르거든. 지식의 성격이 전혀 달라. 국어는 수능 과목 가운데 유일하게 절차적 지식의 성격을 가진 과목이거든. 그러니까 국어는 "감이 통한다"는 말을 당당하게 해도

되는 과목이야. 이거 정말 중요해. *'국어는 감이 통한다고 당당히 말해도 되는 과목' 이라는 거*. 오히려 감이라는 말을 그렇게 당당하게 쓰고 나서 그 감의 실체가 뭐고, 그 감이 어떻게 발휘되는지에 대해 고민해보는 게 그동안 했던 공부 방식보다 백배는 더 효과적이야. 조금 부풀려서 말하면, 그것만이 국어라는 '괴물' 을 물리치는 유일한 방법이야. 다시 한 번 강조하지만, *'국어는 감' 이라는 사실을 인정하는 것이 제대로 된 국어 공부의 시작이야.*

— '국어는 감이다!'

불편한 진실
_국어 선생님들도 '감'으로 문제를 푼다

= 아까 내가 아는 학원 국어 선생님 이야기를 했지? 당신도 문제 풀 때 솔직히 감으로 푼다고 하시거든. 수험생이었던 과거에도 그랬고, 선생님인 지금도 여전히 그렇다는 거야. 그런데도 수능 문제 다운받아서 풀면 여러 국어 선생님들 가운데 당신이 제일 높은 점수가 나온다고 자랑하시는 거야. 잘난 척을 잘 안 하시는 분인데도 말이지.

— 웃어야 할지 울어야 할지 모르겠다.

= 웃으렴. 그 선생님 말씀이, 수업할 때 "구조적으로 독해해야 한다", "문단별로 소주제와 중심 문장을 찾아 메모해야 한다", "눈에 불을 켜고 제시문에서 근거를 찾아야 한다", "정답을 찾는 거보다 오답을 확실하게 제거하는 게 더 중요하다", "시를 볼 때는 화자가 처한 상황이나 정서, 표현법을 체크하고, 소설의 경우에는 인물이나 갈등관계, 그리고 배경이나 소재의 기능을 챙겨서 읽어야 한다", "가능한 한 많은 문학작품을 가능한 한 깊이 분석해야 한다", 뭐 이런 원칙적인 공부법이나 표상적 지식을 강조하시는 선생님들이 오히려 점수가 안 나온다는 거야.

— 예외적인 사례겠지.

= 몇몇 사례로 모두 다 그렇다고 여기는 거, 그런 성급한 일반화는 나도 싫어해. 그럼에도 불구하고 이런 이야기를 하는 건 국어가 다른 과목하고는 성격이 전혀 다르다는 걸 너한테 알려주고 싶어서야. 예외적인 사례일 수는 있지만, 어떤 시사점은 분명히 준다는 거지. 다른 과목에서는 결코 없는 일이거든.

— 그래. 무슨 말인지 알겠어.

= 그 선생님 말씀이, 다른 선생님들도 당신처럼 감으로 풀었다면 높은 점수를 받았을 거라는 거야. 그런데 "아이들한테 하도 '감'과 반대되는 걸 가르치다보니, 자기도 모르게 그쪽으로 끌리는 경향성이 생겨서 그러시는 거 같다"고 나름대로 분석하시더라구. 무의식적인 '자기기만'의 결과라고.

— 자기기만?

= 선생님 자신은 아예 안 하는 거나 해봐도 안 되는 걸 아이들에게 가르치는 건 분명히 '자기기만'이지. 안타까운 건 시험을 못 봤어도 아이들은 오히려 "선생님이 알려준 원칙적인 공부법을 더 열심히 하지 않아서였다"고 자기 탓을 한다는 거야. 선생님한테는 한없이 죄송해 하고 말이지. 세상에 이렇게 착한 아이들이 또 어디에 있니? 사실 국어 선생님들 중에는 이런 일이 매년 반복되는 것에 대해서 정말 괴로워하는 분들이 의외로 많다고 해. 나 같아도 이런 일이 반복되면 견디기 힘들 거 같아. 그때마다 드는 '두려움'과 '미안함', 그리고 '자괴감'은 말로 다 표현할 수가 없겠지. 그래서 결국 국어라는 과목을 가르친다는 것에 대해서 근본적인 회의를 하는 선생님까지 생긴다는 거야. 술자리 같은 데서 그런 괴로움을 토로하신다는 거지. 하지만 과목을 바꾸거나 직업을 바꿀 수는 없는 일이니까, 다음

해에도 또 그런 식으로 아이들을 가르칠 수밖에 없다는 거야. 사실 그게 더 괴로운 일이겠지.

— 허. 그런 일이.

= 모든 국어 선생님들이 다 그런 건 아니겠지. 하지만 적어도 그런 '오욕의 순간'이 다른 과목보다 국어 선생님에게 더 많다는 이야기를 하신 거 같아.

— 그렇구나. 그런데 사례가 너무 극단적이기는 하다.

= 그렇지. 예외적인 경우겠지. 하지만 내가 진짜 하고 싶은 이야기는 이거야. 이렇게 말하지 않더라도 많은 사람들은 국어가 결국은 감이라는 걸 이미 막연하게나마 본능적으로 알고 있다는 거야. 모르는 게 아니라 충분히 알고 있어. 그럼에도 불구하고 모두들 '그럴 리가 없다'고 머리를 가로젓고 있는 꼴이지. 그동안의 경험이나 '마음의 소리'에 비춰보면 국어는 감이 중요하다는 걸 충분히 알겠는데, 머리로는, 그리고 논리로는 도저히 그걸 인정할 수가 없다는 거야. 그렇게 되는 가장 큰 이유는 '감'이라는 말을 하는 그 순간부터 더 이상 할 말이 없어지기 때문이겠지. 감이란 게 우리가 국어 시험을 볼 때 끊임없이 의존하고 체험하는 그 무엇이지만, 정작 정밀하게 들어가려고 하면 그것에 대응하는 '언어'가 없거든. 언어의 '한계'를 넘어서는 거니까 말이지. 감이란 게 말 그대로 감인데, 그 느낌과 그 느낌이 문제 풀 때 통하는 방식을 도대체 어떻게 말로 설명하느냐는 거야. 결국 '말할 수 없는 것에 대해서는 침묵해야 한다'는 명제를 따를 수밖에 없는 거지.

— 맞아.

= 그러니까 감으로 국어를 잘하는 아이들도 친한 친구들이 아무리 애원해도 달리

할 말이 없는 거야. 아이들도 그런데 학생들에게 뭔가 가시적인 걸 보여줘야 하는 선생님들은 더하시겠지. 결국 그분들도 정작 본인은 감으로 문제를 풀면서, 아이들에게는 "감으로 풀면 큰일 난다"고 겁주는 '자기배반'을 할 수밖에 없는 거야.

— '자기배반'이라.

= 네가 동의하든 하지 않든 국어 시험의 많은 부분은 결국 감으로 해결되는 거거든. 오히려 그렇게 하지 않으려고 의식적으로 노력할 때 생각지도 못한 여러 가지 문제가 발생하는 거야. 많은 선생님들도 그걸 이미 알고 계시고, 당신들이 문제를 풀 때도 사실은 그렇게 하신다는 말이지. 그런데도 아이들한테는 거꾸로 표상적 지식이나 원칙적인 풀이과정을 강조하신다면, 그게 뭐겠니? 분명 *'자기배반'이지. '내가 하지 않는 것을 남에게 가르치는 거'* 잖아? 그렇다면 '자기배반'을 피하는 길은 결국 하나밖에 없는 거야. 그 감이란 걸 아이들도 알아듣게끔 설명해 주는 거지. 그 설명을 듣고 나서 아이들이 "아, 그때 그 느낌이 정답의 표지성을 찾아낸 감이었구나" 하는 생각이 들게끔 말이야. 그래야 많은 아이들이 이미 갖고 있지만 제대로 사용이 안 됐고, 또 그래서 점점 더 무뎌진 감을 되살려 제대로 발휘할 수 있을 테니까 말이지. 그게 바로 '공부 따로 시험 따로'라는 국어 최대의 '문제상황'을 근본적으로 해결하는 방법일 테고. 하지만 지금까지 계속 말한 대로 그건 쉬운 일이 아니잖아? 그러다보니 결국 문제 풀 때 아무런 도움도 주지 못하는, 정확하게 말하면 문제 풀 때 생각조차 하지 않는 표상적 지식이나 원칙적인 문제풀이 과정만 '주구장창' 가르치고, 또 배우고 하는 거지. 그게 국어의 '잔혹한 현실'이야.

— 음.

비밀의 문을 여는 열쇠
_ '정답률'은 굉장히 중요한 정보

= 하여튼 그 감이란 게 뭔지 지금부터 네가 이해할 수 있는 '언어'로 설명해줄게. 그런데 그건 정답률을 이야기하면서 함께 설명하는 게 좋을 것 같아.

— 정답률?

= 그래, 정답률. 독서를 빼고 *국어에서 가장 중요한 게 '감'이라면, '정답률'은 그 '감'을 끄집어내고 예민하게 만드는 결정적인 도구거든.* 굉장히 중요한 정보이기도 해. 조금 심하게 말하면, 국어 영역이라는 견고한 성, 그 성 한쪽에 있는 비밀의 문을 여는 '열쇠'라고도 볼 수 있어.

— 그 정도로 중요한 거야?

= 정답률은 다른 과목에서도 의미를 갖는 수치지. 몇십만 명에 달하는 수험생들의 보편적인 대응 경향을 객관적으로 설명하고 추측할 수 있게 해주는 자료니까. 하지만 특히 국어 영역에서 정답률이 갖는 의미는 어마어마한 거야.

─ 그래?

= 너 수능 국어(언어) 영역의 1등급 컷이 어느 정돈지 아니?

─ 보통 90점대 초중반 아닌가. 딱 90점인 적도 있었던 것 같고. 과거에는 80점대 초중반이었던 적도 많았다고 들었어.

= 그래. 1990년대 후반이나 2000년대 초에는 언어 영역 1등급 컷이 지금보다 크게 낮았어. 그때에 비하면 국어(언어)는 쉬워지고 있는 추세야.

─ 2013학년도 수능에서는 1등급 컷이 98점이라고 들었는데, 사실이야?

= 그래. 3점짜리를 한 개 틀리면 2등급이 되는 '참사'가 있었지.

─ 참사? 그래, 참사였겠네.

= 더 재미있는 건, 그때 2, 3등급 컷이 95, 90점이었어. 90점이 넘고도 3등급.

─ 90점이면 어떤 시험에서는 1등급도 나오는 점수인데. 안됐지만, 좋다 말았겠네.

= 그렇지, 좋다 말았지. 너, 3등급까지가 전체 수험생의 몇 퍼센트인지 아니?

─ 어디서 들었는데 까먹었어.

= 조금 오차가 있기는 하지만, 보통 23퍼센트야. 7등급 이하도 그 정도이고, 4, 5, 6 등급은 모두 합치면 50퍼센트가 조금 넘어.

— 아. 그렇다면 100명 중 25명 정도가 90점을 넘었다는 말이네. 그런데 정답률 이야기하다가 왜 등급 컷 이야기로 넘어갔지?

= 아 그거. 보통 1등급 컷이 90점대 초반이 되면 정답률이 90%가 넘는 문항이 10개 내외가 되거든. 그런데 1등급 컷이 98점이었던 2013학년도 수능에서는 전체 문항의 절반 정도(24개)가 90% 이상의 정답률을 기록했어.

— 그래?

= 중요한 이야기니까 조금 더 자세하게 말할게. 2011학년도, 그러니까 실제 시험은 2010년 11월에 치른 수능 언어영역의 등급 컷은 원점수로 90, 85, 79, 72, 62, 52, 40, 29야.

— 그래? 조금 낮았네.

= 과거에는 1등급이 90점 이상이 아닌 경우도 많았거든. 거기에 비하면 사실 어려운 건 아니었지. 하지만 요즘 국어가 하도 쉽다보니까 1등급 컷이 90점인 시험도 아이들은 꽤 어렵다고 체감하는 거 같아.

— 그렇구나.

= 그때 정답률이 어땠는지 알려줄게. 듣기 포함 50문제 중에서 정답률 90% 이상이 9개, 80%대가 15개, 70%대가 14개, 60%대가 7개, 40%대가 3개, 20%대가 2개였어. 50%하고 30%대는 한 문제도 없었고.

— 음.

= 그런데 정답률에는 재미있는 게 있어.

— 뭐가?

= 정답률이 90% 이상이 되거나 50%대 이하가 되면 변별도가 크게 떨어지거든.

— 변별도? 들어보기는 했는데 그게 뭐야?

= 잘하는 사람하고 못하는 사람이 구별되는 정도야. 쉽게 말해서, 정답률이 90% 이상이 되면 잘하는 아이나 못하는 아이나 거의 다 그 문제를 맞혔다는 거지. 정답률이 50%대 이하가 되는 문제는 잘하는 아이든 못하는 아이든 거의 모든 수험생들이 무지 헷갈리는 문제라는 거고.

— 그렇구나.

= 다음 해, 그러니까 2012학년도 수능 언어 영역 등급 컷은 94, 88, 81, 72, 61, 50, 40, 29야.

— 그래?

= 정답률은 90%대 10개, 80%대 16개, 70%대 14개, 60%대 5개, 50%대 2개, 40%대 3개야. 30%대, 20%대 문제는 없고.

— 그렇구나.

= 2013학년도 수능 언어 영역 등급 컷은 98, 95, 90, 83, 73, 60, 46, 32야.

— 굉장히 높네.

= 맞아. 3점짜리 하나 틀리면 바로 2등급이었지. 정답률은 90%대 24개, 80%대 19개, 70% 3개, 60%대 3개, 50%대 1개야. 40%대, 30%대, 20%대는 한 문제도 없었고.

— 와, 네가 아까 말한 대로 정말 정답률 90%가 넘은 문항이 전체 문항의 절반 정도구나. 24개. 그런데 왜 정답률이 중요한 거야?

= *정답률에 따라 대응방식이 달라서 그래.*

— 정답률에 따라 대응방식이 다르다? 잠깐만. 정답률은 시험이 끝난 다음에 집계되는 거잖아? 어떻게 시험보기 전에 정답률을 미리 알 수 있니?

= 그해 수험생이 보는 수능 시험은 당연히 정답률을 미리 알 수가 없지. 타임머신이 발명되면 가능할지 모르겠다. 하지만 타임머신이 실제로 있다면 누가 정답률만 보고 와서 시험을 보겠니? 아예 정답을 적어 오겠지.

— 너, 타임머신이 언제 발명될 거 같니?

= 네가 100수 정도 하면. 그래서 수능 시험을 100번 정도 보면, 혹시 그게 발명될지도 모르겠다.

— 구타심리가 유발된다.

= 내가 말하는 건 이전 시험의 정답률이야. 기출문제를 풀 때 정답률을 체크해야 한다는 말이지. 정답률을 각각의 문항 옆에 적어놓고, 정답률이 다른 문제에는 다

른 방식으로 대응하는 연습을 해야 한다는 거야. 그래야 '감'을 끄집어내고, 예민하게 만들 수 있거든. 이건 나중에 자세하게 이야기해줄게. 어쨌든 정답률은 어떤 문제에 60만 명 이상의 수험생들이 어떻게 반응했느냐를 '결과적'으로 보여주는 귀중한 자료야.

— '결과적'으로?

= 그래. 출제자들은 문제를 출제할 때, 각각의 문제에 대한 정답률을 미리 예상하거든. 예상 정답률이라고도 해.

— 그런데?

= 예상 정답률과 실제 정답률이 비슷할 거 같니?

— 글쎄. 비슷하지 않을까? 출제자들은 그쪽 분야 전문가들이잖아. 경험도 많을 테고.

예상 정답률과 실제 정답률의 차이
_ '감' 이 부리는 요술

= 너, 난이도 조절에 실패했다는 말 들어본 적 있니?

− 있지.

= 예상 정답률과 실제 정답률 사이에 차이가 크게 벌어지는 걸 다른 말로 난이도 조절에 실패했다고 하는 거야.

− 아, 그렇구나.

= 요즘은 조금 덜하지만, 난이도 조절에 실패하는 대표적인 과목이 뭔 줄 아니?

− 혹시 국어야?

= 맞아. 그런데 국어에서 난이도를 조절하는 게 왜 어려운 줄 아니?

- 글쎄.

= 국어 시험에서는 쉽게 풀 거라고 생각했는데 막상 수험생들은 굉장히 어려워하거나, 거꾸로 어려워서 풀기 힘들 거라고 예상했는데 많은 아이들이 정답을 찾아내는 경우가 많아. 이럴 때 출제자들은 황당할 수밖에 없겠지. 크게 공들이지 않고 편안하게 출제한 문제는 다 틀리고, 출제 역량을 최대한 발휘해서 힘들게 만든 문제는 쉽게 풀어버리는 거니까. 문제를 만든 사람 입장에서는 사실 좀 허무한 상황이지. 뒤통수를 얻어맞은 느낌도 들 테고. 수학이나 영어는 이런 경우가 거의 없는데 말이지.

- 왜 그런 일이 생기는 거야?

= 출제자와 수험생의 눈높이가 달라서이기도 하지만, 그걸 보완해줘야 하는 검토교사들이 자기역할을 제대로 하지 못해서 그런 경우가 많아.

- 검토교사?

= 그래. 수능은 문제를 출제하는 사람과 검토하는 사람이 다르거든.

- 그게 무슨 말이야?

= 문제를 만드는 사람은 현직 대학교수나 교육과정평가원 연구원들이거든. 이 연구원들도 대부분 해당 분야의 박사학위 소지자들이고.

- 그런데?

= 그런 사람들이 만든 문제를 검토하는 사람들은 현직 교사거든. 보통 고등학교에서 5년 이상 근무한 선생님들. 이분들이 하는 역할은 문제를 직접 만드는 게 아니라, 만들어진 문제로 실제 시험이 치러질 때 아이들이 어떻게 대응할 건지를 미리 예상해서 알려주는 거야. 학교 현장에서 구체적인 수업을 통해 아이들과 많은 접촉을 했다고 인정되기 때문에 주어진 임무라고 볼 수 있지.

— 어떻게 대응할 건지를 미리 알려준다구? 그게 무슨 말이야?

= 대학교수나 연구원 신분의 출제자들은 할 수 없는 일, 그러니까 학생 입장이 돼서 문제를 미리 풀어보는 일을 하는 거야. 그런 다음 이 문제는 어려운 거 같다, 이 문제는 시간이 걸릴 거 같다, 이 문제는 너무 쉽다, 뭐 이런 조언을 하게 된다는 거지. 어떤 경우에는 검토교사 전원이 정답을 고르지 못하는 문제도 있어. 말 그대로 전원이 오답을 고르는 거야. 이런 문제는 무조건 다른 문제로 교체돼. 그러니까 난이도 조절에 실패했다는 말은 이런 거야. 검토교사로서 현직 교사들이 내린 판단이 주로 원칙적인 문제풀이 과정에 바탕을 뒀다는 거.

— 원칙적인 문제풀이 과정?

= 그래. 정오답의 근거를 제시문에서 찾는 과정이 쉽냐 어렵냐, 그렇게 찾은 정보로 제대로 추론하는 과정이 쉽냐 어렵냐, 해결해야 할 과제를 파악하는 과정이 쉽냐 어렵냐, 뭐 이런 거.

— 그게 뭐가 잘못된 거야?

= *수험생들이 가지고 있는 '감'이라는 변수를 전혀 고려하지 않는다는 거지.* 대다수 아이들이 실제 문제를 풀 때 크게 의존하는 '감'을 염두에 두지 않는다

는 거, 아니 더 정확하게 말하면 못한다는 게 잘못이라면 잘못이야.

— 그래?

= 아까 출제자들은 쉽게 풀 거라고 생각했는데 막상 수험생들은 굉장히 어려워하거나, 거꾸로 어려워서 풀기 힘들 거라고 예상했는데 많은 아이들이 정답을 찾아내는 경우가 국어에는 많다고 했지?

— 그래.

= 그건 아이들의 '감'이 작동해서 그런 거거든. 감이 제대로 작동하면 어려운 문제도 정답률이 높게 나오고, 감이 작동하지 않으면 쉬운 문제도 오답을 선택하게 되고. 하여튼 그런 거야. 결과적으로 예상 정답률과 실제 정답률 사이에 격차가 크게 벌어졌다는 건 다른 게 아니야. 아이들과 자주 접촉해온 경험 때문에 검토라는 임무를 부여받은 현직 교사들이 그 임무를 제대로 수행하지 못했다는 거지. 쉽게 말해서 아이들 입장보다는 출제자의 입장에서 문제를 풀었다는 말이야. 그러다보면, 논리적으로는 설명하기는 힘들지만, 실제 시험장에서는 크게 작용하는 국어 시험만의 특별 변수, 바로 아이들의 '감'을 경시하거나 무시하게 된다는 거지.

— 다른 과목은 안 그런데 국어만 그런 거야?

= 수학은 감이 거의 작용하지 않는 과목이잖아. 영어는 어쨌든 언어니까 감이 다소 작동하겠지. 하지만 그 비중은 국어와는 '감히' 비교가 안 되고. 영어는 기본적으로 어휘에 대한 암기적 지식이 국어보다 압도적인 비중을 차지하잖아. 게다가 영어에서 밀도가 높은 제시문은 문법에 따른 정확한 독해가 이뤄져야 문제가 해결되는 경우가 많고. 그래서 수학이나 영어는 출제자나 검토교사가 예상하는 정답률

하고 실제 정답률이 크게 다르지 않아. 말하자면 작년보다 금년이 상당히 어려워졌다고 한다면 그건 일부러 그렇게 출제한 거고, 그런 의도가 실현된 거라고 볼 수 있어. 혹시 난이도 조절에 실패했다고 하더라도 그건 아이들의 '감' 을 고려하지 못해서 그런 거는 아니야. 다른 원인 때문이겠지. 하지만 국어는 달라. 작년에 많이 쉬웠으니까 이번에는 어렵게 출제하자는 의도가 있어도 그 의도가 결과적으로는 실현되지 못하는 경우가 많거든. 말하자면 등급 컷이 너무 높다고 비판받았던 지난해보다 오히려 올해 등급 컷이 더 올라가는 '참사' 도 가끔 발생하는 거지. 출제자 입장에서 이건 분명한 '대실패' 지. 이렇게 되는 이유는 다른 게 아니야. 제시문이 쉽고 문제 형태가 단순해도 정답의 표지성이 희미하면 정답률은 뚝 떨어지고, 반대로 제시문이 어렵고 문제 형태가 복잡해도 정답의 표지성이 강하면 정답률은 쑥 올라가는 국어 시험의 특성 때문이야. 그 표지성을 알아보는 건 결국 수험생들의 '감' 인 거고.

— 그래?

= 그래. 다시 말하지만, 출제자들은 제시문이 어렵거나 문제 형태가 복잡할 때 예상 정답률을 낮게 잡거든. 그런데 아이들은 황당하게도 그런 거와 아무 상관 없이 정답의 표지성만으로 답을 그냥 '골라버리는' 거야. 그렇게 보면, _국어에서 난이도 조절이 어렵다는 것은, 문제 풀 때 많은 아이들이 '감' 으로 답을 찾아낸다는 분명한 '증거' 이기도 한 거지._ 그런 점에서 정답률은 대다수 아이들의 '감' 이 작동하는 모습을 잘 보여주는 일종의 '지도' 같은 거라고 보면 딱 맞아.

— 그래? 그런데 그 '지도', 그러니까 역대 시험의 정답률은 어떻게 알 수 있니?

= 인터넷에서 찾아보면, 적어도 수능 기출과 6, 9월 모의평가는 시험별로 정답률을 정리해 놓은 자료를 쉽게 찾을 수 있어. 그리고 그게 번거로우면, 내가 따로 적

어줄 테니까 그걸 보면 되겠지. (편집자 주: 이 책의 맨 뒤에 실린 '부록'을 보라.)

ㅡ 그럼, 그 '지도'를 가지고 우리가 뭘 해야 하는 거야?

= 수능 국어 영역 고득점이라는 '목적지'를 찾아가는 거지. 어디에 '절벽'이 있는지, 어디에 '웅덩이'가 있는지, 그리고 어디에 '지뢰'가 묻혀있는지를 보면서 가장 빠른 지름길을 찾아야겠지. 그때 함께 사용하는 나침반은 결국 '감'일 테고 말이지. 아까도 이야기했지만, 일단 문제 풀 때 그해 시험의 정답률을 따로 프린트해서 각 문항 옆에 미리 표시해 놓고 풀면 효과적이야.

ㅡ 그렇게 미리 표시해 놓으면 선입견이 작용할 수도 있잖아?

= 어떤?

ㅡ 이 문제는 정답률이 높다, 이 문제는 정답률이 낮다는 정보가 심리적으로 미치는 영향이 있지 않을까? 그런 게 문제 푸는 데 보이지 않게 작용할 수도 있잖아.

= 그게 어때서?

ㅡ 정답률이 높은 문제는 대충 성의 없이 '막' 풀려는 욕구가 생길 수도 있고, 정답률이 낮은 문제에서는 답지를 보기도 전에 괜히 주눅이 들어서 심리적으로 위축될 수도 있고. 그런 건 좋지 않잖아?

= 그게 왜 안 좋아? 그런 효과를 얻으려고 정답률을 미리 표시하라는 건데.

ㅡ 뭐라구?

= 어떤 정도의 정답률이 나오는 문제는 어떤 '색깔' 과 어떤 '냄새' 를 가지고 있는지를 보고, 맡고, 느끼는 게 중요해서 그런 거야. 이건 정말 중요한 거야, 지금까지 그런 걸 안 해서 그렇지 그런 걸 여러 번 하다 보면 이 문제는 어느 정도의 정답률이 나올 문제라는 걸 금방 알아보는 '안목' 이 생기거든. 그건 '잘못된 선입견' 이아니라 '좋은 선입견' 이야. 이미 가지고 있는 국어 능력, 그러니까 감을 끌어내는데 이만큼 효과적인 방법도 없어.

— 그리고 보니, 지금 시중에 나와 있는 교재 중에도 문제 옆에 난이도 표시가 돼있는 교재가 있는 거 같은데.

= 아까도 말했지만, 정답률과 난이도는 엄밀하게 말하면 같은 게 아니야. 물론 그런 교재가 정답률을 감안해서 난이도를 정했을 수 있겠지만, 그렇지 않을 수도 있어. 교재를 편집하는 사람의 주관적인 판단일 수도 있거든. 그리고 문제의 난이도를 단순히 상중하로 구분하는 것만으로는 부족해.

— 왜?

= 어떤 문제를 결과적으로 몇 퍼센트의 아이들이 맞혔느냐를 알고 푸는 거하고 단순히 쉬웠다, 어려웠다만 알고 푸는 거는 차원이 다른 거야.

— 그래?

= 그래. '이 문제는 답을 맞힌 90%의 아이들처럼 풀어야겠다', '이 문제는 정답을 찾아낸 60%의 아이들처럼 풀어야겠다' 고 마음먹는 거하고 '아, 이 문제는 쉬웠구나', '이 문제는 어려웠구나' 하고 대충 넘어가는 건 전혀 다른 거야.

— 맞아. 나도 그동안 문제 풀 때 옆에 표시된 난이도에 그다지 신경 쓰지 않았던 거 같아. 그냥 그런가 보다 하고 넘어간 적이 많았던 것 같아.

= 정답률 자료가 중요한 이유는 또 있어. 오답을 선택한 비율이 어떻게 퍼져 있는지도 같이 봐야 해서 그래. 말하자면 오답률 분포.

— 오답률 분포?

= 그래. 정답률 자료는 정답을 선택한 비율만 적혀 있는 게 아니야. 나머지 답지에 대한 선택률도 같이 나오거든. 이건 반드시 챙겨 볼 필요가 있어. 단순히 상중하로 난이도를 구분하는 거하고는 많이 달라.

— 나머지 답지에 대한 선택률을 왜 챙겨야 하는 거야?

= 중요하니까 그렇지. 한번 들어봐. 정답률이 낮은 경우 오답률 분포는 크게 두 가지 모습을 보이거든.

— 어떻게?

= 특정한 오답이 가진 엄청난 매력 때문에 그 답지로의 쏠림 현상이 일어나는 게 그중 하나야. 예를 들면, 정답을 고른 비율은 30%인데 특정 오답을 고른 비율이 40%나 50%를 넘는 경우. 사실 이런 문제는 잘 낸 문제가 아니야. 내가 그렇게 생각한다는 게 아니라 교육과정평가원의 평가기준으로 볼 때 그렇다는 거야. 잘된 문제냐 잘못된 문제냐를 측정하는 '문항 양호도 평가기준' 이라는 게 있거든. 거기 보면 오답지 4개에 대한 반응률이 비슷하게 분포돼야 '양호한' 문항이거든. 그렇다면 특정 오답지로 반응이 쏠렸다는 건 결과적으로 문제를 잘못 냈다는 거지.

— 그렇구나. 문제가 '평가기준' 대로 만들어지지 않은 거네.

= 그래. 다른 과목도 그렇겠지만, 특히 국어는 평가기준대로 문제가 만들어지지 않는 경우가 많다는 건 꼭 기억해두는 게 좋아. 어쨌든 이런 문제는 보통 한두 문제 정도 출제되는데, 이런 문제를 통해서 왜 그 오답이 그렇게 엄청난 매력을 갖게 됐는지, 정답을 선택한 친구들은 어떻게 그런 오답의 유혹에서 벗어나 정답의 표지성을 발견했는지에 대해 고민해봐야 한다는 거지. 해설서의 방식이 아니라 '감'의 방식으로 말이야. 이런 문제는 다른 답지는 전혀 문제가 안 되기 때문에 오답으로부터만 벗어나면 정답인 경우거든. 어떻게 그게 가능한 건지 생각해볼 필요가 있다는 거야. 이런 문제에도 반드시 정답의 표지성이 있었을 텐데, 그 표지성을 알아본 사람이 있고 알아보지 못한 사람이 있었을 뿐이니까. 이건 나중에 자세하게 이야기해줄 게.

— 그래. 두 번째는 뭐야?

= 두 번째는 아이들이 정답을 포함해서 모든 답지를 골고루 선택하는 경우야. '심하게' 골고루 말이야. 예를 들면, 정답을 선택한 비율은 30%이고 나머지 4개의 답지를 선택한 비율은 각각 15%에서 20%에 이르는 경우. 한두 문제 정도가 이런 경우지. 이건 정답의 표지성도 희미할 뿐 아니라 매력적인 오답도 없고, 그렇다고 매력적이지 않은 오답이 있는 것도 아닌 '황당한' 경우야. 보통은 제시문도 극단적으로 어려운데다 문제 형태나 해결 과제까지 까다로운 경우지. 말 그대로 '전면적인 찍기 경쟁'이 벌어지는 거야. 이런 문제는 앞에서 말한 쏠림 현상보다 더 어려운 경우라고 봐야겠지. 정답의 표지성을 믿고 가면 어렵게라도 답으로 유도되지만, 표지성을 느끼지 못할 경우에는 모든 답지가 거의 '같은' 느낌으로 다가올 수도 있어.

─ 끔찍하다.

= 그래. 끔찍하지. 국어에서 어려운 문제란 정확하게 이런 경우를 두고 하는 말이
야. 그런데 솔직하게 말하면, 사실 이런 문제는 희미한 정답의 표지성을 찾아내는
것만큼 시간을 적게 쓰는 것도 중요하거든. 어떻게 보면, 맞느냐 틀리느냐보다 시
간을 많이 쓰느냐 적게 쓰느냐가 더 중요할 수도 있어. *국어 시험은 시간을 과도
하게 소비해서 맞는 거보다, 시간 소비를 최소화하고 틀리는 게 결과적으
로 더 바람직한 경우가 많거든.* 바로 이런 경우가 그래. 이런 '감당이 불감당'
인 문제를 빨리 알아보는 '감'이 필요한 것도 문제를 맞히기 위해서 그렇다는 게
아니야. 문제로부터 빨리 도망치려는 데 더 큰 목적이 있는 거야,

─ 도망친다? 비겁하게?

= 수능 국어 영역은 자존심을 세우는 시험이 아니야. 당연하잖아? 배점 외에는 어
떤 가중치도 주지 않잖아? 안 풀리는 문제를 죽어라고 붙들고 있어야 할 이유가 도
대체 뭐야. 시간이 남으면 다시 돌아올 수도 있고, 돌아오지 못한다 하더라도 어쩔
수 없는 거지. 어차피 이런 문제는 많아야 한두 문제고 틀려도 1등급은 나올 수 있
으니까 그렇게 걱정할 필요는 없어. 이런 문제에서 시간은 절대 정답이 분명해지
는 쪽으로 작용하지 않거든. 오히려 반대 방향으로 작용할 가능성이 훨씬 더 높아.
말 그대로 치명적인 '시간 낭비'가 될 수 있지. 수험생에게 그런 시간은 자신의 잘
못된 선택을 합리화하는 데 사용될 뿐이야. 결과적으로 항상 그래.

─ 그래?

= 자, 그럼 '정답률이라는 지도'와 '감이라는 나침반'을 가지고 어떻게 '국어 고
득점이라는 목적지'를 찾아갈 수 있는지 본격적으로 이야기해보자. 아까 내가 감

이란 걸 언어로 표현해보겠다고 했지?

ㅡ 그래.

= 사실 언어의 한계를 넘어서는 무언가를 언어로 표현한다는 건 쉬운 일은 아니
야. 사실은 조금 역설적인 거지. 하지만 한번 이야기해볼 테니까 잘 들어봐.

ㅡ 잘 듣고 있어.

'감'의 두 얼굴
_정답을 알아보는 능력과 자신의 그런 능력에 대한 신뢰

= 보통 우리가 말하는 감이란 건 두 가지로 나눠지지. '*정답의 표지성을 알아보는 능력*'과 '*표지성을 알아보는 자기 능력에 대한 신뢰*'로 말이야. 그런데 '*정답의 표지성을 알아보는 능력*'은 대다수 아이들이 가진 '*보편적인 특성*'인데 '*정답의 표지성을 알아보는 자기 능력에 대한 신뢰*'는 개인에 따라 큰 차이를 보이는 '*개별적인 특성*'이야.

− 정답의 표지성을 알아보는 게 감이란 건 알겠는데, 그런 감을 신뢰하는 거 역시 감이라는 말은 조금 이해가 안 되는데. 그리고 보편적인 특성, 개별적인 특성은 무슨 말이야?

= 그래. 언뜻 들으면 이상한 말이지. 아까도 이야기했지만 첫 번째 능력, 그러니까 '정답의 표지성을 알아보는 능력'은 아이들 사이에 큰 차이가 없어. 그건 모국어 화자로 태어나 십수 년 동안 '보편적인' 언어환경 속에서 '보편적인' 언어체험을 한 결과라서 그런 거야. 하지만 두 번째 능력, 그러니까 '정답의 표지성을 알아보는 자기 능력에 대한 신뢰'는 개인적인 성향이나 심리적 요인의 영향을 크게 받거

든. 아이들이 가진 '개별적인' 특성이 크게 작용한다는 거지. 특히 국어를 못하거나 국어에 대해 불안해하는 아이들의 경우 자신이 소유한 '감'에 대한 신뢰가 크게 낮거든. 결국 그런 낮은 신뢰감은 원래 갖고 있던 첫 번째 능력도 점점 무뎌지게 만들어. 당연한 말일지도 모르겠지만, 잘하면 더 잘하게 되고 못하면 더 못하게 되는 게 '감'의 작용이 보여주는 특징이거든.

— 음.

= 말하자면 이런 거지. 잘하는 친구들에게는 '*감 → 감에 대한 높은 신뢰 → 높은 성적 → 더 예민해지는 감 → 감에 대해 더 높아지는 신뢰 → 더 높아지는 성적*'이라는 '선순환' 구조가 생기는 거야. 반대로 못하는 친구들에게는 '*감 → 감에 대한 낮은 신뢰 → 낮은 성적 → 점점 더 무뎌지는 감 → 감에 대해 더 낮아지는 신뢰 → 더 떨어지는 성적*'이라는 '악순환' 구조가 생기는 거고. 처음 출발선에 있던 감의 모습은 대부분의 아이들에게 비슷했는데 시간이 지나면 지날수록 전혀 다른 모습으로 변해가는 거야. 그러다가 어느 순간이 지나면 그 격차는 도저히 손을 댈 수 없을 정도로 벌어지는 거고.

— '선순환'과 '악순환'이라.

= 더 큰 문제는 못하는 아이들이 이런 상황을 바꿔보려고 국어 공부를 더 열심히 하게 될 때 일어나. 특히 '국어만 못하는' 아이들이 그럴 때 배우게 되는 원칙적이고, 논리적이고, 분석적인 풀이 방식이나 표상적 지식은 악순환 구조를 개선하는 게 아니라 오히려 더 악화시키는 경우가 대부분이거든. 이 아이들이 그나마 '나락'으로 떨어지지 않는 건, 그렇게 안 하려고 해도 결국은 '감'으로 풀게 되는 문제들이 국어 시험에는 일정 분량 들어가기 때문이고, 이 아이들이 그런 문제를 어쨌든 맞히기 때문이야.

— 음.

= 그리고 한 가지 더. '국어도 잘하는' 아이들. 이 아이들도 막연한 불안감을 없애려고 '국어만 못하는' 아이들의 학습 방식을 따라하는 경우가 있거든. 당연히 그 결과는 부정적이지. "뭐가 됐든 하는 게 안 하는 거보다는 그래도 낫다"는 말은 미안하지만 국어에서는 안 통해. 안 하는 것만 못한 공부가 국어에는 정말 많거든. 만약 수능을 얼마 앞두고 이런 일이 벌어지면 정말 위험한 거야. 모든 게 다 무너지고 망가지거든.

— 공부 안 하는 게 차라리 낫다?

= 공부를 하지 말라는 게 아니라 그런 국어 공부는 하지 말라는 거야. 오히려 이미 갖고 있는 감을 끄집어내고 예민하게 만드는 공부를 해야 한다는 거지. 사실 공부(工夫)라는 말도 어원으로 보면 "훈련이나 연습을 통해서 어떤 일을 익숙하게 잘하게 된다"는 의미가 크거든. 그리고 그런 공부는 내가 말하는 공부, 그러니까 감을 끄집어내고 예민하게 만드는 '체험'과 거의 같은 거야. 내가 하지 말라고 하는 국어 공부는 그런 게 아니라 기존의 학습 방식, 그러니까 원칙적이고, 논리적이고, 분석적인 풀이 방식과 거기에 필요한 '표상적 지식'의 습득에만 매달리는 '잘못된' 공부야.

— 음.

= 감이란 게 결국 정답의 표지성을 알아보는 능력이니까 이제부터 정답의 표지성에 집중해서 이야기를 풀어나가는 게 좋을 거 같다. 보통 잘하는 아이들은 "이게 답인 거 같다"는 말을 자주 하잖아. "이게 답인 거 같다"는 말은 바로 정답의 표지성을 알아봤다는 거야. 문제는, 도대체 어떨 때 '이게 답인 거 같다'는 느낌이 드느

냐는 거지.

— 그래.

= 한번 물어볼게. 너는 어떨 때 '이게 답인 것 같다' 는 느낌이 드니?

— 글쎄. 그 느낌이란 게 문제 풀 때는 느껴지거든. 그런데 그걸 말로 표현한다는 건 조금 그래. 느낌이 드는 그 순간에도 말로 표현하기 어려운데 시간이 한참 지난 다음에 그 느낌이 어땠다고 다시 말로 설명한다는 건, 더 힘들어.

= 그래?

— 예를 들면 비슷하게 생긴 두 물건을 놓고 '어느 게 더 좋거나 끌린다' 는 느낌이 들 수 있잖아? 그런데 나중에 "그게 왜 더 좋다고 생각했느냐," "그게 왜 더 끌렸느냐"고 누가 진지하게 물어보면 사실 특별히 할 말이 없거든.

= 그래. 그렇지.

— 그래서, 그 느낌이라는 것도 결국은 나만의 것이 아닌가 싶은 거지. 어차피 다른 사람에게 설명할 수도 없고, 그러니까 공유할 수도 없는, 뭐 그런 거.

= 언뜻 보기에는 비슷한 물건인데도 그중 하나에 끌리는 건 그 사람의 취향 문제일 수 있겠지. 물론 사람의 취향이라는 것도 겹치는 부분이 많지만, 독특한 취향도 의외로 많거든. 예를 들면 무엇이 아름답다고 할 때 사람들 사이에 일치하는 부분도 있겠지만 그렇지 않은 부분도 많잖아? 그때 그 사람의 느낌은 말 그대로 그 사람만의 느낌이라 다른 사람과 공유하기 어려운 것일 수 있겠지. 하지만 우리가 지

금 말하는 '감'은 그런 것과는 다른 거야. 그러니까 국어에서의 감은 모국어 화자로 태어나서 공통의 언어환경 속에서 십수 년 동안 국어를 말하고 읽고 쓰고 했던 보편적인 언어체험 때문에 만들어진 거거든. 그러니까 군이 말하자면, 고유한 취향이라기보다는 공통의 취향이라고 봐야겠지. 물론 그 취향을 표현하는 방식은 사람마다 다를 수 있어. 하지만 그 느낌 자체는 거의 비슷하다고 보는 게 맞아.

— 그래?

= 그래. "이게 답인 것 같다"는 말도 너무 추상적이기는 하지만 분명히 정답의 표지성 가운데 하나를 가리키는 거지. "이게 답인 거 같다"고 하는 경우 정답의 표지성은 말하자면 두 가지야. '적절하다'는 표지성과 '적절하지 않다'는 표지성.

— 적절하다, 적절하지 않다?

= 적절한 것을 찾아야 하는 '긍정발문'에서는 '적절하다'는 느낌이 정답의 표지성이 되는 거고, 적절하지 않은 것을 찾아야 하는 '부정발문'에서는 '적절하지 않다'는 느낌이 정답의 표지성이 되는 거지.

— 가만. 그건 정답의 표지성이라기보다는 문제의 요구사항이잖아? 이 문제에서는 적절한 것을 찾고, 이 문제에서는 적절하지 않은 것을 찾으라는 문제의 요구사항. 하나마나한 소리 아닌가?

= 맞아. 별다른 이야기를 하려는 게 아니라 '이게 답인 것 같다'는 느낌은 긍정발문에서는 적절하다는 표지성, 부정발문일 때는 적절하지 않다는 표지성이라는 말을 한 것뿐이야.

— 그렇지? 나는 갑자기 당연한 이야기를 하기에.

= 그렇다면 답지가 언제 '적절하다' 는 느낌을 주는지, 언제 '적절하지 않다' 는 느낌을 주는지 말하면 되는 거지?

— 그렇지.

= 그 전에 먼저 할 말이 있어.

— 뭔데?

= 수능이나 6, 9월 모의평가는 시험이 끝난 후 이의신청을 받거든. 교육과정평가원은 그런 이의신청을 검토한 다음, 심사결과 답변서라는 걸 내고.

— 그래? 이의신청? 그런 게 있니?

= 있어. 보통 이의를 신청하는 사람들은, 평가원이 정답이라고 한 답지에 대해서 문제제기를 하지는 않아. 간혹 그런 경우도 있기는 하지만, 그보다는 다른 것도 정답이 될 수 있다는 '이의' 가 많지.

— 그런데?

= 평가원 답변서에 자주 등장하는 표현이 있거든. 물론 문학 쪽에 많지만 비문학에도 가끔 등장하는.

— 답변서에 자주 등장하는 표현? 그게 뭐야?

= "널리 공감을 얻기 어렵다"는 말.

- 널리 공감을 얻기 어렵다? 그게 무슨 소리야?

= 구체적으로 말하면 이런 식이야. "당신의 그러한 해석이나 추론은 충분히 가능한 것이지만, 널리 수험생들의 공감을 얻기는 어렵습니다." "당신의 그러한 해석과 추론의 건전성은 충분히 인정되지만, 널리 수험생들의 공감을 얻기는 어렵습니다."

- 해석과 추론의 가능성은 알겠는데, 건전성은 또 뭐야?

= 그렇게 해석하는 것이 가능할 뿐만 아니라 교육적으로도 문제가 없다는 거야. 말하자면 배운 대로 잘 했다는 거지.

- 그런데도 정답이 아니라는 거야? 널리 공감을 얻기 어렵기 때문에?

= 그렇지.

- "널리 공감을 얻는다"는 말, 언뜻 들으면 무슨 의미인지 알겠는데 가만히 생각해보면 굉장히 애매한 말인 것도 같다.

= 그렇지. 처음엔 쉬운 말 같지만, 곰곰이 생각하면 할수록 점점 더 모호해지는 말이야. '공감'이란 건 남의 감정이나 의견, 주장에 대해 자기도 그렇다고 느끼는 거거든. '널리'는 그 적용범위가 넓다는 거고. 문제는 도대체 어떨 때 널리 공감을 얻을 수 있느냐는 거지.

― 그런데, 갑자기 그 이야기는 왜 하는 거니?

= 이제부터 말하려는 '적절하다'거나 '적절하지 않다'는 표지성과도 관련이 되는 이야기거든.

― 그래?

= 그래.

― 알았어. 그렇다면 이제부터 본격적으로 이야기해주렴. 답지가 언제 '적절하다'는 느낌을 주는지, 언제 '적절하지 않다'는 느낌을 주는지 말이지.

3부

정답의 표지성

독립적 표지성과 관계적 표지성
_답지 세계에도 '왕따'가 있다

= 정답의 표지성에 뭐가 있는지 이야기하기 전에 꼭 짚고 넘어가야 하는 게 하나 있어.

─ 본론에 들어가기 참 힘들다. 그래, 그게 뭔데?

= 짜증내지 마. 꼭 필요한 이야기라서 그래. 그게 뭐냐면, *제시문을 읽은 후에 답지를 볼 때는 반드시 5개 답지를 연속해서 훑어봐야 한다*는 거야. 꼼꼼히 읽으면 안 된다는 거지. 각각의 답지에 적혀있는 낱말 하나하나를 헤아리면서 읽는 '정독'을 하는 게 아니라, 5개 답지를 중간에 끊지 않고 내리 읽어야 한다는 거야. 보통 훑어 읽는 걸 '통독'이라고 하는데, 수능 국어에서는 제시문도 정독보다 통독을 하는 게 훨씬 효과적이야. 여기서는 독서법을 말하려는 게 아니니까 이 정도로 해두자. 중요한 건, 다른 건 몰라도 답지를 읽는 방식만은 어떤 경우에도 '통독'이어야 한다는 거야. 특히 수능 국어 영역에서는 말이야. 통독, 그러니까 훑어 읽기를 해야만 정답의 표지성을 발견하는 '감'이 제대로 작동하거든.

— 그래? 왜 그렇지?

= 정답의 표지성은 크게 두 가지로 나눠져. 다른 답지와 무관하게 드러나는 표지성, 그리고 다른 답지와의 관계 속에서 드러나는 표지성. 앞의 표지성을 '독립적 표지성', 뒤의 표지성을 '관계적 표지성'이라고 부를 수 있어. 독립적 표지성은 "정답이 자기가 정답이라고 깃발을 흔들고 있다"고 할 때의 표지성이야. 나머지 답지를 보기도 전에 이미 '뻔하다'는 느낌을 준다는 말이지. 정답의 표지성이 너무 강렬해서 그런 거겠지. 국어 시험에는 이런 답지가 생각보다 많거든.

— 정답이 자기가 정답이라고 깃발을 흔든다? 재미있는 표현이네. 맞아, 문제 풀다 보면 너무 뻔한 답지가 있기는 있어.

= 그래. 하지만 아무리 그래도 국어 시험에는 독립적 표지성보다 관계적 표지성이 더 많겠지. 다른 답지와의 관계 속에서 드러나는 표지성 말이야. 물론 다른 답지와의 관계 속에서 드러나는 표지성도 독립적 표지성 만큼이나 '뻔할' 때가 있어. 보통 이런 표지성을 두고 "오답들이 힘을 합쳐 정답을 왕따시킨다"고 표현하거든. 특정 답지가 나머지 답지들과는 너무 이질적인 느낌을 주는 경우지. '왕따'든 '깃발'이든 뻔하다는 점에서는 똑같지만, '왕따'는 나머지 답지들을 모두 봐야 알아차리게 되는 표지성이라는 점에서 독립적 표지성인 '깃발'과 다른 거야.

— 오답들이 힘을 합쳐 정답을 왕따시킨다? 답지 세계에도 '따돌림 현상'이 있구나. 그래, 이것도 무슨 말인지 대충 감이 온다.

= 문제가 되는 건, 관계적 표지성 가운데 다른 하나겠지. 정답의 표지성이 다른 답지들의 매력에 의해 일정 부분 가려지거나 방해받는 경우.

− 그렇겠지.

= 그러니까 내 말은, 오답들이 미처 가리지 못한 정답의 표지성을 알아차리기 위해서라도, 그리고 오답들이 왕따시킨 정답의 표지성을 알아차리기 위해서라도 5개 답지를 연속적으로 훑어봐야 한다는 거야. 관계적 표지성은 그때 감지되거든.

− 그래? 순서대로 꼼꼼히 보면 그런 관계적 표지성을 못 보게 되는 거야?

= 그렇지. 내가 앞에서 말했잖아. 우리가 보는 객관식 5지 선다형 시험은 결국 4개의 오답과 1개의 정답으로 이뤄질 수밖에 없다고. 그래서 국어 시험은 그렇게 안 되게 하려고 아무리 애를 써도 다른 답지와의 관계 속에서 정답의 표지성을 드러낼 수밖에 없다고 말이지. 5지 선다형 객관식 문항에서 반드시 잊지 말아야 할 것은 '정답은 상대적'이라는 거야. '장단상교(長短相較)'라는 말도 있잖아? 답지 다섯 개를 전체적으로 훑어봐야 그런 상대적 표지성을 알아차릴 수 있게 되는 거야.

− 장단상교? 무슨 말이니?

= 《노자 도덕경》에 나오는 말이야. 한 스님이 지팡이를 앞에다 놓고 제자들에게 말씀하신 거야. "톱이나 도끼나 손을 대지 말고 이 막대기를 짧게 만들어보라"고 말이지. 다들 답을 몰라 어쩔 줄 몰라 하는데, 너 같이 생긴 제자 하나가 어디서 그 지팡이보다 긴 막대기를 하나 주워온 거야. 그러더니 그걸 지팡이 옆에다 딱 놓은 거지.

− 아.

= 그랬더니 스님이 빙그레 웃으셨대나 뭐래나. "길고 짧다는 건 상대적이다. 네가 해냈구나" 하시면서 말이야.

— 처음부터 길거나 짧은 거는 있을 수 없다는 거구나. 그건 다른 것과의 비교를 통해서만 가능하다는 말이네.

= 그렇지. 관계적 표지성도 마찬가지야. 처음부터 적절한 답지는 없다는 거야. 당연히 처음부터 적절하지 않은 답지도 없는 거고. 단지 다른 답지 4개가 덜 적절하니까 남은 답지 1개가 '상대적으로' 적절한 게 되는 거뿐이지. 거꾸로 다른 답지들이 더 적절하니까 남은 답지 1개가 '상대적으로' 적절하지 않은 게 되는 거뿐이고.

— 음.

= 이번에는 또 다른 비유를 하나 들어볼게. 어떤 사람이 물건 다섯 개를 나한테 보여주고, 나는 그중에서 하나를 선택하는 상황을 한번 가정해보자. 물건을 선택하는 것은 친구에게 그걸 선물해야 하기 때문이고. 그 사람이 내 앞에다 물건 하나를 내놓는 거야. 첫 번째로 말이지. 그런데 그건 내가 평소에 친구한테 선물했으면 했던 물건이거든. 그럴 경우 나머지 물건을 보기도 전에 나는 그 물건을 선택할 수도 있는 거야. 정답의 표지성으로 말하면, 독립적 표지성을 알아차린 거겠지. 또 다른 경우는 물건 다섯 개를 한꺼번에 모두 보여주는 거야. 이때 선택은 두 가지 방식으로 이뤄지겠지. 첫 번째는 물건 하나는 친구한테 선물하기에 괜찮은데, 나머지 물건 네 개는 누가 봐도 형편이 없는 경우야. 이때는 괜히 선물했다가 욕이나 얻어먹기 딱 좋은 물건보다는 당연히 선물하기에 괜찮은 물건을 선택하겠지. 국어 시험으로 말하면, 관계적 표지성에서 "오답들이 힘을 합쳐 정답을 왕따시킨다"고 할 때의 표지성이 이거야. 두 번째는 보여준 물건이 선물하기에 좋은 거 하나, 괜찮은 거 두개, 형편없는 거 두 개인 경우지. 선물하기에 괜찮은 물건 두 개가 선물하기에 좋은 물건 하나를 바로 선택하지 못하게 할 수도 있겠지. 국어 시험으로 말하면, 정답의 표지성이 다른 답지들에 의해 일정 부분 가려지거나 방해받는 경우겠지.

— 음. 무슨 말인지 알 듯 말 듯 한데, 어쨌든 재미있다.

= 재미로 하는 말이 아닌데. 어쨌든 또 다른 경우를 한번 생각해보자. 그 사람이 물건 다섯 개를 한꺼번에 보여주지 않고 하나씩 차례대로 보여주는 거야. 물건 하나를 관찰하는 시간을 10분씩이나 주면서 말이지. 꼼꼼히 보라는 거겠지. 더군다나 최종 선택은 물건 다섯 개를 모두 관찰한 후, 그러니까 50분이나 지난 다음에 하라고 요구하는 거야. 이렇게 되면 어떨 거 같니?

— 글쎄. 앞에 봤던 물건이 어땠는지 생각이 안 날 수도 있을 거 같고, 10분 동안 물건 하나를 자세하게 보면서 처음엔 못 봤던 그 물건의 장점을 새로 발견할 수도 있고, 뭐 그럴 거 같은데.

= 그 물건의 장점?

— 그래. 내가 보기에 뭔가 좋은 구석이 찾아질 수도 있다는 말이야.

= 너, 지금 잘못됐다는 거 알겠니?

— 응? 뭐가 잘못됐어?

= 넌 지금, 네가 좋아하는 물건을 고르는 게 아니잖아. 친구에게 선물하기에 좋은 물건을 고르는 거지.

— 아, 그렇구나. 물건을 하나하나 자세히 살펴보다보면 물건을 선택해야 하는 진짜 이유를 까먹을 수도 있겠네.

= 그렇지. 답지 다섯 개를 연속적으로 훑어보라는 건 제시문의 내용이나 문제의 요구사항을 염두에 두고, 상대적으로 정답의 표지성이 강한 답지를 신속하게 고르게 하기 위해서야. 관계적 표지성은 바로 그때 드러나는 거거든. 친구에게 선물하려 한다는 걸 염두에 두고, 물건 다섯 개 중에서 상대적으로 괜찮은 물건 하나를 빨리 고르라는 거하고 같은 말이야. 그런데 이렇게 '통독'을 하지 않고 하나하나의 답지를 낱말의 의미까지 헤아리면서 순서대로 읽으면 어떻게 되는지 아니? 답지 간의 '장단상교'는 고사하고, 자칫 제시문의 내용이나 문제의 요구사항과 무관하게 답지 안의 논리 속으로 나도 모르게 빠져 들어가게 되는 거야. 그 과정에서 제시문의 내용이나 문제의 요구사항과는 전혀 상관이 없는, 나만의 취향이나 선호가 개입되기 시작하는 거고.

— 음.

= 국어 시험에 나오는 많은 문제는 결국 관계적 표지성을 알아보느냐 못 알아보느냐에 따라 정오답이 갈리는 거야. 쉬운 문제는 빼고 말이지. 그리고 이런 정답의 표지성을 알아보는 감이 제대로 작동하게 하기 위해서는 답지 다섯 개를 정독하지 말고 반드시 전체적으로 훑어봐야 한다는 거고. 이건 정말 중요한 거니까 꼭 기억해두렴.

— 그래. 기억할게. 그럼 정답의 표지성에는 어떤 것들이 있는지 본격적으로 말해줄래? 기다리다가 목이 빠질 거 같아.

= 그래. 그렇게 하자.

— 고마워.

과도하고 단정적인 표현
_부정발문에서는 찍더라도 이런 걸 찍어라

= *먼저 답지의 표현이 과도하지 않거나 단정적이지 않을 때 '적절하다'는* 느낌을 갖게 돼. *반대로 답지의 표현이 과도하거나 단정적일 때는 '적절하지 않다'*는 느낌이 들고.

— 과도하다? 단정적이다? 어떤 표현들이 그렇지?

= 가장, 관계없이, 모두, 주로, 오직, 뿐, 만, 반드시, 뭐 이런 표현들 있잖아. 이런 거 말고도 답지를 보다보면 과도하다거나 단정적이라는 느낌을 받게 되는 표현이 있어. '딱 잘라서 판단하고 결정하는 듯한' 느낌, '정도에 지나친' 느낌 같은 거. 이런 표현이 들어있지 않은 게 적절하다는 표지성이 되는 거지. 만약 적절한 걸 찾으라는 문제라면 그런 답지를 고르면 정답일 가능성이 높다는 거야. 반대로 적절하지 않은 걸 고르라는 부정발문일 때는 이런 표현이 등장하는 답지를 고르면 되는 거고. 사실 이 부분은 이렇게 이야기를 안 해도 많은 학생들이 문제 풀면서 쉽게 감지하는 부분이기도 해. 모국어 화자가 가진 '감'이 그런 보편적인 판단을 만들어내기 때문이겠지. 단지 중요한 시험에서 그것만으로 답을 고른다는 게 두렵고

불안하니까 과감하게 적용을 하지 못하는 것뿐이야.

─ 그래? 그런데 질문이 하나 있어. 만약 제시문에 실제로 그런 단정적인 내용이 나와 있고, 그래서 답지에도 단정적인 표현이 사용된 거라면 그게 적절한 답지가 되는 거 아닌가?

= 당연하지. 그런 경우에는 그게 적절한 거지. 하지만 내가 말하는 건 그런 의미가 아니야. 물론 제시문을 아예 보지 않은 상태에서도 '적절하지 않은 것을 고르라'는 문제에서는, 단정적 표현이 사용된 답지를 선택하는 게 훨씬 '바람직' 해. 다른 답지보다 그게 정답일 가능성이 몇 배는 높으니까. 거짓말이 아니야. 나중에는 너도 인정하겠지만 정말 그래. 하지만 지금 하려는 이야기는 제시문을 읽고 난 후에 관한 거야. 흔히 '감' 이라고 부르는 직관적인 판단은 아무렇게나 이뤄지는 것이 아니라고 했잖아? 제시문을 제대로 이해했느냐와는 별개로 제시문을 읽은 후 머릿속에 남는 흔적이란 게 있거든. 전체적인 느낌, 맨 뒤의 장면이나 내용, 대체적인 윤곽, 자주 등장하는 단어, 인물의 이름, 인상적인 장면이나 부분, 대체적인 시간의 흐름, 말하고자 하는 바 같은 것들. 믿기 어렵겠지만 제시문을 읽은 후 머릿속에 남는 흔적의 정도는 잘하는 아이들이나 못하는 아이들이나 정말 비슷하거든. 그리고 비슷한 그 흔적이 답지를 일일이 확인하기 전에, 그러니까 답지를 그냥 훑어보는 도중에 정답의 표지성을 알아보게 하는 보편적인 '감' 을 작동시키는 거야. 당연히 제시문에 단정적인 내용이 있었다면, 그 상황에서 단정적인 표현은 적절하지 않은 것이 아니라 적절한 표지성으로 다가오겠지. 하지만 그런 게 아니라면 단정적인 표현이 사용되지 않은 답지를 적절한 것으로 '편하게' 인정할 필요가 있다는 거야. 그동안의 수능 문제를 보면 이런 경우가 압도적으로 많아. 평가원 답변서 식으로 말하면, 과도하지 않고 단정적이지 않은 표현이 그렇지 않은 경우보다 '널리 공감을 얻기가 쉽다' 는 거야.

– 음. 잔뜩 기대했는데, 너무 단순한 이야기 같아.

= 단순한 게 중요한 거야. 그럼 예를 하나 들어볼게. 몇 년 전 수능에 나온 '과학 기술' 지문이었는데, 답지만 말해볼게.

– 답지만? 제시문은 안 보고?

= 그래. "위 글의 내용과 일치하지 않는 것은?" 부정발문이었어.

– 그래.

= 자, 다음 중 몇 번이 답인 거 같니?

① 사람의 귀는 소리의 주파수 분포를 감지하는 감각기관이다.
② 청각 체계는 여러 단서를 이용해서 음원의 위치를 지각한다.
③ 위치 감지의 정확도는 소리가 오는 방향에 관계없이 일정하다.
④ 소리그늘 현상은 머리가 장애물로 작용하기 때문에 일어난다.
⑤ 반사된 소리의 간섭은 소리의 주파수 분포에 변화를 일으킨다.

– 제시문 안 보고 한번 풀어봐라 이거지? 과도하거나 단정적인 표현을 찾으라는 말이지? 그렇다면 3번. '관계없이' 라는 표현이 상당히 거슬리는데.

= 그래. 맞았어.

– 이건 쉬운 거잖아. 네가 말하는 표지성의 적절한 사례는 아닌 거 같은데. 이 문제, 정답률이 어떻게 되니?

= 96%.

— 그거 봐. 거의 다 맞은 문제잖아.

= 그렇지 않아. 이 과학기술 지문은 굉장히 생소하고 까다로운 내용을 담고 있거든. 이 제시문에 딸린 문제가 4개였는데 하나는 정답률이 66%, 또 하나는 73%였어. 심지어 어휘 문제도 정답률이 74%였어. 이 정도면 '굉장히' 까지는 아니지만 '상당히' 어려운 문제라고 봐야 해.

— 그래? 그래도 이 문제는 쉬운 거 같은데.

= 아니. 다섯 개 답지의 내용은 사실 그렇게 간단한 게 아니야. 제시문에서 제대로 확인하기로 마음먹으면 하나하나가 절대로 쉽지 않은 답지거든. 설사 정보를 확인했다고 해도 그걸로 끝나는 게 아니라 추론 과정이 더 필요한 답지도 있고. 이 문제가 이렇게 높은 정답률을 기록한 건 순전히 3번 답지가 가진 '적절하지 않다'는 표지성 때문이었어. '관계없이' 라는 표현이 가진 단정적이고 과도한 느낌 때문이었다는 말이지. 하지만 말이야, 이 문제를 맞힌 모든 아이들이 너처럼 편하게 풀었을까? 제시문을 읽고 난 다음 답지를 봤을 때 3번 답지가 눈에 '확' 들어오는 건 잘하는 아이나 못하는 아이나 모두 비슷했겠지. 제시문을 아예 보지 않은 너조차 그랬잖아? 하지만 3번 답지를 정답으로 확정하는 데 걸린 시간에는 분명히 큰 차이가 있었을 거야.

— 어떤?

= 시간이 소비된 방식은 두 가지였겠지. 하나는 순서대로 1번 답지를 제시문에서 꼼꼼하게 확인하고, 그런 다음 2번 답지로 넘어가서 또 그렇게 꼼꼼하게 확인하고,

3번 답지가 이상하다는 걸 알면서도 나머지 4, 5번 답지까지 확인한 후 최종적으로 정답을 선택한 경우. 또 하나는 답지를 일일이 확인하기 전에, 그러니까 답지 다섯 개를 전체적으로 훑어본 다음 3번 답지가 눈에 들어왔음에도 불구하고 "이렇게 쉽게 가도 정말 괜찮을까" 하는 의구심이 든 경우겠지. 이 문제는 전체 문항 중에서 앞쪽에 있었거든. 아직은 심리적 여유가 있을 때였기 때문에, 아마 이 친구들은 나머지 답지들을 확인하고 싶은 욕구를 결국 '잠재우지' 못했을 거야. 그러니까 대부분의 아이들이 이 문제를 맞혔다 하더라도, 그 아이들이 문제 해결에 사용한 시간은 몇 배에서 몇십 배까지 차이가 났을 가능성이 높아.

— 정말?

= 그래. 여기서 내가 진짜 하고 싶은 말은 이거야. 이 정도의 단정적 느낌에도 불구하고 나머지 답지들을 세밀하게 확인하는 행위는 시간낭비라는 거. 제시문에서 확인을 하더라도 정답의 표지성이 드러난 답지만 확인하는 게 좋다는 거야. 네가 볼 때는 어이없게 쉬운 문제 같지만, 국어 시험에는 이런 문제가 의외로 많거든. 이런 문제에서 괜히 '뭉그적거리는' 태도를 취하면 절대 안 된다는 거지. 만약 그런 태도가 습관으로까지 굳어지면 여러 가지로 심각한 결과가 나타날 수 있거든.

— 음.

= 하나 더 예를 들어볼게.

— 그래. 어쨌든 재미있다.

= 쓰기(작문) 문제야. "'여성 고용 촉진 방안'에 대한 글을 쓰려고 한다. 자료의 활용 방안으로 적절하지 않은 것은?" 부정발문이야. 자료는 (가) 그래프, (나) 도표, (다) 신

문기사인데 생략하고.

— 허.

= 자, 다음 중 뭐가 적절하지 않은 거 같니?

　① (가)를 활용하여, 최근 20년간 여성 고용률과 남성 고용률의 격차가 거의 줄어들지
　　않고 있음을 지적하고, 그 원인을 알아볼 필요가 있음을 제시한다.
　② (나)를 활용하여, 여성 취업의 장애 요인을 가정, 사회, 직장 차원으로 나누어 제시한다.
　③ (다)를 활용하여, 정부의 노력으로 여성 고용률을 높이고 있는 선진국의 사례를 제시
　　한다.
　④ (가)와 (다)를 활용하여, 성별의 고용률 격차를 줄이기 위해서는 사회적 편견의 해소
　　가 가장 중요하다고 주장한다.
　⑤ (나)와 (다)를 활용하여, 여성의 고용 촉진을 위해 정부가 보육 서비스를 강화할 필요
　　가 있다고 주장한다.

— 이건 금방 알겠다. 4번. '가장' 이라는 표현이 들어있네.

= 맞아, 정답이야.

— 그런데 질문이 하나 있어. 재미있기는 한데, 단정적이거나 과도한 표현이 나온
다고 그런 것만 고르는 식으로 모든 문제를 다 풀 수는 없는 거잖아? 실제로 자료
를 보면 '사회적 편견 해소' 가 가장 중요한 것으로 나와 있을 수도 있는 거고.

= 그렇지. 그럴 수도 있지. 하지만 내가 강조하는 건 이런 거야. 적절하지 않은 걸
찾으라는 문제라면 확인을 하더라도 그런 답지를 가장 먼저 확인해야 한다는 거

지. 단정적이거나 과도한 표현이 사용된 답지 말이야. 확인해보면 아마 80% 이상은 그게 답일 걸. 적절한 것을 찾으라는 긍정발문에서는 확인하더라도 그런 답지는 맨 나중으로 미루라는 거고. 특히 쓰기(작문)에서는 시간이 소비되기 시작하면 페이스가 크게 흔들리는 경우가 많거든. 이렇게 해서라도 해결시간을 단축한다면 그보다 좋은 건 없겠지. 시간을 많이 쓰게 되는 '작문' 만이 아니라 문학, 비문학 같은 '읽기' 에서도 그렇게 하면 되는 거야. 나쁠 게 전혀 없어. '백해무익' 이 아니라 '백익무해' 라는 거지.

상식의 중요성
_ '제시문 지상주의' 를 경계하라

— 정답의 표지성에는 또 뭐가 있니?

= 답지 내용이 상식에 부합하는 것이 적절하다는 표지성이고, 상식에 부합하지 않는 것은 적절하지 않다는 표지성이야.

— 상식에 부합하는 게 적절하다는 표지성이라고? 국어는 상식을 측정하는 시험이 아니라고 그러던데.

= 미안하지만, 국어에서는 적절성을 판단하는 마지막 도구가 결국 상식인 경우가 의외로 많아. 사실 상식은 언어체험의 중요한 부분이기도 하잖아. 결국 '감' 이란 것도 보편적인 언어체험에서 나오는 거라면, 상식은 정답의 표지성을 판단할 때 중요한 기준이 되는 거야. 평가원의 심사답변서 식으로 말하면, 상식에 부합하는 답지는 널리 수험생들의 공감을 얻기도 쉽겠지.

— 음.

= 앞에서 말한 단정적 표현이 그런 것처럼, 적절하지 않은 것을 찾으라는 부정발문에서는 제시문을 보지 않더라도 답지 가운데 상식에 부합하지 않는 답지를 고르는 것이 나머지 다른 답지를 고르는 것보다 정답을 맞힐 확률이 몇 배는 높아. 이건 사실이야. 하지만 너는 또 질문하겠지. "제시문이나 작품이 상식적이지 않은 내용을 담고 있는 경우에는 상식에 부합하지 않는 게 거꾸로 적절하다는 표지성이 되는 거 아니냐'고 말이지. 맞아. 제시문이 그렇다면 그런 게 답이겠지. 하지만 그 정도 답지는 제시문을 한 번 읽으면 판단이 서는 경우가 대부분이거든. 문제는 답지가 제시문을 통해서 확인이 안 되거나 확인하는 데 시간이 너무 많이 걸릴 때야. 확인에 걸리는 시간이 과도하다는 건, 그 문제가 네가 말하는 수준의 쉬운 문제가 아니라는 반증이거든. 그리고 자주 있는 일은 아니지만, 헷갈리는 두 답지의 내용이 제시문에서 아예 확인이 안 되는 경우도 있어. 한 시간을 읽어도 확인이 안 되는 경우가 정말 있어. 쉽게 말하면, 헷갈리는 두 답지가 확인이 잘 안 되거나 그런 확인 작업에 시간이 많이 소비될 거 같을 때에는, 상식에 더 부합하는 답지를 정답으로 선택해야 한다는 거야. 적절한 것을 찾아야 하는 긍정발문의 경우에 말이지. 적절하지 않은 것을 찾아야 하는 부정발문의 경우에는, 상식에 부합하는 답지가 가장 먼저 정답에서 배제되는 거고.

— 그래도 그렇지, 모든 답의 판단근거는 제시문에 있는 거 아니야? 이건 강의나 교재에서 귀에 못이 박히도록 듣는 이야긴데.

= *"모든 답의 판단근거는 제시문에 있다"는 명제는 불변의 진리가 아니야.* '제시문 지상주의'에 대해 경계가 필요하다는 걸 '온몸으로' 보여주는 문제가 간혹 있거든. 그때는 "제시문에서 모든 정답과 오답의 근거를 찾으라"는 말처럼 당연하지만 무책임한 말도 없어. 실제 수능에 나온 문제를 예로 들어볼게.

— 그래.

= "인쇄한 책보다 필사한(손으로 쓴) 책에서 쓰기의 편의를 더 추구한다"라는 답지가 있었는데, 적절한 거니 적절하지 않은 거니?

― 글쎄, 제시문이 어떤지를 먼저 봐야겠지.

= 제시문? 제시문에는 혹시라도 필사본보다 인쇄본이 쓰기의 편의를 더 추구한다고 나와 있을 거 같아서?

― …….

= 제시문을 떠나서, 이 답지는 상식적으로 맞는 말이잖아.

― 그건 그래.

= 적절한 것을 찾아야 하는 문제였는데, 많은 아이들이 이 답지를 정답으로 선택하지 않아서 틀렸거든.

― 왜?

= 제시문에 '쓰기의 편의' 라는 표현, 아니 그런 거라고 생각하게 할 만한 그 어떤 내용도 등장하지 않았거든. 시험 끝나고 제시문을 1시간 동안 읽어봐도 절대 찾아낼 수가 없었어. 당연히 실제 시험장에서 그런 내용이나, 적어도 그런 거라고 추론할 만한 건더기라도 찾으려는 모든 시도는 결국 '헛수고' 로 끝났겠지. 그렇다고 나머지 답지 중에 매력적인 오답이 있었느냐? 그런 것도 아니었거든. 상식적으로는 맞지만, 단지 제시문에 나와 있지 않다는 이유만으로 많은 아이들이 그걸 선택하기를 주저한 거야.

— 음.

= 한 가지 예를 더 들어볼게.

— 그래.

= '위치적 외부성'이라는 말 아니?

— 들어본 것 같기도 하고. 잘 모르겠어.

= 테니스 좋아하니?

— 별로.

= 1990년대 초반 여자 테니스 선수 중에 그라프라는 선수하고 셀레스라는 선수가 있었대. 그라프가 성적이 더 좋긴 한데, 이상하게 셀레스한테만은 계속 지는 거야. 그러던 중에 셀레스가 사고를 당해서 더 이상 경기에 참가할 수 없게 된 거야. 그때부터 그라프의 승률이 거의 두 배 이상으로 급상승했다고 해. 그라프의 테니스 실력에는 큰 변화가 없었는데도 말이지. 그리고 우승상금을 더 많이 받은 것은 물론이고 광고출연도 더 많이 하게 되면서 수입이 엄청나게 늘어난 거야. 자, 그렇다면 여기서 하나 물어볼게.

— 그래.

= 네가 그라프라면 네가 번 수입의 일부를 셀레스한테 줘야 한다고 생각하니?

― 미쳤니? 그런 게 어디 있어.

＝ 맞아. 나를 빼고는 세상에 그런 사람은 없지. 이렇게 한 사람이 받는 이익이나 보상이 다른 사람의 행동이나 상태에서 비롯되는 경우, 그 대가를 서로 지불하지도 받지도 않는 현상을 '외부성'이라고 해. 그리고 특히 내가 차지한 '위치'에 따른 보상이나 이익이 다른 경쟁자의 위치에 의존하게 되는 걸 '위치적 외부성'이라고 하고. 쉽게 말하면, 나하고 서로 전교 1등을 다투는 경쟁적인 위치에 있는 상대방이 있다고 할 때, 내가 '조금만 더' 열심히 공부하면 평소대로 공부한 상대방 아이보다 내 위치가 '확' 올라가는 거지. 그때 주어지는 보상은 노력에 비해서 훨씬 큰 게 되는 거고. 상대방이 슬럼프에 빠진 경우라면, 내가 공부를 특별히 더 하지 않아도 내 상대적 위치가 급상승하겠지. 물론 상대방 입장에서도 나와 똑같은 일이 벌어질 수 있는 거고.

― 그렇겠지. 그런데?

＝ 지금 내가 한 이야기는 실제 시험에 나온 제시문의 내용이야. 문제 하나 내볼 게. "위 글의 내용으로 알 수 없는 것은?" 부정발문이야.

― 그래.

＝ "위치적 외부성은 비슷한 수준의 경쟁자 사이에서 크게 작용한다." 이런 답지가 있었어. 알 수 있는 내용이니, 알 수 없는 내용이니?

― 글쎄. 네가 제시문 전체를 시험에 나온 그대로 보여주지 않았으니까 뭐라고 말할 수는 없을 것 같은데.

= 아니. '상식적'으로 말이야.

— 상식적으로는 괜찮은 거 같은데. 경쟁이라는 게 서로 비슷한 수준에서 벌어지는 거잖아. 전교 1등하고 전교 꼴찌가 경쟁할 수는 없는 거 아닌가? 또 경쟁이 있으니까 위치적 외부성이란 것도 발생하는 걸 테고. 어때, 맞았니?

= 맞았어.

— 이것도 쉬운데.

= 아니야. 15%나 되는 친구들이 이 답지를 '알 수 없는 내용'이라고 생각해서 정답으로 골랐거든. 정작 제시문을 통해서도 절대로 알 수 없는 다른 답지는 놔두고 말이지.

— 어, 그래? 왜들 그랬지?

= '비슷한 수준'이라는 말이 제시문에 없었거든. 몇 시간 동안 눈을 씻고 찾아봐도 정말 안 나와. 경쟁이란 말만 몇 번 나온 거야. 네가 말한 것처럼, 경쟁이란 게 기본적으로 수준이 비슷해야 일어나는 거잖아. 동네 구멍가게와 대형 할인점 사이에는 경쟁이 있을 수 없지. 경쟁이 없으니까 당연히 한 쪽의 위치가 조금 내려갔다고 해서 다른 쪽의 위치가 '확' 올라가는 '위치적 외부성'도 있을 수 없고. 너무나 상식적인 이야기잖아. 그런데 많은 아이들이 '비슷한 수준'이라는 정보가 제시문에 명시적으로 나오지 않는다는 이유만으로 다른 답지를 놔두고 이걸 답으로 고른 거야.

— 음.

= 너는 지금 속으로 그 아이들을 비웃을지도 모르겠어. 하지만 문제를 푸는 그 순간에 '모든 근거는 제시문 안에 있다'는 통념에 '지배' 당하고 있었던 아이들은 차마 달리 어쩔 수가 없었던 거야. 안타깝게도 모든 근거는 명시적인 것이 아닐 수도 있다는 데까지는 생각이 미치지 않았던 거지.

─ 아.

= 국어 시험에는 제시문을 통한 확인이 어려울 때 상식이 최종적인 판단기준이 되는 경우가 의외로 많아. 이런 경우 "모든 답의 판단근거는 제시문에 있다"는 '제시문 지상주의'는 오히려 편하게 풀 수 있는 문제를 어렵게 만드는 부정적 요인으로 작용하게 된다는 거지.

─ 음.

= 그리고 한 가지 더. *'~한 것은 ~하기 위한 것이겠군'*, 혹은 *'~를 통해 (사용해) ~하고 있다'* 같은 형태로 돼있는 답지 있지?

─ 많이 본 것 같아.

= 그래. 문학, 비문학을 가리지 않고 수능 국어에 자주 등장하는 답지 형태야. 앞부분은 표현방법이나 설명방법이 되는 거고, 뒷부분은 그에 따른 표현효과나 설명효과가 되는 거지. 앞부분은 방법, 뒷부분은 효과, 알겠니?

─ 그래.

= 만약 적절한 것을 찾아야 하는 긍정발문에서 이런 형태의 답지는 앞부분*(~한*

것은, ~를 통해)은 다 맞는 말이지만 뒷부분은 하나만 맞는 경우나, 거꾸로 뒷부분(~하기 위한 것이겠군, ~하고 있다)은 다 맞지만 앞부분이 하나만 맞는 경우가 많거든.

─ 그게 무슨 말이야?

= 앞부분(방법)은 단순한 사실 확인의 영역, 다시 말하면 제시문이나 보기에서 진짜 그렇게 말하고 있는 거고, 뒷부분(효과)은 추론과 상상의 영역이라는 거야. 그런데 이때도 뒷부분의 적절성을 평가하는 근거가 의외로 상식적 판단인 경우가 정말 많거든. 그것도 '너무 뻔해서' 허무하기까지 한 상식. 이런 답지를 볼 때 뒷부분을 제시문을 가지고 확인하거나 추론하려고 하면 위험해져. 정답을 확정지을 만큼 강도 높은 확신이 들지 않는 경우가 대부분이거든.

─ 무슨 말인지는 대충 알겠는데, 확실하게는 모르겠어. 좀 더 자세히 설명해주면 안 되니?

= 음. 이렇게 길게 이야기하려고 꺼낸 말은 아닌데. 그렇지만 어쨌든, 말 나온 김에 다 하지 뭐. '~(방법)을 통하여 ~(효과)하고 있다'는 답지는 세 가지를 체크해야 하거든. 이런 '방법'을 사용하면 이런 '효과'가 정말 생기는 건지, 말하자면 둘 사이의 '인과관계'를 따져보는 게 첫 번째야. 예를 들면 '과거 시제를 사용하여 현장감을 높이고 있다'는 답지는 설사 제시문에 과거 시제가 일부 사용됐고 현장감도 느껴진다 해도 적절하지 않은 답지가 되는 거야.

─ 왜? 과거 시제도 사용됐고 현장감도 느껴진다며?

= 아니. 현장감은 그냥 현장감이 아니라 과거 시제를 사용해서 생긴 현장감이라

는 말이잖아. 제시문이 아니라 답지 안의 인과관계만 봐야지. 현장감은 현재 시제를 사용할 때 나타나는 효과거든. 과거 시제를 사용하면 오히려 현장감은 떨어지는 거야. 상식적으로 그렇잖아? 어떤 아이들은 앞의 방법과 뒤의 효과를 '따로따로' 확인하거나 판단하는 경우가 간혹 있거든. 말하자면 이런 거지. "아 과거 시제가 나오는구나. 확인 끝. 작품을 읽어보니 현장감이 조금 느껴지는데. 그렇다면 이것도 확인 끝. 그러니까 이게 적절한 답지네. 만세." 이런 식으로 말이지. 그러면 안 돼.

— 음.

= 말 나온 김에 하나만 더 이야기해줄게. "긴장감 있는 장면을 통해 사건전개 속도를 빠르게 하고 있다"는 답지. 어떠니?

— 맞는 거 아닌가?

= 아니, 이것도 틀려. 긴장감하고 사건전개 속도가 빨라지는 거는 아무런 인과관계도 없는 거야. 사건전개 속도는 오랫동안 일어난 일을 짧은 글로 압축하거나 요약할 때 빨라지는 거거든. 긴장감이 아무리 높아도 사건전개 속도는 엄청 느릴 수 있다는 거지. 공포영화의 한 장면을 떠올려봐. 엄청난 긴장감이 한참 맴돌았는데 영화 속 시간은 고작 1분도 안 지난 경우가 많잖아?

— 그렇다면 제시문에서 긴장감도 느껴지고, 사건전개 속도도 빠른 부분이 있다면 어떻게 되는 거야? 그래도 이건 적절하지 않은 답지야?

= 그렇지. 사건전개 속도는 그냥 빨라진 게 아니라 긴장감 때문에 빨라졌다는 거잖아? 답지 안의 원인과 결과만을 따져봐야지. 긴장감 때문에 사건전개 속도가 빨

라진다는 건 말이 안 된다고 했잖아. 상식적으로도 그렇고 말이지. 답지 자체가 논리적으로 성립이 안 되는 거야. '모순적' 인 답지야.

– 그렇구나.

= 앞부분과 뒷부분 사이의 인과관계에 별 문제가 없으면, 두 번째로 할 일은 앞부분에 있는 방법이 실제 제시문에서 사용됐는지를 확인하면 되는 거야. 실제 제시문에서 사용됐다면 적절한 답지이고, 사용되지 않았으면 적절하지 않은 답지가 되겠지.

– 그래. 그건 알겠어.

= 문제는 세 번째 경우야. 앞부분이 제시문에서 확인되고 앞부분과 뒷부분 사이의 인과관계도 제대로 돼있거나 특별히 잘못됐다고 확신할 수 없을 때. 특히 그런 답지가 두 개일 때 말이야. 바로 이때 뒷부분이 상식에 부합하느냐 아니냐가 정답의 표지성이고, 그걸 알아보는 '감' 이 중요하다는 거야.

– 음. 무슨 말인지는 대충 알겠는데, 확 와 닿지는 않아. 어쩌지?

= 또 예를 들어야겠군. 몇 년 전 교육과정평가원의 모의평가에 《임진록》이라는 고전소설이 나온 적이 있어. 제목에서도 알 수 있듯이 임진왜란이 배경인 영웅소설이야. 김덕령이라는 의병 대장이 주인공으로 나오는.

– 그런데?

= 제시문과 문제를 여기서 다 말할 수는 없으니까 답지만 말해볼게. 김덕령에 관

한 실제 역사기록을 〈보기〉로 주고, 소설 작품과 비교하는 내용의 답지 중에서 '적절하지 않은 것을 찾으라'는 문제였는데, 한번 답을 골라보렴.

— 그래. 그런데 이거 은근 재미있다. 푸는 맛이 있어.

= 다행이다.

① (역사 기록과 달리 작품에서) 출생지를 달리 설정한 것은 독자층을 널리 확보하기 위한 것이었군.
② (역사 기록과 달리 작품에서) 인물 특성을 과장한 것은 김덕령의 영웅성을 부각하기 위한 것이겠군.
③ (역사 기록과 달리 작품에서) 주요 행적을 단순화한 것은 핵심적인 사건만을 드러내기 위한 것이겠군.
④ (역사 기록과 달리 작품에서) 상중에 출전한 것으로 바꾼 것은 김덕령의 충성심을 부각하기 위한 것이겠군.
⑤ (역사 기록과 달리 작품에서) 김덕령이 가등청정(왜군 장수)을 위협한 것으로 설정한 것은 민족적 자긍심을 고취하려는 의도이겠군.

자, 몇 번이 적절하지 않은 거 같니?

— 답지만 보고?

= 그래.

— 앞부분(~한 것은)이 실제로 그런지는, 제시문과 보기를 봐야 알 수 있는 거잖아?

= 앞부분은 다 맞는다고 치고. 실제 시험에서도 앞부분은 금방 확인되는 내용이야.

— 1번이 조금 이상한 거 같은데. 출생지를 바꿨다고 독자가 늘어난다는 건 상식적으로 얼른 이해가 안 돼. 현대 소설로 말하면 주인공의 출생지를 부산에서 서울로 바꿨다는 건데, 그런다고 소설 독자층이 늘어난다는 건 말이 안 되잖아? 우리나라에서 글을 읽을 수 있는 사람들이 전부 서울에만 살고 있다고 '극단적으로' 가정해도 말이지. 서울 사람들이 "아, 이 소설은 주인공 출생지가 내가 사는 서울이니까 꼭 사서 봐야지" 이럴 리도 없을 테고. 이것저것 다 떠나서 고전소설인데, 작가가 독자층을 늘리려고 시도했다는 것 자체도 조금 이상해. 정답이 뭐야?

= 1번.

— 내가 맞힌 거야? 그런데 이것도 쉬운 문제 아닌가? 나 같은 사람도 맞히는 문제잖아.

= 자학하지 마. 1번을 정답으로 선택한 비율은 52% 밖에 안 돼. 이 문제는 그해 시험에서 정답률이 가장 낮은 5개 문제 가운데 하나야. 전체 50개 문제 중에서 말이야.

— 그래? 정말이야?

= 사실 뒷부분(∼하기 위한 것이겠군)은 제시문을 통해서는 단 하나의 답지도 사실 확인이 안 되거든. 정말이야. 말 그대로 손톱만큼의 정보도 안 나온다구. 당연히 제시문으로는 그런지 안 그런지를 도무지 알 수가 없었던 거지. 결국 이 문제를 맞히는 방법은, 답지 뒷부분의 내용이 상식에 부합하는지 부합하지 않는지를

보는 거뿐이었어. 이 문제를 틀린 아이들은 뒷부분을 제시문에서 찾으려고 눈에 불을 켰던 친구들이거든. 하지만 불보다 더한 걸 눈에 켰다고 해도 아예 제시문에 없는 게 어떻게 찾아지겠니? 찾다가 지쳐서 "에라, 나도 모르겠다" 하고 만만하게 보이는 답지 하나를 찍었겠지. 그런데 중요한 건, 이런 문제가 수능 국어 시험에서 결코 예외적인 게 아니라는 거야. 의외로 자주 출제돼. 다시 말하지만, 상식에 부합하느냐 안 하느냐는 꼭 챙겨야 할 정답의 표지성이야.

답지의 정보성
_당연한 것이 적절한 것

— 음, 내가 알고 있던 것과 다른 게 많구나. 정답의 표지성에는 또 뭐가 있니?

= 답지의 정보성이 떨어질 때도 적절하다는 '감' 이 작동하게 돼.

— 가만, '정보성이 떨어진다' 는 말은 뭐니?

= '당연하다' 는 말이야.

— 당연하다구?

= 예를 들면 이런 거야. 시의 공통점을 묻는 문제에서 "자연물을 통해서 화자의 정서를 드러내고 있다"는 답지, 아니면 "바람, 구름이라는 시어를 통해 시인의 내면을 보여주고 있다"는 답지. 요즘 자주 나오는 "바람직한 삶의 태도가 드러나 있다" 같은 답지도 그렇고. 이런 답지들이 왜 정보성이 없는 당연한 말인지는, 네가 한번 생각해보렴. 사실 답지 전체를 훑어볼 때 우리가 갖고 있는 감은 이런 정보성 없는 답지를

가장 먼저 알아보거든. 설사 문학적 개념에 대한 '표상적 지식' 이 전혀 없더라도 말이지. 적절한 걸 고르라는 긍정발문의 경우에는 이런 답지가 무조건 정답이고, 그런 표지성을 찾아내는 데는 단 '몇 초' 도 안 걸릴 수 있어.

— 아, 이건 내가 한번 설명해볼게. "바람, 구름이라는 시어를 통해 시인의 내면을 보여주고 있다"는 답지 먼저.

= 그래 한번 해보렴.

— 그 시에 '바람' 이나 '구름' 이라는 시어가 등장했다면 그건 어쨌든 시인이 자기 내면을 보여주기 위해 사용한 시어란 거지? 시인이 자기 내면을 '숨기기' 위해서 어떤 시어를 사용했다는 건 말이 안 되는 거니까.

= 맞아. 그 답지 내용은 지극히 당연한 말이야.

— "자연물을 통해서 화자의 정서를 드러내고 있다"는 답지도 마찬가지야. 화자의 정서를 드러낸다는 말은 정보성이 없는 부분이겠네. 당연한 말이니까. 그리고 대부분의 시에 하늘이든 산이든 자연에 관한 시어가 몇 번은 등장할 테고. 그런 상황에서 네가 아까 말한 과도한 표현, 그러니까 자연물 '만'을 통해서라든가 '주로' 자연물을 통해서가 아닌 '자연물을 통해서' 라는 표현이 사용됐다면, 이 부분도 정보성이 없다고 봐야하는 거네. 당연한 말이니까 말이지.

= 정확해.

— "바람직한 삶의 태도가 드러나 있다"는 표현도 그렇겠네. 삶의 태도가 없는 시는 없을 테고, 끝까지 바람직하지 않은 삶의 태도를 주장하는 시도 없을 테니까. 그리

고 그런 시가 있더라도 수능 제시문으로는 나오지 않을 테니까.

= 맞아. 특히 몇 편의 시를 모두 아우르는 공통점에 관한 문제의 정답은 대부분 정보성이 약할 수밖에 없어. 더 많은 시를 포함시키기 위해 답지가 당연한 내용으로 채워지는 건 어떻게 보면 불가피한 일이기도 해. 답지 내용이 당연해야 그 적용 범위가 넓어질 테고, 또 그래야 대다수 수험생들의 공감을 얻기가 쉬울 테니까 말이지. 아이들이 가진 보편적 '감'은 바로 그런 걸 알아차리는 거고. 얼마 전 수능의 공통점 문제에 "처한 상황에 대한 화자의 대응방식이 드러나 있다"는 답지가 나온 적이 있거든. 이게 정답이었는데, 의외로 다른 답지를 고른 아이들이 굉장히 많았어. 가만히 생각해보면, 적극적이든 소극적이든 대응방식이 없는 시는 존재할 수가 없는 건데도. 심지어 무대응도 대응의 일종이니까 말이지. 너, 친구들 무시할 때를 생각해봐. 의도를 가지고 일부러 그러는 거잖아. 정말 정보성이 없는 당연한 답지였는데 표현이 조금 생소해서 그랬는지 많은 아이들이 그걸 선택하기를 망설인 것 같아. 그게 아니라면, "화자의 처지와 대응방식을 확인하라"고 그토록 강조하는 교재나 강의 때문에 "혹시 화자의 대응방식이 없는 시도 있지 않을까?" 하는 착각이 들어서였을지도 모르지.

− 음.

= 적절한 것을 찾아야 하는 공통점 문제를 풀 때는, 정답이 갖고 있는 정보성이 나머지 답지들에 비해 얼마나 낮은지를 느껴보는 게 정말 중요해. 그렇게 하면 감이 더 예민해질 수 있어. 공통점 문제의 정답만 따로 쭉 뽑아서 몇 번 정도 반복해서 보렴. '~을 통해 화자의 정서를 심화하고 있다'거나 '~을 사용하여 화자의 의도를 효과적으로 드러내고 있다' 같은 표현들은 정보성이 0에 가까울 정도로 당연한 말이거든. 만약 '~' 부분에 특정한 시어가 등장하고 그 시어가 제시문에 있는 것으로 확인만 되면, 이런저런 생각 할 것도 없이 바로 그 답지를 적절한

것으로 고르면 되는 거야. '~' 부분에 표현법, 예를 들면 비유나 수미상관이 나오면 그 표현법만 제시문에서 확인하면 되는 거고. 그 표현법을 쓰면 정서가 심화되는 건지, 화자의 의도가 효과적으로 드러나는 건지는 전혀 생각할 필요가 없다는 거야. 그건 너무나 당연한 말이니까 말이지. 시인이 어떤 시어나 표현법을 사용했다면, 그건 무조건 정서를 심화시키기 위해서 사용한 거거나 화자의 의도를 드러내려고 그런 거야. 그런데 어떤 친구들은 이렇게 당연한 걸 가지고 가끔 심각한 고민을 하는 경우가 있어. 그건 자신이 원래 갖고 있는 '감'을 거스르는 행동이야.

― 그렇구나.

= "소재에 상징적 의미를 부여하여 주제의식을 부각하고 있다" 같은 답지도 마찬가지야. 이건 언뜻 보면 헷갈리지만, 시에 등장하는 소재에는 거의 대부분 상징적 의미가 부여된다고 봐야 하거든. 주제의식을 부각한다는 건 더 말할 것도 없이 당연한 진술이고. 하여튼 공통점 문제의 정답을 따로 모아서 보다보면 *"아, 이런 내용들이 정보성 없는 당연한 말이구나, 이런 내용들이 공통점 문제에서는 정답의 표지성이니까 이런 쪽으로 답을 골라야겠다"* 뭐 이런 원칙을 세울 수 있게 된다는 말이야. 그런 원칙은 이미 갖고 있는 '감'을 더 예민하게 만들어주게 될 테고. 이건 중요한 이야기니까 꼭 기억해두고 실천에 옮기렴.

― 그래 알았어. *"정보성이 없거나 떨어지는 게 적절하다는 표지성이다."* 꼭 기억할게. 정답의 표지성에는 또 뭐가 있니?

바람이 불면 통장수가 돈을 번다?
_긴 추론과 생각의 '점핑'

= <u>추론과 상상, 그리고 해석을 덜 요구하는 것도 적절하다는 표지성이야.</u>

— 응?

= 너 '바람이 불면 나무통 장수가 돈을 번다' 는 말 들어본 적 있니?

— 아니. 무슨 말이야?

= 일본 에도 시대 때 속담인데, 언뜻 들어서는 이해가 안 되지? 샤미센(삼미선)이 라는 일본 전통악기가 있어. 그런데 이 악기는 통의 울림판에 고양이 가죽을 쓰거 든. 일본 에도 시대에는 장님들이 주로 샤미센을 연주해서 생계를 유지했다고 해. 이 속담은 이런 생활상을 배경으로 해서 생겨난 거지. 자, 그럼 어떻게 해서 '바람 이 불면 통장수가 돈을 번다' 는 속담이 나왔는지 한번 들어봐.

— 그래.

= 바람이 분다, 모래가 날린다, 사람들 눈에 모래가 들어간다, 사람들 눈이 멀게 된다, 장님이 늘어난다, 샤미센 수요가 늘어난다, 울림판에 쓰일 고양이 가죽이 더 필요해진다, 가죽을 얻기 위해 고양이들을 죽인다, 고양이 수가 줄어든다, 쥐가 늘어난다, 쥐들이 계속 자라나는 이빨을 갈아서 줄이기 위해 더 많은 나무통을 갉아 댄다, 나무통이 못쓰게 되어 새로 산다, 통장수가 돈을 번다.

— 헐.

= 원래 이 속담은 '이 세상의 모든 존재는 독립적으로 존재하는 게 아니라 다른 존재와 관계를 맺고 있다' 는 의미래. 어려운 말로 '유기체적 세계관' 을 표현한 것이라고 하지. 한편으로는 일종의 나비 효과를 의미하기도 하고.

— 그런 식이라면 '바람이 불면 지구가 멸망한다' 도 가능하겠네. 중간의 과정을 조금 바꾸면 말이지. '바람이 불면 내가 수능에서 국어 만점을 맞는다' 도 가능하겠고. 이건 정말 가능했으면 좋겠다.

= 과연 그렇게 될까? 미안, 농담이야. 네가 정말 그렇게 됐으면 좋겠다. 그런데 내가 이 속담을 이야기한 건 다른 이유에서야.

— 어떤?

= 추론과 상상, 해석의 '부작용' 을 말하려는 거야.

— 추론과 상상, 해석의 부작용? 비문학은 추론을 해야 문제가 해결되는 거고, 문학도 상상하면서 문제를 푸는 게 좋은 거 아닌가?

= 그렇게 하면 결국 "바람이 불면 통장수가 돈을 번다"가 된다니까! 추론 과정이 길면 길수록, 상상을 하면 할수록 심지어 '해괴망측한' 상황도 결국 다 가능해진다는 거야.

— 그래?

= 내가 문제 하나 내볼게. 5지 선다는 지긋지긋하니 4지 선다로 참신하게.

다음 중 '바람이 분다' 다음에 이어질 내용으로 적절한 것은?
①모래가 날린다. ②장님이 늘어난다. ③고양이가 죽는다. ④ 통장수가 돈을 번다.

— 당연히 1번이 답이지. 나머지는 추론이 달라지면 전혀 다른 내용이 될 수도 있는 거잖아.

= 그래, 맞아. 바로 그래서 추론과 상상을 '덜' 하는 게 좋다는 거야. 엄밀하게 말하면 1번도 꼭 맞는다고는 할 수 없어. 만약 바다 위라면 바람이 아무리 불어도 모래가 날리지는 않을 테니까 말이지. 답지 4개 중에서 상대적으로 가장 적절한 게되는 거뿐이지. 제시된 기준점에서 그나마 거리가 가장 가까운 거니까.

— 잠깐만. 그 말을 들으니 생각나는 게 있어. 국어 시험 치다 보면 가끔 *'~와 거리가 가까운 것은?' '~와 거리가 먼 것은?'* 뭐 이런 요구사항이 나오는데, 이런 것도 그런 거야?

= 맞아. "거리가 가까운 걸 찾으라"는 말은 "추론이 짧은 걸 찾으라"는 말하고 똑같은 거야. 그리고 꼭 "거리가 가까운 걸 찾으라"는 요구사항이 없어도, 적절한 걸 찾는 문제는 추론이 짧은 걸 고르면 그게 정답이야. 많은 경우 국어 시험은 가능하

냐 불가능하냐의 문제가 아니거든. 말 그대로 제시문이나 문제의 요구사항으로부터 거리가 가깝냐 머냐의 문제라고 할 수 있다는 거지. 추론이 짧아야 사고의 비약이 없고 흐름이 자연스러워지는 거야. 미안하지만 추론이나 상상을 더 길게, 그리고 더 많이 하고 그런 다음에 보이는 답지를 적절한 것으로 선택하는 건, 국어를 잘하는 아이들이 하는 행동이 아니라 국어를 못하는 아이들이 하는 행동이야. 우리가 보통 생각하는 것과는 정반대지. 사실 조금 심하게 말하면, 추론과 상상을 더 많이 하는 건, 국어 못하는 아이들이 가진 '대표적인 특징'이야.

— 정말이야? 그런데 '사고의 비약'이 무슨 말이니?

= 추론 과정이 길어지면 중간에 '생각의 점핑'이 있어난다는 말이야. 그래서 자연스럽지 않게 되는 거고. 계단에 비유하면 한 칸씩 딛고 올라가는 게 아니라 두세 칸을 한꺼번에 뛰어 올라가는 거지. 1번(모래가 날린다)을 뺀 나머지 답지들은 '바람이 분다'라는 맨 아래 계단에서 몇 칸씩 건너뛰는 거거든. 학교 같은 데서 복도 계단을 몇 칸씩 건너뛰는 건 멋있게 보일지도 모르지만, 그건 국어에서는 절대 하면 안 되는 '짓'이야.

— 아, 추론 과정이 길다는 건, 중간에 사고의 비약이 있다는 거하고 결국 똑같은 말이구나.

= 그렇지. 하나를 알려주면 하나 반을 아는군. 프랑스 시인 폴 발레리가 쓴 시에 이런 구절이 있어. "바람이 분다, 살아야겠다." 참 멋있는 말이긴 한데, 중간에 굉장히 많은 사고 과정이 생략됐다는 거 이제는 알겠니? '바람이 분다'에서 '살아야겠다'로 넘어가는 추론이 얼마나 긴 건지, 그리고 중간에 얼마나 많은 '생각의 점핑'이 있는 건지 한번 생각해보렴. 그리고 국어 시험 볼 때 "바람이 분다, 살아야겠다"같은 답지를 만나면 '멋있긴 하지만 적절하지 않은 것'으로 '냉정하게' 생각

하고 답을 고르면 되는 거야.

— 그런데 너, 조금 전에 추론과 상상을 더 많이 하는 건 국어 못하는 아이들이 가진 대표적인 특징이라고 했잖아? 생각을 더 많이 하는 게 어떻게 국어를 못하는 아이들의 특징이 될 수 있지? 얼른 이해가 안 되는데.

= 국어를 못하는 아이들에게도 잘하는 아이들이 가진 감이 똑같이 있어. 하지만 추론을 더 많이 하는 건, 자신이 이미 갖고 있는 이런 능력과는 반대 방향으로 '마구' 달려가는 거야. 굉장히 역설적인 현상이지. 누가 일부러 그렇게 하도록 만드는 게 아니라 험난한 길을 제가 자초하는 거야. 왜냐하면 우리가 가진 감은 원래 추론과 해석을 덜 하는 것에 이끌리게 돼있거든. 국어에서는 추론이나 해석을 더 많이 하면, 처음에는 괜찮게 보이다가도 헷갈리기 시작하는 답지가 꼭 새로 생기게 돼. 물론 그건 적절한 답지가 아니지. 추론과 상상을 많이, 그리고 길게 해서 억지로 그렇다고 스스로를 납득시킨 거뿐이야. 만약 이 친구가 "내가 고른 답도 정답이 될 수 있다"고 이의를 제기하면 어떻게 될까? 평가원은 당연히 "그런 추론과 상상은 충분히 가능한 것이지만, 미안하게도 널리 수험생들의 공감을 얻기는 어렵습니다"라고 답변하겠지. 그건 그 아이만의 추론이고 상상일 뿐이니까 말이야. 더 많은 추론과 상상, 해석을 통한 억지는, 사실 못하는 아이들 입장에서는 훨씬 더 편한 거야. 마음만 먹으면 언제 어디서나 뭐든지 가능해지니까 말이야. 하지만 실제 시험 현장에서 덜 억지스러운 답지, 추론이나 해석을 덜 해서 바로 보이는 답지를 선택하는 건, '감'이 이끄는 대로 따라가는 '순종적인 태도'에서 비롯되는 거거든. 국어를 못하는 아이들은 이상하게도 추론을 더 많이 하는 거보다, 감이 지닌 이런 '힘'에 순응하는 걸 훨씬 더 힘들어 해. 내가 보기엔, 잘못된 학습의 영향이 커서 그런 거 같아. 문제를 해결할 때는 추론과 해석을 가능하면 많이 하라는 수많은 '조언'들 말이야.

— 음.

= 사실 예상 정답률을 매우 낮게 잡은 어려운 문제에서 그나마 일정 수준 이상의 정답률이 나오는 이유도 여기에 있는 경우가 많아. 정답이 다른 답지들보다 해석이나 추론이 덜 필요하기 때문에 어쨌든 그걸 답으로 고르는 아이들이 많아서 정답률이 높아진다는 거야. 수험생 대다수의 공감을 얻기가 쉬우니까 말이지. 다시 강조하지만, 해석이나 추론, 상상은 많은 경우 '감' 과는 정반대 방향으로 작동해. 사실 추론을 더 많이 하는 아이들의 속마음으로 들어가 보면, 그 추론이 맞는다는 확신도 없거든. 하지만 일단 그 과정에 한번 빠져들면 어쩔 수 없이 그냥 그렇게 흘러가게 되는 거야. 그저 내 해석과 추론이 더 가해졌다는 데서 오는 일종의 '애정' 과 '집착' 이, 오답지를 선택하게 하는 부정적 힘으로 작용하는 경우가 더 많아.

— 아.

= 이것도 실제 수능 시험 문제인데, 예로 들어볼게.

— 음. 흥미진진한 시간이 돌아왔군.

= 〈보기〉의 내용을 서두로 하여 글을 쓰려고 한다. 바로 이어서 쓸 내용으로 적절하지 않은 것은?

부정발문이야. 그리고 〈보기〉는 이래.

인터넷에는 유용한 정보도 있지만, 부정확하거나 검증되지 않은 정보도 많다. 그런데 대다수의 학생들이 인터넷 정보검색을 통해서 손쉽게 얻은 정보를 이용하여 보고서를 작성하고 있다.

— 답지는?

= ① 정보의 상업적인 이용을 경계해야 한다.

　② 정보 습득의 다양한 방법을 안내해야 한다.

　③ 보고서 작성의 바른 태도를 교육해야 한다.

　④ 정보의 가치를 스스로 판단할 수 있어야 한다.

　⑤ 인터넷에서 공유되는 정보에 대한 질 관리가 필요하다.

몇 번이 적절하지 않은 거니?

－ 음. 은근히 헷갈리는데.

= 사실 다섯 개 답지는 모두 〈보기〉 다음에 올 수 있는 거야. 불가능한 건 없다는 거지. 가능하냐 불가능하냐는 문제가 절대 아니야. 다만 답지 중에 추론 과정이 긴 게 있고 짧은 게 있을 뿐이야. 〈보기〉를 기준점으로 거리가 먼 게 있고 가까운 게 있을 뿐이라는 거지. 추론 과정이 가장 긴 거, 〈보기〉를 기준점으로 할 때 가장 거리가 먼 거, 생각의 점핑이 가장 많은 거를 답으로 고르면 되는 거야. 그게 감의 '힘'이 이끄는 대로 따라가는 순종적인 태도거든.

－ 음

= 그럼, 이렇게 해보렴. 〈보기〉를 '바람이 분다'로 놓고 그 다음에 올 수 있는 걸 생각해보는 거야. 바람이 불면 모래가 날릴 수도 있고, 나무가 흔들릴 수도 있고, 유리창이 깨질 수도 있잖아. 빨래가 더 잘 마를 수도 있고. 하지만 장님이 늘어난다, 샤미센이 더 많이 팔린다, 지구가 멸망한다, 내가 수능에서 국어 만점을 맞는다 같은 건 중간에 '다리' 역할을 하는 다른 내용이 들어갈 때만 자연스러워지는 거잖아. 만약 그런 '다리'가 빠져 있다면 추론 과정이 길어지면서 사고의 비약이 생겼다고 봐야 하는 거지.

- 그렇게 보면 1번이 거리가 가장 먼 거 같아. 추론 과정도 길고. 생각의 점핑도 있는 거 같아.

= 왜?

- 〈보기〉와 1번 사이에는 뭔가가 빠져 있어. 1번 답지는 〈보기〉가 있고 그 다음에 인터넷 정보를 이용하는데 유료회원 가입을 한다든가 하는, 하여튼 돈을 쓴다는 내용이 있어야 그 뒤에 올 수 있는 내용 아닌가? 다른 답지에 비해서 중간에 비약이 있는 거 같고, 그래선지 사고 과정이 자연스럽지 않은 거 같아.

= 그럼, 문제 하나 더 내볼게.

- 맞았는지 틀렸는지 말 안 해줘?

= 나머지도 마저 풀고 나서.

　〈보기〉의 내용을 서두로 하여 '만화'를 소재로 하는 글을 쓰려고 한다. 바로 이어서 쓸 내용으로 적절하지 않은 것은?

- 어, 발문이 똑같네.

= 그래. 수능 문제는 재활용되는 경우가 많아. 〈보기〉는 이래.

　어린아이가 태어나서 초등학교를 졸업할 때까지 만화를 보는 시간은 중학교에서 시작하여 고등학교를 졸업할 때까지 교실에서 수업을 받는 시간보다 길다고 한다.

— 답지를 내놓으시오.

= ① 아이들의 관심 방향을 돌리도록 해야 한다.
　② 아이들이 만화를 보는 시간을 줄이도록 해야 한다.
　③ 아이들에게 좋은 내용의 만화를 보여주어야 한다.
　④ 아이들이 만화의 폭력성을 심각하게 인식해야 한다.
　⑤ 아이들에게 만화를 올바르게 보는 법을 가르쳐야 한다.

몇 번 같니? '감의 힘'에 순종하면?

— 4번이야.

= 왜?

— 앞의 문제랑 똑같은 거 같은데. 〈보기〉 다음에 4번 답지가 오려면, 만화가 어쨌든 '폭력적'이라는 내용이 둘 사이에 와야 되는 거 아닌가? 그런 역할을 하는 다리가 있어야 사고 과정이 자연스러울 것 같아. 답지 가운데 추론 과정이 가장 길어.

= 두 문제 다 맞았어.

— 그래? 정답률은 어떻게 돼?

= 둘 다 60%대야. 오답률 10위 안에 드는 문제들이었어. 쓰기에서 60%대의 정답률은 낮은 편에 속하거든.

— 음.

196

= 이번에는 조금 어려운 문제 내볼게.

– 조금? 얼마나?

= 그건 풀고 나서 알려줄게.

– …….

= 제시문 전체를 안 봐도 되는 문제니까, 해당되는 부분만 옮겨볼게.

　㉠ 우리는 감각 경험을 통해 직접 만나는 개별적인 대상들로부터 귀납추리를 통해 일반 법칙에 도달할 수 있다. ㉡ 따라서 자연세계의 일반 법칙에 대한 지식도 경험적 지식이다.

– 뭔 소리야?

= 몰라도 돼. 자 문제.

　㉠으로부터 ㉡을 도출하는 과정에서 생략된 전제로 가장 적절한 것은?

– 갑자기 풀기 싫어지는데.

= 사약을, 아니 답지를 받으시오.

　① 귀납추리는 일반 법칙에 기초해 있다.
　② 귀납추리는 자연에 대한 지식을 확장해 준다.
　③ 귀납추리는 지식의 경험적 성격을 바꾸지 않는다.

④ 귀납추리는 지식이 경험 세계를 넘어서도록 한다.

⑤ 귀납추리의 결론은 전제로부터 필연적으로 도출되지 않는다.

― 음.

= 이 문제는 이렇게 해봐. ㉠을 '바람이 분다' 로 놓고, ㉡을 '모래가 눈에 들어간다' 로 놓는 거야. 중간에 뭐가 빠진 거니?

― 모래가 날린다.

= 그래. 그러니까 '모래가 날린다' 같은 답지를 한번 찾아보라는 거야. 추론 과정이 가장 짧고, ㉠이나 ㉡에서 가장 거리가 가까운 거. 당연히 사고의 비약도 없어야겠지. '바람이 분다' '_다음에_' 어떤 내용이 오는 게 괜찮은 건지 생각해보는 것도 좋고, '모래가 눈에 들어간다' '_앞에_' 어떤 내용이 오는 게 좋은지 생각해보는 식으로 가도 되고. 어쨌든 ㉠과 ㉡ 둘 사이를 자연스럽게 연결해주는 '다리' 를 찾아보라는 거지. 내가 보기에는 ㉠ 다음에 올 만한 내용보다 ㉡ 앞에 올 만한 내용을 찾는 게 더 편할 거 같아. ㉡에서 거리가 가장 가까운 거, 추론 과정이 가장 짧은 거, 사고의 비약이 가장 적은 거. 그렇게 보면 뭐 같니?

― 음. "자연 세계의 일반 법칙에 대한 지식도 경험적 지식이다"와 거리가 가장 가까운 거라? 추론 과정이 가장 짧은 거, 사고의 비약이 가장 적은 거? 확실하지는 않지만, 3번 같아.

= 왜?

― ㉠ 다음에 3번 답지가 오고, 그 다음에 ㉡이 오는 게 가장 자연스러운 거 같아.

생각의 점핑도 가장 작은 거 같고. 추론도 짧고, 거리도 가까운 거 같아. '다리' 역할로도 문제없고 말이지. '감의 힘'을 따라가면, 3번이 제일 괜찮아.

= 그래?

― 이런 식이지. 1번, *귀납추리는 일반 법칙에 기초해 있다 (모래가 날린다)* → *자연세계의 일반 법칙에 대한 지식도 경험적 지식이다 (모래가 눈에 들어간다)*, 이거 이상해. 자연스럽지 않아. "귀납추리는 일반 법칙에 기초해 있다"를 '모래가 날린다'로 놓으면, '모래가 눈에 들어간다'는 아마 "귀납추리도 자연세계의 일반 법칙에 대한 지식이다" 정도가 돼야 하는 거 아닌가? 추론을 많이 하면 어떨지는 모르겠지만, 네 말은 그걸 하지 말라는 이야기잖아. 1번은 자연스럽지 않은 거 같아.

= 좋아.

― 2번, *귀납추리는 자연에 대한 지식을 확장해 준다 (모래가 날린다)* → *자연세계의 일반 법칙에 대한 지식도 경험적 지식이다 (모래가 눈에 들어간다)*, 이것도 이상해. '모래가 날린다'에서 '날린 모래가 눈에 들어간다'로 넘어가는 느낌이 안 들어. 1번과 마찬가지로 추론을 길게 하면 어떨지 모르겠지만 거리가 가까운 것도 아니고, 자연스럽지도 않아.

= 그래. 좋아.

― 3번, *귀납추리는 지식의 경험적 성격을 바꾸지 않는다(모래가 날린다)* → *자연세계의 일반 법칙에 대한 지식도 경험적 지식이다(모래가 눈에 들어간다).* 이건 괜찮은 거 아닌가?

= 왜 괜찮은 거니?

― 설명하라면 멋있게 할 수는 없을 거 같아. 하지만 "귀납추리는 지식의 경험적 성격을 바꾸지 않는다." 그렇기 때문에 "일반 법칙에 대한 지식도 경험적 지식이다." 이 두 진술이 이어지는 흐름이 자연스럽다는 느낌이 들어. 당연한 말이겠지만, 귀납추리가 지식의 경험적 성격을 바꾸지 않으니까, 귀납추리를 통해 만들어진 일반 법칙도 경험적 지식이 되는 거 아닌가? 만약 귀납추리가 지식의 경험적 성격을 바꾼다면, 귀납추리를 통해 만들어진 일반 법칙도 경험적 지식이 된다는 보장이 없는 거잖아. 감에 비춰 봐도 그렇고. 어쨌든 계단을 한 칸만 더 올라가는 느낌이 든다고 할까? ㉠ 다음에 3번 답지, 그 다음에 ㉡이 오는 게, 계단 세 칸을 한 칸 한 칸 딛고 올라가는 느낌을 주거든. 1번, 2번 답지는 이런 느낌이 전혀 안 들어. 솔직히 말하면, 계단을 올라가는 건지 내려가는 건지도 잘 모르겠고, 몇 칸을 뛰어넘고 있는 건지도 '감'이 안와.

= 음. 그렇게 생각한다는 거지? 다음은?

― 4번, *귀납추리는 지식이 경험 세계를 넘어서도록 한다(모래가 날린다)* → *자연세계의 일반 법칙에 대한 지식도 경험적 지식이다 (모래가 눈에 들어간다)*, 이건 많이 이상해. 앞에서는 지식이 경험을 넘어선다고 이야기하고서, 바로 그 다음에서는 정반대로 지식은 경험적이라고 하는 거잖아. 이건 추론을 길게 해도 여전히 이상할 거 같은데.

= 좋아. 마지막.

― 5번, *귀납추리의 결론은 전제로부터 필연적으로 도출되지 않는다 (모래가 날린다)* → *자연세계의 일반 법칙에 대한 지식도 경험적 지식이다 (모*

래가 눈에 들어간다). 이건 무슨 말을 하는 건지도 모르겠어. 솔직히 이해 자체가 안 되는 말이야. 다른 친구들은 안 그런데 나만 그런 건가? 추론을 길게 하면 어떨지 모르겠는데, 그러려면 아마도 엄청나게 많이 해야 하지 않을까 싶어.

= 다른 친구들도 너처럼 5번 답지가 무슨 말인지 이해하지 못했어. 그래, 네가 고른 3번이 정답이야.

— 음. 어렵긴 하지만 아주 못 풀 정도는 아닌 거 같은데. 이 문제는 정답률이 어떻게 되니?

= 36%.

— 뭐라고?

= 36%였다구. 그 해에 가장 정답률이 낮은 문제였어. 거의 독보적인 1위였지.

— 그 정도였어?

= 그래. 1번을 선택한 친구가 33%, 2번이 16%, 4번, 5번이 각각 8%였어.

— 와.

= 추론 과정이 짧은 게 적절하다는 표지성이라는 말이 무슨 의미인지, 이제 어느 정도는 이해했을 거야. 다시 말하지만, 추론은 '더' 하는 게 잘하는 게 아니야. '덜' 하는 게 잘하는 거지. 더 많은 추론이나 상상이나 해석은, 역설적으로 국어 못하는 아이들 입장에서 오히려 하기가 훨씬 편한 거야. 억지든 뭐든 마음만 먹으면

다 가능해지니까 말이지. 오히려 추론을 덜 해서 바로 보이는 답지를 선택하는 게, 그러니까 감이 이끄는 대로 판단하는 게, 이 아이들에게는 더 힘들게 느껴지거든. 더 정확하게 말하면, 편한 길을 가려고 하는 자기 모습을 스스로 용납하기가 힘든 거지. 하지만 긴 추론은 반드시 '감'과는 정반대 방향으로 작동하거든. 편한 길을 놔두고 웅덩이나 암석이 잔뜩 있는 험한 길을 일부러 찾아다니게 하는 굉장히 '기이한' 심리지. 추론을 더 하는 아이들 속마음으로 들어가 보면, 자기가 지금 제대로 추론하고 있다는 확신이 과연 있을까? 단언컨대 없어. 하지만 일단 이렇게 추론이 한번 시작되면, 자기도 어쩔 수 없는 상태로 빠져 들어가게 되는 거야. 그러면서 갈 데까지 가보자는 '집요함'도 생기게 되는 거고. 일종의 '집착적인 추론'이지.

— 집착? 무섭다.

= *적절한 것을 찾으라는 문제에서 '추론을 짧게 해도 괜찮은 답지'와 '추론을 길게 하면 가능할 것도 같은 답지'가 서로 충돌할 때는 무조건 전자의 손을 들어줘야 해.* 실제 상황에서는 반드시 그렇게 해야 시간낭비 없이 정답을 선택할 수 있어. 왜 그렇게 되는지는 수능 시험이 끝난 후 여유롭게 분석해보면 되는 거야. 물론 수능 시험 끝나고 그런 걸 할 마음의 여유가 있을지는 모르겠지만 말이야.

무조건 나무보다 숲
_전체 내용과의 연관성에 주목하라

— 정답의 표지성에는 또 뭐가 있니?

= *제시문의 전체적인 내용이나 작품의 전체적인 분위기와 연관성이 높다는 느낌도 적절하다는 표지성이야.* 특히 이런 표지성은 제시문을 제대로 이해했느냐와는 별개로, 제시문을 읽은 직후 머릿속에 남는 흔적 때문에 작동하는 '감'일 가능성이 높아. 주제와의 연관성이 높다는 것도 이것과 일맥상통하는 말이라고 볼 수 있고.

— 제시문 읽은 직후 머릿속에 남는 흔적? 그건 아까도 이야기한 거 같은데?

= 그래. 제시문을 한 번 읽게 되면 글에 대한 이해도와 상관없이 글의 전체적인 느낌, 맨 뒤의 내용이나 장면, 대체적인 윤곽, 자주 등장하는 단어, 인물의 이름, 인상적인 장면이나 내용, 대체적인 시간의 흐름, 말하고자 하는 바 같은 것들이 흔적으로 남게 된다고 했지. 세부 내용은 다시 돌아가서 확인해야겠지만, 적어도 전체적인 윤곽은 잡힌다는 말이야. 바로 그것 때문에 많은 아이들이 '이 답지는 제시문의

전체적인 내용이나 작품의 전체적인 분위기와 연관성이 높다'는 '감'을 갖게 되는 거고.

— 아, 이건 나도 조금은 알겠어. 시험 볼 때 이런 느낌이 들었던 적이 자주 있거든.

＝ 아. 그래? 그렇다면 '감'이 작동한 거네. 그 문제, 당연히 맞았겠지?

— 그게……, 아니. 틀리는 경우가 많아.

＝ 왜?

— 보통 보면, 제시문의 전체적인 내용이나 작품의 전체적인 분위기와 연관성이 높다는 느낌을 주는 답지와 경쟁하는 답지가 꼭 하나 있거든. 시간을 쓰다보면 결국 그런 답지로 가게 되는 경우가 많아.

＝ 구체적으로 말해봐.

— 먼저 제시문의 전체적인 내용이나 작품의 전체적인 분위기와 연관성이 높다는 느낌을 주는 답지. 그런 답지를 보면 분명히 어떤 느낌이 있거든. 그런데 그런 답지는, 답지에 사용된 어휘나 표현이 제시문이나 작품에 등장하지 않는 경우가 가끔 있어. 반대로 그런 답지와 경쟁하는 다른 답지는, 제시문의 전체적인 내용이나 작품의 전체적인 분위기와의 연관성은 조금 떨어지거나 판단이 잘 안 되지만, 제시문이나 작품에 등장한 어휘나 표현이 그대로 사용된 경우가 많고. 이렇게 두 답지가 경쟁하는 상황이 되면, 이상하게도 경쟁 답지로 마음이 가는 경우가 많아.

= 그래? 네 말대로 제시문 또는 작품의 특정 어휘나 표현이 그대로 사용됐다는 건 아주 쉬운 문제에서는 적절하다는 표지성이 되기는 해. 하지만 쉬운 문제가 아닐 경우에 제시문 또는 작품의 특정 어휘나 표현이 그대로 사용됐다는 건, 대부분 적절하지 않은 내용을 적절한 것으로 '위장'하는 것일 가능성이 높아. *오답지가 정답지를 흉내 내는 거*라는 말이야.

— 오답지가 정답지를 흉내 낸다구?

= 그래. 보통 국어 시험에서는, 어떤 답지가 문제의 요구사항에 90% 이상 일치하면 그게 정답이 된다고 하거든. 오답지는 60~70%에 해당하는 거 2개, 30%에 해당하는 거 1개, 그리고 정답과 전혀 무관한 거 1개, 그렇게 해서 4개가 된다는 거고.

— 그래?

= 그래. 그런데 정답에 몇 퍼센트로 근접했냐는 건 말로 하기는 쉬운데, 객관적으로 측정할 수 있는 부분은 아니잖아? 국어에서는 특히 더 그렇겠지. 너라면 정답을 100%로 놓았을 때 60%짜리 오답을 만들 수 있겠니?

— 글쎄. 수학은 정답이 100이라면 오답은 70, 60, 30, 0, 이렇게라도 만들 수 있을 거 같아. 하지만 국어는 이런 식으로 한다는 게 불가능하잖아?

= 수학도 그렇게 오답을 만들면 욕을 얻어먹을 거야.

— 그렇지. 하물며 수학도 그런데, 도대체 국어에서 오답이 어떻게 정답과 유사해진다는 거지? 아, 오답지가 정답지를 흉내 낸다는 게 이런 거야?

= 그래. 오답지가 정답지를 흉내 낸다는 말은 달리 말하면, 오답이 정답과 '유사성'을 지닌다는 거야. 그렇게 보면 오답이 정답에 근접한 비율은 정답과 혼동될 수 있는 어휘나 표현, 그리고 개념이 오답지에 얼마나 담겨 있느냐에 달린 거겠지. 이때 "감이 좋다"는 말은, 정답지를 흉내 내는 그런 오답지의 유혹을 무시하거나 떨쳐낸다는 의미겠고.

— 그래? 그렇다면 그 부분만 정확히 구별하면 되는 거잖아? 맞아. 그러면 국어 시험을 잘 볼 수 있겠다.

= 아니지. 국어 시험 보면서 이건 정답과 30%만 같고, 이건 60%가 같고, 이건 70%나 같고 하면서 마치 자로 재듯이 문제를 푼다는 것이 실제 가능할까? 누가 그렇게 문제를 풀 수 있겠니?

— 생각해보니 그렇기는 하다.

= 그래. 그러니까 정답의 60~70%짜리 2개, 30%짜리 1개, 0%짜리 1개, 이런 이야기가 듣기에는 정말 그럴 듯하지만, 가만히 생각해보면 말이 안 되는 거야. 아마 보기에서 항목을 6개 주고 그중 맞는 거 3개를 모아놓은 답지를 고르라는 문제는 여기에 딱 맞아떨어지겠지. 맞는 항목이 3개인 답지가 정답이고, 틀린 항목이 3개인 답지는 0%짜리, 2개는 맞는데 1개가 틀리면 60%짜리, 1개만 맞고 2개가 틀리면 30%짜리겠지. 국어 시험에 이런 문제가 아주 없는 건 아니지만, 많아야 한두 개거든.

— 맞아.

= 오답이 정답을 흉내 낸다는 건 결국 두 가지 방식밖에 없어. 조금 전에 이야기한

'항목 나열형' 문제 아니면, 제시문에 사용된 어휘나 표현을 오답지에 사용하는 거. 실제 시험에 더 많이 등장하는 건 당연히 뒤의 거겠지. 오답이 제시문에 사용된 어휘나 표현을 흉내 내는 거 말이야.

말 바꾸기
_가장 위험한 '복병'

― 그렇구나. 그런데 질문이 하나 있어. 제시문에 사용된 어휘나 표현 말이야. 의미는 똑같지만 표현은 다른 걸로 답지에서 바뀔 수도 있는 거잖아? 그러면 아이들은 표현이 바뀌었다는 생각은 안 하고, 그건 제시문에 없는 내용이라고 생각할 수도 있는 거고. 그래서 제시문에 나온 어휘나 표현을 그대로 흉내 낸 오답에 유혹당할 가능성도 높아지는 거 아닌가?

= 맞아. '말 바꾸기'. 항상 이게 문제야. 예를 하나 들어볼게. 실제 수능 문제야. 지문에 "효율성이 충족되지 않았다"는 표현이 나왔거든. 그런데 답지에서 이 말이 어떻게 변형됐는지 아니? 1번 답지에서는 "이익이 극대화되지 않았다", 2번 답지에서는 "이익을 더 늘릴 여지가 있다", 3번 답지에서는 "비효율성이 존재한다", 이렇게 바뀐 거야. "효율성이 충족되지 않았다"는 말의 의미가 세 가지 버전으로 달리 표현된 거지.

― 음.

= 이렇게 변형된 표현이 사용된 답지들은, 답지의 나머지 부분까지 마저 보면 제시문의 주제나 전체 내용과의 연관성이 높았어. 단지 "효율성이 충족되지 않았다"는 표현만 조금씩 변형됐을 뿐이었지. 하지만 4번 답지에서는 "효율성이 충족되지 않았다"는 표현이 아무런 변형 없이 그대로 사용된 거야. 물론 4번 답지의 나머지 내용은, 제시문 전체 내용과의 연관성이 답지 가운데 가장 떨어졌어. 다만 제시문에 사용된 표현이 그대로 등장한 거뿐이야. 적절하지 않은 걸 찾으라는 부정발문이었는데, 결국 "효율성이 충족되지 않았다"는 표현이 아무런 변형 없이 그대로 사용된 4번 답지가 정답이었어. 답지의 일부 표현만 제시문과 똑같았을 뿐 전체적인 내용과의 연관성은 가장 낮았거든. 하지만 많은 아이들은 4번을 정답으로 고르지 못했어. 정답을 흉내 낸 오답지의 '유혹'에 넘어간 거지.

— 그렇구나. 그런데 실제 시험 문제가 이런 식으로 나오면 쉽지 않을 거 같아.

= 아니야. 출제자들이 작정을 하고 심하게 변형시킨 게 아니라면, 우리가 소유한 '감'은 전체적인 내용과 연관성이 높거나 낮은 걸 금방 감지하는 경우가 많아. 문제는 그 '감'을 무시하고 제시문에서 명시적인 근거를 찾으려고 하다보면, 오히려 전체적인 내용보다는 똑같은 어휘나 표현에 사로잡히기 시작한다는 데 있어. 또 그 순간에 '모든 답의 근거는 제시문에 있다'는 잘못된 통념이 또다시 부정적으로 작용하면서, 결국 답이 번복되는 거지.

— 아.

= '제시문의 전체적인 내용이나 작품의 전체적인 분위기와 연관성이 높다는 느낌을 주기는 하지만, 사용된 어휘나 표현이 제시문이나 작품에 등장하지 않는 답지'와 '제시문의 전체적인 내용이나 작품의 전체적인 분위기와 연관성은 조금 떨어지지만, 제시문이나 작품에 등장한 어휘나 표현

이 그대로 사용된 답지' 사이에 경쟁이 벌어지는 경우, 그리고 동시에 그 문제가 적절한 걸 찾아야 하는 긍정발문일 경우에는 무조건 전자의 손을 들어줘야 해. 그렇게 하면 맞고, 그렇게 하지 않으면 틀려.

— 그런데 한 가지 물어볼 게 있어.

= 뭔데?

— 너 조금 전에 제시문을 읽은 직후에는 머릿속에 흔적이 남게 되고, 그것 때문에 감이 작동하는 거라고 했잖아?

= 그래.

— 그 흔적이란 게 아이들마다 다르지 않을까? 어휘력이나 독해력의 차이도 있고.

= 그건 앞에서 우리가 이미 많이 이야기했던 거 같은데. 어쨌든 물어봤으니까 대답해줄게. 그 흔적은 아이들 간에 큰 차이가 없어. 국어를 잘하는 아이들이나 못하는 아이들이나 그 흔적이 남는 정도는 정말 비슷해.

— 그래?

= 그래. '아이들마다 독해력이 크게 다르다'는 것도 잘못된 통념이야. 신화지.

— 음, 오랜만이군. '신화'.

= 제시문을 읽은 직후에 남는 흔적이 비슷하다는 말은, 결국 제시문에 대한 아이

210

들의 이해 수준이 비슷하다는 말이야. 국어를 잘하는 아이든 못하는 아이든 말이지. 물론 그 차이가 전혀 없다고는 말 못하지만, 적어도 둘 사이의 실제 점수 차이처럼 큰 차이는 '절대' 아니라는 거지.

― 그래? 하지만 읽는 속도에서는 차이가 날 거 같은데. 못하는 아이들이 잘하는 아이들 정도의 이해 수준에 도달하려면, 제시문 읽는 데 시간을 더 사용해야 하는 거 아닌가?

＝ 아니. 읽는 속도도 대부분 비슷해.

― 그래? 그런데 왜 못하는 친구들이 시간이 그렇게 부족한 거야?

＝ 그건 제시문을 오래 읽어서 그런 게 아니야. 정답을 빨리 확정하고 다음 문제로 빨리 넘어가지 못해서 그런 거지.

― 이렇게 말하면 이야기가 또 제자리에서 맴도는 거 같을지 모르지만, 제시문 읽는 속도는 비슷해도 제시문에 대한 이해도가 낮아서 정답을 빨리 찾지 못하는 거 아닌가? 그래서 잘하는 아이들보다 제시문하고 답지를 더 왔다 갔다 하는 거고.

＝ 그게 '신화'라는 거야.

― 응?

＝ 정답을 빨리 확정하지 못하고 제시문과 답지를 왔다 갔다 하는 건, 그 아이들의 '태도' 문제지, 제시문에 대한 '이해' 문제가 아니라는 말이야. 물론 생소한 어휘가 등장하고 그 어휘가 결정적인 역할을 하는 경우 어휘력의 차이가 영향을 미칠

수는 있겠지. 하지만 제시문 전체를 놓고 보면, 잘하는 아이들이나 못하는 아이들이나 이해의 수준이 '대동소이' 하다는 거야. 한마디로 비슷하다는 거지. 이건 내 말을 믿어야 돼. 그리고 어차피 수능 수준의 제시문을 한 번 읽고 세부 내용까지 완벽하게 이해하고 기억한다는 건 거의 불가능에 가까워. 아마 해당 분야의 박사학위 소지자들도 그렇게는 하지 못할 걸. 문제는 그 정도 수준의 이해만으로도 정답의 표지성을 찾아내고 그 표지성을 발견한 자기 능력을 신뢰하는 아이들이 있는 반면에, 그렇게 하지 못하는 아이들도 있다는 거지. 그건 어디까지나 '능력의 문제' 가 아니라 '태도의 문제' 야. 결국 내가 지금까지 강조한 것도 그 태도를 어떻게 바꾸냐는 거거든. "그런 태도는 잘못된 것이니 바꿔라. 그건 너의 능력과 감이 제대로 발휘되는 걸 가로막는 가장 큰 장애물이다"라고 아무리 이야기해봤자 그 태도가 바뀌냐는 거지. 모든 교재나 강의에서 꼼꼼히 읽고, 정오답의 근거를 철저하게 확인하고, 정확하게 추론하라고 내내 강조하고 있잖아? 사방에서 그런 이야기를 듣는 아이들도 '맞아. 그렇게 해야지. 안 그러면 망해' 라는 생각으로 그렇게 하려고 엄청나게 애를 쓰게 되고 말이지.

— 음.

= 왜 그런가 하는 자세한 설명도 없이 "기존의 학습 방식은 효과가 없는 것을 넘어 어떤 경우엔 해롭기까지 하다"는 이야기를 계속하면 그냥 비난하는 거밖에 안 되잖아. 내가 지금 하는 건 그런 비난이 아니거든. 그래서 "정답의 표지성으로 문제를 신속하게 해결할 수 있다", "그런 능력은 우리가 이미 소유한 것이다", "그런 능력을 '믿을 수 없는 감' 으로 부정하고 혐오하기 때문에 오히려 지금 국어를 못하고 있는 거다", 뭐 이런 '엄연한 사실' 들을 아이들이 납득할 수 있는 방식으로 설명하고 있는 거야. 그걸 받아들이고 안 받아들이고는, 이 이야기를 듣는 아이들 자신의 몫이겠지. 나는 그 아이들이 내 이야기를 듣는 사이에 그동안 자주 경험했지만 모호하기도 하고 애매하기도 해서 그냥 방치해왔던 부분, 그 부분이 조금이라

도 분명해지기를 바라는 거야. 그래서 국어 공부에 대해 발상의 전환을 하게 된다면 더 바랄 나위가 없겠지.

― 발상의 전환이라.

= '정답의 표지성'이나 '감'은 언어의 한계를 넘어서는 것인데, 이런 것들에 대해 이만큼 설명한 사람도 지금까지 없었잖아. 내가 잘난 척 하는 게 아니라 정말 그래. 비슷한 시도조차 아예 없었거든. 내가 이렇게 '감'을 말로 설명하면서 기대하는 효과는 두 가지야. 첫째는, 감을 이미 발휘하고 있는 아이들이 자기가 그동안 잘하고 있었다는 걸 확인하게 되기를 바라는 거야. 둘째는, 감은 있지만 그걸 제대로 발휘하지 못했던 친구들이 그동안 방치됐던 그런 자기의 능력을 끌어낼 수 있게 되기를 원하는 거고. 그렇게 된다면 그 아이들도 그동안 의식적으로 경시하거나 무시했던 '감'의 존재를 새롭게 인식하고, '감'이 안정적인 국어 고득점의 필수조건이라는 '불편한 진실'을 결국 납득하고 수용하겠지. 하여튼 내가 지금 하는 일은 잘하는 친구들에게는 '칭찬과 격려'를 하는 거고, 못하는 친구들에게는 그동안 스스로 혐오했던 '감'이란 게 사실은 믿을 만 하다는 걸 '설득'하는 거야.

― 그래, 알았어. '격려'와 '설득'. 어쨌든 고맙다. 다시 '본론'으로 돌아가서, 정답의 표지성에 또 뭐가 있니?

= 다음 표지성으로 넘어가기 전에 한 가지 더 할 이야기가 있어.

― 뭔데?

= 아까 상식에 부합하는 게 정답의 표지성이라는 말을 하면서, 앞부분과 뒷부분 이야기를 했잖아?

— 그래. '~를 *사용하여, ~하고 있다*'는 답지를 이야기했지. 앞부분이 방법이고, 뒷부분이 효과라고 했잖아.

= 잘 기억하고 있구나. '전체적인 내용과 연관성이 높다는 게 정답의 표지성'이라는 '감'은, 그런 형태의 답지에도 적용되거든.

— 어떻게?

= 이런 식이지. "대조적 이미지를 사용하여, 이별의 슬픔을 드러내고 있다" 같은 답지. 아까 말한 대로라면, 먼저 앞부분과 뒷부분의 인과관계를 체크해야겠지. 하지만 대조적 이미지를 사용했다는 것과 이별의 슬픔을 드러내고 있다는 것 사이에 어떤 인과관계가 있는지 답지만으로는 판단이 안 되잖아. 그럴 수도 있고 그렇지 않을 수도 있다는 거지. "과거 시제를 사용해서 현장감을 높이고 있다"거나 "긴장감 있는 장면을 통해 사건전개 속도를 빠르게 하고 있다"라는 답지하고는 성격이 좀 다르잖아.

— 맞아. 그런 답지는 둘 사이에 인과관계가 있다, 없다를 쉽게 판단할 수 없을 거 같아.

= 그럼 두 번째로 해야 할 게 뭐야? 기억을 더듬어보렴.

— 앞부분에 사용된 방법이 제시문에 실제로 있는지 확인하는 거 아닌가?

= 그렇지. 그런데 수미상관이라든가, 시적 허용이라든가, 화자가 겉으로 드러난다든가 하는 표현법은 금방 확인이 되지만, 대조적 이미지라는 건 그렇게 말처럼 쉽게 확인이 되는 게 아니거든. 단순한 감각적인 이미지의 대조라면 그래도 낫겠

지만, 그게 의미의 대조로까지 확장되면 대조적 이미지가 사용이 됐는지 안 됐는지 실제 시험 현장에서는 쉽게 판단할 수 없는 경우가 많아.

− 맞아. 그런 거 같아. 그러면 어떻게 해야 하는데?

= 아까 마지막으로 체크하는 게 뭐라고 했니?

− 뒷부분이 상식에 부합하느냐는 거였잖아? 그런데 "대조적 이미지를 사용해, 이별의 슬픔을 드러내고 있다"는 답지는 그게 안 될 거 같은데. 뒷부분인 "이별의 슬픔을 드러내고 있다"는 내용이 상식에 부합하는지 부합하지 않는지를 판단한다는 건 조금 이상해.

= 그렇지. 이건 "독자층을 널리 확보하려 했다"는 거하고는 성격이 달라. 상식에 부합하느냐 부합하지 않느냐를 쉽게 판단할 수가 없는 내용이지.

− 그럼 어떻게 해야 하는 거야?

= 뒷부분이 전체 내용이나 작품의 분위기와 연관성이 있는지를 판단하는 거야.

− 뭐라고?

= 웃긴 게 뭐냐면, 이런 답지가 공통점 문제로 나오면 제시문으로 나온 작품이 어떤 경우에는 전부 다 이별의 슬픔을 노래한 시가 아닌 경우가 많거든. 그런데도 아이들은 앞부분에 등장한 표현법이 실제 사용됐는지만 눈에 불을 켜고 확인하려고 하는 거야. 정작 그 시의 내용이 이별의 슬픔을 노래한 게 아니라는 건 깜빡 잊고 말이지.

— 그래?

= 그러니까 '~하여, ~하고 있다'는 답지는 항상 앞부분에 표현법, 뒷부분에 표현효과가 나오기만 하는 게 아니거든. 앞부분은 표현법, 뒷부분은 전체적인 내용이나 정서, 주제, 분위기가 나오는 경우도 많다는 거야. 어떤 때는 뒷부분의 내용이 적절한 답지가 아예 하나밖에 없는 문제도 많아. 전체적인 내용이나 정서, 주제, 분위기와 연관되는 답지가 오직 하나뿐이라는 거야. 적절한 걸 찾으라는 긍정발문이라면 당연히 그게 답이지. 그리고 그런 표지성을 발견하는 데는 몇 초도 안 걸리는 거고. 오히려 앞부분의 표현법을 제시문에서 확인하려고 하면 힘들어져. 표현법이 쉬운 거라면 금방 확인이 되겠지만, 그게 애매한 경우에는 생각지도 못한 어려움을 겪을 수 있거든. 그러니까 이런 형태의 답지에서 뒷부분이 전체적인 내용이나 분위기와 연관성이 높다는 건, 그 답지가 적절하다는 '결정적인' 표지성이야. 그것만 알아볼 수 있다면 의외로 문제가 쉽게 해결된다는 말이지. 이건 '감'이 좋은 아이들이 잘하는 방식이기도 해.

— 그렇구나. 그런데 그런 건 문학에서만 통하는 거니? 네가 '시'만 예로 들었잖아? 비문학은 어떠니?

= 비문학도 똑같아.

— 그래?

= 예를 들면 이런 거지. "모음이 변화하는 현상을 통하여 국어 음절의 특성을 보여주고 있다"는 답지가 있어. 제일 먼저 뭐부터 해야겠니?

— 모음이 변화하는 현상을 이야기하면 정말로 국어 음절의 특성을 보여줄 수 있

는 건지, 둘 사이의 인과관계를 따져봐야겠지.

= 맞아. 그런데 인과관계가 애매하지?

─ 그래. 답지만으로는 판단하기가 좀 어려운 거 같아. 그럴 수도 있고, 아닐 수도 있고.

= 그렇다면 그 다음에는.

─ 모음이 변화하는 현상이 제시문에 실제 나와 있는지 확인해야 할 거 같아.

= 그래. 그래서 확인이 됐다고 치자. 그 다음에는.

─ 제시문의 전체 내용이 국어 음절의 특성을 보여주는 건지를 생각해보면 되는 거겠지. 아, 문학하고 똑같구나.

= 그래. 똑같아. 이런 형태의 답지에서는 앞부분보다 뒷부분을 먼저 보는 게 편하고 빨리 문제를 푸는 방법이 될 수 있어.

─ 그렇구나.

= '보너스'로 하나만 더 이야기해줄게.

─ 보너스?

= '논의된 내용을 종합하면서 새로운 주장을 제기하고 있다', '상반된 견

해에 대하여 절충적 대안을 제시하고 있다', '구체적 사례를 통해 통념을
비판하고 있다', '이론의 장단점을 비교하여 독자의 이해를 돕고 있다',
'현상의 원인을 분석하여 다양한 해결책을 제시하고 있다'. 이중에 성격이
다른 답지가 하나 있는데, 찾을 수 있겠니?

— 음.

= 뒷부분만 다시 말할 게. '새로운 주장을 제기하고 있다', '절충적 대안을
제시하고 있다', '통념을 비판하고 있다', '독자의 이해를 돕고 있다', '다
양한 해결책을 제시하고 있다'.

— 독자의 이해를 돕고 있다.

= 왜?

— 나머지는 주장이고, 이것만 설명 같은데?

= 맞아. 제시문이 설명문이라면 이게 답이야. 설사 제시문에서 확인을 하더라도
이 답지를 가장 먼저 확인해야 하는 거고. 논설문인지 설명문인지 판단을 해야 하
지만, 이런 판단도 넓은 의미로 보면 전체 내용과의 연관성을 감지하는 거하고 관
련이 깊은 거야. 여전히 '감'인 거지.

— 그렇구나. 정답의 표지성에는 또 뭐가 있니?

위험한 '〈보기〉 만능주의'
_출제자의 '호의'일까 '악의'일까

= 이번에는 〈보기〉가 조건으로 제시된 문제에서 정답의 표지성이 어떻게 드러나는지 말해줄게.

― 그래. 국어는 〈보기〉 문제가 정말 많은 것 같아. "〈보기〉 문제는 보기로만 풀어라"는 이야기도 많이 들어봤어. "제시문만으로 정답을 성립시키기 힘드니까 정답의 또 다른 근거로 〈보기〉를 제시한 거다. 그러니까 그건 출제자들의 친절이고 배려다. 호의를 무시하지 말고 고맙게 받아들여라. 안 그러면 벌 받는다. 무조건 〈보기〉가 정답의 결정적 근거다." 뭐 이런 이야기를 정말 많이 들었어.

= 출제자들의 호의를 무시하지 마라?

― 그래. 그런데 막상 시험을 보면 그게 꼭 그렇지만은 않은 거 같거든. 이게 정말 '호의'인지, 아니면 '악의'인지 헷갈릴 때가 있어.

= 〈보기〉가 결정적인 역할을 하는 경우가 분명히 있지. 말 그대로 답지 중에 〈보

기〉를 참고한 게 있으면 적절한 거고, 참고하지 않았으면 적절하지 않은 거고. 아예 〈보기〉의 내용을 그대로 답지에 옮겨놓는 경우도 있거든. 하지만 이런 문제는 정답률이 90%를 쉽게 넘어가는 경우야. 괜히 '정색' 하고 이러쿵저러쿵 이야기할 필요도 없어. '재앙'은 조금 어려워야 발생하지. 〈보기〉 문제는 어떤 경우 정답률이 60%나 50% 이하로 떨어지기도 하는데, 그렇다면 왜 그런 일이 생기냐는 거야. 사람들 말처럼 〈보기〉를 참고한 것을 적절한 것으로, 〈보기〉를 참고하지 않은 것을 적절하지 않은 것으로 생각하고 쉽게 풀었다면, 이런 정답률이 절대로 나올 리가 없었겠지.

— 왜 그래?

= 문제가 어려우면 〈보기〉를 참고한다는 게 말처럼 쉬운 일이 아니거든.

— 그래?

= 그래. 아까 말한 대로 〈보기〉의 내용이 특별한 변형 없이 답지에 그대로 반복되면 누구나 참고 여부를 쉽게 판단할 수 있어. 하지만 〈보기〉의 내용이, 바뀐 표현으로 답지에 사용된다든지, 〈보기〉의 부분적인 내용이 아닌 핵심 주제가 답지로 등장하면, 그 답지가 〈보기〉를 참고했는지 안 했는지를 판단하기가 정말 힘들거든. 〈보기〉의 내용이 굉장히 길고 어려운 경우에는 더 그렇겠지. 〈보기〉가 출제자의 '호의'인지 '악의'인지 모르겠다고 했지? 네 말대로 〈보기〉는 편하게 풀 수 있는 문제를 괜히 헷갈리게 만드는 악의적인 방해물이 되는 경우도 많아. 이런 경우 오히려 '악의'를 '호의'로 오해하면 그 문제를 틀리게 되는 거지.

— 그럴 때는 어떻게 해야 하는 거야?

= 이건 '적절하다는 표지성' 하고 '적절하지 않다는 표지성' 을 대비해서 설명하

는 게 좋을 것 같아. 그래야 이해하기가 쉽거든. 일목요연하게 나열해볼게.

1. 답지 내용은 괜찮은데, 〈보기〉와의 연관성은 떨어지는 느낌이다. / 답지 내용은 이상한데, 〈보기〉와 연관된다는 느낌을 준다.
2. 답지가 내용상 무난하지만, 〈보기〉의 표현이 '그대로' 사용되지 않았다. / 답지의 내용은 거슬리지만, 〈보기〉의 표현이 '그대로' 사용되었다.
3. 제시문과의 연관성이 높고 전체적인 느낌은 무난하지만, 답지의 특정표현이 다소 거슬린다. / 제시문 내용과 동떨어져 있고 무슨 말인지 파악이 되지 않지만, 답지에 사용된 특정표현이 〈보기〉와 똑같다.

각 항에서 전자가 적절하다는 표지성이고, 후자가 적절하지 않다는 표지성이야. 적절한 것을 찾아야 하는 긍정발문에서, 이런 상반되는 느낌의 두 답지가 경쟁하거나 충돌하는 경우에는 무조건 전자의 손을 들어줘야 해. 거꾸로 적절하지 않은 것을 찾아야 하는 부정발문의 경우에는, 무조건 후자의 편을 들어줘야 하고.

— 아, 이건 아까 '전체적인 내용과의 연관성이 적절하다는 표지성'이라는 걸 설명하면서 했던 말, 그러니까 '오답지가 정답지를 흉내 내는 방식' 하고 비슷한 거네. 이런 경우 〈보기〉에 사용된 말이 답지에 그대로 사용됐다는 건, 오히려 적절하지 않다는 표지성이 된다는 거지?

= 맞아.

— 정리하면 이런 거네. *적절한 것을 찾아야 하는 〈보기〉 문제에서는 '답지 내용이 괜찮다', '내용이 무난하다', '제시문과의 연관성이 높다'가 '〈보기〉와의 연관성이 더 높다', '〈보기〉의 표현이 그대로 사용됐다' 보다 훨씬 더 강력한 정답의 표지성이다!*

= 오, '정리'까지? 그래. 물론 쉬운 문제에서는 〈보기〉의 표현이 그대로 사용됐다는 게 적절하다는 표지성이 될 가능성이 높지만, 그것도 어떤 전제가 필요해.

− 무슨?

= 답지 내용도 괜찮거나 무난하고 제시문과의 연관성도 높은 상태에서 〈보기〉의 표현이 그대로 등장했다면, 그건 당연히 적절한 답지가 된다는 거지. 물론 그런 문제는 정답률이 크게 높아지는, 정말 쉬운 문제이겠지만 말이야.

− 그렇구나.

= 그러니까 '〈보기〉만능주의'에 대해서는 약간의 '경계'가 필요해.

− '〈보기〉만능주의'? 아까는 '제시문 지상주의'라고 하더니. 너는 말도 잘 만든다.

= 왜 경계가 필요하냐면, 시간을 두고 깊이 분석하면 처음에는 〈보기〉와 연관성이 떨어지는 것으로 판단한 답지도 결국은 〈보기〉를 참고한 것으로 확인되는 경우가 정말 많거든. 그러나 실전에서 이런 생각을 하기는 어려워. 그래서 〈보기〉의 어휘나 표현이 그대로 사용되지 않은 듯한 답지를 '적절하지 않은 것'으로, 〈보기〉의 어휘나 표현이 그대로 사용된 답지를 '적절한 것'으로 고르는 단순한 방식이 사용되는 거야. 적절한 것을 찾아야 하는 문제에서 답지의 전체적인 내용이 이상하다는 것을 충분히 느끼면서도, '〈보기〉를 참고한 건 이것뿐이야'라고 자기 판단을 합리화하는 경우가 많다는 거지. 그때 그 친구의 '어리석은 손'을 이끄는 잘못된 신념이 바로 '〈보기〉만능주의'일 테고.

− 음.

= 〈보기〉 안에 담긴 생소하고 어려운 내용도 자유자재로 활용할 정도가 되면 당연히 좋겠지. 하지만 〈보기〉가 그 정도로 완벽하게 이해되지 않은 상태에서 〈보기〉의 단순한 문자정보를 기계적으로 맹신하는 건 정말 위험한 일이야. 결국 정답을 흉내 낸 오답지의 손을 들어주는 일이거든.

— 그렇구나.

= 예를 하나 들어볼게. 몇 년 전 평가원에서 낸 모의평가 문제야. '과학' 제재였는데 제시문 내용은 이랬어.

태양에너지가 도달할 수 없는 깊은 바다 밑바닥(심해저)에는 광합성을 하는 일차 생산자(플랑크톤)가 존재할 수 없다. 따라서 일차 생산자를 먹이로 하는 다른 생물도 생존할 수 없다. 하지만 지각활동(지진)이 일어나는 일부 심해저에는 황화수소 같은 무기질이 포함된 용출수가 뿜어져 나온다. 그런데 관벌레는 자기 몸속에 있는 세균에게 이 황화수소를 공급하고, 세균은 이것을 유기물로 합성해 관벌레의 먹이로 제공하는, 독특한 공생 방식으로 이곳에서 생존한다.

— 너랑 나 사이 같다.

= 어쨌든 〈보기〉 문제였는데, 발문이 이래.

위 글의 내용을 근거로 하여 〈보기〉의 천문학자가 '유로파(목성의 위성)에 생명체가 존재할 가능성이 있다'고 추론할 때, 이 추론의 개연성을 높여줄 수 있는 증거로 가장 적절한 것은?

— 복잡하다.

＝ 답지는 이랬어. 뭐가 답인지 맞혀봐.

    ① 유로파에 소행성이 충돌했다는 증거.
    ② 유로파가 지각활동을 하고 있다는 증거.
    ③ 유로파의 대기에 산소가 포함되어 있다는 증거.
    ④ 유로파가 태양에 점점 가까워지고 있다는 증거.
    ⑤ 유로파의 얼음층 밑의 물이 지구의 바다만큼 깊다는 증거.

— 〈보기〉를 봐야지.

＝ 〈보기〉를 못 봤다 치고.

— 〈보기〉 문젠데, 보기를 못 봤다 치고 풀라는 거니?

＝ 그래. 부탁할게.

— '위 글의 내용을 근거로' 하면 2번 아닌가? 그게 어디든 생명체가 존재할 가능성이 있다고 한다면, 위 글의 입장에서 던질 수 있는 질문은 결국 두 가지뿐이잖아? 하나는 "그렇다면 거기에 '지각활동'이 있는가?" 다른 하나는 "거기에 '공생관계'도 있는가?" 거기가 명왕성이든 안드로메다든 말이야.

＝ 오. 대단한데.

— 맞았니?

＝ 축하한다.

— 에이, 이건 아무나 맞힐 수 있는 문제잖아?

= 아니야. 이 문제 정답률은 43%야. 전체 50문제 가운데 정답률이 낮은 걸로 3위였어. 오답률 3위에 빛나는 문제.

— 어, 그래? 쉬운 문제 같은데.

= 그건 네가 〈보기〉를 '안 봐서' 그렇지.

— 〈보기〉를 안 봐서 맞았다구? 헐. 〈보기〉 내용이 뭔데?

= 길지만 한번 옮겨볼게.

목성의 위성 유로파는 태양에서 너무 멀리 떨어져 있어 광합성에 충분한 태양에너지가 도달하기 어렵다. 유로파의 표면은 두꺼운 얼음층으로 덮여 있으며, 그 아래에는 물이 있는 것으로 생각된다. 1990년대 후반 우주탐사선 갈릴레오 호는 유로파의 표면 사진들을 지구로 전송했다. 이 사진들을 조사한 천문학자들은 유로파의 밝은 얼음층 밑의 물에 생명체가 존재할 가능성이 있다고 말했다.

— 음.

= 이 〈보기〉를 봤어도 여전히 2번을 골랐을까?

— 갑자기 자신이 없어지는데. 실제 시험 상황이라면 5번을 골랐을지도 모르겠어. '유로파의 얼음층 밑의 물이 지구의 바다만큼 깊다는 증거' 말이야.

= 그래. 5번을 선택한 아이들이 36%였어. 정답을 선택한 비율에 근접하는 수치야. 매력도가 너무 큰 오답지로 엄청난 쏠림 현상이 일어난 거지.

— 출제자의 '악의'를 '호의'로 오해한 거네.

= 오답지가 정답지를 흉내 낸다는 게 무슨 말인지 다시 생각해봐. 가만히 생각해보면, 지구의 바다처럼 물이 깊다는 건 생명체의 존재 가능성을 크게 낮추는 거야. 다만 거기에 지각활동이 있고 공생관계가 있어야만 그나마 생명체가 존재할 수 있다는 거지. 그리고 그건 지극히 예외적인 현상인 거고. 제시문에 나온 핵심 내용과의 연관성은 무시하고 "〈보기〉를 참고한 건 이것뿐이야"라는 단순한 생각으로 문제를 풀면 어떻게 되겠니? 이런 〈보기〉는 그 순간 정답을 선택하는 걸 방해하는 거대한 '매력덩어리'로 '돌변'하는 거야. 그때 우리의 '어리석은 손'을 이끄는 건 바로 〈보기〉만능주의'일 테고. 다시 강조하지만, 〈보기〉가 그 안에 담긴 내용을 자유자재로 활용할 정도로 완벽하게 이해되지 않은 상태에서, 〈보기〉의 단순한 문자정보를 기계적으로 맹신하는 건 위험해. 그건 정답을 흉내 낸 오답지의 손을 들어주는 거라구.

— 그렇구나.

= 아, 그리고 하나 더. 〈보기〉 문제는 아니지만, 답지의 인과관계를 바꾼 경우에도 정답을 흉내 낸 오답지에 유혹당하는 경우가 있어. 제시문 내용이 생소하고 까다로운 경우에 특히 이 유혹에 잘 넘어가는 경향이 있거든. 이 경우 잘못된 것은 원인과 결과일 뿐 핵심 단어는 아무런 변형 없이 답지에 그대로 등장하는데, 정확한 핵심 단어에 변형이 없기 때문에 아이들이 의외로 의심 없이 그런 답지를 선택하곤 하지. 인과관계의 오류는 '감'으로 필터링이 되기는 하지만, 예민하게 감지되는 경우와 그렇지 못한 경우가 있으니까 조심할 필요가 있어.

— 인과관계를 바꾼다고? 그게 무슨 말이야?

= 실제 수능 문제를 예로 들면 이해하기 쉬울 거야. 제시문의 한 문장을 그대로 옮겨볼게. "한 도시가 '창조도시'로 성장하려면, '창조산업'과 '창조계층'을 끌어들이는 '창조환경'이 먼저 마련되어야 한다." 이거야. 이 문장은 그 제시문의 주제문장이었거든. 아마 대부분의 아이들도 좀 더 신경 써서 읽은 부분일 거야. 제시문 전체의 핵심어가 바로 이 문장에 나온 세 단어였거든. '창조산업', '창조계층', '창조환경'.

— 그런데?

= "위 글을 통해 알 수 있는 것은?"이라는 긍정발문이었는데, 거의 20%에 가까운 아이들이 "창조산업과 창조계층이 갖춰져야 창조환경이 마련된다"는 답지를 정답으로 골랐거든.

— 맞는 거 아닌가?

= 뭐라구?

— 아, 제시문에는 '창조환경'이 원인이고 '창조산업'과 '창조계층'이 결과인데, 답지에서는 '창조산업'과 '창조계층'이 원인이고 '창조환경'이 결과로 바뀌어 있구나. 이런.

= 내가 앞에서 말했지. 잘못된 것은 원인과 결과일 뿐 정확한 핵심 단어가 아무런 변형 없이 답지에 그대로 등장하기 때문에, 의외로 의심 없이 그런 답지를 선택하는 경우가 있다고. 미안하지만 너도 '낚인' 거야.

‒ 그거 참. '눈 뜨고 코 베인다'는 게, 바로 이런 거네.

= 하나 더 해볼까?

‒ 또 뭘 베어 가려고?

= 수능 '과학' 지문이었어. 제시문 맨 마지막 문장 2개를 그대로 옮겨볼게.

얼마 후 말피기가 새로 발명된 현미경으로 모세혈관을 발견하면서 '피의 순환 이론'은 널리 받아들여졌다. 그리고 폐와 그 밖의 기관들을 피가 따로 순환해야 하는 이유를 포함하여 다양한 인체 기능을 설명하는 새로운 생리학의 구축이 시작되었다.

‒ 뭔 소리니?

= 뭔 소린지 몰라도 돼. 그래도 문제는 풀리니까.

‒ 문제가 뭐야?

= 문제는 이거야.

위 글로 보아 피의 순환 이론의 성립이나 수용에 기여하지 않은 것은?

‒ 음.

= 홀수형 답안 1번 답지가 '새로운 생리학의 구축'이었거든.

— 그게 답 아닌가? 그건 피의 순환 이론이 수용된 다음에 일어난 일이잖아?

= 맞아, 이게 답이야. 정답률이 어땠을 거 같니?

— 글쎄. 제시문 맨 마지막에 나온 내용이라니까 찾기가 쉬웠을 거 같은데.

= 51%였어. 오답률로는 그해 5위였지.

— 어? 그 정도로 어려운 문제는 아닌데.

= 맞아. 단순히 시간적인 선후관계만 확인하면 해결되는 문제였거든. 그런데 다섯 개 답지 중에서 오직 이 답지에만 제시문에 사용된 표현이 그대로 나왔다는 게 문제라면 문제였지.

— 무슨 말이야?

= 다른 답지들에서는 제시문의 표현이 조금씩 바뀌었다는 거지. 예를 들어 4번 답지는 '새로운 관찰도구의 도입'이었는데, 제시문에는 그런 표현이 없었거든.

— 그래? 그럼 '새로운 관찰도구의 도입'도 잘못된 거잖아?

= 말피기가 사용한 현미경이 '새로운 관찰도구'야.

— 아. '현미경'을 '새로운 관찰도구'라는 말로 변형시킨 거구나. '말 바꾸기!'

= 오답지가 정답지를 흉내 낸다는 말이 무슨 말인지 다시 생각해봐. 특히 잘못된

것은 원인과 결과일 뿐, 정확한 핵심 단어가 아무런 변형 없이 답지에 그대로 등장하는 경우도 포함해서 말이지.

— 시간도 없고 마음도 급한 시험장에서 이런 답지를 만나면 의외로 헤맬 수도 있겠는 걸. 어떻게 하면 좋은 거니?

= 가장 간단한 대처법은 제시문에서 사용된 단어, 특히 핵심 단어가 아무런 변형 없이 답지에 그대로 등장하면, 가장 먼저 '인과관계'가 제대로 돼있는지부터 확인하는 거야. 감이 좋은 아이들은 이런 부분을 금방 알아차리거나, 설사 금방 알아차리지는 못해도 이 부분을 가장 먼저 거슬려 하거든. *제시문과 똑같은 표현이 나온 답지를 무난한 것으로 보지 않고 오히려 거슬려 한다는 거, 이거 정말 중요한 거야.* 이런 능력도 여전히 '감의 영역'이기는 한데, 차원이 조금 높은 거지. 어쨌든 국어를 잘하는 아이들은 제시문의 표현이 그대로 등장한 답지를 그렇게 '좋게' 안 봐. 그리고 그런 경우 인과관계를 가장 먼저 체크하고. 그런 다음에 전체 내용과의 연관성으로 정답을 확정하는 거야.

레드 계열과 블루 계열
_답지에서 부조화가 느껴지는 경우

— 그래. 알았어. 정답의 표지성에는 또 뭐가 있니?

= 답지에 사용된 어휘나 표현의 부조화가 상대적으로 낮은 게 적절하다
는 표지성이야.

— 이건 무슨 말인지 잘 모르겠는데.

= 아니. 너도 이미 국어 능력을 소유한 사람이니까 실제로는 많이 경험했을 거야.
말이 생소해서 그렇지. 어쨌든 우리가 지금 하고 있는 게 그동안 '감'으로만 불렀
던, 말하자면 언어로 설명하기 어려웠던, 문제를 풀 때의 느낌, 그 느낌을 굳이 말
로 설명해보는 거잖아. 그러니까 낯설 수 있지. '답지에 사용된 어휘나 표현의 부
조화'는 그런 부조화가 낮은 것보다 높은 걸로 설명하는 게 이해가 빠를 거야. 그
러니까 부조화가 높다는 건 적절하다는 표지성이 아니라 적절하지 않다는 표지성
이 되는 거야. 부정발문에서는 이게 정답이 되는 거지.

— 어렵다, 말이.

= 그러니까 답지에 사용된 어휘나 표현에 부조화가 있다는 건, 제시문에서는 다른 부분(문단)에서 언급된 내용 혹은 다른 대상을 설명하는 데 사용된 어휘나 표현이, 답지에서는 하나로 묶여서 등장한다는 말이야.

— 뭔가 성격이 다르고 대비되는 내용이 마치 그렇지 않은 것처럼 구분 없이 한 답지에 나오는 거?

= 그렇지. 이걸 어떤 교재는 '대립항'이니 '이항관계'니 하는 굉장히 생소한 용어를 사용해서 설명하지. 마치 그것이 대단한 접근법인 양 포장하고 있다고 들었어. 하지만 사실 이건 많은 아이들이 이미 갖고 있는 '감'에 따라 무의식적으로 감지하는 부분이야. 다만 그 감을 신뢰하는 아이들이 있는 반면에 신뢰하지 못하는 아이들도 있을 뿐이지. 예를 한번 들어볼 게. 공터에 수십 명의 아이들이 있다고 해보자고. 아이들 옷 색깔이 주홍색, 분홍색, 빨간색, 선홍색, 그리고 하늘색, 파란색, 남색, 코발트색이야. 그 밖의 색깔, 말하자면 흰색이나 검은색, 노란색 계통은 없고. 이때 이 공터의 아이들을 바라보는 사람이라면 누구라도 아이들 옷 색깔을 '레드' 계열과 '블루' 계열로 크게 구분해서 인식하게 된다고 하지. 부조화가 느껴진다는 말은 말하자면 이런 거야. 아이들이 둘 씩 짝 지어 벤치에 앉아 있는데 분홍—빨강, 분홍—주홍, 주홍—분홍, 빨강—주홍, 분홍—파랑, 이렇게. 네가 보기에 이 가운데 어떤 조합이 가장 부조화가 높은 거니?

— 당연히 분홍—파랑이지.

= 그래. 국어 시험에서 답지가 조화롭지 못하다는 말도 이것과 비슷한 거야. 바로 이런 게 적절하지 않다는 강력한 표지성이 되는 거지. 제시문에서는 다른 부분(문

232

단)에서 언급된 별개의 내용 혹은 각기 다른 대상을 설명하는 데 사용된 어휘나 표현이, 답지에서는 하나로 묶여서 등장하는 거. 물론 제시문을 읽을 때 이런 부분을 의식하면서 따로 표시를 하면 더 좋을 수는 있어. 할 수만 있다면 말이지. 하지만 제시문 내용이 생소하고 복잡할 경우 이런 표시 작업을 하는 건 글을 읽는 동안은 잘 안 될 가능성이 높거든. 아직 글을 읽는 중이란 건 공터에 있는 아이들 전체를 한눈에 보는 게 아니라, 문틈으로 아이들을 차례로 훑어보는 상황하고 비슷한 거라 그래. 아이들 옷이 레드 계열과 블루 계열로 크게 구분된다는 생각은 아직 하지 못한다는 거지. 국어 시험으로 말하면 결국 제시문을 다 읽고 나서야 그런 생각이 든다는 건데, 그렇다고 다시 제시문으로 돌아가서 표시 작업을 할 수는 없는 거잖아. 시간적으로도 그게 그렇게 효율적일 거냐는 거지. 그 제시문에 딸려 나오는 모든 문제가 이런 대비되는 내용으로만 푸는 문제도 아닐 테고 말이지. 할 수만 있다면 표시를 하는 게 나쁠 건 없는데, 시간이 소비된다는 게 문제라면 문제야. 그리고 더 중요한 건, 별다른 의식을 하지 않거나 따로 표시를 하지 않아도, 이런 '대비'는 제시문을 읽고 나면 우리 머릿속에 어떤 흔적을 남기게 된다는 거야. 결국 그 흔적 때문에 답지에 나오는 어휘나 표현의 부조화를 알아보거나 거슬려 하는 '감'이 작동하는 거고.

– 무슨 말인지는 알겠어. 하지만 예를 하나 들어주면 더 좋을 거 같은데.

= 이 부분은 예를 들기가 좀 그래. 제시문 전체를 봐야 어떤 '대비'가 있는지 판단되는 거라서 말이야. 하지만 '이런 식이다' 정도는 이야기해줄 수 있을 거 같아.

– 그래.

= 수능 문제에 나온 음악 지문이야. '반복 기법'에 관한 내용이었는데, 한 문단에서는 '르네상스 시대의 무반주 성악곡'과 '돌림 노래'를 같이 설명하고, 또 다른 문단

에서는 '바로크 시대의 성악 음악'과 '장식적 변주'를 같이 설명했거든.

— 무슨 말인지 하나도 모르겠다.

= '돌림 노래' 말고는 나도 몰라. 그때 수능 본 아이들도 무슨 말인지 몰랐을 거야. 하지만 문제는 풀어야 하잖아. 또 가능하면 맞아야 하고 말이지.

— 당연하지.

= 하여튼 "위 글을 통해 알 수 없는 것은?"이라는 부정발문이었어. 정답은 "돌림 노래는 무반주 성악곡에서 변주의 방식으로 사용된다"였고.

— 아, 알겠다. '돌림 노래'와 '무반주 성악곡'은 연관성이 있는데 '변주'는 그렇지 않잖아? 그런데 이 답지는 세 개념을 '뭉뚱그려' 났네.

= 맞아.

— 이 정도는 나도 판단할 수 있을 거 같은데.

= 그래. 제시문 내용을 완벽하게 이해하기는 힘들지만, 이 정도 판단은 누구나 할 수 있어. 이 문제를 맞힌 대부분의 아이들도 이 정도 판단으로 답을 고른 거고. 그 아이들 중에 따로 '음악사'를 공부한 아이가 몇 명이나 되겠어.

— 정답률은 어떻게 돼?

= 63%.

─ 낮은 편이네.

= 20%가 선택한 오답이 그럴 듯했거든. "반복 기법은 단순한 노래부터 복잡한 악곡까지 널리 사용된다"는 답지. 그런데 이 답지는 내용 자체로는 굉장히 당연한 것이었거든. 앞에서 말한 식으로 하면, 정보성이 낮았다는 거지.

─ 그런데 왜 그렇게 많은 아이들이 그걸 선택했지? 20%면 적은 수치가 아닌데.

= 제시문에 나온 어휘가 또 변형됐거든. 제시문에 나온 '동요'라는 표현을 답지에서는 '단순한 노래'로 바꾸고, 제시문에 나온 '르네상스 시대 무반주 성악곡'이나 '바로크 시대 성악 음악'을 답지에서는 '복잡한 악곡'으로 바꾼 거지.

─ 아, 또 '말 바꾸기'가 문제가 됐구나. 어려운 제시문에서 표현을 이런 식으로 바꾸면 많이 헷갈릴 거 같은데.

= 맞아. 만약 오답지가 "반복 기법은 동요에서 무반주 성악곡, 바로크 시대 성악 음악까지 널리 사용된다"였다면 아마 정답률이 '확' 올라갔을 거야. 하지만 이 문제를 풀면서 '동요'를 '단순한 노래'로, '무반주 성악곡'이나 '바로크 성악 음악'을 '복잡한 악곡'으로 금방 바꿔서 생각하는 아이는 거의 없었거든. 당연히 그렇지. 물론 시간이 충분히 주어지면 그쪽으로 사고가 진행될 수 있을지는 몰라. 하지만 그러는 데 걸리는 시간이 짧을지 길지는 누구도 장담할 수 없지.

─ 맞아.

= 항상 그런 것은 아니지만, 제시문에서 정답과 오답의 근거를 찾으라는 말처럼 당연하지만, 그래서 무책임한 말이 없는 이유도 바로 여기에 있어. 제시문에 나온

어휘가 답지에서 심하게 변형되면 아무리 찾으려고 해도 정말 안 찾아질 수 있는 거거든. 시간도 촉박하고 마음도 급한 실제 시험 상황에서는 더 그렇겠지. 이 문제를 풀면서 변형된 답지를 원래 표현으로 바꾼 다음 오답지를 제거하고, 정답을 확정한 아이가 과연 얼마나 있었을지, 솔직히 의문이야. "많은 노력을 통해 그런 능력을 무조건 길러내라"는 조언이 얼마나 도움이 되는 해법일지도 의문이고. 오히려 정답지를 볼 때 '돌림 노래와 무반주 성악곡은 함께 다루는 듯한 느낌이지만, 변주는 다른 악곡 쪽에서 언급하고 있다'는 정도의 판단, 그리고 '그것은 뭔가 이상하다'는 정도의 느낌이 오답지가 주는 찜찜함을 뿌리치고, 정답지를 선택하게 한 '실질적인 힘'이었겠지. 또 그런 게 '감의 힘'에 순응하는 태도이기도 하고 말이지. 현실적으로 이 방법 말고 이런 문제를 짧은 시간 안에 해결하는 방법은, 실제 시험장의 상황을 감안할 때 거의 없다고 보는 게 맞아. 내가 강조하는 것도 그런 거고.

— 음.

= 결국 이 문제는 눈길을 끈 두 개의 답지 가운데, 사용된 어휘들 사이에서 부조화가 느껴지는 답지를 선택하는 것이 수험생이 현실적으로 도달할 수 있는 '최고 수준'의 행동이었던 거야. 남는 문제는 오답지에 대한 찜찜함인데, 이건 사실 의도적 무시 말고는 대책이 없어. 답지에 사용된 어휘의 부조화를 감지하는 건 '감의 문제'지만, 심하게 변형된 답지를 제시문에 나온 어휘로 다시 바꿔서 이해하는 건 '꼼꼼함의 문제'일 수 있거든. 또 그건 반드시 시간 소비를 필요로 하고 말이지. 엄밀하게 말하면, 시간을 소비했다고 해서 그런 작업이 잘 될 거라는 보장도 없어. 답지 변형, 그러니까 '말 바꾸기'에 너무 신경 쓰지 말고 전체적인 내용과의 연관성이나 답지에 사용된 어휘의 부조화를 가지고 정답을 확정하는 습관을 기를 필요가 있다는 거야. 아이들 마음속에서 '감'과 '꼼꼼함'이 맞대결을 벌이기 시작하면, 많은 경우 꼼꼼함의 승리로 결론이 나거든. 물론 그럴 경우 그 문제는 틀리게 되는

거고. 승리는 승리인데 '상처뿐인 승리'라는 거지.

— '말 바꾸기'보다 '전체적인 내용과의 연관성'이나 '답지 어휘의 부조화'를 더 강력한 정답의 표지성으로 생각하라는 거구나. 감의 힘도 그런 방향으로 작동한다는 거고. 그러니까 문제 풀 때 일부러라도 그런 태도를 유지하려고 애쓰는 것도 감에 순응하는 태도를 기르는 하나의 훈련 방법이 될 수 있다는 말이지?

= 그렇지. 훌륭해.

눈 뜨고 코 베인다
_익숙함을 역이용하는 방식

— 정답의 표지성에는 또 뭐가 있니?

= 시나 소설, 수필, 희곡, 시나리오 같은 문학 문제에서 헷갈리는 상황이 어떤 경우인지, 그리고 그런 상황에서 정답의 표지성은 어떻게 드러나는지를 말해줄게.

— 그래.

= 질문부터 하나 할게. *'과연 이런 일이 가능한가 하는 의심이 들지만, 장면의 분위기와는 어느 정도 연관성이 엿보이는 답지'*와 *'가능한 일이지만, 장면의 분위기와는 어울리지 않는 내용을 담고 있는 답지'*가 경쟁한다고 쳐보자. 어느 것이 적절한 것 같니?

— 글쎄. '가능한 일이냐'에 무게를 두느냐, 아니면 '전체 분위기와의 연관성'에 무게를 두느냐에 따라 선택이 갈리겠네.

= 그렇지.

─ 그래도 어쨌든 가능은 해야 하지 않나? 난 두 번째 답지가 적절한 거 같아.

= '통념'이 작동했네.

─ 뭐라고?

= 실제 가능한 일인지를, 네가 가진 '익숙함'에 비춰 판단했다는 말이야.

─ 그게 무슨 소리니?

= 이건 문제를 가지고 이야기하는 게 좋을 거 같아. 희곡 문제야. 《한씨 연대기》라는 작품에 관한 문제지.

─ 그래?

= 거기에 이런 문항이 있었어. 정답률은 60%대였고. 발문은 "위 글을 공연하려고 할 때 연출가가 지시할 만한 내용으로 적절하지 않은 것은?"이야. 부정발문이지. 2번 답지 "한영덕과 강노인의 의상은 깔끔한 모시적삼으로 준비해주세요"와 3번 답지 "차트를 통해서 시간에 대한 정보를 관객들에게 시각적으로 알려주세요"가 경쟁을 벌이면서 많은 아이들이 헷갈려 했어.

─ 그런데?

= 이 문제는 뭐가 정답이니?

— 이건 제시문을 읽어야 판단이 되는 거 아닌가?

= 아니. 제시문을 못 봤다 치고, 그래도 고르라면 둘 중에서 어느 것이 더 적절하지 않은 거 같니?

— 제시문을 못 봤다 치고? 앞에서는 '〈보기〉를 못 봤다 치고' 풀라고 하더니, 이제는 아예 '제시문을 못 봤다 치고' 풀라는 거구나.

= 이미 몇 문제는 그렇게 풀었잖아? 이게 다 너를 위해서야. '깨달음'을 주기 위한 '호의'에서 그러는 거야.

— 그래, 호의로 받아들이지. 굳이 말하라면 3번 같은데. 연극에서 차트를 사용한다는 게 조금 '생소한' 거 같아.

= 너, 지금까지 연극을 몇 편 정도 봤니?

— 글쎄. 한두 편 정도.

= 한두 편밖에 보지 않았는데, 연극에서 차트를 사용하는 게 생소한 일이라고 확신할 수 있니?

— 아, 그럼 답이 2번이구나.

= 그래. 제시문에 한영덕은 모시적삼을, 강노인은 허름한 옷을 입고 있는 것으로 나오거든. 이걸 적절하지 않다고 답으로 고른 아이들이 60%야. 뭐 이유야 여러 가지가 있었겠지. '강노인은 허름한 옷을 입었다'로 판단했을 수도 있고, '강노인은

모시적삼을 입지 않았다' 로 갔을 수도 있고, '한영덕이 입었다는 '모시적삼' 앞뒤로 깔끔하다는 말이 없었다' 로 판단했을 수도 있고. 그런데 재미있는 건, 제시문에 나오는 장면이 장의사에서 한영덕이 염을 하는 거거든. 관에 넣기 전에 시체를 알코올이나 물 같은 걸로 닦는 거. 강노인은 그 옆에서 시체를 넣을 관을 짜고 있고. 그런 일을 할 때 깔끔한 옷을 입는다는 건 말이 안 되잖아? 장면의 분위기와 크게 어긋나는 거지. 상식적으로도 이상하고. 그런데 이런 답지를 놔두고 20%의 아이들이 3번 답지를 정답으로 고른 거야. 제시문 맨 앞부분에 '차트를 넘긴다 – 1972년 서울' 이라는 정보가 지나가는 말처럼 딱 한번 나오는데, 그걸 못 봐서 그랬을 수도 있겠지. 답지의 결정적인 정보가 제시문 맨 앞에 나오면 이상하게도 정답률이 낮아지거든. 제시문 맨 앞은 일종의 '사각지대' 가 되는데, 조심할 필요가 있어. 하지만 그보다는 연극에서 차트를 사용한다는 게 아이들 보기에 많이 낯설어서, 이런 낮은 정답률이 나왔을 가능성이 더 높아.

— 그래? 그런데 연극에 정말 차트가 등장하니? 여전히 이상한데.

= 그래. 20%의 아이들, 심지어는 차트를 넘긴다는 정보를 본 아이들조차 이 오답을 고른 이유는 너하고 똑같아. 연극에서 차트를 사용한다는 게 자기들이 알고 있는 '익숙함' 에 비춰보면 뭔가 이상하다는 거지.

— 음.

= 처음에 했던 질문을 다시 할게. *'과연 이런 일이 가능한가 하는 의심이 들지만, 장면의 분위기와는 어느 정도 연관성이 엿보이는 답지'* 와 *'가능한 일이지만, 장면의 분위기와는 어울리지 않는 내용을 담고 있는 답지'* 가 경쟁한다고 쳐보자. 어느 것이 적절한 것 같니?

— 아, 그게 이거야?

= 나에게 익숙하지 않다고 해서 곧바로 적절하지 않은 것으로 판단하는 태도는 위험해. '선입견'이나 '통념'을 자극하는 방식에 결국 유혹당하는 거거든.

— 잠깐만. 꼭 그런 건 아니겠지만, '감'이란 게 결국 '익숙함'하고 어느 정도 관련되는 거 아닌가? '감'이 오랫동안의 언어체험에서 비롯된 거라면, '익숙함'도 그게 뭐가 됐든 보편적인 체험에서 비롯된 거잖아? 그렇다면 이런 경우에는 오히려 감이 이끄는 대로 가면 오답으로 인도될 수도 있겠는걸.

= 맞아. 네가 연극을 몇 편 보지 못한 것도 안타깝지만, 그건 대한민국 수험생들의 보편적인 '체험'이기도 하지. 그래서 이렇게 아이들의 익숙함을 역이용하는 방식이 사용되면, 그 문제는 정답률이 굉장히 큰 폭으로 하락하는 거야. 정답률이 60%, 심지어는 50%로 내려가는 경우도 실제로 많아. 아이들 입장에서는 '속수무책'으로 당하게 되는 거지.

— 음.

= 그러니까 이런 경우에는 어떤 원칙이 필요하다는 거야. *내가 가진 통념이나 선입견, 익숙함에 어긋나도, 전체 내용이나 장면의 분위기와 연관성이 높으면 그걸 적절하다는 표지성으로 '인정해버린다'는 원칙* 말이지. 이렇게 익숙함을 역이용하는 방식은 비문학보다는 특히 문학 쪽에서 자주 발견되거든. 이때 익숙함이 큰 문제를 일으키지 않도록 하려면, 이번에는 '감'이 아니라 미리 세워둔 '원칙'대로 행동하는 게 필요하다는 거야.

— 설사 내가 가진 익숙함에 어긋나도 전체 내용이나 장면의 분위기와 연관성이

높으면 적절한 것으로 인정해라?

= 그렇지.

— 그런데 질문이 하나 더 있어. 너 아까는 상식에 부합하는 것이 적절하다는 표지성이라고 했잖아. 그런데 이번에는 통념이 오히려 적절하지 않다는 표지성이 될 수도 있다는 거고. '상식' 과 '통념' 은 결국 같은 말이잖아? 그렇다면 이것도 모순되는 이야기 같은데.

= 아니. 그건 그렇지가 않아. 기억이 날지는 모르겠지만, "상식에 부합하는 게 적절하다는 표지성" 이라는 말에는 전제가 있었어. 경쟁하는 두 답지가 다 제시문을 통해서 확인이 잘 안 될 경우에 상식에 부합하는 답지를 고르면, 적절한 것을 찾으라는 문제에서 정답이 된다는 전제. 그리고 지금 이야기하는 "통념에 어긋나도 그 답지가 적절한 게 된다" 는 말에도 전체 내용이나 장면의 분위기와 연관성이 있어야 한다는 전제가 있는 거고. 반대로 통념이나 익숙함에 부합돼도, 전체 내용이나 장면의 분위기와 연관성이 떨어지면 적절하지 않은 답지가 된다는 거지.

— 음.

= 내가 앞에서 말했잖아. 우리가 보는 객관식 5지 선다형 시험은 결국 4개의 오답과 1개의 정답으로 이뤄질 수밖에 없다고. 5지 선다형 객관식 문항에서 잊지 말아야 할 것은 정답은 어디까지나 상대적이라는 거야. 비록 상대적인 것이지만, 그것에 대한 판단의 정확성은 '감' 이 이끄는 대로 따라가려는 순응적인 태도에서 비롯된다는 거고. 하지만 통념이나 익숙함을 '역이용' 하는 방식의 문제에서는 이런 상대적 판단에 다소의 혼란이 올 수도 있다는 거지. 예외적인 것이기는 하지만, '감' 대로 가면 오답을 고를 수도 있으니까 말이지. 하지만 이때도 여전히 중요한 게 하

나 있어. 국어 시험은 그렇게 문제를 내지 않으려고 아무리 애를 써도 필연적으로 다른 답지와의 관계 속에서 정답의 표지성이 드러날 수밖에 없다는 사실 말이야. *만약 '익숙한 내용의 답지'와 '전체적인 내용이나 분위기와의 연관성이 높은 답지'가 서로 경쟁하는 상황이라면, 적절하다는 정답의 표지성은 어디까지나 후자라는 거야.* 답지를 두 개 남겨놓고 무지 헷갈릴 때 결국은 두 답지 중에서 어느 것이 정답의 표지성을 더 갖고 있는지, 이걸 알아보느냐 못 알아보느냐에 따라 정오답이 갈리는 거잖아? 그렇다면 문제는 그런 헷갈리는 상황에서 그나마 정답의 표지성을 찾아내는 거거든. 내가 지금 말하는 원칙도 결국 그런 상황에서 어떻게 해야 하느냐에 관한 거야.

— 음.

= 그리고 엄밀하게 말하면 상식하고 통념은 달라. 상식은 '널리 알려져 있는 객관적 정보', 통념은 '널리 퍼져 있는 주관적 관념' 정도로 이해하면 정확해. 영어로 상식은 'common knowledge', 통념은 'common idea' 정도가 되겠지. 우리는 보통 섞어서 사용하지만, 이렇게 보면 둘은 분명히 다른 거야. 당연히 상식과 익숙함도 다른 거지. 많은 사람들에게 익숙하다는 건 통념일 가능성이 높지만, 그게 곧바로 상식이 되는 건 아니라는 거지.

— 그래. 어떻게 다른지 느낌은 온다. 그런데 너, 계속 드는 생각이지만, 필요 이상으로 정밀하다. '국어는 감'이라고 말하는 사람 치고는 말이지. 안 어울려.

= 칭찬인지 비아냥거림인지는 모르겠지만, '감'이라는 모호한 주제를 이야기하기 위해서는 오히려 더 정확하고 엄밀해야 되기 때문이야. 그 감을 나 혼자 알고 있는 거하고 남한테 이해시키는 건 정말 다른 거거든. 정밀하지 않으면 다른 사람, 특히 너같이 '의심 많은' 사람은 납득시킬 수가 없는 거잖아.

― 방금 내가 한 말은 칭찬이었어.

= 통념을 이용하는 대표적인 방식이 또 하나 있어.

― 뭔데?

= _특정 표현에 대한 아이들의 익숙한 선입견을 역이용하는 방식. 말하자_
면 답지에 사용된 표현이 수험생들의 익숙함과 크게 어긋나는 경우야.

― 무슨 말이야? 얼른 이해가 안 되는데.

= 어떤 어휘나 표현을 출제자들이 사용하는 방식과 수험생들이 이해하는 방식 사
이에 큰 괴리가 발생한다는 말이야. 이런 괴리는 결국 어휘나 표현을 출제자가 사
용한 방식대로 수험생이 이해하지 못하는 데서 비롯된다고 볼 수밖에 없어. 국어
시험에서는 이게 또 엄청난 '비극적' 결과를 만들어내거든. 제시문이 어렵지 않은
데도 정답률이 50% 이하로 나오는 문제는 많은 경우 이것 때문이라고 보는 게 맞
아. 수능에서 가끔 벌어지는 '대참사'야.

― 글쎄. 아직도 이해가 잘 안 되는데. 예를 들면 어떤 거야?

= 예를 들면, '딱하게 여긴다'는 표현은 '가엾게 여긴다'와 똑같은 말이거든. 그
런데 이상하게도 '가엾게 여긴다'고 하면 다 맞을 문제를 '딱하게 여긴다'로 바꾸
면 엄청 낮은 정답률을 보이게 되는 거야. '딱하다'는 표현에는 '사정이나 처지가
애처롭고 가엾다'거나 '일을 처리하기가 난처하다'는 의미만 있는데, 이상하게도
많은 아이들은 그 속에 '한심하다'는 의미가 있는 걸로 생각하거든. 사실 '한심하
다'는 말도 정확하게 말하면 '정도에 너무 지나치거나 모자라서 가엾거나 난처하

다'는 말이지, 우리가 보통 떠올리는 '어리석다'거나 '바보 같다'는 의미는 아예 없어.

― 아. '딱하다'는 표현을 출제자가 사용한 방식대로, 말하자면 '가엾다'는 의미로 이해하지 못해서 문제를 틀린다는 거지? 아이들은 '딱하다'는 말을 '한심하다'거나 '어리석다'는 의미로 받아들이는 데 익숙하다는 거고. 다시 생각해보니, 정말 '대참사'가 벌어질 만한데.

= 예를 하나 더 들어볼까? 실제 수능 문제야. "가사가 없는 기악곡도 의미를 가져야 하는 과제를 안게 되었다"는 제시문 내용을, 출제자들은 답지에서 '문제상황'이라는 말로 바꿔서 표현했거든. 하지만 대다수 아이들에게 '문제상황'이라는 말이 주는 느낌은 말 그대로 뭔가 큰 문제가 발생했다는 거잖아. "가사가 없는 기악곡도 의미를 가져야 하는 과제를 안게 되었다" 정도를 '문제상황'으로 표현하는 것에 대해 동의하기가 어려웠던 거지. 결국 또 '대참사'가 벌어졌지.

― 음.

= 예를 하나 더 들어볼게.

― 그래.

= 정철의 〈사미인곡〉 아니?

― 알지. 귀양 간 신하가 임금을 그리워하면서 지은 거잖아. 정철이 자기 분신으로 여성 화자를 내세워서 자기를 버린 남자(임)를 그리워하는 내용. 말하자면 임금과 신하(군신) 관계를 남녀 관계로 바꾼 거지.

= 오, 잘 알고 있는데.

─ 〈사미인곡〉은 워낙 유명한 작품이잖아. 그런데 왜?

= 〈사미인곡〉을 가지고 낸 문제가 있거든. 작품에 나오는 시어를 해석하는 문제였는데, 한번 대답해봐.

─ 알았어.

= "추운 날씨에 '초가 처마'에 비친 해는, 임금의 자애로운 은혜가 신하가 머물고 있는 곳까지 미치고 있음을 암시한 것이다"라는 답지가 있었어. 적절하니? 적절하지 않니?

─ 적절하지 않은 거 같은데.

= 왜?

─ 지금 신하는 귀양을 와 있는 거잖아? 임금의 자애로운 은혜가 귀양 온 신하에게 미친다는 게 말이 안 되는 거 같아. 자애롭지 않기 때문에 귀양을 보낸 거 아닌가? 남녀 관계로 치면 남자가 여자를 버린 거잖아? 그렇다면 이 답지에 나오는 임금은 마치 자기가 버린 여자에게 '사랑의 선물'을 보내는 남자 같은 거잖아? 실제로 그런 남자가 있다면 정말 이상하고 무서울 거 같은데.

= 맞아. 이상하고 무섭지. 이 문제는 '적절하지 않은 것을 찾으라'는 부정발문이었는데, 당연히 이게 정답이었어.

— 이건 뭐, 그다지 어려운 문제는 아닌 것 같다. 내가 정답률을 한번 맞춰볼까? 90% 이상.

= 까불지 마. 50%였어. 그해 시험에서 오답률이 가장 높았던 문제야. 그해 시험에 굉장히 어려운 '기술' 지문이 있었거든. 제시문에 딸린 문제가 3개였는데, 정답률이 65%, 62%, 57%였거든. 굉장히 낮은 정답률이지. 그런데 그보다도 더 낮은 정답률이 나온 거야. 결과적으로 〈사미인곡〉이 나온 이 문제하고, 기술 지문에 나온 세 문제가 그해 오답률 5위 안에 다 들어갔어. 다른 '과학' 지문 문제가 하나 더 들어갔고.

— 이 문제가 그해에 가장 오답률이 높은 문제였다구? 이상하다. 그 정도는 아닌데.

= 21%의 선택률을 보인 매력적 오답이 하나 있어서 그랬던 거야.

— 그래? 그 내용이 뭔데?

= 이런 내용이야. 그대로 옮겨볼게. "지상의 화자가 천상의 '달'과 '별'을 매개로 임을 떠올린 것은 군신 사이의 수직적 관계를 반영한 것으로 볼 수 있다."

— 음.

= 어떠니? 적절하지 않은 거 같니?

— 다른 건 모르겠는데, '수직적 관계'라는 말이 거슬리는데.

= 왜?

– 수직적 관계라는 게 한 쪽은 명령하고 다른 쪽은 거기에 무조건 따르는 관계를 말하는 거 아닌가? 남녀 관계는 그런 게 아니잖아?

= 군신 관계는?

– 군신 관계도 꼭 수직적 관계라고 말할 수 있는 건 아니잖아?

= 수직적 관계라는 말은 꼭 일방적으로 명령하고 지시하고, 그런 관계만 이야기하는 게 아니야. 그게 신분이 됐든, 직책이 됐든, 나이가 됐든 나보다 상위에 있는 사람과의 관계를 통틀어서 말하는 거지. 거기에는 반드시 부정적인 의미만 있는 게 아니거든.

– 음.

= 결국 이 문제에서도, 같은 어휘를 출제자들이 사용하는 방식과 수험생들이 이해하는 방식 사이에 큰 괴리가 발생한 거야. '수직적 관계'라는 표현을 출제자가 사용한 방식대로 수험생이 이해하지 못한 거지. 왜냐하면 아이들 입장에서는 '수직적 관계' 하면 '명령과 지시'라는 억압적인 개념이 먼저 떠오르거든. 사미인곡의 남녀 관계, 군신 관계에는 어울리지 않는다고 생각하게 하는, 뭔가 '익숙함'이 있었겠지. 결국 그런 괴리가 또 '비극적' 결과를 만들어낸 거고.

– 그런데, 남녀 관계는 수직적 관계가 아니잖아?

= 이 글이 써진 조선시대에는 남자와 여자의 관계도 수직적이었어. 남자가 상위의 존재였지. 어떤 의미로도 남녀 관계가 수평적 관계는 아니었어. 더구나 답지에 '군신 관계'라는 표현이 분명히 적혀 있는데 굳이 남녀 관계, 그것도 현대적 의미

의 남녀 관계를 떠올리는 건 잘못된 익숙함에 더해서 추론 과정까지 길어진 거지. 하지만 아이들 입장에서는 충분히 그럴 수 있었어. 추론 과정이 길었던 건 탓할 수 있어도, 수직적 관계라는 말을 낯설어 하고 거슬려 했다는 건 사실 크게 잘못된 건 아니거든.

— 이런 문제는 풀 때는 맞았다는 느낌을 주겠는걸.

= 맞아. 물론 감이 예민한 친구들은 이런 문제에서도 어렵지만 결국은 정답의 표지성을 찾아내거든. 어쨌든 익숙하지 않아도 전체적인 내용이나 분위기와 연관성이 높으면 그걸 적절한 것으로 인정하는 좋은 '버릇'이 몸에 밴 아이들이니까 말이지. 하지만 솔직히 말하면, 그건 대다수 아이들이 지닌 '감'은 아니거든. 말로는 편하게 할 수 있지만, 중요한 시험에서도 실제로 그렇게 할 수 있다는 건 그 능력의 차원이 상당히 높은 거야. 자기 능력, 그러니까 자기의 '감'에 대한 신뢰가 매우 높아야 하는 거거든. 물론 이 친구들도 처음에는 '수직적 관계'라는 표현에 대해서 뭔가 거슬린다는 느낌을 강하게 받게 돼. 당연하지. 하지만 그걸 정답의 표지성으로 인정하기에는 뭔가 망설여지는 거야. 바로 이 지점이 이 아이들에게는 '구원의 순간'이지. 이때의 망설임은 괜히 뭉그적거리는 망설임이 아니라 예민한 감이 작동해서 그런 것일 가능성이 높아. 굳이 말하면, '이대로 정답을 확정하면 안 된다'는 일종의 불길함 같은 거. 그러고 나서 나에게 익숙하지는 않아도 전체적인 내용이나 분위기와 연관성이 높으면, 그걸 적절한 것으로 인정하는 좋은 '버릇'이 작동하면서 정답을 확정하게 되는 거야. 하지만 대다수 아이들에게는 이런 감을 기대하기 힘들어. 그러니까 이런 경우에는 아까 내가 말했던 원칙 같은 게 필요하다는 거야. 틀려도 이상할 거는 없는 문제지만, 그래도 정답을 골라야 한다면 일정한 원칙의 도움을 받아야 한다는 거지. 수능에서 한 문제 정도 출제되고 변별도도 떨어지는 문제라 등급에는 큰 영향을 주지는 않는다는 게, 그나마 다행이라면 다행이겠지.

— 음. 이런 경우는 다소 예외적인 거구나. 보편적인 언어체험 '자체' 가 잘못된 경우네.

= 그래. 그래서 이런 문제는 정답률이 폭락하는 거야. 말 그대로 '폭락'. 익숙함을 역이용하는 이런 방식은 어려운 어휘 문제에서도 가끔 '출몰' 해. '예의는 갖추었지만 진실성이 없는 말' 이 뭐냐는 문제가 있었어. '인사치레' 하고 '빈말' 이 어마어마한 경쟁을 벌였는데, 넌 뭐가 정답이라고 생각하니?

— '빈말' 아닌가? 친구들이 "너 방학 동안 예뻐졌다"고 하면, 보통 "야, 빈말 하지 마" 이러지 "야, 인사치레 하지 마" 이러지는 않잖아.

= 너도 '비극' 의 주인공이 되는구나. '인사치레' 가 맞는 말이야. '빈말' 은 '실속 없이 헛된 말' 이라는 뜻이고, '인사치레' 는 '성의 없이 겉으로만 하는 인사' 를 뜻하는 거야. 그런데 도대체 누가 평소에 이걸 구분해서 알고 있었겠니? 사실 아이들한테는 빈말이 훨씬 익숙한 거지.

— 그렇기는 하다.

= 지금까지 예로 든 건, 특정 어휘에 대한 익숙함이나 잘못된 통념을 따라가면 오답을 고르게 되는 문제들이야. 국어 시험에서는 이런 경우 굉장히 낮은 정답률을 기록하게 되는 거고. 그런데 나도 헷갈리는 게 하나 있어.

— 뭔데?

= 이런 상황이 어떤 때는 출제자가 처음부터 의도한 거 같거든. 하지만 어떤 때는 출제자도 예상하지 못한 결과인 거 같기도 하고. 둘 중에 어느 쪽이 사실인지

정확하게 가늠이 안 된다는 거지. 만약 예상하지 못한 결과라면, 안타깝게도 출제자 세대나 교수 집단의 언어 사용 습관이 수험생 세대나 학생 집단의 그것과 달라서겠지.

― 그럼, 어떻게 해야 하는 거니?

= 답지 내용이 잘못된 통념을 자극하는 방식에는 그나마 안전장치가 있어. 설사 통념에 어긋나도 전체 내용이나 분위기와 연관성이 높다면 바로 그게 적절하다는 표지성이니까. 하지만 어휘 문제의 경우에는 특별한 대책이 없어.

― 그래?

= 수능 국어에서 만점자가 안 나왔다면, 그건 까다로운 비문학이나 생소한 문학 때문이 절대로 아니거든. 대부분 이런 어휘 문제, 익숙함을 역이용하는 어휘 문제를 틀려서 그런 거야. 그렇다는 건 어휘에 대한 익숙함의 수준이 대다수 아이들 사이에 비슷하다는 반증이지. 잘하는 아이들이나 못하는 아이들이나 마찬가지라는 말이야. 당연히 이런 문제는 변별력이 크게 떨어져. 이런 문제는 보통 정답률이 50%대 이하로 폭락하는데, 앞에서도 얘기했지만 정답률이 50%대 이하로 떨어지면 변별력도 함께 떨어지거든. 솔직히 말하면 틀려도 크게 '자책' 할 필요는 없는 문제야.

― 그래도 맞으면 좋은 거잖아? 정말 대책이 없는 거야?

= 글쎄. 원칙을 하나 세울 수는 있겠지. *"두 답지를 놓고 갈등하는 어휘 문제는 익숙함을 경계해야 한다"* 정도의. 어려운 어휘 문제의 경우 항상 문제되는 것은 수험생의 어휘적 익숙함이거든. 어휘적 지식의 부족함이 아니라는 거지. 내

가 가진 어휘 지식을 너무 신뢰하면 안 돼. 그래도 되는 수험생은 정말 '극소수'에 불과하거든. 대다수 수험생들의 어휘 지식은 실제로는 상상을 초월할 정도로 그 수준이 낮아. 그렇게 낮은 수준의 어휘 지식이나 어설픈 익숙함으로 문제를 해결하려는 시도가 성공할 리가 있겠니? 대부분 실패하지. 그것도 '비극적'으로.

— 음.

＝ 어휘 문제에서 익숙함은 정답의 표지성이기보다 오답의 매력성이 되는 경우가 더 많아. 게다가 어휘 문제에서는 충분한 시간이 주어져도 판단이 정답 쪽으로 진행된다는 보장이 전혀 없거든. 시간만 하염없이 쓰게 되는 거야. 정말 하염없이. 그렇다면 익숙함을 경계하는 태도로 '덜' 익숙한 답지를 고르는 게 시간적으로 보면 그나마 바람직하다고 할 수 있어.

— 그래? 그런데 이건 쉽지 않을 거 같다.

＝ 그리고 앞에서 말한 '문제상황' 같은 표현, 말하자면 답지의 특정 어휘에 대한 '잘못된 익숙함'이 어려움을 가져올 때 그나마 취할 수 있는 방법은, 그 어휘의 의미나 범위를 다소 넓혀서 생각하는 거야. 말하자면, 친구가 빌려간 연필을 돌려주지 않는 것도 어떤 경우 '문제상황'이 될 수 있다고 생각하는 거지. '개념'이라는 어휘로 예를 하나 더 들어볼게. 개념이라는 말의 범주에는 '자유'나 '평등' 같은 것만이 아니라 '하고 싶다'나 '즐겁다' 같은 것도 포함될 수 있다는 식으로 생각하는 게 훨씬 좋아. 어휘의 의미나 범위를 넓게 생각하면서 문제를 풀라는 거야. 사실 '개념'이란 걸 '생각의 결과물' 혹은 '추상적인 관념' 정도로 이해하면 감각적으로 경험하는 걸 제외한 거의 모든 게 그 말의 범주에 포함될 수 있는 거거든. 당연히 '즐겁다'도 개념이 되고, '하고 싶다'도 개념이 되는 거야. 그런데 실제 시험 상황에서는 헷갈리면 헷갈릴수록 오히려 어휘의 의미나 범위를 더욱 좁혀서

생각하는 '역방향'의 사고가 나타나거든. 그렇게 하면 오히려 정답으로부터 멀어지게 돼.

— 아, 익숙하다는 게 좋은 게 아니구나.

= 아니. 아이들이 가진 익숙함이 다 잘못된 건 아니야. 몇 년 전 모의평가에서 김소월의 〈나의 집〉이라는 작품이 나왔거든. 적절하지 않은 걸 찾는 문제였는데, 답지 중에 "토속적인 방언을 사용하여 향토적 정감을 환기하고 있다"가 있었어. 사실 이게 정답이었는데, 일부 아이들은 시에 등장하는 '그대인가고'라는 표현을 사투리로 보고, 다른 답지에 유혹 당했거든.

— 그대인가고?

= '그대인가고'는 '그대인가 하고'의 준말이거나 운율을 고려한 시적 허용이라는데, 사실 문제 풀 때 누가 그걸 알았겠니. 이런 것에도 원칙을 하나 세워두는 게 좋을 거 같아. 이게 사투리인지 아닌지 헷갈릴 때가 가끔 있는데, "고등학생 수준에서 방언으로 익숙하게 받아들일 수 없는 표현은 방언이 아니다" 정도의 원칙. 사실 방언에 대한 아이들의 익숙함은 '믿을 만'한 거야. 그래서 대부분의 아이들은 처음에 '그대인가고'를 사투리로 안 봤거든. 그렇다면 그대로 가면 되는 건데, "이렇게 쉽게 가도 되나" 하는 불안감 때문에 이런저런 생각을 하기 시작한 거지. 그러다가 '아, 김소월의 고향이 평안도라고 했지. 평안도 사투리가 어떤지는 모르겠지만, 그대인가고가 거기 사투리일지도 모르겠다' 뭐 그랬겠지. '어설픈 익숙함'은 '맹신'하고 '제대로 된 익숙함'은 '의심'하는 재미있는 현상이야. 하지만 이런 현상이 만들어내는 결과는 재미하고는 거리가 멀어. 오히려 끔찍해. 바로 이런 현상 때문에 정답과 오답이 갈려 정답률이 50%대 이하로 떨어지고, 만점자가 안 나오는 거거든. 처음에는 재미있다고 웃다가 나중에 점수 보고 울게 되는 '대반전'의 문

제라고 할 수 있지.

— 아.

= '묘사'라는 말이 나와도 헷갈릴 때가 있어. 이게 묘사인지 아닌지 말이야. 묘사는 '그림 그리듯이'라는 말인데, 작가가 그림 그리듯이 표현했다면 독자의 머릿속에도 그림이 그려져야 하는 거거든. 만약 그림이 안 그려지면, 작가는 묘사를 하지 않은 걸 테고. 너무도 당연한 말이지만, 아이들은 이런 익숙함에 대해서도 거꾸로 자신의 판단을 믿지 못하는 경우가 많아. 한 가지만 말할게. 묘사와 관련해서는, 네 익숙함을 믿어도 100% 아무런 문제가 없어. 지금까지도 그랬고, 앞으로도.

— 조금 '위로'는 되지만, 그런 함정들이 있다니 무섭다.

= 무섭지?

— 정답의 표지성이 또 있니?

= 정답의 표지성은 최근의 수능 문제를 가지고 더 구체적으로 이야기할 기회가 나중에 있으니, 여기서는 이 정도로 할게.

— 그래. 수고했어. 정말 도움이 많이 된 거 같아.

= 그거 '인사치레' 아니니? 자, 이제는 정답률을 가지고 어떻게 '감'을 훈련할 수 있는지를 알아볼 차례야.

— 그래.

고치면 틀리는 이유
_ '확인 욕구' 를 잠재워라

= 그 전에 딱 한 가지만 더 이야기할게.

― 뭔데.

= '정답의 표지성에 대한 확인 욕구' 를 어떻게 처리해야 하는지.

― 정답의 표지성에 대한 확인 욕구?

= 그렇지. 이 부분은 사실 실제 시험을 치를 때 가장 어려움을 겪게 하는 원인이거든. 정답의 표지성과 관련되는 거니까, 다른 이야기로 넘어가기 전에 여기서 설명을 하는 게 좋을 거 같아.

― 그래.

= 앞에서 이야기한 '적절하다는 표지성' 을 다시 한번 말해보렴.

— 과도하지 않고 단정적이지 않다, 상식에 부합한다, 정보성이 낮다(당연하다), 추론 과정이 짧다, 전체 내용이나 분위기와 연관성이 높다, 답지 표현 간에 부조화가 적다, 이 정도 아니었나? 거기에 어려운 문제의 경우 '말 바꾸기'가 사용된 답지가 오히려 적절한 답지일 가능성이 높다는 말도 했고.

= 적절하지 않다는 표지성은?

— 과도하거나 단정적이다, 상식에 부합하지 않는다, 정보성이 높다, 추론 과정이 길다, 전체 내용이나 분위기와 연관성이 낮다, 답지 표현 간에 부조화가 크다겠지. 그리고 어려운 문제일 경우 익숙함이나 통념, 선입견에 부합하는 답지가 오히려 적절하지 않은 답지일 가능성이 높다는 말도 했어.

= 그래. 그런데 이런 정답의 표지성으로 답을 확정하는 과정에는 두 가지가 있을 수 있거든. '확인 과정이 생략되는 경우'와 '확인 과정이 필요한 경우', 이 두 가지.

— 두 가지?

= 그래. 첫 번째는 제시문을 한 번 읽은 후에 답지에서 적절하다거나 적절하지 않다는 표지성이 발견되면, 그 표지성만 믿고 '그대로' 정답을 확정하는 경우야. 제시문으로 돌아가서 다시 확인하는 과정을 '생략'하고 말이지. 사실 국어 시험에서는 많은 문제가 이런 식으로 해결되거든. 요즘처럼 수능 국어 시험이 쉬워지는 추세에서는 더 그렇고. 이 방법은 처음에는 불안하지만 지속적으로 높은 정답률을 경험하게 되고, 그러다가 어느 시점에 이르면 다소 부족하더라도 편안한 기분으로 답을 고를 수 있게 돼. 사실 국어 고득점자들이 시간을 남기면서도 높은 점수를 기록하는 근본적인 원인도 바로 여기에 있는 거고.

— 그래? 하지만 그건 쉬운 문제에서나 가능한 거잖아.

= 그렇지. 발견된 표지성만으로 정답을 확정한다는 것이 불안한 경우도 있지. 특히 '감'에 대한 신뢰가 낮을 경우에는 더 그래. 그래서 조금 어려운 문제의 경우, 대부분의 아이들은 확인을 해야 정답을 확정할 수 있다는 심리 상태에 들어가게 되거든. 그런데 문제는 이 확인 욕구를 어떻게 처리하느냐는 거야.

— 아. 이게 아까 말한 '확인 욕구'야?

= 그래. 발견된 정답의 표지성만으로 정답을 확정하기가 불안해서, 제시문으로 다시 돌아가 그 표지성이 맞는지 확인해야 할 것 같은 '심리 상태'. 이건 확인 과정을 거쳐야 답을 확정할 수 있는 경우겠지. 하지만 이때도 답지를 순서대로 하나하나 확인하면 안 돼.

— 아, 아까 말한 훑어 읽기, 통독!

= 맞아. 중요한 거니까 다시 한 번 반복할게. 제시문을 읽었지? 그러고 나서 5개 답지를 전체적으로 훑어본 다음 적절하다거나 적절하지 않다는 표지성이 감지되는 답지를 일단 잠정적으로 선택하는 거야. 여기서 중요한 건 5개 답지를 전체적으로 연속해서 훑어봐야 한다는 거야. 앞에서도 강조했지만 각각의 답지에 적혀 있는 낱말 하나하나를 헤아리면서 읽는 '정독'을 하지 말고, 5개 답지를 중간에 끊지 않고 내리 읽어야 한다는 거지. 다시 말하지만, 수능 국어에서 답지를 읽는 방식만은 어떤 경우에도 '통독'이어야 해. 통독, 그러니까 훑어 읽기를 해야만 정답의 표지성을 발견하게 해주는 감이 제대로 작동하거든. 이건 정말 중요한 거니까 명심해야 해. 사실 수능 국어에서는 답지뿐만 아니라 제시문도 정독보다는 통독을 하는 게 훨씬 더 효과적이야. 어쨌든 5개 답지를 훑어보는 과정에서 정답의 표지성이

감지되면, 표지성이 발견된 답지만 제시문이나 보기를 통해 확인하는 거야. 그리고 해당 답지의 적절성 여부가 확인되면 다른 답지는 아예 '무시' 하는 거야. 의도적인 무시. 여기까지는 아까 이야기했지?

— 그래.

= 문제는 표지성은 감지했는데, 그 표지성에 대한 확인은 말처럼 잘 안 되거나 시간이 걸리는 경우지. 이때도 우리가 갖고 있는 '감' 은 확인 욕구를 억제하는 방향으로 작동해. 하지만 기존의 학습에 익숙한 아이들, 특히 '국어만 못하는' 친구들의 경우 제시문에서 뭔가 가시적인 근거를 찾고자 하는 욕구, 즉 불안감에서 비롯된 원칙적인 확인 욕구를 도저히 잠재우지 못하거든. 바로 그 과정에서 시간도 많이 쓰게 되고, 처음에는 생각지도 못했던 어려움도 겪게 되는 거야.

— 맞아. 실제 시험에서 그런 확인 욕구가 한번 생기면, 그걸 잠재운다는 게 쉬운 일은 아니지.

= 먼저, '애매함' 을 '명료함' 으로 바꾸려고 애쓰다가 어려움을 겪게 되는 경우가, 그렇지 않은 경우보다 몇 배 많다는 사실을 반드시 기억할 필요가 있어. 애매함을 명료함으로 바꾸지 않아도 정답의 표지성은 발견되는 거거든. 답지를 훑어보는 도중에 발견된 표지성은 시험을 보고 난 후 제시문을 열 번 정도 정독한다면 확인될 수도 있겠지만, 어떤 문제는 그렇게 해도 여전히 희미할 수 있어. "답의 모든 근거는 제시문에 있다" 는 명제가 절대적인 것이 되기 위해서는 모든 수험생이 제시문의 세부 정보를 쉽게 확인하고, 다소 희미한 정보라 해도 정확한 추론을 통해 그 '희미함' 을 '분명함' 으로 증폭시키는 능력을 갖추고 있다는 전제조건이 필요하거든. 하지만 "그렇게 완벽한 능력을 갖춘 학생들이 많다" 거나 "끊임없이 노력하면 결국 그렇게 될 수 있다" 는 주장에는 솔직히 공감하기 힘들어. 왜냐구? 그런 사람

은 없거든. 있더라도 정말 극소수야. 무시해도 좋을 정도로 말이지. 그리고 '미안하지만' 그런 능력은 노력한다고 생기는 게 아니야. 그건 처음부터 불가능한 거니까. 오히려 어떤 아이가 그런 문제를 틀렸다면, 그건 아마 다른 이유 때문일 거야.

— 어떤?

= 정답지의 표지성에도 불구하고 그 순간 제시문에 그 근거가 있는데 없다고 '착각' 했거나, 제시문에서 확인이 안 되면 아무리 괜찮아 보이는 답지도 정답이 될 수 없다는 '완고함' 이 작용했기 때문이겠지. 우리가 보통 공부하는 강의나 교재는 그런 '고지식함' 을 더 강화시키는 역할을 하는 경우가 대부분이고.

— 음.

= 내가 조금 전에 "애매함을 명료함으로 바꾸려고 애쓰다가 어려움을 겪게 되는 경우가 그렇지 않은 경우보다 몇 배나 많다"고 했지?

— 그래.

= 그런 의미에서, 발견된 정답의 표지성을 제시문에서 확인할 때는 어떤 원칙이 있어야 한다는 거야.

— 어떤 원칙?

= 적절한 것을 찾으라는 긍정발문의 경우, 적절하다는 느낌을 주는 답지를 제시문이나 보기에서 확인하려고 할 때 '적절하다' 는 것이 금방 확인되면 확인 욕구는 충족되겠지. 문제는 그렇지 않은 경우야. 적절하다고 생각해서 그 답지를 제시문

에서 확인하려고 하는데 확인이 잘 안 되는 경우. *여기서 우리가 가져야 할 원칙은 '적절한 것'으로 확인이 잘 안 되는 것을 거꾸로 그 답지가 적절하다는 증거로 여기라는 거야. 오직 '적절하지 않다'는 것이 분명하게 확인될 때만 원래 선택한 답지를 버리고 다른 답지를 골라야 한다는 거지.*

– 음.

= *반대로 부정발문에서 적절하지 않다는 느낌을 주는 답지를 확인할 때도 그 답지가 적절한 것으로 분명하게 확인될 때만 다른 답지로 눈을 옮겨야 한다는 거야. 단지 적절하지 않은 것으로 확인이 안 된다고 해서 답을 번복하면 틀릴 가능성이 몇 배나 높아진다는 말이야.*

– 무슨 말인지 알 듯 말 듯한데, 분명하게 이해는 안 돼.

= 그럼, 더 구체적으로 예를 들어볼게. 적절한 것을 찾아야 하는 긍정발문 문제가 있다고 해보자. 답지를 훑어보는 도중에 '상식에 부합하는 답지', '단정적이지 않고 과도하지 않은 답지', '정보성이 낮은 답지', '추론 과정이 짧은 답지', '전체 내용이나 분위기와 연관성이 높은 답지', '표현 간에 부조화가 작은 답지'가 눈에 들어오는 거야. 그렇다면 이 상태에서 그 답지는 잠정적으로 정답이 되는 거지. 그런 다음 그 답지만 제시문에서 확인을 하는 거야. 그런데 확인이 잘 되면 좋겠지만, 확인이 잘 안 되거나 시간이 많이 걸릴 거 같은 상황이 벌어질 수 있잖아.

– 그래.

= 그럴 때는 처음에 적절한 것으로 판단한 답지가 제시문에서 '적절한 것'으로 확인이 잘 안 되는 상황을, 오히려 그 답지가 정답이라는 증거로 받아들이라는 말

이야. 절대로 그 답지를 '버려야 하는' 증거로 삼지 말고. 오직 그 답지가 '적절하지 않은 것'으로 '분명하게' 확인될 때만, 다시 말하면 처음에는 적절한 것으로 알았는데 확인 과정에서 적절하지 않은 것으로 분명하게 확인될 때만, 다른 답지로 눈을 옮기라는 거야.

— 아까보다는 이해가 더 되는 거 같아. 조금 알 거 같아.

= 적절하지 않은 것을 찾아야 하는 부정발문에서도 답지를 훑어보는 도중에 '상식에 부합하지 않는 답지', '단정적이고 과도한 답지', '정보성이 높은 답지', '추론 과정이 긴 답지', '전체 내용이나 분위기와 연관성이 떨어지는 답지', '표현 간에 부조화가 큰 답지'가 발견될 경우 그 답지를 일단 정답으로 가정하고, 먼저 그 답지만 제시문에서 확인하는 거야. 이때도 그 답지가 적절하지 않은 것으로 확인이 잘 안 된다는 것을 오히려 그 답지가 정답이라는 증거로 인정하라는 거지. 확인이 안 되니까 오답이라고 생각하지 말고, 그래서 정답이라고 '거꾸로' 판단하라는 거야. 처음에는 적절하지 않은 것인 줄 알았는데 제시문을 통해서 적절한 것으로 '분명히' 확인될 때만, 처음 선택한 답지를 버리고 다른 답지로 선택을 번복해야 한다는 말이야.

— 그러니까 간단히 말하면, 처음의 판단대로 밀어붙이라는 거야?

= 아니지. 확인 과정에서 처음에 판단했던 답이 다른 것으로 번복될 수도 있는 거니까. 그런 이야기가 아니라, 처음에 발견한 표지성을 확인하는 과정이 상당히 '유연해야' 한다는 말이야. 쉽게 말하면, 처음에 판단한 정답은 정답이 아니라는 근거가 분명하고 확실하게 확인되는 경우를 제외하고는 '무조건' 정답으로 '인정'하라는 거야.

— 좀더 알기 쉽게 비유 같은 거로 설명해줄 수 있니?

= 그래. 알았어. 적절한 비유인지는 모르겠지만, 어떤 사람이 있다고 해보자. 난 처음에 그 사람을 여자로 봤어. 그러면 그냥 그렇게 판단하고 의심 없이 넘어가는 경우도 있지만, 그 사람이 진짜 여자인지 확인하고 싶은 욕구가 생길 수도 있잖아. 그런데 그런 욕구가 생겨도 그 사람이 남자라는 사실이 분명히 확인될 때만, 처음의 판단을 바꿔야 한다는 말이야. 그 사람이 여자라는 사실이 확인이 안 된다는 것만으로 내가 했던 처음의 판단, 그러니까 '저 사람은 여자다'라는 판단을 바꾸면 안 된다는 거지.

— 음. 지금 네가 하는 말이 혹시 "국어 시험에서는 답을 고치면 틀린다"는 거하고 관련이 있는 거니?

= 관련이 있지. 그것도 많이. 처음에 골랐던 답을 버리고 다른 답을 선택해서 틀리는 과정이 대부분 이런 식이거든. 아이들이 너무도 자주 겪는 체험, 즉 '고치면 틀리는 체험'도 뒤집어 생각하면 국어 시험에서 '감'이 크게 작용한다는 '결정적인' 증거야. "불안은 영혼을 잠식한다"는 말이 있는데, 여기서는 이걸 "의심과 확인 욕구는 감을 잠식한다"로 바꿀 수 있겠지. 고치면 맞을 때보다 틀릴 때가 훨씬 더 많다는 걸 매번 '뼈아프게' 경험하면서도, 결국 또 고치게 되는 아이들 심정을 모르는 건 아니야. 국어 시험을 치다 보면, 몇 걸음만 더 앞으로 가면 절벽이 있다는 걸 느끼면서도 어쩔 수 없이 그쪽으로 걸어가야 한다는 심리상태에 빠지는 경우가 정말 많거든. 이건 답이 아니라는 '감'이 드는데도 어쩔 수 없이 그걸 정답으로 선택하게 되는 그런 상황. 감이 내는 '목소리', 그러니까 "그쪽으로 가면 큰일 난다"는 경고의 목소리를 애써 외면하면서 말이지. 그럴 리 없겠지만, 부모님께 이런 심리를 고백하면 어떻게 될까? "문제 풀다 보면 그럴 수도 있지"하시며, 머리라도 쓰다듬어주실까? 절대 아니지. 아마 "너, 제정신이니? 세상에 어떻게 그럴 수가

있니?"라는 말과 함께, 욕을 바가지로 얻어먹을 가능성이 백배는 더 높지. 하지만 아이들은 실제 시험 상황에서 또 다시 '그런 짓'을 할 가능성이 높아. 그리고 죄송하지만, 그렇게 말씀하시는 부모님들도 학창 시절에 국어 시험을 보면서 '그런 짓'을 많이 하셨어.

— 음.

4부

다른 정답률,
다른 대응방식

정답률 90% 이상 문제
_뻔한 답지, 시간 소비를 조심하라

= 자, 이제부터 정답률을 가지고 어떻게 감을 이끌어내고 예민하게 만들 수 있는 지, 그 훈련 방법을 설명해줄게.

— 그래.

= 일단 정답률에 따라서 훈련 방식이 다를 수 있어. 90% 이상, 70~80%대, 60%대, 50%대 이하로 나눠서 이야기해볼게.

— 그래.

= *먼저 90%대 정답률이야.* 이런 정답률을 기록한 문제 수는 1등급 컷이 90점 이었을 때 9개, 94점이었을 때 10개, 98점이었을 때 24개였어. 각각 2011학년도, 2012학년도, 2013학년도 수능에서 그랬다는 거지. 물론 그렇다고 "1등급 컷이 90 몇 점일 때 몇 % 정답률은 몇 문제" 라는 식으로 단정 지어 말할 수는 없겠지. 하지 만 1등급 컷이 몇 점일 때 정답률 몇 % 문제가 몇 개 정도 나오는지는 대충 알 수 있

어. 그 경향성은 충분히 파악할 수 있다는 거야.

ㅡ 1등급 컷이 98점인 경우, 90점이나 94점인 때에 비교해서 정답률 90%대 문제가 두 배 이상 급증하네. 전체 문항의 거의 절반 정도가 정답률 90% 이상이야.

= 맞아. 정답률 90% 이상 문제가 저 정도 나와야, 1등급 컷이 90점대 후반이 되는 거야.

ㅡ 그런데, 2013학년도 수능이 그렇게 쉬웠니?

= 제시문 내용이나 해결 과제로 보면 결코 쉽지 않았지. 다른 해 시험하고 크게 다르지 않았어. 심지어 일부 비문학은 이전의 수능보다 더 어려웠어.

ㅡ 그런데 왜 그렇게 등급 컷이 높았던 거야? 정답률이 90%가 넘는 문제가 절반이나 되고 말이지.

= 그게 국어 시험의 특징이야. '황당한' 특징.

ㅡ 그런 게 특징이야?

= 아이들은 제시문의 어려움이나 해결 과제의 복잡함과 무관하게 답지의 표지성만으로 답을 고르는 경우가 많다는 거야. 또 그렇게 '감'으로 고른 답지가 정답이 되는 비율이 높아지면 생각지도 못했던 '점수 인플레' 현상이 발생하는 거고.

ㅡ 그래?

= 그래. 정답률 90% 이상의 문제는 거의 모든 학생이 답지를 보는 순간 매우 강한 정답의 표지성을 발견하게 되는 경우거든. 그 이유가 무엇이든 말이야. 이런 문제에서는 국어를 잘하는 친구와 못하는 친구 간에 차이가 거의 없어.

— 둘 사이에 정말 아무런 차이도 없다는 거니?

= 아까도 말한 거 같은데, 정답의 표지성을 발견하는 '능력'에는 차이가 없어. 차이가 있다면, 그건 문제를 대하는 '태도'의 차이겠지. 90% 이상의 정답률을 기록하는 문제를 풀 때, 국어를 잘하는 친구들은 발견된 표지성을 거의 '전적'으로 신뢰하거든. 그 신뢰가 어느 정도로 높으냐면, 제시문을 한 번 읽고 답지를 훑어보는데 1번 답지가 정답의 표지성을 가졌다는 게 발견됐다면, 나머지 2, 3, 4, 5번 답지는 아예 보지도 않고 다음 문제로 신속하게 넘어갈 정도야. 하지만 '국어만 못하는' 친구들, 그리고 가끔 페이스가 흔들리는 '국어도 잘하는' 친구들은 '확인 사살'의 욕구를 결국 참지 못하지. 그래서 그게 왜 정답이 되는지, 나머지는 왜 오답이 되는지, 그 이유를 추론하거나 근거를 찾으려고 무지 애를 쓰는 거야. 많은 경우에 이런 행동은 불필요한 시간의 소비를 가져올 뿐만 아니라, 최악의 경우에는 정답에서 오답으로 최종 선택을 번복하게 만들기도 한다는 말이지. 우리 속담에 "긁어 부스럼을 만든다"는 말이 있는데, 이 경우가 딱 그래. 다시 말하지만, 90% 이상의 정답률은 제시문에 대한 충분한 이해와 무관하게 정답의 표지성이 쉽게 눈에 들어오는 문제에서 나오는 기록이야. 이런 문제는 편하게 풀면 돼. 그러면 그게 정답이 되는 거야.

— 네 말은 정답의 표지성을 발견하는 '능력'에는 차이가 없는데, 확인 욕구를 참지 못하는 '태도' 때문에 결국 '점수 차이'가 발생한다는 거지?

= 그렇지. 두 가지 정도 더 말해줄게. 정답률 90% 이상의 문제에서 자주 일어나는

잘못에 대해서.

─ 자주 일어나는 잘못 두 가지?

= 그래. 먼저 정답률이 90%가 넘는 문제에서는 아이러니하지만, '너무 뻔하다' 는 느낌 때문에 정답 확정을 거꾸로 주저하게 되는 경우가 있어. 이건 특히 국어에 여러 가지로 주눅이 잔뜩 들어있는 '못하는' 친구들에게서 자주 발견되는 특징이야. 무슨 말이냐면, 이런 아이들은 발견된 정답의 표지성, 그러니까 '뻔하다' 는 느낌을 놓고 도리어 고민이 깊어진다는 거지. '뻔하다' 는 표지성을 의심 없이 그대로 받아들일 건지, 거꾸로 오답의 매력으로 받아들일 건지를 두고 심각하게 갈등하는 경우가 있다는 말이야. 물론 이런 경우에 "쉬운 문제를 놓고 괜히 복잡하게 생각하지 말라" 는 일반적인 조언을 해주는 게 가능하긴 하지만, 이 조언이 실제 시험 현장에서 그 아이들이 겪게 되는 불안과 두려움을 줄여줄 수 있을지, 또 그로부터 비롯되는 사고의 '폭주' 를 중단시킬 수 있을지는 장담하기 어려워.

─ 맞아. 나도 그런 경우가 가끔 있어. 답이 너무 뻔해서 오히려 선택하기에 미심쩍은 상황. 네 말대로 "복잡하게 생각하지 말라" 는 조언은, 실제 그런 상황에 부딪히게 되는 아이들한테는 별로 도움이 될 거 같지 않아. 혹시 다른 조언은 없니?

= 있어. "어떤 상황을 만나면 나는 반드시 어떻게 하겠다" 는 원칙을 또 하나 세우면 돼.

─ 어떤 원칙?

= *문제가 최적의 답을 요구하는 게 아니라면, 쉽게 말해서 발문에 "가장 적절한 것은?" "가장 적절하지 않은 것은?"처럼 '가장' 이라는 표현이 나*

오지 않을 경우에는 발견된 정답의 표지성, 그러니까 '너무 뻔하다' 는 표지성을 의심 없이 수용하라는 거야. 그리고 그 표지성이 이끄는 대로 정답을 확정하고, 다음 문제로 신속하게 이동하는 거지. 장담하지만 그렇게 하면 맞고, 그렇게 하지 않으면 시간을 낭비하게 되거나 최악의 경우엔 틀리게 돼.

— 발문에 '가장' 이라는 표현이 없다면, '뻔하다' 는 느낌을 정답의 표지성으로 의심 없이 받아들여라?

= 그래. 그리고 정답률 90% 이상 문제에서 벌어지는 잘못이 하나 더 있어. 90% 이상의 정답률을 기록하는 문제 중에는 가끔 3점짜리 문항도 있거든. 당연히 이런 문제도 정답의 표지성이 빠르고 쉽게 발견되겠지. 그런데 이런 경우에도 "3점짜리인데 이렇게 쉬울 리는 없어"라는 생각이 들 수 있거든. 이런 생각이 한번 들기 시작하면, 또 제시문이나 답지에 대한 주관적 해석이나 추론이 '자행' 되겠지. 그렇게 되면 처음 문제를 접했을 때는 상상할 수 없었던 방식으로 답지 간에 경쟁이 발생하면서 헷갈리기 시작하거든. 그 결과로 해결에 걸리는 시간이 매우 길어지면서 결국 답까지 틀리는 '이중고' 가 발생할지도 몰라.

— 그래, 맞아. 그런 경우가 간혹 있어. 그런데 3점짜리면 어려워야 하는 거 아닌가? 어떻게 90% 이상의 정답률이 나오는 거지? 평소에도 궁금했던 부분이었어.

= 보통 3점이라는 배점은 세 가지 경우에 주어지는 거야. 첫째, 해결 과제가 까다롭거나 높은 수준의 사고 과정을 요구하는 경우. 둘째, 보기나 그래프, 그림처럼 특이한 조건이 사용돼 문제 형태가 복잡해지는 경우, 셋째, 문제 형태도 단순하고 요구하는 사고 수준도 높지 않지만, 문제를 해결하기 위해 읽어야 하는 정보의 양이 많을 경우. 이런 걸 감안해서 3점짜리 문항이 '디자인' 되는 거고, 많은 경우에 예상 정답률도 낮게 잡게 되지.

– 그렇구나.

= 그러니까 그런 3점짜리 문항에서 90% 이상의 정답률이 기록된다는 건, 사실 출제자 입장에서는 '맥 빠지는' 일이거든. 나름대로 공을 들인 문항 설계 방식과 전혀 무관하게 아이들은 발견된 표지성만으로 정답을 쉽게 확정해버리는 거니까. 정답률이 90%가 넘는 3점짜리 문제는 그 자체로 '감'의 존재와 역할을 잘 보여주는 증거이기도 해. *3점짜리라고 해서 절대 주눅 들 필요가 없어.*

– 배점과 난이도가 일치하지는 않는다는 거구나.

= 그렇지. 어쨌든 정답률 90% 이상의 문제를 대하는 우리의 '태도'가 어때야 하는지를 고민해 보자는 거지. 그럼 구체적으로 이미 가지고 있는 '감'을 끄집어내는 과정에서, 정답률 90% 이상의 문제들을 어떻게 활용할 수 있는지를 말해줄게. 우선 이 구간의 정답률에 해당하는 문항들을 따로 모아서 이것들이 주는 '포스'를 느껴보는 게 중요해. 그런 과정을 통해 정답률이 90%가 넘어갈 때 해당 문제가 주는 느낌, 말하자면 정답을 고를 때의 편안함, 높은 확정감을 여러 번 경험할 필요가 있어.

– 가만, 정답률 90% 이상의 문항들만 따로 모으라고? 그런 문제들은 가까이는 지난해부터 멀리는 몇 년 전까지 여러 해 시험들에 흩어져 있을 텐데? 그리고 문제의 제시문도 모두 다를 테고. 어떻게 그렇게 하지?

= 처음부터 그렇게 하라는 게 아니야. 최초로 문제를 풀어볼 때는 2013년도 수능, 2011년도 9월 모의평가, 이런 식으로 회별로 풀어야겠지. 1번부터 50번까지 한 번에 쭉. 물론 이때도 정답률과 오답률을 문항 옆에 표시해 놓고 풀어야 하는 거고. 정답의 표지성을 알아보는 안목과 감을 기르는 연습은 이때부터 시작해야 하는 거

야. 그런데 내가 지금 하는 이야기는 이런 최초의 문제 풀이 시점이 아니라, 그렇게 기출이나 평가원 문제를 모두 풀어본 다음에, 정답률을 기준으로 문제들을 따로 분류해서 다시 '집중적' 으로 볼 필요가 있다는 거야. 그리고 특정 정답률 구간의 문제들이 주는 '포스' 를 여러 번 체험하고, 그 느낌을 내 것으로 만들 필요가 있다는 거지. 요즘 기출 분석, 기출 분석 하는데, 이것처럼 효과적이고 실질적인 기출 분석은 없어.

― 아, 그렇구나. 그런데 포스가 뭐니? 영어로 'force' 는 폭력이나 힘이라는 뜻인데.

= 아, '포스' . 영어 철자는 같은데, 난 그런 의미로 그 말을 한 게 아니야. '기운' 이라는 의미로 그 말을 사용한 거야. 조지 루카스 감독이 만든 영화 〈스타워즈〉 본 적 있지? 그 시리즈에 등장하는 '제다이' 들, 그러니까 요다를 마스터로 하는 공화국의 수호자들이 사용하는 의미와 비슷해. "포스가 함께 하길 (May the force be with you)!" 이 말은 〈스타워즈〉 시리즈에서 수십 번도 넘게 나오는 대사거든. 원래 포스는 헬라어인데 '빛' 이라는 뜻이야. "너희는 세상의 빛이다"라는 말, 들어본 적 있을 거야. 성경에 나오는 말인데, 여기서 '빛' 이라는 단어가 헬라어로 '포스' 라는 거야. 굳이 영어로 다시 옮긴다면 'force' 보다는, '보이지는 않지만 가까이 있는 것으로 느껴지는 존재' 라는 의미의 'presence' 가 더 정확하겠지.

― 아, 그렇구나. 알고 보니 심오한 말이네.

= 그래. 어쨌든 정답률 90% 이상의 문제가 주는 '포스' 를 느끼다 보면, 정답을 고를 때의 편안함이나 확정감을 내 것으로 만들 수 있어. 그렇게 하다보면 "이렇게 쉽게 가도 정말 괜찮을까" 했던 그동안의 의구심, 그리고 그러한 감정 상태가 만들어내는 나머지 답지들에 대한 확인 욕구를 어떻게 처리해야 하는지도 조금씩 알게

되고. 실증된 사실인데, 국어 영역 고득점자들은 정답률 90% 이상의 문제는 이렇게 쉽게 가도 아무 문제가 없다는 걸 이미 잘 알고 있어. 실제 상황에서도 편안한 심리 상태로 곧바로 정답을 확정하고 말이지. 다시 말하지만, 정답률 90% 이상의 문제가 주는 이런 단정적 느낌에도 불구하고 나머지 답지들을 세밀하게 확인하는 행위는 시간 낭비이야. 만일 이런 잘못된 태도가 습관으로까지 굳어지게 되면 정말 심각한 결과로 이어질 수 있다는 점, 반드시 명심하렴.

— 그래. 알았어.

= 정답률 90% 이상 문제들을 가지고 할 수 있는 효과적인 훈련이 하나 더 있는데, 들어볼래?

— 듣기 싫다고 하면, 말 안 할 거니?

= 정 듣기 싫어한다면야.

— 농담이야. 뭔데?

= 제시문을 보지 않고 답을 고르는 훈련.

— 뭐라고? 제시문을 보지 않고?

= 앞에서 정답의 표지성 이야기 하면서, 제시문 없이 몇 문제 풀었잖아. 기억 안 나니?

— 기억 나. 그런데 그건 일부 문제였잖아. 지금은 정답률 90% 이상의 문제를 모두

그렇게 해보라는 거잖아? 좀 황당한 거 아니니?

= 황당한 거지. 하지만 효과는 굉장히 커. 그것도 신비한 효과.

— 잠깐만. 내가 예전에 교육과정평가원에서 나온 '수능 출제 매뉴얼'을 본 적이 있거든. 거기 보면 '묻는 내용을 잘 모르는 학생들도 금방 정답을 찾을 수 있는 답지', '제시문에 관계없이 정답을 찾을 수 있는 답지'는 배제한다고 나온 거 같은데. 네 말하고는 안 맞잖아?

= 네가 별 걸 다 봤구나. '출제 매뉴얼', 나도 꼼꼼히 읽어 봤지. 그리고 어떤 교재나 강의는 이 출제 매뉴얼을 대단한 것으로 소개하면서, 거기 나온 내용을 '금과옥조'로 받들고 있다는 것도 이미 잘 알고 있고.

— 맞아. 그런 강의나 교재가 있어.

= 그렇다면 하나 물어볼게. 국어를 잘하는 아이들이 출제 매뉴얼을 읽어서 국어를 잘하게 된 것 같니?

— 그건 아닌 거 같은데.

= 그래? 그렇다면 그 아이들이 출제 매뉴얼은 읽지 않았지만, 자기도 모르게 출제 매뉴얼대로 문제를 풀어서 국어를 잘하게 된 것 같니?

— 그것도 아닌 거 같아.

= 그런데 국어를 못하는 아이들은 왜 굳이 출제 매뉴얼을 봐야 하는 거니?

– 잘하려고 보는 거지.

= 정말 그럴까? 다른 과목은 모르겠지만, 국어에서 출제 매뉴얼은 '자전거 잘 타는 법' 처럼 부정적 역할을 할 가능성이 높은 책이야. "이런 게 있구나" 하면서 한번 볼 수는 있겠지만, 그 매뉴얼에 따라 문제를 풀어야겠다고 생각하는 건, 마치 '자전거 잘 타는 법' 이라는 책으로 자전거를 배우려는 태도하고 똑같은 거야.

– 넌, '출제 매뉴얼' 까지 안 좋게 이야기하는구나.

= 적절한 비유인지는 모르겠지만, 자동차 만드는 과정을 잘 안다고 해서 자동차 운전을 잘하는 건 아니잖아? 휴대폰 만드는 과정을 모른다고 휴대폰을 사용하지 못하는 것도 아니고.

– 수험생은 자동차 운전자라기보다 자동차 정비사 아닌가? 휴대폰 사용자가 아니라 휴대폰 수리 기사가 되는 거고. 만드는 과정을 아는 건, 고장 난 걸 고치는 데 큰 도움이 되는 거 아닌가?

= 국어 시험을 잘 보는 게 자동차를 잘 운전하는 게 아니라, 고장 난 자동차를 잘 고치는 거라구?

– 그래. 이건 내 말이 맞는 거 같아.

= 네 비유가 언뜻 들으면 일리가 있는 것 같은데, 가만히 생각해보면 그게 그렇지가 않다. 내가 볼 때 고장 난 자동차를 잘 고치는 건, 국어 시험으로 말하면 시험 보고 난 다음에 어디가 왜 틀렸는지 꼼꼼하게 분석하는 거하고 비슷해. 그건 실제 국어 시험을 잘 보는 거 하고는 다른 거잖아?

— 아니지. 관련이 있지. 그렇게 매뉴얼에 비춰서 꼼꼼하게 분석한 경험이 쌓이다 보면 결국 실제 시험도 잘 보게 되는 거 아냐?

= 그래?

— 그렇지.

= 그렇다면 '출제 매뉴얼' 하고 '기존 학습서' 하고 도대체 무슨 차이가 있니? 지금까지 내가 이렇게 길게 이야기한 것도, 그런 학습서가 공부할 때는 뭔가 대단한 걸 배우는 것 같은 느낌을 주지만, 결국 시험하고는 따로 노는 '처참한' 현실 때문이었잖아?

— 그래도 직접 시험을 출제하는 사람들이 하는 말인데, 뭔가 다르겠지.

= 정말 그렇게 생각하니?

— 당연하지.

= 수능 국어 시험을 잘 보는 사람을 수능 '전문가' 라고 한다면, 미안하지만 출제자들은 '전문가' 라고 할 수 없어. 출제자들은 다른 사람이 낸 문제만이 아니라 심지어 자신이 선정한 제시문으로 만들어진 문제도 틀리는 경우가 정말 많거든. 이건 사실이야. 시험을 치게 하면 아이들보다 훨씬 더 못 보는 경우도 실제로 많아.

— 그거 '명예훼손' 아니니?

= 아니. 이건 출제위원들이 당신들 입으로 하는 말이야. 만약 차이가 있다면, 수험

생들에 비해 문제를 좀 더 세련되게 낼 수 있는 능력이 있다는 정도겠지. 문제를 좀 더 잘 다듬어서 낼 수 있다는 것, '매력적인 오답'이나 '그럴 듯한 정답'을 아이들보다 더 잘 만들어낼 수 있다는 것, 이런 것뿐이야.

— 그래?

= 그래. 그리고 이미 시중에 나와 있는 대부분의 교재들이 이 출제 매뉴얼을 바탕으로 문제를 해설해 놓은 거야. 문제가 어떻게 출제됐는지를 알아도 시험을 못 볼수 있고, 문제가 어떻게 출제됐는지를 몰라도 시험을 잘 볼 수 있는 거야. 오히려 "내가 지금 매뉴얼대로 하고 있나?" 하는 의심이 들면 더 큰 문제가 생긴다니까. '감'도 크게 무뎌지고 말이야.

— 음.

= 그리고 생각난 김에 하나 더. 시험 볼 때 '출제자의 의도'를 파악하라고 하는데, 도대체 출제자의 의도를 파악한다는 게 뭐라고 생각하니?

— 왜 이런 문제를 냈을까, 어떤 답을 요구하는 걸까, 뭐 그런 걸 생각하라는 거 아닌가?

= 너, 솔직하게 말해봐. 실제 문제 풀 때 '왜 이런 문제를 냈을까' 하고 생각하면서 푸니?

— …….

= 그런 생각을 하면서 문제 푸는 사람이 세상에 어디 있니? 제시문 읽고 답 찾기

도 바쁜데. 그리고 설사 왜 이런 문제를 냈을까 생각하면서 문제를 푼다고 쳐보자. '이건 사실적 사고니까 이렇게 해야겠군', '이건 추론적 사고니까 저렇게 해야겠군', '이건 작품 감상 문제니까 그렇게 해야겠군', 이게 되니? 만약 이게 되는 아이라면 시험을 볼 게 아니라, 문제를 출제하는 곳에 가야지.

— 음.

= 그리고 '출제자가 어떤 답을 요구할까' 하는 생각은 네 마음대로 하는 게 아니지. 그건 출제자가 발문을 통해 제시한 문제의 요구사항이잖아? 당연히 너는 그 요구에 따르기만 할 수 있는 거고. 출제자의 요구사항을 네 마음대로 바꿔볼 생각이 아니라면, 발문을 정확하게 읽는 거만으로 충분한 거잖아? 그렇게 발문을 제대로 읽어서 뭘 물어보는지를 분명히 알아내는 건, 모든 시험에서 수험생이 기본으로 해야 하는 것이기도 하고. 그런데 또 무슨 출제자의 의도를 파악하라는 거니?

— 듣고 보니 그러네.

= 그러니까 '출제자의 의도'니 '출제 매뉴얼'이니 하는 게 사실은 별 게 아니라는 거야. 언뜻 듣기에는 그럴듯한 이야기 같지만, 하나마나한 이야기 아니면 기존 해설서하고 다를 게 없는 이야기야.

— 알았어. 그만해.

= 사실 나도 이런 이야기까지 하려고 했던 건 아니야. 국어는 '출제 매뉴얼'대로 문제가 출제되지 않는 경우가 많다는 이야기를 하려다가 말이 길어진 거야. 매뉴얼은 말 그대로 '매뉴얼일 뿐'이야. 원래 출제 매뉴얼은 뭘 평가할 건지를 분명히 할 의도로 만들어진 거야. 하지만 결과적으로 출제 매뉴얼의 더 큰 목적은, 적정 수

준의 난이도를 유지하는 게 될 수밖에 없는 게 현실이거든. 수능이 우리 사회에서 차지하는 의미나 비중을 고려하면 결국 그게 가장 중요한 문제니까 그럴 수밖에 없다는 거지. 수능 같은 시험에서는 뭘 물어보느냐보다 어떻게 하면 적정한 수준의 난이도를 유지하느냐가 더 중요해. 그게 학교 교육이나 사회에 미치는 영향이 더 클 수밖에 없기 때문이야.

― 음.

= 그런데 적정 수준의 난이도를 유지하려면, 가장 먼저 필요한 게 뭔지 아니? 난이도를 측정할 수 있는 객관적인 기준이 있어야 하는 거야. 그런데 그게 말처럼 쉽냐는 거지. 특히 국어 같은 시험에서 말이야. 결국 출제자들은 이런 내용과 방식이면 지난해보다 "어려울 거다" 혹은 "쉬울 거다" 정도의 평가밖에 할 수가 없는 거야. 그것도 '전적'으로 자신들의 주관적인 판단에 의존해서 말이지. 물론 그 주관적인 판단이 맞을 수도 있겠지. 하지만 틀릴 수도 있거든. 특히 아이들이 '감'으로 알아차리는 '정답의 표지성'과 관련해서는 더 그렇다고 할 수 있어. 출제 매뉴얼에는 '뻔한' 답지는 안 만든다고 돼 있지만, 아이들 입장에서 보면 '뻔한' 답지가 실제로 정말 많거든. 그리고 그게 정답이 되는 경우가 많고. 그러니까 그런 문제가 실제로 있는지 없는지를 한번 경험해보라는 거야. 손해 볼 거 없잖아? 제시문을 보지 않고 '감'으로 정답의 표지성을 찾는 훈련은, 그런 경험을 해보는 좋은 방법이야.

― 그래. 알았어.

= 제시문 안 보고 문제 푸는 훈련은 이렇게 하면 돼. 우선 문제의 요구사항만 확인하는 거야. 특히 적절한 것을 찾으라는 건지, 적절하지 않은 것을 찾으라는 건지에 초점을 맞춰서 말이야. 그런 다음 적절한 것을 찾으라는 문제라면 단정적이지 않

고 과도하지 않은 답지, 상식에 부합하는 답지, 정보성이 떨어지는 거 같은 답지, 추론 과정이 짧은 거 같은 답지, 한마디로 '무난한' 답지를 선택하는 거야. '전체 내용과의 연관성이 높은 답지' 나 '표현 간의 부조화가 높은 답지' 는 어차피 제시 문을 다 읽어야 '감' 이 오는 표지성이니까, 여기서는 빼야겠지. 하여튼 이런 걸 제외하고 적절하다는 느낌이 '뻔하게' 드는 답지가 눈에 들어오면, '그냥' 그걸 정답으로 확정하라는 거야. 반대로 적절하지 않은 걸 찾으라는 부정발문이라면 단정적이고 과도한 답지, 상식에 부합하지 않는 답지, 정보성이 높은 거 같은 답지, 추론과정이 긴 거 같은 답지, 한마디로 '거슬리는 답지' 를 고르면 되는 거고. 제시문을 보지 않은 상태에서 '적절하지 않다' 는 느낌을 '뻔하게' 주는 답지를 정답으로 '용기 있게' 확정해보라는 거야. 특히 정답률이 80% 후반대나 90% 이상 나오는 문제는 이렇게 답을 골라보면, 열 문제 중에서 절반 내외, 많게는 그 이상까지 맞히는 '신기한' 경험을 할 수 있어. 화법이나 읽기(문학, 비문학)에서는 너 스스로도 깜짝 놀라는 체험을 하게 될 가능성이 높아. 심지어 작문이나 어법의 일부 문제에서도 그런 경험을 할 수 있어.

— 정말이야?

= 이상하게 들리겠지만, 90% 이상의 정답률은 이런 방식이 일정 부분 통했기 때문에 나온 수치거든. 제시문과 무관하게 답지가 가진 '포스' 로만 문제를 푸는 아이들이 많고, 결국 그 아이들이 그 문제를 맞혔기 때문에 결과적으로 나타나는 정답률이라는 거야. 이 훈련의 가장 큰 장점은 자신이 지닌 '감' 에 대한 믿음을 크게 높여준다는 데 있어. 당연히 과감한 태도를 기르는 데도 큰 도움이 되겠지. 시간이 크게 단축되는 긍정적 효과도 얻게 될 테고.

— 그래? 한번 꼭 해봐야겠다.

= 그러니까 정답률 90% 이상 문제를 가지고 감을 훈련하는 방법은 두 가지야. 아까 정답률을 문항 옆에 표시한 다음 문제를 풀라고 했잖아? 90% 이상의 정답률이 표시된 문항은 먼저 제시문을 보지 않고 발문과 답지만으로 정답을 골라보는 거야. 그리고 바로 해답지를 보면서 답을 맞춰볼 수도 있겠지. 하지만 그게 조금 불안하면, 그 답지를 골라두고 제시문을 한번 읽으면 되는 거야. 어차피 다른 문제도 풀려면 제시문은 읽어야 하잖아? 다만 그전에 정답률 90% 이상 문제는 정답을 '잠정적'으로 골라보라는 거지. 사실 90% 이상 정답률에서는 이 정도 과정이면 답을 확정하는 데 충분해.

— 가만, 제시문 안 보고 푼 다음 바로 답을 맞춰보라구? 답지가 문항 순서대로 나와 있을 텐데 어떻게 그러지? 아직 풀지 않은 문제의 정답도 볼 수 있게 되잖아?

= 그건 네가 알아서 해. 정답률 90% 이상 문항의 답지만 볼 수 있게끔 문제 풀기 전에 따로 적어 두거나 하면 되겠지. 그건 네가 편한 대로 하면 되는 거야. 다른 답지는 안 보고, 그 답지만 볼 수 있는 방법이면 뭐든지 괜찮은 거니까.

— 번거롭다.

= 그 정도를 번거롭다고 하면 곤란하지. 그리고 그 정도 번거로움은 그동안 네가 '줄기차게' 해온 국어 공부에 비하면 '감히' 번거롭다고 말할 수도 없는 거야. 그게 정 번거로우면 한꺼번에 맞춰볼 수도 있어. 하지만 바로바로 확인하는 '맛'도 있거든. 재미있기도 하고. 공부도 재미있게 하면 좋은 거잖아.

— 바로 확인하는 맛? 그게 무슨 맛일까? 그래, 알았어.

= 하여튼 그런 경험과 훈련이 반복되면 어느 순간 실제 시험에서도 정답률 90%

이상 문제의 '포스' 를 느낄 수 있게 되거든. 그런 '포스' 가 느껴지는 문제에 대해서는 이전 시험 중 정답률 90% 이상 문제에 대해서 했던 것과 똑같은 방식으로 대응하면 되는 거야. 정답률 90% 이상의 '포스' 로 다가오는 문제에는 정답률 90% 이상에 맞는 방식, 표현이 조금 그렇지만 '별 생각 없이' '성의 없이' '막' 대응하면 된다는 거지. 분명히 말하지만, 정답률이 90%가 넘는 문제는 정답의 표지성이 찾아지는 시간과 정확성에서 대부분의 아이들이 똑같아. 다만 머뭇거리고 찜찜해하고 불안해하는 심리적 태도의 정도가 크게 다를 뿐이야. 그런 '태도의 차이' 가 '해결 시간의 차이' 를 가져오고, 결국 '점수의 차이' 로 결론 나는 거야.

– 그래. 알았어. 그런데 해결 시간의 차이가 점수 차이로 결론 난다는 말 있잖아, 빨리 풀어야 하는 문제에서 괜히 시간 낭비하면, 나중에 시간 부족 때문에 결국 몇 문제 못 푼다는 말하고 같은 말이니?

= 그런 의미도 있지만, 다른 의미도 있어. 사실은 다른 의미가 더 중요한 거고.

– 그래? 그게 뭔데?

= 다 풀었는데 시간이 많이 남는다는 게 흔한 일은 아니지만, 그렇다고 꼭 좋은 일도 아니거든. 오히려 시간이 남아서 다시 꼼꼼히 검토하고 확인하다가 답을 고쳐서 틀리는 경우도 많아. 잘하는 아이들도 시간이 남으면 가끔 이런 '확인 욕구' 가 자기도 모르게 생기거든. 그런 게 '인지상정' 이라 탓하기는 그렇지만, 그렇게 답을 고쳐서 결국은 1점 차이로 1등급이 안 나오는 아이들도 꽤 많다는 건 기억해둘 필요가 있어. 이 아이들에게는 시간이 남았다는 게 '재앙' 이 된 거지. 역설적이게도 말이야. 계속 강조하지만 뭔가 정확하고 논리적으로 문제를 해결하려는 시도는, '감' 이나 보편적인 언어체험에서 비롯된 '직관', 그러니까 우리가 이미 갖고 있는 '국어 능력' 과는 반대 방향으로 작동하는 경우가 많거든.

— 그래? 그럼 왜 빨리 풀라는 거야?

= 내가 하고 싶은 말은 이거야. 정답률 90% 이상 문제처럼 빨리 풀 수 있는 문제를 가능한 한 빨리 풀어서 남는 시간, 말하자면 그렇게 해서 '저축한' 시간은 따로 쓸 데가 있다는 거야. 그저 빨리 푸는 게 좋다거나, 이미 푼 문제를 검토하는 데 그 시간을 쓰라는 게 아니야.

— 그럼 뭔데?

= 너, 혹시 《월리를 찾아라》라는 책 본 적 있니?

— 아, 그림 속에 비슷하게 생긴 사람들이 무진장 많이 나오고, 그 속에서 주인공 남자를 찾는 거? 숨은 그림 찾기?

= 숨은 그림 찾기 하고는 조금 다른 건데, 하여튼 그림 안에서 둥근 안경에 빨간 줄무늬 셔츠를 입은 우리의 주인공 월리를 찾는 게임. 찾아내기가 상당히 까다롭지.

— 맞아.

= 국어에도 《월리를 찾아라》 같은 문제가 간혹 있거든. 기본적으로 제시문이 생소하고 까다로운 상태에서 마치 《월리를 찾아라》처럼 답지와 제시문을 왔다 갔다 하면서 일일이 확인해야 하는 문제. 조금 속된 표현으로 '노가다' 문제지. 과학이나 기술 쪽 비문학에서 가끔 이런 문제가 나와. 이런 문제는 마치 수학 문제처럼 정답의 표지성이 거의 없거든. 월리를 찾는 일이 결국 '지구력' 싸움인 것처럼 이 경우도 전적으로 시간이 문제가 되는 경우가 많아. 사용한 시간과 정답률이 거의 '정

비례' 관계가 되는 경우지. 이런 문제는 해결 시간의 확보가 관건인데, 결국 이런 문제를 해결하기 위해 필요한 시간도 정답률 높은 문제를 '감'으로 신속하게 풀어서 '저축'해야 하는 거야. *'정답률 90% 이상의 문제는 표지성으로 신속하게 풀고, 그렇게 해서 저축한 시간을 《월리를 찾아라》 같은 문제를 해결하는 데 편안하게 사용하겠다.' 이런 전략으로 가야 한다는 거야.* 표지성이 보이지 않는 이런 '노가다' 문제는, 오히려 대충 빨리 풀어야겠다는 식으로 접근하면 큰 낭패를 보게 되거든.

— 그렇구나. 그런데 네 말 가운데 이상한 점이 하나 있어.

= 그래? 뭔데?

—《월리를 찾아라》 같은 문제는 사용한 시간과 정답률이 '정비례'한다는 말. 그건 '월리' 같은 문제가 아니라 다른 문제도 마찬가지 아니야? 시간을 많이 쓰면 정답률이 높아지는 거고, 시간을 적게 쓰면 정답률이 떨어지는 거고. 아닌가?

= 그것도 '신화'야. 굵은 선으로 괄호를 쳐야 하는.

— 또 신화야?

= 시간의 소비가 정답을 찾는 쪽으로 작용하지 않는다는 말을 지금까지도 중간 중간에 했는데, 네가 귀담아 듣지를 않았구나. 이 말을 받아들이고 안 받아들이고는 네 자유지만, 문학 쪽은 시간의 소비와 정답률이 '반비례'하는 경우가 훨씬 더 많아.

— 아, 그러고 보니 그런 이야기를 한 것 같다. 그래도 이해가 안 되는데. 문학은 시

간을 쓰면 쓸수록 오히려 정답으로부터 멀어진다는 말이니? 정말이야?

= 그래. 문학은 문제 해결 시간이 길어지면 길어질수록 보통 하는 말로는 '주관적 확대 해석', 내가 쓰는 용어로는 '사고의 폭주', 편하게 하는 말로는 '소설 쓰기', 문학적인 표현으로는 '상상의 나래 펴기'가 일어나거든. 그것도 '반드시' 말이지. 앞에서 강조한 정답의 표지성으로 말하면, 추론 과정이 길어지면서 '사고의 점핑'이 마구 일어나는 거고. 오히려 기준점에서 거리가 먼 게 가장 그럴 듯해 보이기 시작한다는 말이지. 그렇게 되면 대부분 정답으로부터 점점 더 멀어지는 '역설적인' 상황이 발생하거든. 하지만 일부 비문학, 특히 과학이나 기술 분야의 일부 문항은 시간만 충분하게 주어지면, 그 시간은 답을 찾는 방향으로 정확하고 온전하게 사용된다는 말이야.

— 음. 그렇구나.

= 한 번은 회별로 다 푼 다음 정답률 90% 이상인 문제들만 따로 모아, 그 '포스'를 느껴보라는 것도 그런 이유에서야. 실제 시험에서 그런 '포스'를 주는 문제를 만나면 '확인 사살'의 욕망을 의식적으로 억제하고, 다음 문제로 빨리 넘어갈 수 있기 위해서 그러라는 거지. 답지를 다 보지 않은 상태에서 답을 확정하는 과감한 용기도 그런 훈련 과정을 통해 자연스럽게 체득되는 거고. 정답률이 90%가 넘는, 말하자면 정답의 표지성이 매우 강렬한 문제에서 가장 중요한 것은, 시간 낭비를 철저하게 경계하고 '무조건' 신속하게 문제를 해결해야 한다는 거야. 그래야 《월리를 찾아라》 같은 문제를 여유롭게 풀 시간이 확보된다는 거지.

— 너, 계속 정답의 표지성이 느껴지면 신속하게 정답을 확정하고 다음 문제로 이동하라고 말하는데, 도대체 얼마나 빨리 답을 골라야 한다는 거니?

= 얼마나 빨리 문제를 풀어야 하느냐? 그 이야기를 들으니까 갑자기 생각난 건데, 어디서 보니까 누가 "80분이라는 시험 시간을 문항수로 나누면 한 문제당 쓸 수 있는 시간이 1분 몇 초다", 이런 이야기를 하더라. 아이들도 비슷한 이야기를 하는 걸 들은 적이 있고. 그런데 그거야말로 황당한 이야기 아니니? 그 말대로라면 몇 초 안에 빨리 문제가 해결됐는데도, 다음 문제로 넘어가지 말라는 거잖아? 그렇다면 아직 남아 있는 1분가량 명상이라도 하면서, 그 문제에 계속 머물러 있어야 한다는 거니? 그건 단순히 시간을 낭비하는 정도가 아니야. 예상치 못한 '참사'를 불러 올 수도 있다니까. 남는 시간은 아이들에게 반드시 '확인 욕구'를 불러일으키고, 그래서 답지를 다시 검토하는 과정에서 정답이 오답으로 교체되는 '불상사'가 자주 벌어진다고 이미 말했잖아? 반대로《월리를 찾아라》같은 문제에서 '노가다'를 하려면 기본적으로 3분 이상을 써야 하는 경우도 많아. 그건 괜히 뭉그적거리는 게 아니라 문제를 해결하는 데 필요한 최소한의 '물리적 시간'이 그만큼 필요해서 그런 거거든. 불가피한 시간 '과소비'지. 그런데, 이런 문제를 1분 몇 초 안에 풀라는 건 말이 안 되는 거야. 마치 오줌을 반만 누고 중간에 멈추라는 것과 똑같은 말이야. 아이들한테 '방광염'이라도 걸리라고 하는 거니? 조금만 깊게 생각해보면, 정말 황당한 이야기라는 걸 금방 알 수 있지.

— 방광염? 안 좋은 질환이지. 특히 수험생에게는.

= 아까 말했잖아, 국어를 잘하는 아이들의 특징. 정답지가 1번일 경우 나머지 2, 3, 4, 5번 답지조차 안 보고 다음 문항으로 신속하게 이동하는 '과감함' 말이야. 지금 네가 그렇게 하지 못하고 있다면 훈련이 필요한 거야. 그렇게 하면 어떤 문제는 몇 초 만에도 정답을 확정할 수 있어. 실제로 국어 시험에는 그런 문제가 네가 생각하는 것보다 정말 많아. 정답률 90% 이상의 문제에서 정답의 표지성이 매우 강렬한데도 나머지 답지들을 '확인 사살' 하려는 태도는, 시간의 소비를 반드시 그 대가로 지불해야 하는 거거든. 그건 국어 시험에서 언제나 치명적인 부작용을 발생시키는

거고. 정답의 표지성에 대한 감각이 어느 정도 익숙해지면, 의심 많기로는 타의 추종을 불허하는 너 같은 아이들도 과감해질 수 있어. 그래도 불안감이 해소되지 않는다면 의식적으로 대담해지려고 할 필요가 있고, 그런 태도를 결국 습관으로 만들어야 한다는 거지.

— 나는 지금 '합리적 의심'을 하고 있는 거야. 어쨌든, 알았어.

정답률 70~80%대 문제
_ '점수 차이'의 원인은 '능력 차이'가 아니라 '태도 차이'

= 이번에는 정답률이 70%~80%대에 해당하는 문제들에 대해서 말해볼게. 정답률 80%대의 문제는 1등급 컷이 90점이었을 때 15개, 94점이었을 때 16개, 98점이었을 때 19개였어. 정답률 70%대의 문제는 1등급 컷이 90점이었을 때 14개, 94점이었을 때 14개, 98점이었을 때 3개였고.

― 정답률 80%대와 70%대인 문제를 모두 합치면 1등급 컷이 90점이었을 때 29개, 94점이었을 때 30개, 98점이었을 때 22개네.

= 맞아.

― 1등급 컷이 90점대 초중반인 경우에 비해, 98점인 경우에 정답률 70%대 문제 수가 5분의 1 수준으로 급격하게 줄어드네. 정답률 80%대 문제 수는 조금 늘어나고.

= 그렇지. 그런 경우 앞에서 얘기했듯이 정답률 90%대는 2배 이상 늘어나는데,

70%대는 반의 반 수준으로 줄어드는 거야. 90점대 초중반에 비해서 말이야.

— 등급 컷하고 정답률 사이에 이런 관계가 있다는 건 처음 알았어. 재미있는 현상이다.

= 그래. 재미있는 현상이지. 여러 가지로 생각해 볼 거리도 던져주고 말이야.

— 그런 거 같아.

= 70~80%대 정답률을 기록하는 문제도 국어를 잘하는 친구들과 못하는 친구들 간에 큰 차이가 없어. 정답의 표지성을 찾아내는 '시간'과 '정확성'에서 말이지. 굳이 말한다면, 정답률 90%대의 경우는 "정답의 표지성이 '매우' 강하다"라고 할 수 있고, 70%대, 80%대의 경우는 "정답의 표지성이 '다소' 강하다"라고 할 수 있어. 다만 정답률 70%대, 80%대의 문제는 90%대와 달리 정답의 표지성이 강하게 느껴지지만, 일부 다른 답지가 어느 정도의 매력을 가지고 있고, 그래서 그것이 정답의 선택을 '살짝' 간섭하고 방해하는 경우지. 아까 난이도에 대해서 이야기하면서 국어 문제가 어렵다는 건 결국 제시문 때문이거나 오답의 간섭 때문이거나, 둘 중 하나라고 했잖아. 정답률이 70%대, 80%대로 나오는 문제는 제시문의 내용이 어렵고 글의 구조가 복잡한 경우보다, 오답지가 지닌 정답지와의 유사성 때문에 헷갈리는 경우가 더 많아. 제시문의 수준과는 별개로 답지 간의 간섭이라는 이유만으로 그런 정답률이 나올 가능성이 높다는 말이야. 이와 달리 정답률 60% 미만은 제시문도 어려운데 오답지의 간섭도 클 때 나타나는 거고.

— 아, 오답지가 지닌 정답지와의 유사성. 아까 정답의 표지성 이야기하면서 말했던 거 기억난다. 오답이 정답을 흉내 내는 방식.

= 그렇지. 다시 한 번 말하면, 오답지가 지닌 정답지와의 유사성이란 오답지에서 제시된 개념이 정답지와 매우 유사하거나, 정답과 혼동될 수 있는 어휘나 표현이 오답지에 담겨 있다는 의미야. 어쨌든 정답률 70~80%대의 문제에서도 정답의 표지성을 감지하는 정도는 국어를 잘하는 친구나 못하는 친구나 비슷하지만, 여전히 태도에서는 큰 차이를 보이겠지. '국어만 잘하는' 친구들의 경우는, 정답률 70~80%대의 문제에 대한 대응이 정답률 90% 이상 문제에 대한 대응과 크게 다르지 않아. 이 아이들의 한결같은 '무심함', 얄밉지만 정말 본받아야 해. '국어까지 잘하는' 아이들도 확인 욕구만 잘 억제한다면 처음에 발견된 표지성을 믿고 편하게 문제를 푸는 경우가 많아. 하지만 '국어만 못하는' 친구들은 조금 달라. 정답의 표지성이 오답의 매력에 의해 간섭받는 정도가 상대적으로 크기 때문에, 표지성이 이끄는 대로 정답을 선택하는 것에 대한 불안감이 그만큼 커지거든. 당연히 확인 욕구도 크게 높아지게 되겠지. 이 경우 정답률이 90% 이상인 문제보다 70~80%대 문제에서 확인이나 추론에 더 많은 시간이 소비되고, 처음에 표지성이 발견된 답지에서 결국 다른 답지로 선택이 옮겨갈 가능성도 훨씬 높아지게 돼. 정답률 90% 이상인 문제에서도 마찬가지지만, 이런 경우 시간의 소비는 절대 정답이 명료해지는 쪽으로 작용하지 않아. 시간은 자신의 선택을 사후에 합리화하는 데 사용될 뿐이지. 정답률 70~80%대의 문제에서도 여전히 중요한 건 확인 과정을 생략하거나 최소화하고 정답을 확정할 수 있는 '용기'야.

– 그렇구나. 그럼 이 정도 정답률을 가지고 감을 기르려면 어떤 연습이 필요한 거니?

= 정답률이 70~80%대인 문제에 대해서도 훈련 방식은 마찬가지야. 먼저 정답률을 문항 옆에 표시해야겠지. 이 정도 정답률의 문제에 대한 대응은 아까도 이야기했지만, 먼저 제시문을 읽은 뒤 답지를 순서대로 하나하나 확인하지 말고, 답지 다섯 개를 전체적으로 훑어본 후 적절하다거나 적절하지 않다는 표지성이 느껴지는

답지를 잠정적으로 선택하는 거야. 여기서 중요한 것은, 그 표지성을 '확실하게 적절하다' 거나 '확실하게 적절하지 않다' 가 아니라 '적절한 것 같다' 거나 '적절하지 않은 것 같다' 정도의 유연한 느낌으로 받아들여야 한다는 거야. 그런 다음 해당 답지만을 제시문이나 보기 등을 통해 확인하는 거야. 해당 답지의 적절성 여부가 확인되면 다른 답지들은 아예 무시하는 것이 좋아. 일단 특정 답지를 잠정적인 정답으로 인정한 상태가 되면, 확인해야 할 정보의 양이 '확' 줄어들기 때문에 시간적으로도 큰 낭비는 없겠지. 모든 답지의 적절성을 순서대로 하나하나 점검하겠다는 태도는, 이런 정도 정답률의 문제에서는 부적절한 거야. 오답을 제거한 후 남는 답지를 고르는 것보다 문제를 접하자마자 곧바로 정답의 표지성을 발견하고, 그 부분만을 확인하는 게 백배는 바람직해. 이렇게 기출이나 평가원 모의평가를 다 풀고 나면, 이 구간에 들어있는 문제들만 따로 모아, 이 정도 정답률의 문제가 주는 '포스' 를 다시 한번 느껴보는 것도 필요하고.

– 정답률 70~80%대 문제는 항상 그렇게 해야 하는 거야?

= 아닌 경우도 있지. 하지만 중요한 건 오답을 제거하고 남는 답지를 정답으로 고르는 방식은, 어디까지나 '예외적' 으로 사용해야 한다는 거야. 특히 이 정도 정답률의 문제에서는 말이지. 물론 이런 과감함에는 불안도 따르겠지만, '이 정도면 답이다' 라는 느낌, 그리고 '이런 느낌이 왔을 때 다른 답지에 유혹당하지 않겠다' 는 의도적 무시 없이는 시간 부족 문제가 결코 해결되지 않거든. 그러면 결국 고득점은 불가능한 거야. 이건 그저 하는 말이 아니니까 명심하렴. 국어를 못하는 아이들이 가진 큰 착각은 "국어 고득점자들은 나보다 제시문을 신속하고 정확하게 읽고, 복잡한 사고를 쉽게 하기 때문" 이라고 지레 짐작한다는 거야. 단언컨대 그건 사실이 아니야. 자전거를 잘 못 타는 아이들도 잘 타는 아이들과 마찬가지로 잘 탈 수 있는 능력은 이미 갖추고 있다는 사실을 절대 잊으면 안 돼.

— 그래. 그 이유는 지금까지 여러 번 말했잖아.

= 이 방법은 처음에는 불안하지만, 지속적으로 높은 정답률을 경험하게 되면 어느 시점에 이르러 다소 부족하더라도 편안한 기분으로 적용할 수 있게 돼. 결국 정답률 90% 이상 문제에서처럼 적절하다거나 적절하지 않다는 느낌만으로, 별다른 확인 과정 없이 정답을 확정하는 게 가능해지는 수준에 이르게 되거든. 정답률 70~80%대 문제도 정답률 90% 이상 문제처럼 '편하게' '성의 없이' '막' 풀 수 있게 되는 거야. 이렇게 정답률에 따른 '감'이 뭔지 깨닫고, 정답률에 따른 대응 방식을 반복적으로 연습하는 것이 '공부 따로 시험 따로'라는 지긋지긋한 상황을 근본적으로 해소하는 방법이야.

— 음.

= 앞에서 말한 훈련과 연습을 반복적으로 하면, 그런 대응 방식과 그에 따른 과감한 행동을 점점 더 쉽게 하게 되고, 그러다 마침내 이미 갖고 있던 국어 능력을 아무런 방해 없이 발휘하게 되는 순간이 너에게도 찾아올 거야. 이런 훈련을 통해서 정답의 표지성을 발견하는 걸 점점 더 어려워하지 않게 되면, 어느 순간 그런 발견은 '해야 할 것'이 아니라 '그냥 되는 것'으로 바뀌게 되거든. 심지어 그런 정답의 표지성에 나도 모르게 끌리는 감정 상태까지 생기게 되고 말이지. 비로소 그동안 숨어있던 '감'이 '명실 공히' 세상 밖으로 나오게 되는 거야.

— 그래. 그 순간이 빨리 왔으면 좋겠다.

= 제시문을 통해 답지의 적절성 여부를 확인하는 데 필요한 원칙, 그러니까 '확인 욕구를 처리하는 유연한 태도'는 앞에서도 이야기했지?

— 그래.

= 여기서 다시 한번 강조할게. 적절한 것을 찾으라는 긍정발문의 경우, 적절하다는 느낌을 주는 답지를 제시문이나 보기에서 확인할 때 '적절한 것으로 확인이 잘 안 되는 것'을 거꾸로 그 답지가 적절하다는 증거로 받아들여야 한다고 했던 말 기억하지? 오직 '적절하지 않다'는 것이 분명하게 확인될 때만 원래 선택한 답지를 버리고 다른 답지를 골라야 한다고도 했고. 반대로 부정발문에서 적절하지 않다는 느낌을 주는 답지를 확인할 때도, 그 답지가 '적절한 것'으로 분명하게 확인될 때만 다른 답지로 옮겨가야 한다고 말했던 것도 기억나지? 단지 '적절하지 않다'고 확인 안 된다는 이유만으로 답을 번복하면, 틀릴 가능성이 몇 배나 높아진다고도 했고. 처음에 판단한 정답은 그게 정답이 아니라는 근거가 분명하고 확실하게 확인되는 경우를 제외하고는, 처음 판단 그대로 '무조건' 정답으로 인정하라는 말.

— 그래. 네가 중요한 거니까 꼭 기억하라고 강조했잖아? 처음에 어떤 사람을 여자로 봤다면 그 사람이 남자라는 사실이 분명히 확인될 때만, 처음의 판단을 바꿔야 한다는 '비유'까지 말했잖아. 그 사람이 여자라는 사실이 확인 안 된다는 이유만으로 "저 사람은 여자다"라는 처음의 판단을 바꾸면 안 된다는 말도 했어.

= 잘 기억하고 있구나. 훌륭해.

— 쑥스럽게 뭘. 그럼 정답률 60%대 문제는 어떠니?

정답률 60%대 문제
_ '분수령' 세트와 '월리를 찾아라'

= 정답률 60%대 문제는 1등급 컷이 90점인 경우 7개, 94점인 경우 5개, 98점인 경우 3개였어. 사실상 상위 등급에서는 이 문제를 맞느냐 틀리느냐에 따라 등급이 갈리는 경우가 많아.

─ 그래? 그럼 의미가 큰 거네. 그런데 정답률 60%대 문제는 98점이 되니까, 90점이나 94점일 때보다 절반 정도로 줄어드네. 하기야 그러니까 1등급 컷이 98점이 나왔겠지.

= 맞아. 정답률 60%대 문제는 중하위 등급에서도 물론 중요하지. 하지만 상위 등급, 예를 들면 1, 2등급, 그리고 일부 3등급에서는 '등급'이라는 글자 앞에 붙는 '숫자'를 바꾸는 '결정적'인 역할을 하는 경우가 많아.

─ 그렇구나.

= 먼저, 정답률 60%대 문제는 두 가지 유형으로 나눌 수 있어.

— 두 가지?

= 먼저 제시문 내용이 생소하거나 구조가 복잡해서 제시문을 한 번 읽고 답지를 훑어봐도 정답의 표지성이 아예 안 보이는 경우가 있어. 앞에서 말한 '월리를 찾아라' 같은 문제야.

— 그래. 월리를 찾아와.

= 찾아오기는 뭘 찾아오니. 이런 문제에서는 정답의 표지성이 금방 안 보인다는 점에서는 잘하는 아이나 못하는 아이나 비슷하거든. 결국 누가 더 시간을 투자하느냐에 따라 정답률이 달라지는 거야. 매년 시험에는 그 해 시험의 '분수령(turning point)'이 되는 세트(set)가 있는데, 이런 세트가 여기에 해당된다는 말이야.

— 세트?

= 제시문 하나 하고 거기 딸린 서너 개 정도의 문항을 모두 합쳐서 '문제 세트'라고 해. 정확하게 말하면 평가용 자료를 제시하는 언어(제시문), 평가 과제를 부여하는 언어(발문), 평가를 정교화하기 위한 언어(답지, 보기), 비언어적 자료(표, 그림), 이런 구성요소들을 갖춘 하나의 구조를 부르는 이름이 '세트'야. 보통은 현대소설 세트, 비문학 과학 제재 세트, 뭐 이런 식으로 부르지.

— 그렇구나. 그런데 '분수령'이 된다는 건 무슨 말이야?

= '분수령(分水嶺)'이라는 말은 원래 '강을 나누는 산맥'이라는 뜻인데, 여기서는 '어떤 일이 한 단계에서 전혀 다른 단계로 넘어가는 전환점'을 비유적으로 표현하는 말이야. '분수령 세트'라는 말은 그 세트가 그해 시험의 승패를 결국 가르

게 된다는 의미지.

– 승패를 가른다?

= 보통 시험 보고 나면 오답률 5위, 10위까지 해서 차례대로 쭉 올라오는 거 있잖아. 이런 오답률 높은 문제들은 여러 세트에 골고루 퍼져 있는 경우도 있지만, 보통은 특정 세트에 몰려 있는 경우가 더 많아. '오답률 5위까지'를 예로 들어볼게. 시나 소설 같은 문학 쪽은 한 세트에 한 문제 정도가 여기에 포함되거나 안 되거나 하거든. 하지만 일부 비문학의 경우 한 세트에 들어있는 4문제 중 두세 문제가 오답률 5위 안에 다 들어가기도 하거든. 과학기술 쪽 세트하고 언어학 세트에서 이런 경우가 특히 많은 편이지. 인문 철학이나 경제 쪽 세트에서도 가끔 그렇고. 결국이 세트를 어떻게 '처리' 하느냐가 그해 시험의 승패를 가른다는 말이야.

– 그렇구나.

= '분수령 세트'가 가져오는 부정적 효과는 우선 시간을 무지 잡아먹는다는 거야. 국어를 잘하는 아이들은 이 세트가 나오기 전의 문제도 정답의 표지성으로 신속하게 풀었겠고, 이 세트 다음에 나오는 문제도 그렇게 풀겠지. 그래서 이 세트에 시간을 조금 더 투자해도 큰 문제는 안 생기거든. 하지만 정답의 표지성을 발견하고도 확인 욕구를 억제하지 못하는 아이들은 이 세트를 만나기 전에 시간을 이미많이 썼을 거거든. 그리고 아마도 이 세트에서 시간을 더 많이 쓰게 될 거고. 그런데 '분수령 세트'는 객관적으로 어려운 문제들이잖아. 결과적으로 집계되는 높은 오답률이 보여주듯이 말이지. 시간을 써서 문제를 풀어도 찜찜한 기분이 들 수밖에 없는 문제들이거든. 그런데 그런 찜찜한 심리 상태는 그 뒤에 나오는 나머지 문제들을 푸는 데도 엄청 안 좋은 영향을 미친다는 말이야.

— 어떤?

= 못하는 친구들의 경우, 분수령 세트에서 문제를 찜찜하게 풀었으니까, 이제 남은 문제라도 잘 풀어야겠다는 생각을 더 하게 된다는 거지. 그런데 아이들의 그런 다짐과 각오는 항상 부정적인 결과를 가져온다는 데 바로 국어 시험의 '비극' 이 있어. '남은 문제라도 잘 풀어야겠다'는 생각은 불안감을 자극해서 쓸데없는 확인 욕구를 더 불러일으키게 되거든. 당연히 정답의 표지성을 알아차리는 '감' 에 대한 신뢰는 더 낮아지겠지. 이제는 더 꼼꼼하게 근거를 찾으려고 하고, 오답을 더 정확하게 제거하려 하고, 추론을 더 길게, 그리고 많이 하려고 한다는 거야. 정확하게 말하면 '하려고 한다'기보다는 어쩔 수 없이 '그렇게 되는' 거겠지. 바로 그때 그 친구들은 '지옥행 급행열차'에 올라타는 거야. 자기도 모르게 말이지. 그렇게 얼마 정도 풀다가 시계를 보면 5분도 채 안 남았겠지. 아직 두 세트 정도는 손도 못 댔는데 말이야. 그 다음은 어떻게 되겠니?

— 생각하기도 싫어. 하지만 바로 내 이야기인걸.

= 물론 '지옥행 급행열차'를 타는 아이들이 있으니 나타나는 당연한 결과겠지만, 국어 시험에는 재미있는 현상이 있어. 맨 마지막 세트의 경우 3번이나 4번에 대한 선택율이 급등하거든. 그런데 그 3, 4번은 시험 끝나고 다시 보면, 설사 누가 안 고르면 때린다고 해도 고르기 힘든 '너무 뻔한 오답'인 경우가 정말 많아.

— 그럼 찍더라도 3, 4번은 찍지 말라는 거니?

= 어떻게 내 이야기를 그런 식으로 받아들이니? 하지만 그런 게 없지 않아 있긴 해. 출제자들도 아이들이 '막판'에는 3, 4번을 많이 찍는다는 걸 이미 알고 있으니까. 하지만 단정적으로 3, 4번을 찍지 말라고 말하기는 어려워. 그랬다가 틀릴 수도

있을 테니까. 내가 말하려는 건, 시험 보다가 중간 중간에 이런 세트들을 만나 발목이 잡히면, 결국 맨 뒤의 한두 세트는 그냥 찍게 된다는 거야. 세상에, 앞에서 그렇게도 꼼꼼하게 문제를 풀던 아이들이 많으면 10개에 가까운 문제를 제시문도 안 보고, 심지어는 답지도 안 보고 그냥 '찍어대는' 거야. 결국 그럴 거면서 도대체 앞에서 뭐 하려고 그렇게 꼼꼼하게 문제를 푼 거니? '죽 쑤어 개 좋은 일 한다' 는 게 바로 이런 경우지. 정말 애써서 한 일이 국어 잘하는 아이들에게 '바닥 깔아주는' 게 되는 거야. 결과적으로 말이지. 앞에서 만난 어려운 세트가 결국 그해 시험의 '분수령' 이 된다는 말은 이런 의미야. 그 전과 후가 완전히 달라지는 전환점.

─ 그런데. 한 가지 질문이 있어. 대신 욕하지는 마.

= 뭔데?

─ 막판에 찍을 때 있잖아. 네가 아까 제시문 안 보고 정답의 표지성만으로 문제를 풀 수도 있다고 했잖아. 그렇다면 만약 찍더라도 그런 걸 찍어야겠네.

= 네가 그런 쪽으로 관심이 많구나. 맞아. 찍더라도 그런 답지를 찍어야 그나마 한 번호로 내리 찍는 거보다 맞을 확률이 몇 배는 높아져. 그리고 그건 욕먹을 만한 질문은 아니야. 오히려 많은 아이들의 관심사지.

─ 그렇게 말해줘서 고마워.

= 그러니까 정답의 표지성으로 풀 수 있는 문제를 신속하게 풀면 모든 게 다 잘되는 거야. 국어 시험 문제들이란 결국 이렇게 저렇게 다 연결되는 거거든. '시간적'으로나 '심리적' 으로나 말이야. 초중반에 시간을 많이 쓰면 심리적으로 촉박해지거든. 그런 심리는 나머지 문제들을 풀 때 부정적인 영향을 미치겠지. 또 분수령

세트를 만난 후 심리적으로 찜찜해지면, 그 후에는 확인 욕구가 더 강해져서 전보다 더 많은 시간을 소비하게 되고.

— 그럼 어떻게 해야 돼?

= 정답률 90% 이상이나 정답률 70%~80%대 문제에서 시간을 저축해야지. 개미처럼 말이야. 그렇게 저축한 시간을 '분수령 세트'에다 써야 하는 거고.

— 잘하는 아이들은 이런 세트에 발목이 잡히는 경우가 전혀 없니?

= '국어만 잘하는' 아이들은 심리적으로 편안하다보니까 발목이 잘 안 잡히는데, '국어도 잘하는' 아이들은 일부 그럴 수도 있어. 그렇게 되는 아이들은 '분수령 세트' 이후에는 페이스가 크게 흔들릴 가능성이 매우 높지.

— 아직은 정답의 표지성으로 신속하게 문제를 풀지 못하는 아이들이 있을 수 있잖아? 그리고 분수령 세트를 만나서 페이스가 흔들리는 아이들도 있고. 이런 아이들이 훈련을 통해 아주 잘하게 되기 전까지 그나마 할 수 있는 방법은 없는 거니? 물론 수능만 잘 보면 모든 것이 해결되겠지만, 그 전에 보는 모의고사에서도 조금씩 나아지면 좋은 거잖아? 자신감도 생길 테고 말이지. 하다못해 엄마한테 용돈 올려 달라고도 할 수 있고.

= 그렇지. '용돈 인상', 중요하지. *대원칙은 이런 거야. '무조건 시간 안에 45번까지 간다.' 무슨 수를 써서라도 '마지막 문제'까지 손을 댄다는 원칙.* 꼭 그런 건 아니지만, 마지막 세트는 다른 세트에 비해 쉬운 경우가 많거든. 물론 어려울 때는 굉장히 어려운 세트가 배치되기도 해. 말하자면 쉽거나 어렵거나 둘 중 하나라는 거야. 중간 난이도의 문제는 별로 없어. 그런데 쉬운 문제였는데 손도 대지

못했다가 시험 끝나고 나서 다시 보면 정말 속이 쓰리잖아? 제시문을 한 번만 읽었어도 맞혔을 문제가 수두룩하거든. '발' 로도 풀 수 있는 그런 문제를 앞에서 시간 낭비하는 바람에 손도 못 대고 틀린 걸 나중에 알게 되면, 정말 '뼈' 가 아프겠지.

– 맞아. 뼈아픈 일이야. 그런데 시간 안에 45번까지 가려면 어떻게 해야 되는 거야?

= 별 거 없어. 중간에 넘어가는 거야. 특히 분수령 세트를 만났다는 느낌이 들면 더 그래야겠지.

– 넘어간다? 너무 간단한 거 아닌가? 좋아. 그렇다면 '넘어가야 한다' 는 판단은 '언제' '어떻게' 해야 하는 거야?

= 여러 가지로 할 수 있겠지. 제시문을 읽는 도중에 그럴 수도 있고, 제시문을 다 읽은 후 문제를 풀다가 그런 판단을 할 수도 있고. 어휘 문제나 밑줄 친 부분적 사례에 관한 문제 같은 건 제시문과 상관없이 풀리기도 하니까, 그런 문제는 미리 풀어 놓을 수도 있겠지. 그런 건 이렇게 이야기 안 해도 많은 아이들이 이미 그렇게 하고 있는 거 아닌가?

– 맞아. 그런데 제시문을 읽는 도중에 넘어가는 건 그나마 가능할지 몰라도, 제시문을 다 읽고 난 뒤에 다음 세트로 넘어가는 건 힘들지 않을까?

= 맞아. 그때까지 쓴 시간이 아깝겠지. '본전' 생각이 나는 거야. 그리고 넘어간 다음 다시 돌아온다는 보장도 없는 거 같고. 설사 다시 돌아와도 제시문을 새로 읽어야 한다는 부담감 때문에, 시간을 좀 더 쓰더라도 차라리 여기서 해결하고 가자는 생각을 하게 되지.

— 맞아.

= 그런데, 그게 '지옥행 열차' 탑승 절차거든.

— 뭐라고?

= 문제 풀이에 몰두하면 '심리적 시간'과 '물리적 시간' 사이에 불일치 현상이 발생한다는 말이야.

— 심리적 시간과 물리적 시간? 무슨 말이야?

= 시간을 많이 쓴 거 같은데 실제로는 별로 안 썼거나, 거꾸로 시간을 별로 안 쓴 거 같은데 실제로는 엄청난 시간이 흘렀던 경험, 혹시 너는 안 해봤니?

— 자주 해.

= 내 느낌에 흘러간 것 같은 시간이 '심리적 시간'이고, 그동안 실제 시계로 측정한 시간이 '물리적 시간'이야. 국어 시험에서는 이 두 시간이 일치하는 경우보다 일치하지 않는 경우가 훨씬 많아. 특히 본격적으로 문제 풀이에 몰두하게 되면 그 격차는 더 벌어지지.

— 그래?

= 국어 시험에서 시간을 가장 많이 잡아먹는 게 제시문 읽는 거라고 많은 아이들이 생각하거든. 하지만 앞에서도 말한 거 같은데, 제시문 읽는 속도는 잘하는 아이나 못하는 아이나 별 차이가 없어. 이해 수준도 큰 차이가 없고. 사실 국어 시험에

서 시간의 대부분은 정답을 '확인' 하고 '확정' 하는 과정에서 소비되는 거야. 특히 정답의 표지성으로 문제를 풀지 않거나 확인 과정이 유연하지 않은 아이들은, 그렇지 않은 아이들보다 몇 배에서 심지어 몇십 배까지 '물리적 시간' 을 더 쓰게 되지. 하지만 그 아이들 느낌으로는 시간을 별로 안 썼다고 여기겠지. '심리적 시간' 은 어디까지나 그 아이들 편일 테니까.

― 몇십 배? 그건 심한 말 아닌가?

= 아니. 잘하는 아이들이 30초 만에 푸는 문제를 6분이나 7분, 심지어는 10분 넘게 푸는 아이들이 실제로 많아.

― 헐.

= 그러니까 제시문 읽었다고 해서 '본전' 생각하면 안 된다는 거야. 그거야말로 작은 걸 탐내다가 큰 걸 잃어버리는 '소탐대실' 이니까. 설사 제시문 읽고 문제에 조금 손을 댔다 하더라도 '이건 아니다' 싶으면, 다음 세트로 신속하게 이동하는 게 좋아.

― 음.

= 그리고 그럴 때 이동하는 걸 막는 심리, 말하자면 나중에 다시 돌아오면 제시문을 새로 읽어야 한다는 부담감도 실상은 우리가 생각하는 거하고는 달라.

― 어떻게?

= 오히려 나중에 다시 돌아오면 안보이던 단서가 보이게 될 가능성이 높거든. 그

게 제시문의 세부 정보든 정답의 표지성이든 말이지. 제시문과 문제라는 '늪'에 빠져서 허우적거릴 때는 마치 '귀신에 홀린' 것처럼 눈이 멀 수가 있어. 오히려 그때 과감하게 발을 뺀 다음 나중에 다시 돌아와서 보면, '아까는 이걸 왜 못 봤지' 하는 생각이 들면서 문제가 쉽게 해결되는 경우가 의외로 많아.

— 정말이야? 왜 그런 거야?

= 글쎄. 왜 그런지는 나도 과학적으로 설명할 수는 없어. 하지만 내 생각에는, 한 번 읽은 제시문 내용은 어떤 식으로든 머릿속에 흔적을 남기게 되는데 그게 시간이 지나면서 '익는다'고 할까, 숙성된다는 느낌이 있거든. 암기적 지식 같은 것도 외운 직후보다 잠을 자고 난 다음날 더 기억이 잘 난다는 말이 있잖아? 밤에 잠을 자면 뇌의 피로도가 낮아지면서 전날 입력된 정보가 정돈되고 자기 자리를 잡게 된다고 하던데, 진짜 그런지는 나도 잘 모르겠어. 하지만 어려운 문제 풀이에서 빠져 나온 후 다른 문제를 풀다가 그 문제로 다시 돌아가면, 한결 편안해진 느낌이 드는 건 분명한 사실이야. 그게 이거와 관련이 있는지도 모르지. 어쨌든 한번 해보면 신기한 경험을 할 수 있어. 생각지도 못했던 체험.

— 그렇구나. 신기하다.

= 그리고, 이렇게 다시 돌아오는 데는 기대하지 않은 효과도 있어.

— 무슨?

= '리셋'이 된다는 거지.

— 리셋?

= 이건 특히 문제의 요구사항, 그러니까 '발문'이 그래. 예를 하나 들어볼게. 예전에 모의평가에서 '자격루(물시계)'를 설명하는 과학 지문이 나온 적이 있거든.

— 그런데?

= 굉장히 어려웠어. 제시문도, 문제도. 이게 그해의 '분수령 세트'였거든. 그런데 문제 중에 '자격루에 대한 설명으로 적절한 것을 찾으라'는 게 있었어. 그런데 정말로 답이 될 수 있는 게 여러 갠 거야. 제시문을 10번 읽어봐도 말이지. 당혹스러웠겠지. 제시문도 어려운데다가 제시문에 나온 대로 일일이 확인해서 판단해도, 맞는 것 같은 답지가 여러 개였으니까.

— 정말, 황당했겠다.

= 그래서 아예 넘어간 친구들이 있었어. 그리고 나서 끝까지 푼 다음 다시 돌아온 거지. 그런데 다시 돌아와서 보니까 발문에 '자격루'가 아니라 '자격루의 원리'라고 쓰여 있는 게 새삼스럽게 눈에 들어오는 거야. 답지 중에 자격루에 대한 설명은 여러 개였지만 '자격루의 원리', 말하자면 자격루의 기계적인 작동 원리에 대한 설명은 하나 밖에 없었거든.

— 음.

= 문제 풀다 보면 발문을 습관적으로 읽는 오류가 발생하기도 하거든. "자격루를 설명하는 글이네. 그렇다면 자격루에 대한 설명으로 적절한 것을 찾으라는 문제구나." 이렇게 지레 짐작하는 태도 말이야. 다시 돌아오면 그런 부분이 '리셋'되는 경우가 간혹 있거든.

― 신기하다.

= 국어에는 신기한 일이 많아.

― 정답률 60%대 문제에는 '월리를 찾아라' 유형 말고 또 어떤 문제가 있니?

= 두 번째 유형은 제시문은 어렵지 않은데 오답의 간섭성이 매우 높은 경우와 제시문도 어렵고 오답의 간섭성도 높은 경우겠지. 앞의 경우에는 시간의 문제가 발생할 수도 있고, 발생하지 않을 수도 있어. 어떤 아이들은 오히려 확신을 가지고 신속하게 '오답을 고르는' 경우도 있으니까 말이지. 앞에서 말한 '수험생의 익숙함을 역이용하는 것', '정답이 오답을 흉내 내는 것', 그리고 '말 바꾸기가 심하게 일어나는 것' 이 여기에 해당돼. 후자의 경우, 그러니까 제시문도 어렵고 오답의 간섭성도 높은 경우는 말 그대로 어려운 문제지. 하마터면 정답률 50% 이하가 될 뻔한 문제들이 이런 거야.

― 음.

= 하지만 이런 문제는 '월리를 찾아라' 처럼 아예 정답의 표지성이 안 보이는 경우는 아니야. 답지를 보는 도중에 희미하게라도 정답의 표지성이 발견된다는 말이지. 하지만 제시문이 어려울 경우 아이들은 제시문의 '위엄' 에 눌려 심리적으로 위축되는 경우가 많아. 이렇게 한번 주눅이 들면 처음에 감지된 표지성대로 정답을 확정하기가 당연히 두려워지거든. 그래서 결국 꼼꼼한 확인과 긴 추론의 유혹에 빠지게 되는 거야. 하지만 그 결과는 대부분 안 좋아. 이런 경우에도 내가 줄곧 이야기한 것처럼, 처음에 발견된 표지성으로 문제를 해결하는 게, 꼼꼼한 확인과 긴 추론을 통해 문제를 해결하는 거보다 정답을 맞힐 확률이 압도적으로 높아.

- 그렇구나.

= 정답률 60%대 문제는 최근 3년 동안의 수능 전체에서 뽑아도 10개 내외거든. 이건 한번 문제별로 자세하게 설명해줄게. 이 정도 정답률에서는 정답의 표지성이 어떻게 드러나는지, 그리고 오답이 어떻게 매력을 갖게 되는지도 구체적으로 살펴보는 게 좋을 거 같아. 정답률 60%대 문제는 상위 등급에 '진입'하거나 상위 등급을 안정적으로 '유지'하려면 반드시 맞혀야 하는 것이니까, 집중해서 들으렴.

- 문제별로 자세히 설명해준다구? 그래? 그럼 나야 정말 고맙지.

= 2011학년도 수능부터 보자. 먼저 쓰기(작문) 문제야. 10번 문제. 쓰기에서는 웬만하면 정답률 60%대 문제가 출제되지 않는데, 이 문제는 65%의 정답률을 기록했어.

- 어떤 문제니?

= 〈보기〉에서 조건을 주고, 그것을 충족시키는 표어를 찾으라는 문제.

- 아, 그런 문제. 그건 별로 어렵지 않은 건데,

= 맞아. 그런데 그게 꼭 그렇지는 않았던 거지. 23%의 선택률을 보인 매력적 오답이 있어서 그랬던 거야. 〈보기〉는 '△폐휴대전화의 양면성을 대구의 형식으로 표현할 것 △활유의 방식으로 표현하여 호소력을 높일 것'이었어. 홀수형으로 1번과 5번 답지가 경쟁을 벌였는데, 한번 풀어보렴.

① 자원 활용은 두 배로, 환경 오염은 반으로.

우리에게 맡기세요, 폐휴대전화. 지구가 아프지 않게.

⑤ 버리면 해로운 쓰레기가 되지만, 모으면 소중한 자원이 되지요.

폐휴대전화 수거에 동참하세요, 살기 좋은 세상을 만들 수 있게.

— 조금 헷갈리는데.

= 맞아. 〈보기〉의 조건은 단순한 '대구'와 '활유'뿐인데, 예상외로 정답률이 매우 낮았지. 왜 헷갈리니?

— '대구'로 하면 5번이 더 나은 거 같은데 '활유'가 없는 거 같고, 1번은 "지구가 아프지 않게"에서 '활유'는 분명하게 확인되는데 '대구'가 약한 거 같고. 하여튼 그래.

= '대구'가 약하다? 맞아. 많은 아이들이 대구라는 조건을 1행과 2행의 관계에 적용시켰어. 또 일부 아이들은 1행도 앞부분과 뒷부분이 대구, 2행도 앞부분과 뒷부분이 대구가 돼야 하는 것으로까지 생각했고. 하지만 사실 〈보기〉는 1행은 대구, 2행은 활유라는 거거든. 이렇게 생각하면 당연히 1번이 정답이지. 그런데 이 부분이 분명하게 제시되지 않았던 거야. 출제자들도 아마 이 문제가 65%의 정답률이 나올 거라고는 예상하지 못했을 걸.

— 음.

= 1행과 2행이 서로 대구여야 한다는 식으로 접근하면, 1번보다 5번이 더 그럴 듯해 보이거든. 물론 엄밀하게 말하면 5번도 1행과 2행이 대구라고는 볼 수 없지. 하지만 실제로 문제 푸는 상황에서는 적지 않은 아이들이 5번이 상대적으로 낫다는 판단을 했던 것 같아. 게다가 '해로운'이나 '소중한' 같은 표현이 '활유'라는 조건

을 충족시킨다고 억지로 생각했겠지. 추론이 길어지면서 억지가 발생한 거야. 해롭다거나 소중하다는 말은 활유가 절대 아닌데도 말이지.

ㅡ 조금 황당하다.

= 답이 되는 조건이 분명하게 제시되지 않았다는 점에서 애초부터 설계가 잘못된 문항이야. 출제자는 답이 되는 조건을 '1행은 대구', '2행은 활유' 라는 식으로 말한 건데, 아이들은 그 두 가지 조건을 '뒤죽박죽' 으로 적용한 거지. 하지만 그 전에 출제된 표어 만드는 문제는, 제시된 조건을 뒤죽박죽으로 적용해도 답이 하나밖에 없었거든. 그러니까 아이들 탓만 할 수 없는 문제지. 물론 잘못 낸 문제지만, 이런 일이 절대 재발하지 않을 거라는 보장도 없거든. 그런 점에서 기억해둘 필요는 있는 문제야.

ㅡ 그거 참. 또 무슨 문제가 있었니?

= 25번 문제, 기술 지문이었어. 정답률은 65%였어. 중간에 〈표〉도 있고 해서 제시문을 다 옮기기는 그러니까 요약해서 말해줄게.

ㅡ 문제를 풀려면 제시문을 전부 다 그대로 봐야 하는 거 아니니? 요약했다는 거 자체가 문제 해결을 쉽게 만들 거 같은데.

= 그럴 수도 있지. 하지만 내가 하고 싶은 이야기를 하는 데는 그걸로도 충분해.

ㅡ 그래? 그렇다면 할 수 없지. 어떤 내용인데?

= 컴퓨터 소프트웨어를 개발할 때 자료관리 구조로 사용되는 '배열' 과 '연결 리

스트'를 설명하는 글이야. 이런 내용이었어. "'배열'은 자료의 논리적 순서와 저장 순서가 일치하기 때문에 자료의 논리적 순서를 알면 읽기와 쓰기가 간단하다. 하지만 자료를 삽입하거나 삭제할 때 자료의 재정렬 시간이 늘어나는 단점이 있다. 반면에 '연결 리스트'는 저장될 자료와 다음에 올 자료의 포인터를 한 저장소에 함께 저장하기 때문에 자료의 삽입과 삭제가 간단하다. 하지만 자료의 논리적 순서에 따라 접근 시간에 차이가 발생하는 단점이 있다."

— 뭔 소리니?

= 어차피 제시문 전체를 봐도 내가 지금 한 이야기 이상으로 제시문을 이해하지는 못해. 너를 무시해서 이런 말을 하는 게 아니라, 대부분의 아이들이 그랬다는 거야.

— 음.

= 문제의 요구사항은 "윗글을 통해 알 수 있는 사실로 옳지 않은 것은?"이야. 부정 발문. 3번 답지가 "배열에서는 자료의 논리적 순서에 따라 자료접근 시간이 달라진다"였거든. 네가 볼 때 적절한 거 같니? 적절하지 않은 거 같니?

— 적절하지 않은 거 같은데.

= 왜?

— 논리적 순서에 따라 접근 시간에 차이가 있다는 건 '배열'이 아니라, '연결 리스트'를 설명할 때 나오는 말이잖아? 정확하게는 모르겠지만 말이지. 아, 그러고 보니 '답지 표현 간에 부조화'가 있는 거네.

= 어떻게?

— '배열'을 설명하면서 엉뚱하게 '연결 리스트'의 단점을 갖다 붙인 거잖아? 답지에서 '배열'이라는 표현과 '자료접근 시간에 차이가 있다'는 표현은 서로 어울리지 않는 거잖아? 맞았니?

= 맞았어.

— 이 문제의 정답률이 65%였다구? 그 정도는 아닌 거 같은데. 물론 네가 제시문 전체를 말해 주지 않아서 실제로 어땠을지는 모르겠지만 말이야. 하지만 실제로 시험 볼 때 설사 제시문 내용이 잘 이해가 안 됐다 하더라도, 이 정도 판단은 할 수 있을 거 같은데.

= 맞아. '배열에서는 자료의 논리적 순서에 따라 자료접근 시간이 달라진다'는 답지를 보면서 '어라, 자료접근 시간이 달라진다는 건 연결 리스트를 설명하는 부분에서 나온 건데, 그게 왜 배열에 대한 설명으로 나오지?' 하는 생각은 누구나 금방 하게 돼. 제시문으로 다시 돌아가서 확인하지 않아도, 답지를 훑어보는 도중에 이 답지가 바로 눈에 들어온다는 거지. 그건 아마도 답지 표현 간의 부조화라는, 정답의 표지성이 감지돼서 그런 걸 거야.

— 그런데, 왜 정답률이 그렇게 낮았던 거야?

= 13%가 선택한 4번 답지 때문이었지.

— 어떤 내용이었는데?

= '연결 리스트는 저장되는 자료의 개수가 자주 변할 때 편리하다.' 네가 보기에는 어떠니?

─ 글쎄, 이건 제시문을 한번 제대로 봐야 할 거 같은데. 네가 한 이야기만으로는 잘 모르겠어.

= 아니야. 내가 한 이야기만으로도 판단이 가능해.

─ "자료의 개수가 자주 변할 때 편리하다"는 말은 안 했잖아?

= 아니. 했어.

─ 잠깐만. 아, "자료의 삽입과 삭제가 간단하다"!

= 그래. '연결 리스트의 경우 전체 자료의 개수가 자주 변할 때 편리하다'는 답지 표현과 '연결리스트는 자료의 삽입과 삭제가 간단하다'는 제시문 표현은 결국 똑같은 의미거든. 자료를 삽입하거나 삭제하면 당연히 전체 자료의 개수가 변하는 거니까 말이지.

─ 제시문의 표현을 답지에서 변형시켰구나. '말 바꾸기'.

= 이런 경우 어떻게 하라고 했니?

─ 부정발문에서는 '말 바꾸기'보다 '답지 표현 간의 부조화'를 더 중요한 정답의 표지성으로 인정하라고 했지. 아, 이 경우가 그런 거구나.

= 그렇지. 사실 3번 답지를 좀 더 희미하게 처리했다면 정답률은 더 떨어졌을 거야. 결국 4번 답지를 더 많이 선택했겠지. 제시문에 근거가 없다면서 말이야. '말 바꾸기'에 절대 넘어가지 않을 자신도 없으면서 "모든 근거는 제시문에 명시적으로 존재한다"는 '신화'를 무조건 따르면, 결국 오답을 고르게 되는 거야. "표현만 바뀐 걸 왜 알아차리지 못하느냐"고 아이들을 일방적으로 질책할 수만은 없잖아? 제시문에 사용된 표현을 답지에서 묘하게 바꾸면, 실제 시험 상황에서는 사실상 그걸 감지하기가 어려울 때가 많거든. 아마 이 문제를 맞힌 아이들도 표현이 바뀌었다는 걸 확실하게 눈치 챈 다음 3번을 고른 경우는 거의 없었을 거야. 찜찜하지만 '배열'과 '논리적 순서에 따라 자료접근 시간이 달라진다'는 두 표현이 갖는 부조화를 가지고 정답을 확정했을 가능성이 높아. 또 그게 실제 시험 상황에서 수험생이 도달할 수 있는 가장 높은 수준의 대응 방식이었을 테고. 이 문제를 통해 우리가 배워야 할 것이 있어. 우리가 길러야 할 것은 독해 능력보다 '답지 표현 간의 부조화'라는 다소 분명한 정답의 표지성에 주목해서, 나머지 답지들을 의도적으로 무시할 수 있는 '용기'라는 게 그거야.

— 음, '용기'라.

= 자. 이제는 2012학년도 수능이야.

— 2011학년도 수능은 정답률 60%대 문제가 이거뿐이니?

= 아니야. 몇 문제가 더 있는데, 그건 정답률 50%대 이하 문제를 다룰 때 같이 이야기하는 게 좋을 거 같아. 한 세트에 정답률 50%대 이하와 60%대가 섞여 있는 경우거든.

— 아, '분수령 세트'!

= 그렇지. 다음은 2012학년도 수능 기술 지문이야. 22번 문제. 이건 제시문 전체를 봐야 풀 수 있는 문제니까, 한번 그대로 옮겨볼게. 좀 길지만 읽어보렴.

이어폰으로 스테레오 음악을 들으면 두 귀에 약간 차이가 나는 소리가 들어와서 자기 앞에 공연장이 펼쳐진 것 같은 공간감을 느낄 수 있다. 이러한 효과는 어떤 원리가 적용되어 나타난 것일까?

　사람의 귀는 주파수 분포를 감지하여 음원의 종류를 알아내지만, 음원의 위치를 알아낼 수 있는 직접적인 정보는 감지하지 못한다. 하지만 사람의 청각체계는 두 귀 사이, 그리고 각 귀와 머리 측면 사이의 상호작용에 의한 단서들을 이용하여 음원의 위치를 알아낼 수 있다. 음원의 위치는 소리가 오는 수평, 수직 방향과 음원까지의 거리를 이용하여 지각하는데, 그 정확도는 음원의 위치와 종류에 따라 다르며 개인차도 크다. 음원까지의 거리는 목소리 같은 익숙한 소리의 크기와 거리의 상관관계를 이용하여 추정한다.

　음원이 청자의 정면 정중앙에 있다면 음원에서 두 귀까지의 거리가 같으므로 소리가 두 귀에 도착하는 시간 차이는 없다. 반면 음원이 청자의 오른쪽으로 치우치면 소리는 오른쪽 귀에 먼저 도착하므로 두 귀 사이에 도착하는 시간 차이가 생긴다. 이때 치우친 정도가 클수록 시간 차이도 커진다. 도착 순서와 시간 차이는 음원의 수평 방향을 알아내는 중요한 단서가 된다.

　음원이 청자의 오른쪽 귀 높이에 있다면 머리 때문에 왼쪽 귀에는 소리가 작게 들린다. 이러한 현상을 '소리그늘'이라고 하는데, 주로 고주파 대역에서 일어난다. 고주파의 경우 소리가 진행하다가 머리에 막혀 왼쪽 귀에 잘 도달하지 않는 데 비해, 저주파의 경우 머리를 넘어 왼쪽 귀까지 잘 도달하기 때문이다. 소리그늘 효과는 주파수가 1,000Hz 이상인 고음에서는 잘 나타나지만, 그 이하의 저음에서는 거의 나타나지 않는다. 이 현상은 고주파 음원의 수평 방향을 알아내는 데 특히 중요한 단서가 된다.

　한편, 소리는 귓구멍에 도달하기 전에 머리 측면과 귓바퀴의 굴곡의 상호작용에 의해 여러 방향으로 반사되고, 반사된 소리들은 서로 간섭을 일으킨다. 같은 소리라도 소리가 귀에 도달하는 방향에 따라 상호작용의 효과가 달라지는데, 수평 방향뿐만 아니라 수직 방향의 차이도 영향을 준다. 이러한 상호작용에 의해 주파수 분포의 변형이 생기는데, 이는 간섭에 의해 어떤 주파수의 소리는 작아지고 어떤 주파수의 소리는 커지기 때문이다. 이 또한 음원의 방향을 알아낼 수 있는 중요한 단서가 된다.

— 어려운데.

= 이 문제는 정답률이 66%야. 문제를 그대로 옮길 테니까 한번 풀어봐. 내가 전에 말한 대로 다섯 개 답지를 일일이 순서대로 확인하지 말고, 답지 전체를 연속적으로 훑어보렴. 중간에 끊지 말고 내리 읽어야 해.

— 그래.

= 사람의 청각체계에 대한 설명으로 옳은 것은?

① 두 귀에 소리가 도달하는 순서와 시간 차이를 감지했다면 생소한 소리라도 음원까지의 거리를 알아낼 수 있다.
② 이어폰을 통해 두 귀에 크기와 주파수 분포가 같은 소리를 동시에 들려주면 수평 방향의 공간감이 느껴진다.
③ 소리가 울리는 실내라면 소리가 귀까지 도달하는 시간이 다양해져서 음원의 방향을 더 잘 찾아낼 수 있다.
④ 귓바퀴의 굴곡을 없애도록 만드는 보형물을 두 귀에 붙이면 음원의 수평 방향을 지각할 수 없다.
⑤ 소리의 주파수에 따라 음원의 수평 방향 지각에서 소리그늘을 활용하는 정도가 달라진다.

자. 답지 전체를 연속적으로 훑어봤니? 어때? 정답의 표지성이 느껴지니?

— 5번이 그나마 눈에 들어오는데.

= 왜?

— '확실히 맞다'는 느낌은 아니야. '무난하다'거나 '특별히 문제될 부분은 없다'는 정도. 그리고 '답지에서 사용된 표현 간의 부조화가 다른 답지보다 낫다' 정도의 느낌이야.

= 그래? 그럼 어떻게 할 거니?

— 뭘?

= 확인 과정을 생략하고 그대로 5번 답지를 정답으로 확정할 거니? 아니면 5번 답지만 제시문에서 확인할 거니? 아니면 순서대로 나머지 답지까지 일일이 확인할 거니?

— 글쎄. 그대로 가는 건 조금 불안하고, 5번 답지만 확인하면 될 거 같은데.

= 그래? 그럼 확인해봐

— 음. 네 번째 문단에 "소리그늘은 고주파 대역에서 발생한다"는 말이 있는데. 이걸로 가면 되는 거야?

= 그래.

— 그런데 답지는 "주파수에 따라 소리그늘을 활용하는 정도가 달라진다"로 돼 있잖

아? "소리그늘을 활용한다"는 말이 언뜻 이해가 안 되는데.

= 그래? 그래서 답으로 고르기가 어렵다는 거니?

— 다른 답지들은 다 내용이 복잡해서 일일이 확인하려면 정말 힘들 거 같아. 시간도 많이 쓸 거 같고. 어쩌지?

= 그럼, 5번을 그냥 정답으로 확정하면 안 되겠니?

— 틀리면 어떻게 해?

= 맞았어.

— 와.

= 이 문제는 답지를 훑어보는 도중에 정답의 표지성이 발견돼. 그런데 제시문 내용이 생소하고 복잡해서 '확실히 맞다'는 느낌은 잘 안 들어. 네가 말한 대로 '무난하다'거나 '답지에서 사용된 표현 간의 부조화가 다른 답지보다 낮다' 정도의 느낌이야. 그래서 그대로 확정하기가 불안하면 그 답지 내용만 제시문에서 확인하면 되겠지. 문제는 정답지의 표현이 다소 낯설어서 제시문을 봐도 납득할 수 있는 수준으로 확인이 안 되는 느낌이 든다는 데 있지. '소리그늘을 활용한다'는 표현 말이야. 간단하게 생각하면 주파수에 따라 소리그늘이 생기기도 하고 안 생기기도 한다는 말인데, 표현을 이상하게 해놨어. 물론 일부러 그랬겠지. 만약 '주파수에 따라 소리그늘 발생 정도가 달라진다'고 돼있었다면, 아마도 정답률이 90%까지도 갈 수 있는 문제였거든. 아무리 제시문이 생소하고 어려웠어도 말이지.

— 아.

= 그리고 일부 답지들은 답지 자체의 매력도보다는 답지 내용이 번거로워서 오히려 선택을 하게 된 경우야. 실제 제시문에서 확인하려고 해도 시간만 크게 소비하게 될 뿐, 그에 비례해서 판단이 분명해지지는 않았거든.

— 그래?

= 그래. 2번 답지를 선택한 아이들이 11%, 4번 답지를 선택한 아이들이 10%였거든. 2번 답지에서 수평 방향의 공간감은, 소리가 두 귀에 도착하는 시간의 차이가 있어야 돼. '수평 방향의 공간감'이라는 말과 '동시에 들려주면'이라는 두 표현 사이에 부조화가 있는 거지. 또 4번 답지에서, 수평 방향을 감지하는 것과 귓바퀴의 굴곡이 있고 없고는 아무런 관련이 없는 거거든. 수평 방향을 감지하는 건 여전히 소리가 두 귀에 도착하는 시간 차이의 문제일 뿐이니까. '귓바퀴의 굴곡'과 '수평 방향의 지각'이라는 두 표현 사이의 '부조화'나 '연관 없음'을 감각적으로 알아차리는 게 중요했겠지. 문제는 실제 시험장에서 많은 아이들은 '수평 방향'이나 '수직 방향'의 의미를 파악하는 거조차 쉽지 않았다는 거야. 특히 귓바퀴 굴곡을 설명하는 마지막 문단의 내용과 구조가 많이 복잡해서, 앞에서 말한 정도의 사고조차 하기가 어려웠을 가능성이 높고. 시간을 충분히 가지고 확인하고 추론한다면 조금 편해지겠지만, 그게 실제 시험장에서 말처럼 쉬운 일이겠니?

— 음.

= 앞에서 '국어를 못하는' 아이들이 가진 큰 착각이 뭔지 말했지? '국어를 잘하는' 아이들이 자기들보다 제시문을 빠르고 정확하게 읽는데다가, 앞에서 말한 정도의 사고를 쉽게 하기 때문에 결국 정답을 고른다고 생각하는 거. 단언컨대 그건

사실이 아니야. 극소수, 말 그대로 극소수를 제외하고는 누구도 그렇게 하지 못해. 정답을 고른 아이들한테 "이 문제 어떻게 맞혔냐?"고 물어보면 뭐라고 하는지 아니? 대부분이 "'소리그늘은 높은 주파수에서 나타난다'는 제시문 내용으로, '주파수의 높고 낮음에 따라 소리그늘이 생기기도 하고 안 생기기도 한다' 정도의 판단을 했다"고 말하거든. 그리고 "그런 판단과 5번 답지의 연관성에 주목해서 부족하지만 정답을 확정했다"고 솔직하게 고백하고 말이야. 이 문제를 맞힌 아이들 중에는 "아예 다른 답지는 확인도 하지 않았다", 심지어는 "다른 답지가 무슨 말인지조차 몰랐다"고 말하는 아이도 있어. '국어를 잘하는' 아이들이 시험장에서 실제로 하는 대응 방식은, '국어 못하는' 아이들이 막연하게 생각하는 거하고는 이렇게 많이 달라. 그리고 그게 국어의 '불편한 진실'이야.

─ 음.

= 자, 이번 문제도 같은 제시문에 딸린 문제야. 앞에서 "단정적이거나 과도한 표현은 적절하지 않다는 표지성"이라는 이야기를 하면서 제시문 없이 풀었던 문제. 그때는 네가 엄청 쉽다고 했었지. 이제는 제시문을 봤으니 그런 말은 안 나올 걸.

─ 어떤 문제?

= 위 글의 내용과 일치하지 않는 것은?

① 사람의 귀는 소리의 주파수 분포를 감지하는 감각기관이다.
② 청각체계는 여러 단서를 이용해서 음원의 위치를 지각한다.
③ 위치 감지의 정확도는 소리가 오는 방향에 관계없이 일정하다.
④ 소리그늘 현상은 머리가 장애물로 작용하기 때문에 일어난다.
⑤ 반사된 소리의 간섭은 소리의 주파수 분포에 변화를 일으킨다.

— 아, 이 문제. 3번 답지의 '관계없이' 가 적절하지 않다는 표지성이지? 단정적이고 과도한 표현이라서 말이야. 다시 보니까 왠지 반가운데.

= 넌 그때 '관계없이' 만 보고 이 문제가 쉽다고 했지만, 만약 나머지 답지들을 제시문에서 확인하기로 마음먹으면, 이 문제도 그렇게 간단하지 않아.

— 제시문을 보니 정말 그렇다. 그거 참.

= 그래. 적절하지 않은 걸 찾아야 하는 부정발문에서 어떤 답지가 주는 '단정적이고 과도하다' 는 느낌은 매우 강력한 정답의 표지성이라는 건 다시 한 번 확실하게 기억해둘 필요가 있어. 제시문 확인에 앞서 그런 느낌을 주는 답지가 한 개뿐이라면 더 그렇겠지. 문제는 "이렇게 쉽게 가도 정말 괜찮을까" 하는 의구심과 그러한 감정 상태가 만들어내는, 나머지 답지에 대한 확인 욕구를 어떻게 처리하느냐겠지. 이런 경우 '국어를 잘하는' 아이들은 이렇게 쉽게 가도 아무 문제가 없다는 걸 이미 잘 알고 있고, 실제 상황에서도 편안한 심리 상태로 곧바로 정답을 확정한다는 거지. 군이 확인을 하더라도 해당 답지만 확인하고 말아. 이 정도의 단정적 느낌에도 불구하고 나머지 답지까지 세밀하게 확인하는 행위는, 분명히 말하지만 시간 낭비야. 만일 그런 태도가 습관으로까지 군어지게 되면 여러 가지로 심각한 결과가 생길 수 있다는 거, 꼭 기억하렴. 어쨌든 이 문제는 앞에서 풀었으니까 그냥 넘어가자.

— 그래.

= 자, 그럼 다음 문제. 경제 지문이었는데, 정답률은 64%였어. 30번 문제. 제시문을 다 안 봐도 되는 문제니까, 필요한 부분만 말해줄게.

— 그래.

= 발문은 "㉠의 사례를 [A]처럼 설명할 때 〈보기〉의 ㉮~㉰에 들어갈 말로 옳은 것은?"이야. ㉠의 사례는 "공장의 제품 생산이 강물을 오염시켜 주민들에게 피해를 주는 것"이고, [A]는 "과수원의 이윤을 극대화하는 생산량이 Qa라고 할 때 생산량을 Qa보다 늘리면 과수원의 이윤은 줄어든다. 하지만 이로 인한 과수원의 이윤 감소보다는 양봉업자의 이윤 증가가 더 크다면 생산량을 Qa보다 늘리는 것이 사회적으로 바람직하다", 이거야.

— 〈보기〉는?

= "공장의 이윤을 극대화하는 생산량이 Qb라고 할 때 생산량을 Qb보다 (㉮) 공장의 이윤은 줄어든다. 하지만 이로 인한 공장의 이윤 감소보다 주민들의 피해 감소가 더 (㉯) 생산량을 Qb보다 (㉰) 것이 사회적으로 바람직하다."

— 알았어.

= 자, 이젠 답지를 줄 테니까, 한번 풀어봐.

	㉮	㉯	㉰
①	줄이면	크다면	줄이는
②	줄이면	크다면	늘리는
③	줄이면	작다면	줄이는
④	늘리면	작다면	줄이는
⑤	늘리면	작다면	늘리는

— 음. 문제가 묘하네. 일단 ㉮와 ㉰에 들어가는 표현은 같아야 할 거 같아. 1, 3, 5 번 중에 답이 있을 거 같은데.

= 맞아. 셋 중에 64%짜리 정답도 있고, 17%, 9%짜리 오답도 있어. 나름 매력적인.

— 그런데 '주민들의 피해 감소'라는 표현이 좀 이상해. 그냥 '주민들의 피해'라고 하면 더 좋았을 텐데 말이지. 피해가 크다거나 피해가 작다는 말은 자주 접해도, 피해 감소가 크다거나 피해 감소가 작다는 말은 일상적으로 쓰는 표현이 아니잖아? '말장난' 같기도 하고.

= 맞아. '주민들의 피해 감소'라는 표현이 관건이야. '피해 감소가 크다'는 이야기는 쉽게 말해서 '좋다'는 말이고, '피해 감소가 작다'는 말은 '좋지 않다'는 말이지. 〈보기〉의 마지막 말, '바람직하다'를 감안할 때 ㉲에 들어갈 말은 '크다면'이고, ㉮와 ㉯에는 줄이든 늘리든 똑같은 말이 들어가야 논리적으로 맞는 거지. 이런 식이야. 기업이 X하면 이윤은 줄어들지만, 그로 인해 주민에게 O가 된다면 기업은 X하는 것이 바람직하다.

— 음.

= 아마 '주민들의 피해 감소'라는 표현을 그냥 '주민들의 피해'라고 했더라면 정답률이 엄청 올라갔을 거야. 이 문제는 제시문에 대한 이해보다 〈보기〉의 특정 표현에 민감하게 반응했는가가, 정오답을 가르는 결정적 요인으로 작용했어. 사실 '피해 감소가 크다'는 말은 보통은 쓰지 않는, 어떻게 보면 '기이한' 표현이거든. 만약 이렇게 '피해 감소의 증가'라는 말이 가능하다면 '피해 감소의 감소', '피해 증가의 감소', '피해 증가의 증가' 같은 '괴상한' 표현도 다 가능해지는 거잖아? 물론 이렇게까지 하면 출제자들이 욕을 엄청 얻어먹게 되겠지만 말이야.

— 맞아.

= '피해 감소가 크다'는 '괴상한' 표현을 놓고 "말장난에 불과하다"거나 "너무 얍삽하다", 심하게는 "비열하다"는 비난을 할 수도 있고, 또 그런 비난은 어느 정도 타당해. 하지만 '언어는 말장난'인 측면도 있다는 생각을 새삼 해볼 필요가 있어. 그래야 가끔 출제되는 이런 문제 때문에 '분통'을 터트리지 않게 되겠지.

— 평소에 전혀 생각하지도 못한 부분 때문에 정답률이 낮게 나오는 경우가 있구나. 이런 문제는 제시문을 아무리 완벽하게 이해해도 자칫하면 틀리겠는데.

= 맞아. 사실 상위 그룹에서 어떤 문제를 맞고 틀려서 등급이 바뀐다면, 바로 이런 문제 때문에 그런 경우가 많거든. 하지만 기존의 교재나 강의는 "제시문만 꼼꼼히 확인하면 된다"면서 뜬금없는 이야기를 하는 경우가 많지. 아이들이 어처구니없게 빠지는 이런 황당한 '함정'은 정작 거들떠보지도 않으면서 말이지.

— 그거 참, 평소에는 생각지도 못했던 이유 때문에 틀리는 경우도 많구나. 또 무슨 문제가 있니?

= 과학 지문이야. 49번 문제. 정답률은 68%였어. 먼저 제시문을 읽어보렴.

양자역학의 불확정성 원리는 우리가 물체를 '본다'는 것의 의미를 재고하게 한다. 책을 보기 위해서는 책에서 반사된 빛이 우리 눈에 도달해야 한다. 다시 말해, 무엇을 본다는 것은 대상에서 방출되거나 튕겨 나오는 광양자를 지각하는 것이다.

광양자는 대상에 부딪쳐 튕겨 나올 때 대상에 충격을 주게 되는데, 우리는 왜 글을 읽고 있는 동안 책이 움직이는 것을 볼 수 없을까? 그것은 빛이 가하는 충격이 책에 의미 있는 운동을 일으키기에는 턱없이 작기 때문이다. 날아가는 야구공에 플래시를 터뜨려도 야구공의 운동에 아무 변화가 없어 보이는 것도 마찬가지이다. 책이나 야구공에 광양자가 충돌할 때에도 교란이 생기지만 그 효과는 무시할 만하다.

어떤 대상의 물리량을 측정하려면 되도록 그 대상을 교란하지 않아야 한다. 측정오차를 줄이기 위해 과학자들은 주의 깊게 실험을 설계하고 더 나은 기술을 사용함으로써 이러한 교란을 줄여나갔다. 그들은 원칙적으로 측정의 정밀도를 높이는 데 한계가 없다고 생각했다. 그러나 물리학자들은 소립자의 세계를 다루면서 이러한 생각이 잘못임을 깨달았다.

'전자를 보는 것'은 '책을 보는 것'과 큰 차이가 있다. 우리가 어떤 입자의 운동 상태를 알려면 운동량과 위치를 알아야 한다. 여기에서 운동량은 물체의 질량과 속도의 곱으로 정의되는 양이다. 특정한 시점에 특정한 전자의 운동량과 위치를 알려면 되도록 전자에 교란을 적게 일으키면서 동시에 두 가지 물리량을 측정해야 한다.

이상적 상황에서 전자를 '보기' 위해 빛을 쏘아 전자와 충돌시킨 후 튕겨 나오는 광양자를 관측한다고 해보자. 운동량이 작은 광양자를 충돌시키면 전자의 운동량을 적게 교란시켜 운동량을 상당히 정확하게 측정할 수 있다. 그러나 운동량이 작은 광양자로 이루어진 빛은 파장이 길기 때문에 관측 순간의 전자의 위치, 즉 광양자와 전자의 충돌 위치의 측정은 부정확해진다. 전자의 위치를 더 정확하게 측정하기 위해서는 파장이 짧은 빛을 써야 한다. 그런데 파장이 짧은 빛, 곧 광양자의 운동량이 큰 빛을 쓰면 광양자와 충돌한 전자의 속도가 큰 폭으로 변하게 되어 운동량 측정의 부정확성이 오히려 커지게 된다. 이처럼 관측자가 알아낼 수 있는 전자의 운동량의 불확실성과 위치의 불확실성은 반비례 관계에 있으므로 이 둘을 동시에 줄일 수 없음이 드러난다. 이것이 불확정성 원리이다.

— 이것도 제시문으로 다시 돌아가지 않은 상태에서 답지를 연속적으로 훑어봐야 하는 거니?

= 원래 이 문제는 제시문에 딸린 문제 4개 가운데 3번째로 나온 문제였거든. 제시문의 내용이 생소하고 까다로워서, 앞의 두 문제를 푸는 동안 머릿속 흔적이 희미해졌을 가능성이 높아. 하지만 우리는 이 문제만 푸는 거니까, 어쨌든 한번 훑어보렴. 자, 그럼 문제를 그대로 옮겨볼게.

윗글을 바탕으로 〈보기〉에 대해 탐구한 내용으로 옳지 않은 것은?

〈보기〉

일정한 전압에 의해 가속된 전자 빔이 x축 방향으로 진행할 때, 전자 빔에 일정한 파장의 빛을 쏘아서 측정한 전자의 운동량은 ⓐ$1.87×10^{-24}$ kg · m/s였다. 그 측정오차 범위는 ⓑ$9.35×10^{-27}$ kg · m/s보다 줄일 수 없었는데, 불확정성 원리에 따라 계산해보니 이때 전자의 x축 방향의 위치는 ⓒ$5.64×10^{-9}$m의 측정오차 범위보다 정밀하게 확정할 수 없었다.

① 빛이 교란을 일으킨 전자의 운동량이 ⓐ이겠군.

② 전자의 질량을 알면 ⓐ로부터 전자의 속도를 구할 수 있겠군.

③ 같은 파장의 빛을 사용하더라도 실험의 정밀도에 따라 전자 운동량의 측정오차는 ⓑ보다 커질 수 있겠군.

④ 광양자의 운동량이 더 큰 빛을 사용하면 전자 운동량의 측정오차 범위는 ⓑ보다 커지겠군.

⑤ 더 긴 파장의 빛을 사용하면 전자 위치의 측정오차 범위를 ⓒ보다 줄일 수 있겠군.

자, 어떠니?

— 어려운데.

= '팁'을 하나 줄게. 숫자에 너무 신경 쓰지 말고, 숫자 바로 앞에 있는 표현에 주목하면서 풀면 조금 편해져. ⓐ는 전자의 운동량, ⓑ는 전자 운동량 측정의 오차범위, ⓒ는 전자 위치 측정의 오차범위, 이런 식으로 말이지. 물론 답지에도 그 표현이 다시 나오기는 하지만 말이지. 국어 시험에서 숫자는 그렇게 중요하지 않아.

— 5번 같은데.

= 왜?

— '긴 파장의 빛' 이라는 표현하고 '위치 측정오차 범위가 줄어든다' 는 표현 사이에 '부조화' 가 느껴져. '위치 측정오차 범위가 줄어든다' 는 말은 '측정이 정확하다' 는 말이잖아? 긴 파장의 빛은 '위치' 가 아니라 '운동량' 을 정확히 측정하는 거 아닌가?

= 그래? 그럼 어떻게 할 거니? 그대로 확정할 거니? 아니면 5번 답지만 제시문에서 확인할 거니? 아니면 답지 전부를 순서대로 일일이 확인할 거니?

— 5번 답지만 확인하면 되는 거 아닌가?

= 그럼 확인해보렴.

— 음. 나름 확인이 되기는 하는데, 문제가 있어.

= 어떤?

— 3번 답지. '실험의 정밀도에 따라 운동량 측정오차가 커질 수도 있다' 는 내용.

= 그게 왜?

— 제시문에 없는 거 같아.

= 어쨌든 상식적으로 맞는 이야기 아닌가? 실험의 정밀도가 높아지면 측정이 정확해지는 거고, 반대로 실험의 정밀도가 떨어지면 측정이 부정확해지는 거고. 측

정오차가 작다는 게 측정이 정확하다는 말이고, 측정오차가 크다는 게 측정이 부정확하다는 말이잖아.

— 그렇긴 한데, 제시문에서 분명하게 확인이 안 되는 거 같아서. 과학 지문을 상식으로 판단한다는 것도 조금 그렇고.

= 그럼 어떻게 할 거야? 3번으로 갈 거야?

— 어쩌지.

= 네 고민은 말하자면 이런 거잖아. "5번 답지는 답지에 사용된 표현 사이에 부조화가 발견돼서 적절하지 않다는 느낌이 들고, 또 그게 제시문에서 어느 정도 확인이 된다, 하지만 3번 답지도 상식적으로는 맞지만, 제시문에서 명시적으로 확인이 안 된다."

— 그렇지.

= 그럼 물어볼게. *'답지 표현 간의 부조화가 높다'*와 *'상식에 부합하지만, 제시문에서 분명하게 확인이 안 되는 느낌을 준다'*, 이 둘 중에 어느 게 더 강력한 정답의 표지성 같니? *적절하지 않은 걸 찾아야 하는 부정발문에서 말이야.*

— 답지 표현 간의 부조화?

= 그래. 5번이 답이야. 제시문을 어느 정도 이해했다면 답지를 훑어볼 때 5번이 눈에 들어오거든. 그건 대부분의 아이들이 똑같아. 아이들이 가진 '감'이라는 건 결국 비슷하니까 말이지. 답지의 표현이 서로 충돌한다는 느낌일 가능성이 높지.

'용기'가 있다면 5번을 정답으로 확정해도 괜찮은데, 실제 시험장에서 그렇게 하기는 힘들겠지. 현실적으로 말이야. 그래서 문제를 조금 더 보면 이제 3번이 '슬슬' 거슬리기 시작하거든. 이 답지가 갖는 매력은 답지 내용의 적절성 여부를 판단하게 해줄 정보가 제시문에 명시적으로 존재하지 않는다는 데 있어. 상식적으로는 그럴 수 있다고 판단되지만, 제시문이나 〈보기〉에 근거가 없는 상태에서 오답으로 제거하기는 어려웠겠지. 수능에서 가끔 발생하는 사고 아닌 사고야. 특히 낮은 정답률의 문제에서 말이지. 전에도 이야기했지만, 이런 답지는 '모든 근거는 제시문에 있다'는 '절대 명제'를 위반하는 거라 수험생을 곤혹스럽게 만들어. 이런 경우의 필살기는 '상식'이야. 상식을 무시하면 '재수 없게' 이런 문제가 출제될 경우 큰코다치게 되는 거지. 고3 수준의 상식은 꼭 최후의 판단근거만 되는 게 아니라, 보통의 문제들에서도 해결을 쉽고 편하게 하는 데 큰 도움을 주거든. 반드시 기억해두렴. 이런 문제에 대한 대응을 굳이 '행동의 원칙'이라는 타이틀을 붙일 수 있게 표현하자면 이렇게 되겠지. *"부정발문의 경우 '답지 표현이 충돌한다는 느낌의 답지'와 '상식적으로는 맞지만, 제시문이나 보기에서 명시적으로 확인되지 않는다는 느낌의 답지'가 서로 경쟁할 때에는, 무조건 전자의 손을 들어주는 것이 현명하다!"*

― 그런데 3번 답지 내용이 정말 제시문에 있기는 있는 거니?

= 당연하지. 하지만 실제 시험장에서 그걸 납득할 만한 수준으로 확인하려고 시도하면 낭패를 볼 수도 있어. 시험 끝나고 나서 제시문을 열 번 정도 정독하면 3번째 문단의 2번째 문장, 그러니까 "측정오차를 줄이기 위해 과학자들은 주의 깊게 실험을 설계하고 더 나은 기술을 사용함으로써 이러한 교란을 줄여나갔다"와 3번 답지 사이의 연관성이 감지되기는 해. 하지만 그조차도 희미한 것은 어쩔 수가 없어. 쉽게 말하면 "측정의 오차를 줄이기 위해 과학자들이 주의 깊게 실험을 설계한다"는 말은 "실험의 정밀도에 따라서는 측정오차가 늘어나기도 하고 줄어들기도 한다"는 거와

같은 의미지.

— 아, 또 '말 바꾸기'가 사용된 거네. 그것도 '수준 높은'.

= 그렇지. 이게 그해 시험에서 마지막 세트였거든. 내가 말한 적 있잖아? 마지막
세트는 쉽거나 어렵거나 둘 중 하나라고. 중간은 없다는 말이지. 이 세트는 어려운
세트였던 거고. 그러니까 제한된 시간, 특히 마지막 세트여서 초래되는 시간적 압
박 속에서 앞에서 말한 희미한 연관성이라도 발견한다는 건 아마 불가능에 가까웠
을 거야. 그래서 많은 아이들이 5번 답지의 표지성을 느끼면서도 3번 답지 때문에
고민했겠지. 다시 말하지만, '부정발문'에서 '답지 표현이 충돌한다는 느낌'
의 답지와 '상식적으로는 맞지만, 제시문이나 보기에서 명시적으로 확인
되지 않거나 언급하지 않았다는 느낌'을 주는 답지가 충돌할 경우 무조건
전자의 손을 들어줘야 한다는 거야. '모든 근거는 제시문에 있다'는 명제가 절
대적인 것이 되기 위해서는 모든 수험생들이 제시문의 세부 정보를 쉽게 확인하
고, 다소 희미한 정보라 해도 정확한 추론을 통해 그 희미함을 분명함으로 '증폭'
시키는 능력을 갖추고 있다는 전제조건이 필요한 거거든. 하지만 "그런 능력을 갖
춘 학생들이 많다"거나 "끊임없는 노력을 통해 그렇게 될 수 있다"는 주장에는 솔
직히 공감하기 힘들어. 그게 절대로 그렇지가 않거든. 오히려 이 문제가 갖는 의미
는, 5번 답지의 분명한 표지성에도 불구하고 제시문에 언급이 없다는 '착각'(시간
이 임박한 상황에서 나름대로 애쓴 수험생들을 두고 "너희들은 착각했다"고 비난
할 만큼 '말 바꾸기'를 즉각적으로 감지한 사람이 과연 얼마나 있었을까?)과 '오직
제시문만을 근거로'라는 '맹신'이 빚어낸 대표적 참사라는 점에 있어. '착각'과
'맹신'. 백번 양보해서 3번 답지를 선택할 마음이 생겨났다고 치자. 여전히 마음속
에 남아 있는 5번 답지는 또 어떻게 할 거니? 초롱초롱한 눈으로 수험생을 쳐다보
고 있는 5번 답지를 말이야. 결국 시간이 흐르면서 대다수 수험생들은 '에라, 나도
모르겠다'는 심정이 되겠지. 너도 한번 생각해봐. 그렇게 푼 문제가 맞겠니?

— 아!

= 자, 이번에는 2013학년도 수능이야. 철학 지문이었는데, 정답률은 64%야. 23번 문제. 제시문을 그대로 옮겨볼게.

논증은 크게 연역과 귀납으로 나뉜다. 전제가 참이면 결론이 확실히 참인 연역 논증은 결론에서 지식이 확장되는 것처럼 보이지만, 실제로는 전제에 이미 포함된 결론을 다른 방식으로 확인하는 것일 뿐이다. 반면 귀납 논증은 전제들이 모두 참이라고 해도 결론이 확실히 참이 되는 것은 아니지만 우리의 지식을 확장해 준다는 장점이 있다. 여러 귀납 논증 중에서 가장 널리 쓰이는 것은 수많은 사례들을 관찰한 다음에 그것을 일반화하는 것이다. ㉠ 우리는 수많은 까마귀를 관찰한 후에 우리가 관찰하지 않은 까마귀까지 포함하는 '모든 까마귀는 검다' 라는 새로운 지식을 얻게 되는 것이다.

철학자들은 과학자들이 귀납을 이용하기 때문에 과학적 지식에 신뢰를 보낼 수 있다고 생각했다. 그러나 모든 귀납에는 논리적인 문제가 있다. 수많은 까마귀를 관찰한 사례에 근거해서 '모든 까마귀는 검다' 라는 지식을 정당화하는 것은 합리적으로 보이지만, 아무리 치밀하게 관찰하여도 아직 관찰되지 않은 까마귀 중에서 검지 않은 까마귀가 있을 수 있기 때문이다.

포퍼는 귀납의 논리적 문제는 도저히 해결할 수 없지만, 귀납이 아닌 연역만으로 과학을 할 수 있는 방법이 있으므로 과학적 지식은 정당화될 수 있다고 주장한다. 어떤 지식이 반증 사례 때문에 거짓이 된다고 추론하는 것은 순전히 연역적인데, 과학은 이 반증에 의해 발전하기 때문이다. 다음 논증을 보자.

(ㄱ) 모든 까마귀가 검다면 어떤 까마귀는 검어야 한다.
(ㄴ) 어떤 까마귀는 검지 않다.
(ㄷ) 따라서 모든 까마귀가 다 검은 것은 아니다.

'모든 까마귀는 검다' 라는 지식은 귀납에 의해서 참임을 보여줄 수는 없지만, 이 논증에서처럼 전제 (ㄴ)이 참임이 밝혀진다면 확실히 거짓임을 보여줄 수 있다. 그러나 아직 (ㄴ)이 참임이 밝혀지지 않았다면 그 지식을 거짓이라고 말할 수 없다.

포퍼에 따르면, 지금 우리가 받아들이는 과학적 지식들은 이런 반증의 시도로부터 잘 견뎌온 것들이다. 참신하고 대담한 가설을 제시하고 그것이 거짓이라는 증거를 제시하려는 노력을 진행해서 실제로 반증이 되면 실패한 과학적 지식이 되지만 수많은 반증의 시도로부터 끝까지 살아남으면 성공적인 과학적 지식이 되는 것이다. 그런데 포퍼는 반증 가능성이 없는 지식, 곧 아무리 반증을 해보려 해도 경험적인 반증이 아예 불가능한 지식은 과학적 지식이 될 수 없다고 비판한다. 가령 '관찰할 수 없고 찾아낼 수 없는 힘이 항상 존재한다'처럼 경험적으로 반박할 수 있는 사례를 생각할 수 없는 주장이 그것이다.

문제는 이거야. 이것도 답지를 전체적으로 한번 훑어보렴. 순서대로 일일이 확인하지 말고.

윗글의 (ㄱ)~(ㄷ)과 〈보기〉에 대한 설명으로 적절하지 않은 것은?

〈보기〉
㉠은 다음과 같은 논증으로 표현할 수 있다.

(가) 내가 오늘 관찰한 까마귀는 모두 검다.
　　내가 어제 관찰한 까마귀는 모두 검다.
　　내가 그저께 관찰한 까마귀는 모두 검다.
　　　　　　　⋮
(나) 따라서 모든 까마귀는 검다.

① (가)가 확실히 참이어도 검지 않은 까마귀가 내일 관찰된다면 (나)는 거짓이 된다.
② (ㄴ)과 (가)가 참임을 밝히는 작업은 모두 경험적이다.

③ '모든 까마귀는 검다'는 (ㄴ)만으로 거짓임이 밝혀지지만 (가)만으로는 참임을 밝힐
수 없다.

④ (ㄱ), (ㄴ)에서 (ㄷ)이 도출되는 것이나 (가)에서 (나)가 도출되는 것은 모두 지식이 확
장되는 것이다.

⑤ 포퍼에 따르면 ㉠의 '모든 까마귀가 검다'가 과학적 지식임은 (가)~(나)의 논증이
아니라 (ㄱ)~(ㄷ)의 논증을 통해 증명된다.

자, 정답의 표지성이 보이니?

— 4번 같은데.

= 왜?

— '모두'라는 단정적 표현도 거슬리고, '지식의 확장'이란 말도 이상해. 잘은 모
르겠지만, (가)~(나)는 귀납이고 (ㄱ)~(ㄷ)은 연역 아닌가? 제시문에서 "귀납은 지
식을 확장해 주지만, 연역은 결론을 확인하는 것뿐"이라고 본 거 같아. 제시문 앞쪽에
서 말이지. 둘이 어떻게 다른지는 확실히 모르겠지만, '확장'과 '확인'은 어쨌든
다른 거잖아.

= 그래? 그럼 어떻게 할 거야? 그대로 확정할 거야? 아니면 4번 답지만 제시문에
서 확인할 거니? 아니면 순서대로 제시문에서 일일이 확인할 거니?

— 그냥 가기는 그러니까, 4번만 확인해볼까?

= 그러렴.

— 대충 확인이 되는 거 같아.

= 자, 그럼 정답으로 정한 거야?

— 그런데 이렇게 쉽게 가도 되는 거니? 제시문도 까다롭고 정답률도 64%짜리 문제인데. 하지만 용기를 한번 내볼까? 그냥 정답으로 갈게. 어때? 맞았니?

= 맞았어.

— 그런데 이 문제는 정답률이 64%까지 낮았을 거 같지 않아. 그렇게 어렵지는 않은데.

= 5번 답지에 21%의 아이들이 발목이 잡혀서 그런 거야. 너는 다행히 안 잡혔지만 말이야.

— 그래?

= 제시문에 보면 "포퍼는 귀납이 아닌 연역만으로 과학을 할 수 있는 방법이 있으므로 과학적 지식은 정당화될 수 있다고 주장한다"는 내용이 있거든. 더 짧게 줄이면 "포퍼는 귀납이 아닌 연역만으로 과학적 지식은 정당화될 수 있다고 주장한다"는 거지. 5번 답지가 이거잖아. "포퍼에 따르면 ㉠의 '모든 까마귀가 검다' 가 과학적 지식임은 (가)~(나)의 논증이 아니라 (ㄱ)~(ㄷ)의 논증을 통해 증명된다." 여기서 "㉠의 모든 까마귀가 검다", 이 부분을 빼버리고 (가)~(나)의 논증을 '귀납' , (ㄱ)~(ㄷ)의 논증을 '연역' 으로 바꾸면 이렇게 되거든. "포퍼에 따르면 과학적 지식임은 귀납이 아니라 연역을 통해 증명된다." 이 답지하고 제시문 내용인 "포퍼는 귀납이 아닌 연역만으로 과학적 지식은 정당화될 수 있다고 주장한다"를 비교해봐. '싱크로율' 이 최소

한 90%는 넘지.

― 거의 같은 말이네. 그런데 왜 21%나 이걸 답으로 골랐지? 이해가 안 되는데.

＝ 21%가 골랐다면, 고른 이유가 반드시 있었겠지. 21%는 절대 작은 수치가 아니거든. 사실 (가)~(나)가 '귀납', (ㄱ)~(ㄷ)이 '연역' 이라는 건 대부분의 아이들이 눈치를 챘을 거야. 그런데도 정답률이 낮았던 건 아마 이런 이유에서였겠지. 너는 '귀납은 확장', '연역은 확인' 이라는 내용을 제시문에서 바로 찾았지만, 그 아이들은 그렇게 하지 못했을 가능성이 높아. 네가 운이 좋았던 거야. 아이들은 결정적인 정보가 제시문 맨 앞에 나오면 의외로 못 보는 경우가 많거든. 아마 그게 큰 이유였겠지. 그런데 설사 그 정보를 봤다 하더라도 "이렇게 쉽게 가도 되나" 하는 생각에 공연히 '뭉그적거린' 아이들도 사실은 많았어. 그런 상황에서 ㉠의 '모든 까마귀가 검다' 는 내용은 귀납 같은데 5번 답지에서는 그런 '귀납' 이, 귀납이 아닌 연역으로 증명된다는 말이 뭔가 거슬리기 시작했겠지. 귀납을 연역으로 증명한다는 말이 언뜻 보면 이상하잖아? 포퍼가 과학적 지식은 무조건 연역을 통해야만 증명되는 거라고 했다는 데까지는 생각이 이르지 못한 상태에서는 말이지. 하지만 실제 시험장에서 이 부분을 파고 들어간다고 해서, 5번 답지가 납득할만한 수준으로 분명해질까? 아니야. 제시문의 밀도가 높아서 여전히 애매할 가능성이 높아. 그러니까 결과적으로 보면, 쉽게 판단되는 정답을 놔두고 괜히 애매한 오답을 제거하려고 하다가 도리어 발목을 잡힌 꼴이라고 봐야겠지. 게다가 '정당화된다' 는 말이 '증명된다' 는 말로 바뀐 것, 즉 제시문의 표현이 답지에서 '살짝' 바뀐 것도 한몫 했을 거 같고. 크게 보면 제시문의 '위엄' 에 눌려 심리적으로 주눅이 든 게 전반적으로 안 좋은 영향을 줬던 것 같아.

― 그거 참. 처음에 눈에 들어온 답지를 편하게 골랐으면 그냥 정답인데. 제시문의 위엄에 짓눌려서 '차마' 그렇게 하지 못한 거구나.

= 맞아. 제시문이 생소하고 까다로우면 괜히 위축되는 경우가 정말 많거든. 당연한 거니까 뭐라고 탓할 순 없겠지. 하지만 제시문이 어렵다고 정답의 표지성이 안 보이는 건 아니거든. 보이긴 보인다는 거지. 그런데 제시문의 위엄에 한번 주눅이 들면 발견된 표지성을 편하게 따라가기가 두려워지기 시작하거든. '이렇게 대충 풀었다가는 틀릴지도 모른다' 는 불안감이 스멀스멀 기어 나오는 거지. 여기서 실증적 사례를 하나 말해줄게. 뭐냐면, 그나마 희미하게라도 감지된 표지성으로 답을 확정하는 게 나머지 답지도 모두 확인하고 추론도 더 하고 나서 보이는 답지를 고르는 경우보다, 정답이 될 가능성이 몇십 배 정도 높다는 거야. 몇 배가 아니라 몇십 배. 국어 시험에서 가장 중요한 덕목은 '능력' 이 아니라 '태도' 야. 아이들 간에 능력은 비슷하지만 태도는 전혀 그렇지가 않거든. 결국 그런 태도의 차이가 점수의 차이를 만들어내는 거야.

— 처음에 발견된 표지성을 믿고, 다른 답지를 의도적으로 무시하는 용기 있는 '태도' 가 여전히 중요하다는 거지?

= 맞아. 자, 이번에는 기술 지문이야. 정답률은 63%였고. 44번 문제. 제시문 먼저 읽어보렴.

음성인식 기술은 컴퓨터가 사람이 말하는 소리를 인식하여 해당 문자열로 바꾸는 기술이다. 사람의 말은 음소들의 시간적 배열로 볼 수 있다. 컴퓨터는 각 단어의 음소들의 배열을 '기준 패턴' 으로 미리 저장해 두고, 이를 입력된 음성에서 추출한 '입력 패턴' 과 비교하여 단어를 인식한다.

음성을 인식하기 위해서 먼저 입력된 신호에서 잡음을 제거한 후 음성 신호만 추출한다. 그런 다음 음성 신호를 하나의 음소로 판단되는 구간인 '음소 추정 구간' 들의 배열로 바꾸어 준다. 그런데 음성 신호를 음소 단위로 정확히 나누는 것은 쉽지 않다. 이를 해결하기 위해 먼저 음성 신호를 일정한 시간 간격의 '단위 구간' 으로 나누고, 이 단위 구간 하나만으로 또는 연속된 단위 구간을 이어 붙여 음소 추정 구간들을 만든다.

음성의 비교는 음소 단위로 이루어지는데 음소 추정 구간에 해당하는 음소를 알아내기 위해서 각 구간에서 '특징 벡터'를 추출한다. 각 음소 추정 구간에서 추출하는 특징 벡터는 1개이다. 특징 벡터는 음소를 구별하는 데 필요한 정보를 수치로 나타낸 것으로, 음소 추정 구간의 길이에 상관없이 1개로만 추출된다. 특징 벡터는 음소의 특성을 잘 나타내는 정보들을 이용하지만 사람마다 다른 특성을 보이는 정보는 사용하지 않는다. 사용하는 정보의 가짓수가 많을수록 음소를 더 정확하게 인식할 수 있지만 그만큼 필요한 연산량이 많아져 처리 시간은 길어진다.

음성을 인식하려면 ㉠ 입력 패턴의 특징 벡터와 기준 패턴의 특징 벡터를 비교해야 한다. 이를 위해서 음소 추정 구간이 비교하려는 기준 패턴의 음소 개수와 동일한 개수가 되도록 단위 구간을 조합한다. 그리고 각 음소 추정 구간에서 추출된 특징 벡터를 구간 순서대로 배열하여 입력 패턴을 생성한다.

예를 들어 ㉡ 입력된 음성 신호를 S1, S2, S3 3개의 단위 구간으로 나눈 경우를 생각해 보자. 만일 비교하려는 기준 패턴의 음소가 3개라면 3개의 음소 추정 구간으로부터 입력 패턴이 구성되어야 하므로 [S1, S2, S3]의 음소 추정 구간 배열을 설정하고, 이로부터 입력 패턴을 생성한다. 그런 다음 이것을 순서대로 기준 패턴의 음소와 일대일 대응시키고 각각의 특징 벡터의 차이를 구한 뒤 이것들을 모두 합하여 '패턴 거리'를 구한다. 만일 기준 패턴의 음소가 2개라면 3개의 단위 구간을 조합하여 [S1, S2~S3], [S1~S2, S3]로 2개의 음소 추정 구간 배열을 설정하고, 이로부터 입력 패턴을 생성한다. 이와 같이 1개의 기준 패턴에 대해 여러 개의 입력 패턴이 만들어질 수 있는 경우에는 생성 가능한 입력 패턴과 기준 패턴 사이의 패턴 거리를 모두 구하고, 그중의 최솟값을 그 기준 패턴에 대한 패턴 거리로 정한다. 만일 기준 패턴의 음소가 3개보다 크면 두 패턴을 일대일로 대응시킬 수 없으므로 비교가 불가능하다. 단위 구간의 시간 간격을 짧게 하여 그 개수를 늘리면 음소 추정 구간을 잘못 설정하여 발생하는 오류를 줄일 수 있다. 하지만 연산량이 많아져 처리시간은 길어진다. 이와 같은 방법으로 컴퓨터에 저장된 모든 기준 패턴에 대해 패턴 거리를 구하고 그중 최솟값이 되는 기준 패턴을 선정한다. 최종적으로, 이 기준 패턴에 해당하는 문자열을 입력된 음성 신호에 대해 인식된 단어로 출력한다.

자, 제시문은 잘 읽었니?

— 무슨 말인지 하나도 모르겠어.

= 그건 나도 마찬가지야. 대부분의 다른 아이들도 마찬가지고. 이 정도 되는 제시문을 완벽하게 이해하려면, 사실 1시간 이상이 필요할지도 몰라. 자, 어쨌든 문제 나가니까 잘 보고, 답지는 전체적으로 훑어보렴. 순서대로 일일이 확인하지 말고.

하나의 기준 패턴에 대해 ㉠을 ㉡에 적용할 때, 이에 대한 설명으로 옳지 않은 것은?

① 기준 패턴의 음소 개수가 3개이면 입력 패턴에 들어 있는 특징 벡터는 3개이다.
② 기준 패턴의 음소 개수가 3개이면 산출되는 패턴 거리는 1개이다.
③ 기준 패턴의 음소 개수가 2개이면 조합되는 음소 추정 구간 배열은 1개이다.
④ 기준 패턴의 음소 개수가 2개이면 생성 가능한 입력 패턴은 2개이다.
⑤ 기준 패턴의 음소 개수가 4개이면 패턴 비교가 불가능하다.

답 같은 게 보이니?

— 3번 같아.

= 왜?

— ㉠ 바로 다음에 "음소 추정 구간이 비교하려는 기준 패턴의 음소 개수와 동일한 개수가 되도록 단위 구간을 조합한다"는 말이 나오잖아? 솔직히 무슨 말인지는 하나도

모르겠지만, 기준 패턴의 음소 개수하고 음소 추정 구간의 개수가 '동일' 해야 한다는 거는 알겠어. 그런데 3번 답지는 '기준 패턴의 음소 개수가 2개이면 조합되는 음소 추정 구간 배열은 1개'라고 했으니까, 잘못된 거지.

= 좋아. 그럼 어떻게 할 거니? 그대로 확정할 거니? 아니면 3번 답지 내용만 제시문에서 더 꼼꼼히 확인할 거니? 아니면 다섯 개 답지를 하나하나 순서대로 확인할 거니?

— 3번 답지를 더 확인할 거는 없는 거 같아. 솔직히 말하면 더 확인하기도 엄두가 안 나. 그렇다고 그대로 가기에는 뭔가 찜찜한데, 어쩌지.

= 어쨌든 답지를 훑어보는 도중에 정답의 표지성이 발견된 거잖아. 확실하지는 않지만, 어느 정도 확인도 된 거고. 이 정도로 하고 정답으로 그냥 가면 안 되겠니?

— 안 될 거 같아. 미안해.

= 할 수 없지. 누가 너를 말리겠니? 그럼 다른 답지도 순서대로 일일이 확인해보렴.

— 음. 가만 있어봐. 2번도 이상해.

= 왜?

— '기준 패턴의 음소 개수가 3개이면 산출되는 패턴 거리는 1개이다', 이건 확인이 안되는데.

= 확인이 안 된다? 그런데 너, '패턴 거리'가 1개라는 말이 무슨 말인지는 아니?

— 몰라. 미안해.

= 그래? 미안해 할 거는 없어. 솔직히 나도 무슨 말인지 몰라. 시험을 보고나서 정답을 먼저 본 사람의 '특권'으로 제시문을 엄청 꼼꼼히 분석하면 이러쿵저러쿵 '구질구질한' 설명을 할 수는 있겠지만, 지금 이곳이 실제 시험장이라면 너하고 나는 별 차이가 없어. 아마 국어 선생님하고 너 사이에도 차이가 없을 걸.

— 넌 국어 잘하잖아? 국어만 전교 1등. 그것도 내신이 아니라 모의고사만. 선생님 이야기는 앞에서 많이 했으니까, 이젠 그만 걸고넘어지렴.

= '패턴 거리'가 제시문에 나오기는 하니?

— 두 군데 나오는데. 다섯 번째 문단 "입력 패턴을 생성한 다음 이것을 순서대로 기준 패턴의 음소와 일대일 대응시키고 각각의 특징 벡터의 차이를 구한 뒤 이것들을 모두 합하여 '패턴 거리'를 구한다", 이거하고 "생성 가능한 입력 패턴과 기준 패턴 사이의 패턴 거리를 모두 구하고, 그중의 최솟값을 그 기준 패턴에 대한 패턴 거리로 정한다." 그런데 이 두 가지만 가지고 '기준 패턴의 음소 개수가 3개이면 산출되는 패턴 거리는 1개'라는 2번 답지가 맞는지 틀리는지 어떻게 아니? 도대체 무슨 내용인지 정말, 말하면서도 어렵다.

= 나도 이게 무슨 말인지는 몰라. 그런 사람한테는 기분 나쁜 말이겠지만, 이걸 한 번 읽고 이해하는 사람이 이상한 사람이야. 하지만 네가 지금 말한 제시문 내용 중에 2번이 맞는 답지라는 '단서'는 있어.

— 뭐라고?

= 너희 반 아이들이 몇 명이니?

─ 갑자기 무슨 소리야?

= 글쎄, 말해봐.

─ 30명.

= 30명 중에 키가 가장 작은 아이가 몇 명이니?

─ 뭐? 키가 가장 작은 아이가 몇 명이냐구? 당연히 한 명이지. '가장' 작은 아이가 어떻게 두 명 이상이 될 수 있니?

= 그렇다면 '최솟값'은 몇 개니? '가장' 작은 값.

─ 아, "그중의 최솟값을 패턴 거리로 정한다", 최솟값이란 게 결국 1개구나. 이런.

= 2번을 선택한 아이들이 16%였거든. 오답 중에서 선택률이 가장 높았어.

─ 이것도 일종의 '말 바꾸기' 네. '최솟값=1개'. 와, 얍삽하다.

= 내가 보기에, 이 문제를 맞힌 63%의 아이들 중에 2번과 3번을 헷갈려하다가 '최솟값은 1개' 라는 생각이 어느 순간 들어서 3번을 고른 아이들은 5%도 안 돼. 그냥 답지를 훑어봤을 때, 3번이 답인 거 같아서 고른 아이들이 대부분일 거야.

─ 아, 나도 처음에는 3번이라고 생각했는데. 맞힌 걸로 해주면 안 되겠니?

= 그래서 내가 아까 "그냥 가면 안 되겠냐"고 물어본 거야. 너는 겉으로는 완곡했으나 속으로는 '냉정하게' 그 부탁을 거절했지. 그러나 어쨌든 답지를 훑어보는 도중에 정답의 표지성이 발견된 거였잖아. 확실하지는 않지만, 어느 정도 확인도 된 거고. 그 정도로 하고 정답으로 그냥 갔으면 문제도 맞고 시간도 안 쓰고 얼마나 좋았겠니? 그런데 제시문이 생소하고 까다롭다보니까, 또 그 위엄에 눌려서 결국 그렇게 못한 거지.

— 음.

= 그러니까 정답의 표지성이란 게 정말 중요한 거야. 그건 아무렇게나 생기는 게 아니거든. 이 문제만 그런 게 아니야. 정답의 표지성을 믿고 편하게 가면 맞을 확률이 틀릴 확률보다 몇십 배는 높아져. 정말 그래. 다만 그때 치밀어 오르는 '확인 욕구'를 어떻게 잠재우느냐가 문제지. 특히 제시문이 어려운 경우에 말이야. 제시문이 어려울 때 문제를 쉽게 푸는 걸, 마치 무슨 죄라도 짓는 거처럼 생각하는 심리가 많은 아이들에게 있거든. 말하자면 어려운 제시문에 대한 '예의'가 아니라는 심리지. 그 아이들이 언제부터 그렇게 예의를 갖췄는지는 몰라도, 예의를 차릴 데가 그렇게 없어서 세상에, 제시문에다 대고 그런 예의를 갖추냐는 거야. 물론 이렇게 된 건 아이들만의 잘못은 아니야. 이런 '해괴한' 심리를 널리 퍼뜨리고 부추기는 기존의 학습서나 공부법의 영향도 클 테니까. 하지만 단언컨대 제시문의 위엄에 주눅 들 필요는 없어. 제시문에 주눅 들어서 좋은 점은 정말 단 한 가지도 없거든. 제시문이 아무리 어려워도, 처음에 발견한 정답의 표지성을 믿고 편하게 가면 되는 거야.

— 음.

= 자, 정답률 60%대 문제는 이 정도로 하자.

340

─ 그런데 정답률 60%대 문제를 가지고 감을 기르려면 어떤 연습이 필요한 거니?

= 우선 그런 문제들만 따로 모아서 그 정도 정답률의 문제가 주는 '포스'를 느껴보는 것이 필요하겠지. 어떻게 정답률 60%대가 나왔는지, 매력적인 오답은 어떻게 만들어졌는지를 생각해볼 필요도 있고. 처음에 발견된 표지성을 믿고 따라가는 것과 뭔가 추론하고 확인해서 답을 찾으려는 것, 이 둘 중에서 결국 어떤 게 정답률이 높게 나오는지를 직접 체험해보는 것도 중요해. 그러면 그동안 접했던 '신화'나 '통념'과는 정말 많이 다른 국어 시험의 '실상', 그리고 국어의 '맨살'을 보게 될 가능성이 높아. 이런 건 다른 정답률이 나온 문제에 대한 훈련에서도 마찬가지야. 하지만 60%대 정답률에서는 다르게 해야 하는 부분도 하나 있어.

─ 어떤?

= 넘어가는 연습, 그러니까 '분수령 세트'를 알아보는 안목을 기르는 거. 문제 풀다가 다음 세트로 넘어간다는 게 실제 상황에서는 말처럼 쉽지 않거든. 그건 아이마다 다른 성격이나 심리 같은 개별적 특성이 크게 작용하는 부분이라서 그래. 하지만 이런 개인적 성향을 고치지 않고서, 국어 고득점을 한다는 건 사실상 불가능해. 정답률 60%대 이하 문제가 2개 이상 있는 세트라면, 그게 바로 '분수령 세트'인 경우가 많거든. 일단 제시문을 한 번 읽고 나서 어휘 문제나 부분적인 사례 문제 같은 건 그냥 풀면 돼. 이런 문제는 제시문과 상관없이 쉽게 풀릴 테니까. 물론 분수령 세트에서도 답지를 전체적으로 훑어보는 도중에 발견된 정답의 표지성을 신뢰하는 태도를 기를 필요는 있어. 두렵지만 한번 '용기 있게', 그리고 '과감하게' 정답을 확정해보라는 거야. 하지만 정답의 표지성이 안 보일 수도 있겠지. 그 순간에 어쨌든 감이 작동하지 않아서 표지성이 안 보이는 경우 말이야. 글의 세부 정보를 일일이 확인하거나 확인된 세부 정보를 종합해야 하는 문제, 복잡한 보기나 표가 나오면서 해결 과제가 굉장히 까다로운 문제 같은 것들. 이런 문제는 시간의

'마지노선'을 정해 놓고 푸는 습관을 들이는 게 좋아. 한 문제당 1분 정도가 괜찮아. 1분 안에 희미하게나마 정답의 표지성이 감지되지 않는 문제, 이런 문제가 한 세트에 2개 이상 나온다면, 지금까지 쓴 2분이라는 시간을 '절대' 아까워하지 말고 다음 세트로 신속하게 넘어가는 연습을 하라는 거야. 넘어가는 연습을 이렇게라도 해두지 않으면 실전에서는 의지만 가지고 다음 세트로 넘어가야 하는데, 이게 결코 쉬운 일이 아니거든. 우리가 결국 믿을 건 '습관'이지, '의지'가 아니야. 특히 국어 시험에서 '의지'는 절대 믿을 게 못 돼. 그리고 끝까지 푼 다음에 다시 돌아와서 새로 풀어보는 거야. 그때는 훨씬 편안해진 느낌을 받을 가능성이 높은데, 그 느낌을 잘 기억해둘 필요가 있어.

— 그래, 잘 알았어. 정답률 50%대 이하는 어떠니?

정답률 50%대 이하 문제
_'지옥행 급행열차'를 안 타려면

= 정답률이 50%대 이하인 문제는 1등급 컷이 90점이었을 때 5개, 94점이었을 때 5개, 98점이었을 때 1개가 출제됐어. 50%대 이하의 정답률이 나오는 이유는 60%대와 비슷해. 제시문이 어렵거나 오답의 간섭성이 높거나. 그런데 그 정도가 60%대보다 더 심한 경우지.

— 정답률 50%대 이하 문제는, 1등급 컷이 90점대 후반이 되면 급격하게 수가 줄어드는구나.

= 맞아. 그러니까 1등급 컷이 98점이 나오는 거야. 정답률 50%대 이하에는 먼저 제시문이 극단적으로 어려운 데다가 문제 형태나 해결 과제까지 과도하게 복잡하고, 세부 정보를 확인해서 종합까지 해야 하는 문제가 포함되겠지. 좋은 문제, 나쁜 문제, 그리고 잘 낸 문제, 못 낸 문제를 떠나서 진정한 의미의 '어려운 문제'는 바로 이런 걸 두고 하는 말이고. 이런 경우 오답 선택률이 '심하게' 골고루 분포되는 현상이 특징적으로 나타나. 정답을 제외한 나머지 2~3개 답지로 각각 20% 내외의 선택률이 퍼지는 경우지. 또 아이들의 익숙함을 '역이용'하는 방식이나 심한 '말

바꾸기'가 정답률을 50%대 이하로 끌어내리는 '주범'이 되기도 해. 이런 경우에는 특정의 오답지로 50%에 가까운 아이들이 쏠리는 현상이 일어나겠지. 당연히 정답보다 더 높은 선택률이 되는 거야. 말하자면 엄청난 '매력덩어리'로 보이는 특정 오답지를 향한 '대규모 러시'가 벌어지는 거야.

― 아, 그렇구나.

＝ 물론 정답률이 50%대 이하가 될 때도 정답의 표지성이 희미한 정도는 잘하는 아이나 못하는 아이나 비슷하거든. 하지만 문제를 대하는 태도에서는 양쪽이 가장 '극적인 차이'를 보이게 돼. 잘하는 친구들의 경우는 이런 위기상황에서도 정답의 표지성을 '신뢰'하고 오답을 의도적으로 무시하는 '용기'가 여전히 살아있거든. 그게 아니면, 이 문제는 어차피 맞는다는 보장이 없으니 아예 편하게 풀어버리자고 '마음먹어 버리는' 경우도 많고. 어쨌든 시간 소비를 최소화한다는 거야. 하지만 못하는 친구들의 경우, 제시문도 극단적으로 어렵고 오답의 매력도 매우 크기 때문에 답지에 대한 확인이나 추론 과정이 일단 시작되면, 마치 늪에 빠진 것처럼 빠져나오기가 힘들어져.

― 음.

＝ 사실 정답률이 50%대 이하가 되면 변별도는 크게 떨어지거든. 잘하는 아이들도 헷갈리거나 틀릴 가능성이 높아진다는 거지. 하지만 중요한 건, 잘하는 아이들은 그동안 오답을 의도적으로 무시하고 그래서 정답을 맞히는 경험을 상대적으로 많이 했다는 점이야. 이런 위기상황에서는 그렇게 해서 축적된 체험이 그나마 과감한 결정을 하게 하는 데 큰 영향을 미치거든. 그리고 그런 행동이 상대적으로 정답률을 높여주고, 설사 정답률은 못 높여도 시간은 단축시켜준다는 거지. 하지만 못하는 친구들에게 정답률 50% 이하 문제는 거의 '대재앙'이야. 시간을 어마어마하

게 낭비하고도 결국 틀리는 경우가 대부분이지.

— 그렇구나.

= 우선, 다른 정답률을 기록한 문제와 마찬가지로 이 구간의 문제만 따로 모아서 볼 필요가 있겠지. 50%대 이하의 정답률이 주는 '포스'를 느껴보는 게 급선무니까. 하지만 정답률 50%대 이하 문제에서는 중요하게 챙겨야 할 게 하나 더 있어.

— 그게 뭐야?

= 50%대 이하 정답률을 기록한 문제는 맞느냐 틀리느냐 만큼이나 시간을 많이 소비하느냐 소비하지 않느냐도 중요하거든. 정답률 50%대 이하의 경우 '과소비'된 시간은 대부분 문제가 해결되는 쪽으로 작용하지 않아. 차라리 시간 소비를 최소화하고 틀리는 것이 결과적으로 더 바람직하다는 말이지. 객관적인 정답률이 말해주듯이 시간을 많이 써도 이런 문제는 맞힐 가능성이 매우 낮거든. 실제 시험 상황에서 정답률 50%대 이하 문제를 어떻게 해보려고 하다가는, 자칫 '지옥행 급행열차'를 탈 수도 있어.

— 아, 그놈의 '지옥행 급행열차'!

= 그래 다시 모습을 드러낸 '지옥행 급행열차'야. 정답률 50%대 이하의 '포스'가 느껴지는 문제를 만나 1분 이내에 정답을 확정할 수 없다면 과감하게 다른 문항으로 이동하는 것이 현명해. 처음에 표지성이 발견된 답지를 잠정적인 정답으로 인정하고 말이지. 많은 아이들이, 설사 지옥행 열차를 타더라도 언제든 자기가 원하기만 하면 뛰어내릴 수 있다고 생각하거든. 하지만 수많은 실증적 사례는 그것이 착각이라는 사실을 '어김없이', 그리고 '처참하게' 보여주거든. 조심 또 조심해야

하는 부분이야. 정답률 50%대 이하 문제 몇 개를 전반부나 중반부에서 만나 시간을 하염없이 썼다간, 반드시 후반부에 가서 시간이 크게 부족한 상황에 부딪히게 돼. 다시 강조하지만, 이쯤 되면 수험생이 할 수 있는 일이라고는 하나도 없어. "그런 상황에서도 난 어떻게든 잘할 수 있다"는 비현실적인 기대를 하기보다는, 그런 속수무책의 상황 자체를 처음부터 아예 만들지 않는 게 훨씬 더 중요해. 그런 상황에서도 난 뭔가 할 수 있다는 생각은 엄청난 '자기기만'이야. 그런 사람은 이 세상에 존재하지 않아.

— 음.

= 정답률 50%대 이하 문제를 가지고 해야 하는 훈련은 두 가지야. 먼저 선택률이 골고루 퍼져 있는 경우. 국어 시험에서 말하는 '진정으로 어려운' 문제. 이런 문제는 정답의 표지성도 희미한데다가 매력적 오답도, 뻔한 오답도 없는 경우야. 이런 식의 정답률과 오답률이 옆에 표시된 문항을 살필 때는 정답을 찾아보는 일도 중요하지만, "이런 제시문에 이런 문제의 요구사항과 답지가 나오면 이렇게 선택률이 골고루 분포되는구나" 하는 생각을 한 번 더 할 필요가 있어. 그리고 실제 문제를 풀 때, 같은 느낌을 주는 문제를 만나면 이전에 봤던 비슷한 문제를 떠올릴 필요가 있고. 이런 문제도 시간의 한계를 정해 놓은 게 좋아. 1분 정도 안에 답을 확정할 수 없다면 다음 문제로 넘어가는 연습을 해야 한다는 거지. 이런 문제는 해마다 수능에서 가장 어려운 문제였거든. 자칫하면 시간은 시간대로 쓰면서 결국은 틀리게 되는 '악마적' 문제라는 거지. 이런 문제가 주는 '포스'를 잘 기억해둬야 해. 실제 시험에서 이런 포스가 느껴지는 문제를 만나면, 정답의 표지성을 발견하려고 애쓰는 만큼 도망칠 궁리도 같이 해야 하거든.

— 그래. 그래야겠다.

= 정답률 50%대 이하 문제에서 특정 오답으로 엄청난 쏠림 현상이 벌어진 경우는, 정답률 60%대 문제에서처럼 '말 바꾸기'나 '잘못된 익숙함'이 역이용된 상황일 텐데, 그 정도가 더 심해진 거야. 말하자면 오답의 매력이 '극'에 달했다고 봐야겠지. 이런 문제는 물론 정답도 챙겨야 하겠지만, 매력적 오답도 꼼꼼히 볼 필요가 있어. 어떻게 해서 오답이 어마어마한 매력도를 갖게 됐는지 생각해봐야 한다는 거지. 이런 답지를 만났을 때 유혹당하지 않기 위해서 필요한 게 뭔지도 생각해봐야 하는데, 내가 앞서 말한 정답의 표지성과 몇몇 원칙들을 일종의 '체크리스트'로 활용해보렴. 정답률 50%대 이하 문제에서는 희미하게나마 정답의 표지성이 감지되면 나머지 답지는 의도적인 무시를 넘어, 아예 두 번 다시 안 보는 것도 좋은 방법이야. 자칫 손을 대는 것만으로도 그 안으로 빨려 들어갈 수 있거든.

— 알았어.

= 자, 그럼 정답률 50%대 이하의 경우도 실제 수능 문제를 가지고 설명해줄게. 2011학년도 수능부터 보자. 시가 수필 복합 제재, 문학 문제였지. 29번 문제. 정답률은 44%였어. 일단 작품을 한번 읽어봐.

동풍이 건듯 불어 적설(積雪)을 다 녹이니
사면(四面) 청산이 옛 모습 나노매라.
귀밑의 해묵은 서리는 녹을 줄을 모른다.

— 음. 시조네.

= 그래. 어떤 내용인 거 같니?

— 별로 어렵지 않은데. 겨울이 지나고 봄이 된 거 같아. 그래서 눈이 녹아 산은 원

래의 푸른색을 되찾아가는데, 내 흰머리는 다시 검어지지 않는다는 거 아닌가?

= 그래? 이 시가 [C]였거든. 다음 작품도 한번 읽어보렴.

엊그제 겨울 지나 새봄이 돌아오니
도화행화는 석양 리에 피어 있고
녹양방초는 세우 중에 푸르도다.
칼로 말라냈나 붓으로 그려냈나
조화신공이 물물마다 헌사롭다.
수풀에 우는 새는 춘기(春氣)를 못내 겨워
소리마다 교태로다.

— 아, 이거 〈상춘곡〉 아니니? 봄의 흥겨움을 노래한 '가사' 작품. 심지어 '새' 까지도 봄이 와서 너무 좋아한다는 거잖아.

= 맞아. 〈상춘곡〉의 한 부분이야. 이 부분이 [A]였어. 문제는 이거야. [A]와 [C]를 비교한 내용으로 가장 적절한 것은?

— 그래.

= "[A]의 봄은 흥겨움을, [C]의 봄은 서글픔을 불러일으킨다"는 답지가 있었는데, 네가 보기에 어떠니?

— [A] 부분은 맞는 거 같은데, [C] 부분은 '서글픔' 이라는 말이 조금 낯선 거 같아. 거슬린다고나 할까?

= 낯설다? 거슬린다?

— 마음에 썩 들지 않는다는 거야.

= 왜? 늙는다는 건 서글픔을 불러일으킬 수 있는 거잖아?

— 아니. 그게 늙음 자체에 대한 서글픔은 될 수 있을지 몰라도, 그 서글픔이라는 감정이 '봄' 이라는 계절과 어떻게 연관되는지가 애매해.

= 그럼 어떻게 해야 해?

— 다른 답지도 봐야 할 거 같은데.

= 좋아. 그럼 "[C]는 [A]와 달리 의인화를 통해 봄의 속성을 강조하고 있다"는 답지는 어떠니?

— [C]에는 의인화가 없는 거 아닌가? 의인화는 [A]에 있는 거 아냐? '새가 교태를 부린다' 는 부분.

= 청산의 옛 모습이 나타나는 걸 의인화로 보면 안 되니?

— 그걸 어떻게 의인화로 볼 수 있니? 의인화는 자연물에 인격을 부여하는 거잖아. 사람처럼 생각하고 감정을 느끼는 거. 설사 그걸 의인화로 본다 해도, [A]에 있는 '새가 교태를 부린다' 라는 뻔한 의인화는 그렇다면 의인화가 아니라는 말이잖아?

= 좋아. 그럼 "[A]는 근경에서 원경으로, [C]는 원경에서 근경으로 봄을 묘사하고 있

다"는 답지는 어떠니?

— [C]는 '원경에서 근경으로' 가 맞는 거 같아. '산' 에서 '내 귀밑머리' 로 이동한 거니까. 그런데 산은 몰라도 귀밑머리는 봄을 묘사하는 거 하고는 상관이 없잖아? 그리고 엄밀하게 말하면, '원경에서 근경으로' 같은 '시선의 이동' 이라기보다는 '선경후정' 이라고 보는 게 맞는 거 아닌가? 그리고 [A]를 '근경에서 원경으로' 라고 보는 건 아예 잘못된 거 같아. 오히려 자연 풍경에서 새로 옮겨가니까 '원경에서 근경으로' 가 아닌가? 꼭 그게 아니더라도, 최소한 '근경에서 원경으로' 는 아닌 거 같아, 확실히.

= 그럼 답이 없는 건데.

— 답지가 2개 더 남았잖아.

= 나머지 답지는 "[A]와 [C]에서 봄은 모두 인간의 유한성을 상징한다"와 "[A]는 [C]와 달리 봄을 겨울과 대조하여 표현하고 있다"야. 이중에 적절한 게 있니?

— 음. '인간의 유한성' 은 [A]와 [C] 둘 다 해당되지 않는 것 같고, '봄을 겨울과 대조' 한 건 둘 다 마찬가지 아닌가? 어라?

= 맞아. 이 두 답지는 선택률도 낮아. 그럼 답이 없다는 거네.

— 그럴 리가.

= 그렇지. 어쨌든 답은 있겠지. 굳이 고르라면, 넌 몇 번을 고를 거 같니?

─ 굳이 고르라면? 음. 4번을 고를 거 같아.

= 왜?

─ 아까 말한 대로, 서글픔이라는 감정이 늙음 자체에 대한 감정일 수는 있어도 , '봄' 이라는 계절과 어떻게 연관되는지가 여전히 애매하기는 해. 하지만 봄이 돼서 산은 과거의 푸른 모습을 다시 드러내는데 화자의 흰 머리카락은 봄바람으로도 녹일 수 없다, 즉 검은 머리카락으로 되돌릴 수 없다는 정도의 의미로 이해하면, 그래도 이 답지가 조금 낫다는 생각은 들거든. 봄이라는 계절이 화자로 하여금 늙어가는 것에 대한 서글픈 감정을 다른 계절보다 더 깊게 불러일으킬 수 있다, 이런 정도로 말이야. 그리고 이 답지는 그나마 이렇게라도 해서 이해할 수가 있는데, 나머지 답지들은 아예 단순한 사실 자체에 어긋나는 거잖아? 그런 것들은 고르기 힘들 거 같아.

= 맞았어.

─ 그런데 이 문제의 정답률이 44%였다는 거니?

= 그래. "[C]는 [A]와 달리 의인화를 통해 봄의 속성을 강조하고 있다"는 답지와 "[A]는 근경에서 원경으로, [C]는 원경에서 근경으로 봄을 묘사하고 있다"는 답지를 고른 아이들이 각각 21%였어. "[A]는 [C]와 달리 봄을 겨울과 대조하여 표현하고 있다"는 답지는 10%의 아이들이, "[A]와 [C]에서 봄은 모두 인간의 유한성을 상징한다"는 답지는 4%의 아이들이 선택했고. 정답률보다 나머지 답지들 모두에 대한 선택률이 더 높았어. 사실 변별도도 떨어지고 문항 설계의 타당성도 낮지만, 어쨌든 이런 문제가 가끔 출제된다는 점에는 주목할 필요가 있어. 네 말대로 [C]의 마지막 행은 늙음을 한탄하는 이른바 '탄로(歎老)'가 그 내용이야. 그런데 많은 아이들은 서

글픔이 늙음 자체에 대한 감정일 수는 있어도, 그 감정이 봄이라는 계절과 어떻게 연관되는지 헷갈려 했어. 그래서 '서글픔'이라는 정서는 모두가 쉽게 파악했지만 그걸 정답으로 고르기를 굉장히 망설인 거지. 봄이라는 계절에 서글픔이라는 감정을 떠올린다는 거 자체가, 아이들 입장에서는 뭔가 자연스럽지 않고 익숙하지 않아서였을 거야. 이렇게 보면, 이 문제는 아이들의 통념이나 익숙함을 역이용하는 방식이 사용된 거로 볼 수 있겠지.

— 아, 익숙함을 역이용하는 방식.

= 그런데 가만히 생각해보면, 봄이라서 더 서글픈 감정이 생기는 경우가 있을 수 있거든. 시한부 인생 같은 거 한번 생각해봐. 오히려 모든 게 죽어 있는 듯 보이는 겨울보다 모든 게 다시 살아나는 봄에 자기 처지가 더 서글퍼질 수 있는 거거든. 문제는 실제 시험장에서 수험생들이 이런 사고를 할 수 있는지, 한다 하더라도 그렇게 하는 데 필요한 막대한 시간 소비를 어떻게 감당할 수 있는지겠지. 답지를 훑어보는 도중에 이게 답인 거 같다는 느낌이 들어서, 처음부터 4번을 답으로 확정한 아이는 단언컨대 한 명도 없었을 거야. "봄이 서글픔을 불러일으킨다"는 표현이 주는 생소함이 너무 크거든. 여기서도 '원칙'을 하나 세우는 게 좋을 거 같아. 문학, 특히 시 문제에서 적절한 것을 찾으라는 긍정발문에서 말이야. _감정 자체는 사실적으로 확인되지만 통념이나 익숙함에 비춰볼 때 뭔가 낯설고 거슬리는 느낌을 주는 답지'와 '작품에 나타난 단순 사실과 일치하지 않는 답지' 사이에 경쟁이 발생하는 경우에는 무조건 전자의 손을 들어 줘야 한다"_ 정도로.

— 단순 사실과 일치하지 않는 건 더 이상 어떻게 해볼 수가 없는 거지만, 통념이나 익숙함에 어긋나는 건 달리 생각해보면 가능해질 수도 있다는 거구나. 특히 문학 쪽에서는 더 그렇다는 말이지?

= 그렇지. 그런데 문제는 그렇게 달리 생각해서 처음에는 익숙하지 않은 걸 이해할 만한 것으로 만들려면 시간이 필요하다는 거야. 문학은 그런 시간이 더 많이 필요한 거고. 그러니까 단순 사실에 어긋나는 답지 4개와 익숙하지 않은 내용의 답지 1개가 있을 경우, 익숙하지 않은 내용이 적절한 것이라고 인정하게 하는 원칙을 가지고 있어야 한다는 거야. 정답률이 크게 낮은 문학 문제의 경우, 이런 방식으로 답지가 구성된 적이 의외로 많거든. 역대 수능 문제를 관찰해보면 말이지. 조금 찜찜하더라도 이런 원칙대로 행동하는 게 그렇게 하지 않는 경우보다 정답률을 몇 배는 높여주니까, 꼭 기억해두렴.

— 그래.

= 이번에는 과학 지문이야. 일단 제시문부터 한번 읽어보렴.

1582년 10월 4일의 다음날이 1582년 10월 15일이 되었다. 10일이 사라지면서 혼란이 예상되었으나 교황청은 과감한 조치를 단행했던 것이다. 이로써 ㉠그레고리력이 시행된 국가에서는 이듬해 춘분인 3월 21일에 밤과 낮의 길이가 같아졌다. 그레고리력은 코페르니쿠스의 지동설이 무시당하고 여전히 천동설이 지배적이었던 시절에 부활절을 정확하게 지키려는 필요에 의해 제정되었다.

그 전까지 유럽에서는 ㉡율리우스력이 사용되고 있었다. 카이사르가 제정한 태양력의 일종인 율리우스력은 제정 당시에 알려진 1년 길이의 평균값인 365일 6시간에 근거하여 평년은 365일, 4년마다 돌아오는 윤년은 366일로 정했다. 율리우스력의 4년은 실제보다 길었기에 절기는 조금씩 앞당겨져 16세기 후반에는 춘분이 3월 11일에 도래했다. 이것은 춘분을 지나서 첫 보름달이 뜬 후 첫 번째 일요일을 부활절로 정한 교회의 전통적 규정에서 볼 때, 부활절을 정확하게 지키지 못하는 문제를 낳았다. 그것이 교황 그레고리우스 13세가 역법 개혁을 명령한 이유였다.

그레고리력의 기초를 놓은 인물은 릴리우스였다. 그는 당시 천문학자들의 생각처럼 복잡한 천체 운동을 반영하여 역법을 고안하면 일반인들이 어려워할 것이라 보고, 율리우스력처럼 눈에 보이는 태양의 운동만을 근거로 1년의 길이를 정할 것을 제안했다. 그런데 무엇을 1년의 길이로 볼 것인가가 문제였다. 릴리우스는 반세기 전에 코페르니쿠스가 지구의 공전 주기인 항성년을 1년으로 본 것을 알고 있었다.

항성년은 태양과 지구와 어떤 항성이 일직선에 놓였다가 다시 그렇게 될 때까지의 시간이다. 그러나 릴리우스는 교회의 요구에 따라 절기에 부합하는 역법을 창출하고자 했기에 항성년을 1년의 길이로 삼을 수 없었다. 그는 춘분과 다음 춘분 사이의 시간 간격인 회귀년이 항성년보다 짧다는 것을 알고 있었기 때문이었다. 항성년과 회귀년의 차이는 춘분 때의 지구 위치가 공전 궤도상에서 매년 조금씩 달라지는 현상 때문에 생긴다.

릴리우스는 이 현상의 원인에 관련된 논쟁을 접어 두고, 당시 가장 정확한 천문 데이터를 모아 놓은 알폰소 표에 제시된 회귀년 길이의 평균값을 채택하자고 했다. 그 값은 365일 5시간 49분 16초였고, 이 값을 채용하면 새 역법은 율리우스력보다 134년에 하루가 짧아지게 되어 있었다. 릴리우스는 연도가 4의 배수인 해를 윤년으로 삼아 하루를 더하는 율리우스력의 방식을 받아들이되, 100의 배수인 해는 평년으로, 400의 배수인 해는 다시 윤년으로 하는 규칙을 추가할 것을 제안했다. 이것은 1만 년에 3일이 절기와 차이가 생기는 정도였다. 이리하여 그레고리력은 과학적 논쟁에 휘말리지 않으면서도 절기에 더 잘 들어맞는 특성을 갖게 되었다. 그 결과 새 역법은 종교적 필요를 떠나 일상생활의 감각과도 잘 맞아서 오늘날까지 널리 사용되고 있다.

— 어렵다.

= 자, 그럼 이 제시문에 딸린 문제 3개를 풀어보자.

— 3문제가 다 정답률 50%대 이하였다는 거야?

= 아니. 한 문제는 82%였고, 나머지 두 문제가 각각 44%, 59%였어.

− 지독한 '분수령 세트' 였구나.

= 그렇지. 자, 문제. 제시문이 이해가 됐든 안 됐든, 전체 답지를 연속적으로 훑어 보렴. 아마 정답의 표지성이 발견될 거야. 제시문 내용이 머릿속에 흔적을 남겨서 겠지.

   윗글의 내용과 일치하는 것은?

   ① 두 역법 사이의 10일의 오차는 조금씩 나누어 몇 년에 걸쳐 수정되었다.
   ② 과학계의 반대에도 불구하고 역법 개혁안이 권력에 의해 강제되었다.
   ③ 릴리우스는 교회의 요구에 부응하여 역법 개혁안을 마련했다.
   ④ 릴리우스는 천문 현상의 원인 구명에 큰 관심을 가졌다.
   ⑤ 그레고리력이 선포된 시점에는 지동설이 지배적이었다.

자, 몇 번이 눈에 들어오니?

− 3번이 괜찮은 거 같은데.

= 그렇다면 어떻게 할 거니? 제시문으로 돌아가지 않고 그냥 그걸 답으로 확정할 거니? 아니면 제시문에서 3번만 확인할 거니? 아니면 다섯 개 답지를 순서대로 일 일이 확인할 거니?

− 글쎄. 그냥 답으로 확정해도 될 거 같은데, 실제 시험이라면 해당 답지만 확인할 수도 있을 거 같아.

= 이 문제가 정답률 82%짜리야. 정답이 아닌 나머지 답지에 대한 선택률은 2, 4,

5, 6%였고. 이 정도 정답률은 고른 답지를 제시문으로 다시 돌아가서 확인하지 않아도, 다시 말해 답지를 전체적으로 훑어볼 때 이미 정답이 확정되기 때문에 나오는 수치야. 결과적으로 말이야. 중요한 건, 이런 문제는 답지를 순서대로 일일이 제시문에서 확인하면 안 된다는 거야. 그렇게 해서 소비되는 시간은 불가피한 것이 아니거든. 그냥 '낭비' 일 뿐이야. 사실 나머지 답지 중에는 의외로 확인하기가 까다로운 것도 있어. 확인하는 과정에서 자칫하면 답이 바뀔 수도 있다는 거지.

— 그래. 알았어.

＝ 두 번째 문제를 보자. 이 문제는 정답률이 44%였어. 그해 시험에서 오답률 4위. 나머지 답지에 대한 선택률은 24, 14, 11, 7%였고.

— 어려운 문제였구나.

＝ 자. 문제를 한번 볼까? 이것도 보기 한 번 읽고 답지를 전체적으로 연속해서 훑어보렴.

위 글과 〈보기〉를 함께 읽은 후의 반응으로 적절하지 않은 것은?

〈보기〉

보름달이 돌아오는 주기를 기준으로 하여 만든 역법인 음력에서는 30일과 29일이 든 달을 번갈아 써서, 평년은 한 해가 열두 달로 354일이다. 그런데 이것은 지구의 공전 주기와 많이 다르므로, 윤달을 추가하여 열세 달이 한 해가 되는 윤년을 대략 19년에 일곱 번씩 두게 된다. 전통적으로 동양에서는 이런 방식으로 역법을 만들고 대략 15일 간격의 24절기를 태양의 움직임에 따라 정해 놓음으로써 계절의 변화를 쉽게 알 수 있게 했다. 이러한 역법을 '태음태양력' 이라고 한다.

① 부활절을 정할 때는 음력처럼 달의 모양을 고려했군.

② 동서양 모두 역법을 만들기 위해 천체의 운행을 고려했군.

③ 서양의 태양력에서도 보름달이 돌아오는 주기를 고려했군.

④ 그레고리력의 1년은 태음태양력의 열두 달과 일치하지 않는군.

⑤ 윤달이 첨가된 태음태양력의 윤년은 율리우스력의 윤년보다 길겠군.

— 음. 뭔 소린지 모르겠다.

= 훑어봤니? 정답의 표지성이 느껴지니?

— 3번이 조금 이상해.

= 왜?

— 태양력인데 보름달이 돌아오는 주기를 고려했다는 게.

= 그래? 그럼 어떻게 할 거니? 그냥 답으로 확정할 거니?

— 그렇게 하기는 힘들 거 같은데.

= 그럼 어떻게 할 거야?

— 제시문도 다시 보고, 답지도 일일이 확인해봐야 할 거 같은데.

= 답지들이 확인이 까다로워. 해당 정보를 찾는 데 시간도 많이 걸리고, 찾은 정보로 추론까지 해야 하거든. 그냥 3번을 답으로 고르면 안 되겠니? 상식적으로도 말

이 안 되잖아. '제시문'에 나온 서양의 '태양력'은 태양의 움직임을, '보기'에 나온 동양의 '태음태양력'은 달의 주기에 태양의 움직임을 더했다는 정도잖아. 서양의 태양력이 달의 주기를 고려했다는 건 어쨌든 답지 표현 간에 부조화가 큰 거잖아. 다른 대상을 설명하는 표현이 마치 그 대상을 설명한 것처럼 등장한 거.

– 아니지. 1번 답지도 부활절을 정할 때는 음력처럼 달의 모양을 고려했다고 하잖아? 부활절은 서양의 절기고. 그렇다면 서양의 태양력도 결국 '달의 모양'하고 관련되는 거 아닌가?

= 그건 달력에 관한 게 아니잖아? 교회의 전통적인 규정일 뿐이지. 달력이 '달의 모양'하고 관련이 됐다면, 그게 어떻게 '태양력'이니? '태음력'이지.

– 아, 헷갈리는데.

= 정답률 44%가 괜히 나온 게 아니지. 자, 쉽게 가보자. 릴리우스의 '그레고리력'이든 그전의 '율리우스력'이든, '달'하고는 아무 상관이 없는 거야. 서양의 달력들은 모두 '태양력'이니까 말이지. 태양의 움직임만으로 만든 달력이라는 거야. 그런데도 뭔가 서양 태양력이 달과 관련된 거 같은 느낌을 받게 되는 이유는 "춘분을 지나서 첫 보름달이 뜬 후 첫 번째 일요일을 부활절로 정한 교회의 전통적 규정"이라는 내용 때문이야. 여기서도 중요한 건 '보름달'이 아니라 '춘분'이야. 그 전의 율리우스력이 가진 오차가 계속 쌓이다보니, 춘분이 되는 날짜가 실제보다 앞당겨졌다는 거거든. 춘분은 지구가 공전궤도 상에서 차지하는 위치잖아. 그런데 춘분을 지나서 첫 보름달이 뜬 후 첫 번째 일요일을 부활절로 정한 교회의 전통적인 규정에서 볼 때, 이런 오차는 부활절을 정확하게 지키지 못하게 만드는 문제를 낳았다는 거지. 실제 춘분 날짜와 달력상의 춘분 날짜가 서로 달랐다는 거야. 그래서 교황이 달력의 날짜를 바꿔서 그동안 쌓인 10일의 오차를 '한방'에 해결했다는 거야.

— 아.

= 문제는 "춘분을 지나서 첫 보름달이 뜬 후 첫 번째 일요일을 부활절로 정한 교회의 **전통적 규정**"이라는 표현이, 서양 달력도 '달' 하고 뭔가 관련이 된다는 느낌을 준 거야. 1번 답지가 그런 느낌을 강화시키는 역할을 했고.

— 이해는 되는데, 실제로 이런 문제를 만나면 굉장히 고민하게 될 거 같아.

= 물론 내가 지금까지 말한 사고 과정을 통해서 결국 달의 모양과 서양의 태양력 은 아무 상관이 없다는 결론에 도달하면, 확실하게 3번을 고르게 되겠지. 하지만 이런 사고를 하기 위해 필요한 시간이 하늘에서 '뚝' 하고 떨어지는 건 아니잖아? 그리고 솔직히 말하면, 시간을 소비한다고 해서 이렇게 정확한 추론을 할 거라는 보장도 없어. 실제 정답을 선택한 아이들도 그런 과정을 거쳐서 답을 고른 게 아니 고. 아마 많은 경우 '태양력'과 '보름달'이라는 두 단어가 주는 부조화에 주목해 서, 다소 찜찜하지만 정답을 확정했을 거야. 그 정도가 사실상 수험생이 도달할 수 있는 최고 수준의 대응이기도 했고 말이지.

— 그래? 그런데 그렇게 하려면 엄청난 용기가 필요하겠는데.

= 맞아. 처음에 발견된 정답의 표지성을 믿고 그대로 갈 수 있는 '용기'가 있어야 겠지. 그리고 아마 그런 용기는 표지성을 발견한 자신의 '감'에 대한 높은 '신뢰' 와 나머지 답지들에 대한 적극적인 '무시'에서만 나올 수 있는 걸거야.

— 음.

= 다음 문제도 풀어보자. 답지를 전체적으로 훑어보렴.

⊙(그레고리력)과 ⓛ(율리우스력)을 비교한 설명으로 적절한 것은?

① ⊙과 ⓛ에서 서기 1700년은 모두 윤년이다.
② ⊙은 ⓛ보다 더 정확한 관측치를 토대로 제정되었다.
③ ⊙을 쓰면 ⓛ을 쓸 때보다 윤년이 더 자주 돌아온다.
④ ⓛ은 ⊙보다 절기에 더 잘 들어맞는다.
⑤ ⓛ은 ⊙보다 나중에 제정되었지만 더 보편적으로 쓰인다.

답지 전체를 연속적으로 훑어봤을 때 몇 번이 답 같니? 제시문에서 다시 확인하기 전에 말이지.

— 2번이 괜찮은 거 같은데.

＝ 왜?

— 그레고리력이 율리우스력보다 나중에 만들어진 거잖아. 제시문 전체 내용도 그레고리력이 더 정확하다는 이야긴 거 같고. 상식적으로 생각해도 당연한 거 아닌가?

＝ 좋아. 다른 답지는?

— 다른 답지에서는 2번 같은 느낌이 안 와. 4번하고 5번 답지는 오히려 거꾸로 율리우스력이 더 좋다는 말이잖아. 1번하고 2번 답지는 일일이 확인해야 맞는지 틀리는지 알 수 있을 거 같고.

＝ 좋아. 실제 시험이라면 어떻게 할 거 같니? 제시문으로 돌아가지 않고 2번을 그대로 답으로 확정할 거니? 아니면 2번 답지 내용만 제시문에서 확인할 거니? 아니

면 순서대로 일일이 제시문에서 확인할 거니?

— 글쎄. 보통 때 같으면 순서대로 일일이 확인할 거 같은데, 네 이야기를 듣다보니 2번만 제시문에서 확인하는 게 좋을 거 같아. 제시문으로 돌아가지 않고 그대로 확정하는 건 조금 무모한 거 같아.

= 좋아. 확인해봐.

— 음. 마지막 단락 앞부분에 "릴리우스는 당시 가장 정확한 천문 데이터를 모아 놓은 알폰소 표에 제시된 회귀년 길이의 평균값을 채택하자고 했다"는 말이 있네. 그레고리력은 릴리우스가 기초를 놓았으니까, 이걸 말하는 건가?

= 그래. 아마 제시문을 읽는 동안 "릴리우스는 당시 가장 정확한 천문 데이터를 모아 놓은 알폰소 표를 채택하고자 했다"는 내용이 네 머릿속에 흔적을 남겼을 거야. 물론 답지 표현이 약간 변형은 됐지. '천문 데이터'가 '관측치'로. 하지만 이 정도는 크게 문제되는 수준은 아니잖아? 거기에 더해서 2번 답지가 가진 정답의 표지성, 그러니까 상식에 부합한다, 전체 내용과의 연관성(어쨌든 그레고리력이 율리우스력보다 낫다는)이 높다, 정보성이 상대적으로 낮다 같은 것들이 복합적으로 작용해서 아마 2번이 눈에 들어왔을 가능성이 높아. 표지성에 확신을 갖지 못해 제시문에서 확인을 하더라도 일단 2번 답지를 잠정적인 정답으로 인정한 상태라면, 해당 답지의 적절성만 판단하면 되기 때문에 시간적으로도 큰 낭비는 없었겠지. 모든 답지의 적절성을 순서대로 하나하나 점검하겠다는 태도는, 이런 성격의 제시문에 대한 대응으로는 매우 부적절한 거야. 항상 말하지만 오답을 제거한 후 남는 답지를 고르는 것보다 문제에 접해 곧바로 답을 고르고, 그것만 확인하는 게 백배는 바람직한 거거든. 물론 이런 과감함에는 불안도 따르겠지만 '이 정도면 답이다'라는 느낌 없이는, 그리고 그런 느낌이 왔을 때 다른 답지에 유혹당하지 않겠다는 의도

적이고 적극적인 무시 없이는, 시간 부족 문제가 결코 해결되지 않아. 결국 고득점도 불가능한 거고. 이건 그냥 하는 말이 아니야.

— 그래. 그런데 이 문제는 정답률이 59%까지 떨어질 정도는 아닌 거 같은데, 왜 그랬지? 그리고 1, 3번 답지는 수학 문제 같아. 아, 그러고 보니까 정답률이 44%인 앞 문제도 4, 5번 답지가 계산 문제였어.

= 그래. 정답률이 59%까지 떨어질 정도의 문제는 아니었지. 아마 심리적인 이유 때문이었을 거야. 바로 앞의 정답률 44% 문제에서 받은 충격이 그대로 이어졌다고 봐야겠지. 문제를 제대로 해결하지 못했다는 느낌이 주는 '후유증' 같은 거. 그리고 네 말대로 '산수 같은' 답지가 주는 부담감도 적지 않았어. 특히 문과 쪽 아이들한테는 말이지. 재미있는 건 이 문제에서 16%라는 가장 높은 선택률을 보인 오답이 3번이라는 거야. "그레고리력을 쓰면 율리우스력을 쓸 때보다 윤년이 더 자주 돌아온다"는 답지 말이지. 4의 배수, 100의 배수, 400의 배수 같은 산수가 필요한 답지. 더 재미있는 건 정답률이 44%가 나온 앞 문제에서도 24%라는 가장 높은 선택률을 보인 오답이 4번이었다는 거야. "윤달이 첨가된 태음태양력의 윤년은 율리우스력의 윤년보다 길겠군"이라는 답지. 산수가 또 필요했지. 그런데 태음태양력의 윤년은 열두 달이 아니라 열세 달이거든. 태음태양력의 1년이 354일이고 한 달이 29일이거나 30일이니까, 태음태양력의 윤년은 380일이 훨씬 넘는 거야. 율리우스력의 윤년은 평년에 하루를 더한 366일이고. 사실 산수라고 할 것도 없는 건데, 아까 말한 대로 정답이 안 보이니까 뭔가 계산이라도 해야 할 거 같은 부담감이 생겼던 거야. 그나마 산수도 제대로 하지 못하면서 말이지. 반드시 그렇다고는 말 못 하지만, 수능 국어 시험에서 이런 산수가 필요한 답지는, 괜히 수험생들에게 부담을 주려는 오답일 수는 있어도 정답이 된 경우는 거의 없어. 산수가 필요 없는 답지를 더 주목해야 해. 재미삼아 기억해두렴.

— 알았어. 재미있는 현상이네. 어쨌든 앞 문제에서 받은 심리적인 타격이 뒤 문제로까지 이어졌다는 거지?

= 그래. 국어는 다른 과목에 비해서 심리적 요인이 많이 작용해. 주의할 필요가 있어. 자, 이번에는 정답률 24, 28%를 기록한 세트를 풀어보자. 언어학 제재였어. 38번과 39번.

— 24, 28%? 그 정도면 그냥 찍어도 나오는 정답률 아닌가? 이건 거의 '악마적'인 분수령 세트였네.

= 그렇지. 결국 대다수 아이들이 그냥 찍었다는 거지. 시간만 잔뜩 쓰고 말이야. 제시문부터 읽어보렴.

오늘날 단일어로 여겨지는 '두더지'는 본래 두 단어가 결합한 말이다. '두더'는 무엇인가를 찾으려고 샅샅이 들추거나 헤친다는 뜻을 지닌 동사 '두디다'(〉뒤지다)에서 왔으며, '지'는 '쥐'가 변화된 것이다. 따라서 두더지는 '뒤지는 쥐'라는 뜻을 갖는 합성어였다.

'뒤지는 쥐'라고 하면 이해하기 쉽지만 '뒤지쥐'라고 하면 어색하게 느껴진다. 그것은 '뒤지쥐'가 마치 '달리는 차'를 '달리차'라고 하는 것과 같기 때문이다. '뒤지는 쥐'나 '달리는 차'는 국어에서 단어가 둘 이상 결합된 단위인 구(句)를 만드는 방법을 따르고 있으므로 우리에게 자연스럽게 받아들여진다.

구를 만드는 이러한 방법은 합성어를 만드는 데에도 적용된다. 체언과 체언이 결합한 ⓐ'호두과자', 관형사와 체언이 결합한 '한번', 부사와 용언이 결합한 '잘생기다', 용언의 관형사형과 체언이 결합한 ⓑ'된장', 체언과 용언이 결합한 '낯설다', 용언의 연결형과 용언이 결합한 '접어들다' 등은 구를 만드는 것과 같은 방법을 따라 만들어진 합성어들로 이를 통사적 합성어라고 한다.

반면에 이런 방법을 따르지 않고 만들어진 합성어들도 있다. 두 개의 용언 어간끼리 결합한 ⓒ'오르내리다'와 용언 어간에 체언이 직접 결합한 ⓓ'밑상'이 그 예이다. 또한 '깨끗하다'의 '깨끗'과 같이 독립적인 쓰임을 보이지 않는 어근인 '어둑'에 체언이 결합한 ⓔ'어둑새벽', 그리고 ㉠'귀엣말'과 같이 부사격 조사 '에'와 관형격 조사였던 'ㅅ'의 결합형이 포함된 단어 등도 구를 만드는 방법을 따르지 않는 경우이다. 이러한 합성어를 비통사적 합성어라고 한다.

'두더지'는 본래 용언 어간에 체언이 직접 결합했으므로 비통사적 합성어였다. 그러나 '두디쥐〉두더지'의 어형 변화로 이제는 이것이 합성어였음을 알아차리기 쉽지 않다. '숫돌' 또한 본래 용언 '뽗다'(비비다)의 어간에 체언 '돌'이 직접 결합해 만들어진 비통사적 합성어였다. 그러나 '뽗〉숫'의 형태 변화와 더불어 동사 '뽗다'의 소멸로 이 단어의 원래 짜임새를 알기 어렵게 되었다.

자, 문제 나갑니다. 답지는 '정독'이 아니라 '통독'이야!

윗글에 대한 이해로 가장 적절한 것은?

① 본래 단일어였던 '두더지'는 현재 합성어로 인식된다.
② 결합되는 단어의 수는 합성어의 유형 구분에 기준이 된다.
③ 구(句)와 합성어가 만들어지는 방식에는 서로 차이가 없다.
④ '숫돌'을 형성했던 용언은 품사가 바뀌는 언어 변화를 겪었다.
⑤ 언어 변화는 단어의 짜임새를 파악하기 어렵게 만들기도 한다.

자. 답지를 전체적으로 훑어보면, 몇 번이 눈에 들어오니?

― 5번.

= 어떤 느낌이니. 확실하다는 느낌이니?

— 아니. 확실하다는 느낌보다는 '무난하다' 나 '괜찮다', '전체적인 내용과 연관성
이 높다' 정도야. '제시문 후반부에서 본 것 같다' 는 느낌도 있고.

= 제시문을 읽는 동안 머릿속에 남겨진 흔적이 작동해서 그런 거겠지. 그럼 어떻
게 할 거니? 제시문으로 다시 돌아가지 않고 그대로 확정할 거니? 아니면 5번 답지
만 제시문에서 확인할 거니? 그것도 아니면, 순서대로 일일이 확인해서 하나하나
제거해 나갈 거니?

— 그대로 가도 괜찮을 거 같은데. 3번이 약간 찜찜하기는 한데, '서로 차이가 없
다' 는 표현이 조금 '단정적' 인 것 같아. 네가 단정적이라는 건 '적절하지 않다' 는
표지성이라고 했잖아? 이 문제는 적절한 걸 찾아야 하는 문제고.

= 그래, 잘했어. 제시문을 보면 '구' 를 만드는 방법으로 만들어지는 합성어는 '통
사적 합성어', 구를 만드는 방법을 따르지 않고 만들어지는 합성어는 '비통사적 합
성어' 라고 돼있거든. 이걸로 가면 충분해. '구' 가 뭔지 '통사' 라는 말이 뭔지 몰라
도 전혀 상관없어. 사실 이런 개념을 이미 알고 있는 상태에서 이 문제를 푼 아이도
거의 없었고, 제시문 읽으면서 그 의미를 제대로 파악한 친구도 없었으니까 말이
지. 굳이 설명하자면 '구' 는 둘 이상의 단어가 모여 문장의 일부분을 이루는 토막
을 말하는 거고, '통사' 는 그냥 '문장' 의 또 다른 표현이야. 예를 들어볼게. '넘다'
와 '서다' 라는 두 단어로 '구' 를 만들면 '넘어서다' 가 되거든. 그런데 '넘어서다'
라는 '구' 는 한편으로 '합성어' 이기도 한 거야. 그렇다면 '넘어서다' 라는 합성어
가 만들어진 방법은 '넘어서다' 라는 구가 만들어진 방법과 같은 건데, 이런 걸 두
고 '통사적 합성어' 라고 부른다는 거지. 그런데 이번에는 '넘다' 와 '보다' 라는 두
단어가 있다고 해보자. 이 두 단어로 구를 만들면 '넘어보다' 잖아. 하지만 '넘다'
와 '보다' 라는 똑같은 두 단어를 가지고 만든 합성어 중에는 '넘보다' 라는 게 있거
든. 이건 재료는 똑같지만, 구가 만들어진 방법과는 다르게 만들어진 거잖아. 이런

걸 '비통사적 합성어'라고 부르는 거야. 어쨌든 구가 만들어지는 방식하고 합성어를 만드는 방식에는 차이가 있다는 거지. 말하자면 구가 만들어지는 방식은 하나지만, 합성어가 만들어지는 방식은 구가 만들어지는 방식과 같은 것도 있고, 다른 것도 있다는 이야기야.

— 듣고 보니, 엄청 복잡하다.

= 맞아. 이런 정도의 판단을 하려면 제시문으로 돌아가서 정말 꼼꼼히 확인해야 하거든. 또 그렇게 꼼꼼히 확인한다고 해서 이 정도 판단에 도달할 거라는 보장도 사실은 없어. 3번 답지는, 내용이 맞는지 틀리는지 판단하는 데 필요한 언어 단위가 한 군데 몰려있는 게 아니라 제시문 전체에 흩어져 있거든. 거기에다 그 정보를 모두 종합까지 해야 판단이 가능한 거고. 물론 너는 천만다행으로 '서로 차이가 없다'는 '단정적 표현'으로 적절하지 않다는 판단을 참 '쉽게' 내렸지만 말이지. 다른 답지들도 확인하기로 마음먹으면 하나하나가 절대 만만치 않은 것들이야.

— 맞아. 그럴 거 같아.

= 그럼에도 불구하고 대다수 아이들은 이런 세부 정보를 확인하거나 그걸 가지고 추론하기에 앞서 5번 답지의 무난함을 먼저 느꼈다는 거, 내가 정말 하고 싶은 이야기는 그거야. 정작 제시문은 '장난 아니게' 어려운 데도 말이지. 여기서도 여전히 중요한 건 처음 본 정답의 표지성을 신뢰하고, 그 신뢰를 바탕으로 나머지 답지에 대한 번거로운 확인 과정을 생략하거나 최소화하는 거겠지. 실제 시험장에서 정말 필요한 건 다소 부족하더라도 표지성을 믿고 정답을 확정할 수 있는 '용기'라는 말이야.

— 가만, 이 문제가 정답률이 20%대밖에 안 됐다는 거야? 그 정도는 아닌데.

= 아니지. 이 세트에 세 문제가 있었거든. 나머지 두 문제가 24%, 28%였어. 이건 그냥 '보너스'로 풀어보라고 한 거야.

— 정답률은 어떻게 되는데?

= 80%.

— 음. 생각보다 높네.

= 그렇지? 제시문의 생소함이나 까다로움으로 보면, 정답률 80%가 나올 수 없는 문제였지. 앞에서 장황하게 설명했던 거처럼, 오답지들도 막상 확인하기로 하면 확인이 잘 안 되는 내용이었고. 그나마 정답률 80%가 나온 이유는 딱 하나, 5번이 가진 정답의 표지성 때문이었어. '무난하다'거나 '제시문과 연관성이 높다'거나, '정보성이 낮다'거나, '추론이 짧다'거나, '제시문 후반부에서 본 것 같다'는 느낌. 특히 결정적 정보가 제시문 맨 마지막에 있으면 정답률이 높아지는 경우가 많거든. 반대로 그런 정보가 제시문 맨 앞에 있으면 정답률이 떨어지는 경우가 의외로 많고. 제시문 맨 앞은 일종의 '사각지대', 제시문 맨 뒤는 '안 사각지대'가 된다는 거지. 하여튼 이렇게 아이들이 정답의 표지성을 알아본 건 제시문에 대한 이해도와도 크게 상관이 없었어. 아마 출제자들은 이 문제의 예상 정답률을 80%보다는 한참 낮게 잡았을 걸. 그리고 아이들도 만약 답지를 순서대로 일일이 확인했다면 반드시 시간을 많이 소비했을 테고. 또 그 과정에서 5번이 아닌 다른 답지가 선택될 가능성도 무척 높았어. 하지만 대다수 아이들이 '다행스럽게도' 그렇게 안 했기 때문에 오히려 80%라는 '의외로' 높은 정답률이 나온 거야. 그러니까 너도 80%의 아이들처럼 하면 되는 거야. 제시문 읽고 나서 답지를 전체적으로 훑어봐야 정답의 표지성이 눈에 들어온다는 말, 다시 한번 기억하렴.

- 그래.

= 자, 그럼 본격적으로 정답률 24%에 도전해보자. 문제를 그대로 옮겨볼게.

〈보기〉와 ㉠(귀엣말)을 통해 탐구한 내용으로 적절하지 않은 것은?

〈보기〉

[15세기] 그 새 거우루엣 제 그르멜 보고(《석보상절》 권24)
[오늘날] 그 새가 거울에 있는 제 그림자를 보고

① '귀엣말'의 '귀엣'과 '거우루엣'은 그 짜임새가 같군.
② 15세기에는 '거우루엣 그르멜'과 같은 구성도 자연스럽게 쓰였겠군.
③ 15세기라면 '귀엣'과 '말' 사이에 다른 말이 들어가 구(句)가 만들어질 수도 있었겠군.
④ '거우루엣'의 '엣'은 오늘날 '귀에 걸다'의 '에'와 같은 기능을 하는군.
⑤ '귀엣말'이 15세기에도 합성어였다면 통사적 구성 여부를 기준으로 볼 때 시대에 따라 다른 유형의 합성어로 이해될 수 있겠군.

자. 답지를 한번 훑어봤다고 치자. 답 같은 게 보이니?

- 안 보여. '전혀' 안 보여.

= 그럼 어떻게 할 거니. 안 풀고 그냥 넘어갈 거니? 아니면 제시문에서 정보를 확인하고 그걸로 한번 추론을 해볼 거니?

- 안 풀고 그냥 넘어가라고? 지금 장난하니? 하지만 제시문을 봐도 쉽지 않을 거 같은 느낌이 '마구' 드는데. 굉장히 불길한 느낌이야.

= 이 문제 정답률이 24%야. 아이들이 가진 보편적인 '감'에 비춰도 정답의 표지성은 발견되지 않아. 그러니까 정답률 24%가 나온 거고. 앞의 정답률 80% 문제와 비교해 보면 그 느낌의 차이가 잘 드러날 거야. 매력적인 오답이 2개 있는데 선택률이 각각 40%, 23%야. 한 오답이 정답률보다 2배 정도 높은 선택률을, 또 하나의 오답은 정답률과 비슷한 선택률을 기록한 거야. 게다가 나머지 오답까지 모두 합치면 오답률이 무려 76%나 되는 문항이었어. 사실 난이도나 변별도에서 크게 실패한 문항이야. 맞느냐 틀리느냐보다 시간을 많이 썼느냐 덜 썼느냐가 더 중요한 문제였다는 거지. 그래서 내가 "안 풀고 넘어갈 거냐"고 물어본 거야. 내가 왜 너한테 장난을 치겠니? 이런 '포스'를 풍기는 문제는 1분 이내에 정답을 판단할 수 없다면 과감하게 다른 문항으로 '도망치는' 게 오히려 현명한 거야. 잘못하면 '지옥행 급행열차'에 올라타게 될 테니까. 아까도 말했지만, 많은 아이들이 지옥행 급행열차를 타도 언제든 자기가 원하기만 하면 뛰어내릴 수 있다고 생각하거든. 하지만 수많은 실증적 사례는 그게 아이들만의 착각이라는 사실을 '어김없이', 그리고 '처참하게' 보여준단 말이지. 정말 조심해야 해.

— 이런 문제는 도저히 못 푸는 거니?

= 어려워. 하지만 굳이 푸는 방법을 말하라면, 이런 정도야. 거우루엣의 '엣'은 현대어로 하면 (거울) '에의' (부사격 조사 '에' + 관형격 조사 'ㅅ')거든. 현대 국어에서 관형격 조사는 '의'밖에 없어. 하지만 제시문을 보면 거우루엣은 현대어로 거울에 '있는'으로 번역돼있지? 'ㅅ'이 '있는'으로도 해석된다는 거야. 어쨌든 '귀엣말'은 '귀에의 말'로 바꾸거나 '귀에 있는 말'로 바꿀 수 있다는 거잖아. '귀에의 말'이나 '귀에 있는 말'은 표현은 조금 생소하지만, 그래도 어떤 느낌은 들잖아? 하지만 4번 답지에서처럼 "'거우루엣'의 '엣'은 오늘날 '귀에 걸다'의 '에'와 같은 기능을 한다"고 보면, 그건 '귀에의 걸다'라는 표현이나 '귀에 있는 걸다'라는 표현도 가능하다는 건데 이건 도저히 인정할 수가 없잖아? '귀에의 걸다', '귀에

있는 걸다', 이게 도대체 말이니 막걸리니?

─ 그런데 4번 답지에 나온 '에' 와 같은 기능이라는 말은 뭐니?

= 거우루엣에서 '엣' 은, 부사격 조사 '에' 와 관형격 조사 'ㅅ' 의 결합형으로, '그름' (그림자의 옛말) 같은 체언(명사)을 수식하는 기능을 한다는 거야. '귀엣말' 에서도 '엣' 은, 뒤에 나오는 '말' 이라는 체언을 수식하는 거고. 그런데 '귀에 걸다' 의 '에' 는, 오직 부사격 조사로 '걸다' 라는 용언(동사, 형용사)을 수식하는 기능을 한다는 거지. 그래서 '엣' 과 '에' 는 그 기능이 다른 건데, 답지에서는 같은 기능을 한다고 했으니까, 틀린 거지.

─ 아.

= 40%가 선택한 3번 답지는, 15세기에는 '거우루엣 제 그르멜' 이 쓰인 걸로 봐서 '귀엣' 과 '말' 사이에도 '제' 같은 다른 말이 들어갈 수 있었다는 거야. 맞는 말이지. 5번 답지는 현재 '귀엣말' 은 비통사적 합성어로 분류하지만, 만약 15세기에는 '거우루엣 제 그름(그림자)' 같은 구가 일반적으로 쓰였다면 통사적 합성어로 볼 수도 있다는 거고. 그게 아니라면 '귀엣말' 은 15세기 당시에는 비통사적 합성어였지만, 현재에는 단일어로 인식되니까 "시대에 따라 다른 유형의 합성어로 이해될 수 있다"고 판단할 수도 있겠고. 둘 중 어느 거 때문에 맞는지는 나도 잘 모르겠지만, 어쨌든 맞는 말이라는 거야.

─ 허.

= 이 문제를 통해서 내가 진짜 하고 싶은 말은 따로 있어. 이런 '구차한' 설명이나 '뒷북 때리는' 해설을 하려는 게 아니고 말이지. 시험 보고 난 다음에 1시간 정도

머리를 싸매고 해도 될까 말까 한 이런 사고 과정, 이런 과정을 거친 다음 4번을 정답으로 고른 아이가 과연 몇 명이나 있었겠냐는 거야. 사실 24%라는 정답률은 그냥 찍어도 나오는 수치거든. 만약 실제로 이 문제를 '찍지' 않고 앞에서 말한 사고 과정을 모두 거쳐서 정답을 선택한 아이가 있다면, 난 그 아이를 '닥치고' 존경할 거야. 그래도 될 만큼 대단한 친구라고 생각하거든. 그런 게 아니라면, 아마 " '귀에 의 걸다' 라는 표현이나 '귀에 있는 걸다' 라는 표현은 도저히 인정할 수 없다" 정도의 판단으로 답을 골랐겠지. 그나마 이렇게 푼 아이들도 채 5%가 안 될 거 같고 말이지. 이 정도가 실제 시험장에서 아이들이 도달할 수 있었던, 그나마 가장 높은 수준이라고 보는 게 솔직히 말해 맞을 거야.

— 이런 '포스' 를 풍기는 문제를 괜히 어떻게 해보려고 하다가는 자칫 지옥행 급행열차에 올라 탈 수도 있다는 거구나. 그렇다면 차라리 도망치는 게 낫다는 거고.

= 맞아. 다시 말하지만 국어 시험에서는 시간을 과도하게 소비해서 맞는 거보다 시간 소비를 최소화하고 틀리는 게, 결과적으로 더 바람직한 경우가 있거든. 바로 이런 경우. 이런 '감당이 불감당' 인 문제를 빨리 알아보는 '감' 과 '안목' 이 필요한 것도 문제를 맞히려고 그러는 게 아니라, 문제로부터 빨리 도망치려는 데 그 목적이 있는 거야. 전에도 말했지만 수능 국어 영역은 절대 자존심을 세울 시험이 아니거든. 당연하잖아? 배점 외에는 어떤 가중치도 주지 않잖아? 안 풀리는 문제를 죽어라고 붙들고 있어야 할 이유가 도대체 뭐냐는 거지. 시간이 남으면 다시 돌아올 수도 있고, 돌아오지 못한다 하더라도 그건 어쩔 수 없는 거야. 어차피 이런 문제는 많아야 한두 문제고, 틀려도 1등급은 나올 수 있는 거니까 말이지. 그렇게 걱정할 필요는 없어. 이런 문제에서 시간의 소비는 절대 정답이 분명해지는 쪽으로 작용하지 않아. 오히려 반대 방향으로 작용할 가능성이 훨씬 높지. 말 그대로 치명적인 '시간의 낭비' 야. 수험생에게 그 시간은 자신의 잘못된 선택을 합리화하는 데 사용될 뿐이고. 결과적으로 항상 그래.

— 그래. 잘 알았어.

= 자 그럼, 정답률 28%짜리 문제를 한번 풀어보자.

다음과 같이 가상의 순화어를 만들 때, ⓐ~ⓔ 중 합성어 형성 방법을 잘못 적용한 것은?

바꿀 말	재료가 되는 말	방법	가상의 순화어	
샤프펜슬	▷가락 ▷빼빼하다 ▷연필	ⓐ ⓑ	가락연필 빼빼한연필	… ① … ②
스캔하다	▷읽다 ▷갈무리하다	ⓒ	읽어갈무리하다	… ③
스파게티	▷부드럽다 ▷새큼달큼하다 ▷국수	ⓓ ⓔ	부드럽국수 새큼달큼국수	… ④ … ⑤

— 이게 뭐야? 이런 말이 있기는 있니?

= 발문에서 '가상의 순화어'라고 했잖아? 외래어를 순우리말로 바꿔본 거지. '가상'으로 말이야.

— 꼭 이렇게까지 해야 하나? 너무하네.

= 이건 정답 선택률이 28%였고, 나머지 답지에 대한 선택률은 각각 28, 24, 17, 3%였어. 정답을 포함한 다섯 개 답지로 선택이 골고루 퍼진 경우야. '심하게' 골고루.

— 음.

= 자. 답지를 전체적으로 훑어보렴. 답 같은 게 보이니?

— 안 보여. 표현 자체가 태어나서 처음 본 것들이야. 어휘 문제 때문에 만점이 안 나온다는 게 이런 거니?

= 꼭 그런 건 아니지만, 대충 맞아. 제시문과의 일치 여부를 떠나 매우 낯설다는 느낌, 생전 처음 본다는 느낌 때문에 정답 여부를 판단하기가 힘들었어. 어려운 어휘나 어법 문제의 경우 항상 문제되는 것은 수험생의 '익숙함'이라고 했잖아. '지식'이 아니라는 말이지. 아이들이 가진 어휘나 어법 지식의 수준은 대부분 비슷하거든. 말도 못 하게 낮은 수준. 문제는 지식의 수준은 그렇게 말도 못 하게 낮은 아이들이, 어설픈 '익숙함'으로 문제를 해결하려고 시도한다는 데 있어. 물론 그런 시도는 대부분 실패로 결론 나지. 그것도 시간만 잔뜩 쓰고 말이야.

— 답이 몇 번이니?

= 3번이야.

— 왜?

= '오르내리다'는, 용언의 어간 '오르'와 용언 '내리다'가 결합된 비통사적 합성어야. 같은 방법으로 '읽다'와 '갈무리하다'를 결합해서 합성어를 만들면 '읽갈무리하다'가 되는 거지. 언뜻 보기에 정말 '이상한' 말이 되는 거야. '읽어갈무리하다'는 용언의 연결형 '읽어'와 용언 '갈무리하다'가 결합한 말이니까, 제시문에 나온 '접어들다'와 같은 방법으로 만든 합성어지. '오르내리다' 같은 방법이 아니라는 거야. 이건 '구'를 만드는 방법과 같은 거니까 '비통사적 합성어'가 아니라 '통사적 합성어'야. '오르내리다'도 '오르고내리다'가 되면 구를 만드는 방법과

같아지니까 '통사적 합성어'가 되겠지.

― 아.

= 통사적 합성어하고 비통사적 합성어의 차이를 미리 알고 있었고, 체언과 용언, 용언의 연결형, 관형사를 구분할 정도의 어법 지식이 있었다면 조금 수월했을지도 몰라. 그렇다면 답지를 보는 도중에 3번이 제시문 내용과 불일치한다는 느낌을 조금 강하게 받을 수도 있었겠지. 문제는 그럼에도 불구하고 정답지를 포함한 답지의 표현이 너무 생소해서, 답을 확정하기가 머뭇거려졌을 거라는 거야.

― 그럼, 어떻게 해야 하니?

= 합성어나 파생어, 용언, 체언, 어간, 어미, 어근, 접사 같은 문법 개념은 반드시한 번 암기학습을 할 필요가 있어. 서점에 가면 얇게 나온 어법 교재가 많거든. 마음만 먹으면 하루나 이틀 만에도 다 볼 수 있어. 물론 '어법'은 일상에서 자주활용되는 지식이 아니기 때문에 시간이 지나면 또 까먹겠지만 말이지. 그러니까한 번 보고 끝내는 게 아니라 몇 번 반복학습을 하는 쪽으로 방향을 잡는 게 좋을거야.

― 암기학습이라.

= 하지만 암기학습이 이뤄졌다고 해서 이런 문제를 반드시 맞힐 거라는 보장은없어. 이 문제는 어법이나 어휘적 지식을 요구하는 데서 더 나아가, 아이들이 지닌익숙함을 역이용하기까지 한 거거든. 암기적 지식을 갖고 있는지 여부나 제시문과의 일치 여부를 떠나, 어휘 자체를 생전 처음 본다는 느낌 때문에 페이스가 흔들리게 되는 경우라는 거야.

— 아, 아이들이 가진 '익숙함'이라는 게 또다시 '대참사'를 불러온 원인이 된 거구나.

= 자, 다음 문제도 풀어보자. 경제 지문이었는데, 정답률은 40%였어. 45번 문제. 제시문부터 보렴. 제시문 읽고, 답지 5개를 전체적으로 훑어보렴.

채권은 사업에 필요한 자금을 조달하기 위해 발행하는 유가증권으로, 국채나 회사채 등 발행주체에 따라 그 종류가 다양하다. 채권의 액면 금액, 액면 이자율, 만기일 등의 지급조건은 채권 발행 시 정해지며, 채권 소유자는 매입 후에 정기적으로 이자액을 받고, 만기일에는 마지막 이자액과 액면 금액을 지급받는다. 이때 이자액은 액면 이자율을 액면 금액에 곱한 것으로 대개 연 단위로 지급된다. 채권은 만기일 전에 거래되기도 하는데, 이때 채권 가격은 현재가치, 만기, 지급불능 위험 등 여러 요인에 따라 결정된다.

채권 투자자는 정기적으로 받게 될 이자액과 액면 금액을 각각 현재 시점에서 평가한 값들의 합계인 채권의 현재가치에서 채권의 매입가격을 뺀 순수익의 크기를 따진다. 채권 보유로 미래에 받을 수 있는 금액을 현재가치로 환산하여 평가할 때는 금리를 반영한다. 가령 금리가 연 10%이고 내년에 지급받게 될 금액이 110원이라면 110원의 현재가치는 100원이다. 즉 금리는 현재가치에 반대 방향으로 영향을 준다. 따라서 금리가 상승하면 채권의 현재가치가 하락하게 되고, 이에 따라 채권의 가격도 하락하게 되는 결과로 이어진다. 이처럼 수시로 변동되는 시중 금리는 현재가치의 평가 구조상 채권 가격의 변동에 영향을 주는 요인이 된다.

채권의 매입 시점부터 만기일까지의 기간인 만기도 채권의 가격에 영향을 준다. 일반적으로 다른 지급조건이 동일하다면 만기가 긴 채권일수록 가격은 금리 변화에 더 민감하므로 가격변동의 위험이 크다. 채권은 발행된 이후에는 만기가 점점 짧아지므로 만기일이 다가올수록 채권 가격은 금리 변화에 덜 민감해진다. 따라서 투자자들은 만기가 긴 채권일수록 높은 순수익을 기대하므로 액면 이자율이 더 높은 채권을 선호한다.

또 액면 금액과 이자액을 약정된 일자에 지급할 수 없는 지급불능 위험도 채권 가격에 영향을 준다. 예를 들어 채권을 발행한 기업의 경영환경이 악화될 경우 그 기업은 지급능력이 떨어질 수 있다. 이런 채권에 투자하는 사람들은 위험을 감수해야 하므로 이에 대한 보상을 요구하게 되고, 이에 따라 채권 가격은 상대적으로 낮게 형성된다.

한편 채권은 서로 대체가 가능한 금융자산의 하나이기 때문에 다른 자산시장의 상황에 따라 가격에 영향을 받기도 한다. 가령 주식시장이 호황이어서 주식투자를 통한 수익이 커지면 상대적으로 채권에 대한 수요가 줄어 채권 가격이 하락할 수도 있다.

자, 문제!

윗글의 설명 방식으로 적절하지 않은 것은?

① 채권 가격을 결정하는 데 영향을 미치는 요인을 몇 가지로 나누어 설명하고 있다.
② 채권의 지급불능 위험과 채권 가격 간의 관계를 설명하기 위해 예를 들고 있다.
③ 유사한 원리를 보이는 현상에 빗대어 채권의 특성을 설명하고 있다.
④ 금리가 채권 가격에 미치는 영향을 인과적으로 설명하고 있다.
⑤ 채권의 의미를 밝히고 그 종류를 들고 있다.

전체 답지를 연속적으로 훑어봤지? 정답의 표지성이 느껴지니?

— 그래. 3번 같아.

＝ 왜?

— '유사한 원리를 보이는 현상에 빗댄' 게 없어. 이건 유추(유비추리)를 말하는 거잖아. "정상에 올라가면 다시 내려가야 한다는 점에서 인생은 등산과 같다"처럼 한 상황을 다른 상황에 빗대어 설명하는 거. 그런 건 없는 거 같아. 그런 게 나올 만

한 내용도 아닌 거 같고.

= 좋아. 그럼 어떻게 할 거니? 제시문으로 다시 돌아가지 않고 그대로 확정할 거니? 아니면 3번 답지만 제시문에서 다시 확인할 거니? 아니면 다섯 개 답지를 순서대로 일일이 확인할 거니?

— 3번 답지를 제시문에서 다시 확인할 필요까지는 없는 거 같은데.

= 그럼. 3번을 그대로 정답으로 확정하면 되잖아? 그리고 다음 문제로 신속하게 이동하면 되는 거고.

— 답지 하나가 걸려. 5번 답지.

= 그래? 왜?

— 채권의 '종류'가 제시문에 안 나온 거 같아.

= 그럼 어떻게 할 거야? 5번 답지를 제시문에서 확인할 거니?

— 그래야 할 거 같은데.

= 그럼 한번 해봐. 그 대신 시간이 소비되는 건 감수해야 해.

— 잘 확인이 안 되는데.

= 좋아. 제시문을 읽은 후 네 머릿속에 남은 흔적으로 볼 때, 유추를 사용했다고

한 3번 답지가 눈에 금방 들어왔잖아. 적절하지 않은 것으로 말이지. 아마 "전체 내용과의 연관성이 떨어진다"거나 "제시문에 나오지 않았다", "내용과 어울리지 않는 설명 방식이다" 정도의 느낌이었겠지. 그런데 그대로 가면 좋은데 5번 답지가 또 눈에 들어온 거잖아. 채권의 종류. 이건 전체 내용과의 연관성은 모르겠지만 제시문에서 언급되지 않은 것 같다는 느낌이 든다는 거지? 그러면서 시간은 계속 소비되고 있는 거고.

— 맞아.

= 그럼 이렇게 하자. 지금 너는 "처음 봤을 때 나오지 않았다는 느낌이 들고, 전체적인 내용과의 연관성도 떨어지는 답지(3번)"와 "나올 만한 내용이기는 하지만, 명시적으로 확인이 안 되는 답지(5번)" 사이에 경쟁이 벌어진 거거든. 그렇다면 둘 중 어떤 답지의 손을 들어줄래? 더 이상 시간은 소비하지 말고 말이지.

— 음. 3번으로 할래.

= 그래. 잘했어. 그리고 앞으로도 이런 경쟁 상황을 만나면 지금처럼 해야 해.

— 맞았구나. 그런데 이 문제 정답률이 40%였니?

= 아니. 67%. 이 문제도 '보너스'였어.

— 무슨 보너스를 자꾸 문제로 주니? 앞으로는 돈으로 줬으면 좋겠어.

= 네 말대로 제시문에는 눈을 씻고 찾아봐도 유추가 없어. 왜냐구? 안 나왔으니까. 너를 포함한 대부분의 아이들도 답지를 훑어보는 도중에 '유추'가 없다고 금

방 판단했어. 그럼에도 불구하고 이렇게 낮은 정답률을 기록한 건 '채권의 의미를 밝히고 그 종류를 들고 있다'는 5번 답지가 확인이 잘 안 돼서 그런 거야. 특히 '종류'. 이 답지를 선택한 아이들이 18%였거든. 하지만 제시문 첫 문장을 그대로 옮겨 볼까? "채권은 사업에 필요한 자금을 조달하기 위해 발행하는 유가증권으로, 국채나 회사채 등 발행주체에 따라 그 종류가 다양하다." '채권의 의미를 밝히고 그 종류를 들고 있다'는 5번 답지와 싱크로율 100%잖아?

— 아, 그러네. 그런데 문제 풀 때는 이게 왜 안 보였지?

= 전에도 이야기한 거 같은데, 결정적인 정보가 첫 문단, 그것도 맨 처음 문장에 나올 때 많은 수험생들이 이상하게도 해당 정보를 찾지 못하는 경향이 있어. 말 그대로 '이상하게'. 거꾸로 마지막 문장에 결정적 단서가 있는 경우 정답률은 크게 올라가고 말이지. 많은 아이들이 가지고 있는 보편적 성향인 것 같아. 그리고 수능에서는 가끔 이런 방식으로 정답률이 낮아지는 경우가 있고. 주의할 필요가 있다는 말이야.

— 그렇구나. 나도 아까 '귀납과 연역' 문제 풀 때는 제시문 앞부분이 금방 확인됐는데, 이번에는 귀신에 홀린 거처럼 못 본 거네. 그거 참.

= 그래. 그러니까 제시문 읽을 때 첫 번째 단락은 '무조건' 챙겨야 돼. 그런데 이게 잘 안 되는 이유가 있기는 있어. 특히 생소한 내용일 때 더 그렇거든. 무슨 말이냐면, 낯선 내용의 제시문은 첫 단락이 머릿속에 잘 수용되지 않는다는 거야. 두 번째, 세 번째 단락으로 가면서 대충 무슨 말을 하는 건지 본격적으로 '접수'되기 시작한다는 거지. 첫 번째 단락은 일종의 '워밍업' 단계인데, 이게 이상하게도 아이들 머릿속에 흔적을 잘 안 남기는 거야.

— 그래?

= 그래. 그런데 단순한 예시로 시작하는 제시문이 아니라면, 첫 번째 단락에는 굉장히 중요한 정보가 담기는 경우가 많거든. 문제가 많이 만들어지는 단락이기도 하고. 현실적인 조언은 이거야. *제시문을 다 읽은 다음 다시 첫 번째 단락만 한 번 더 읽는 거야. 그렇게 하면 제시문의 전체 윤곽도 더 잘 잡히고, 머릿속 흔적도 더 선명해지는 '기대 이상'의 효과를 얻을 수 있어.* 고작 몇십 초 정도 더 쓰는 거니까 시간적인 부담도 없고. 꼭 해보렴.

− 그래. 꼭 그렇게 할게.

= 자, 그럼 본격적으로 정답률 40%에 도전해보자. 문제는 이랬어. 답지를 전체적으로 훑어보렴. 일일이 순서대로 확인하지 말고.

　윗글로 미루어 알 수 있는 것은?

　① 채권이 발행될 때 정해지는 액면 금액은 채권의 현재가치에서 이자액을 뺀 것이다.
　② 채권의 순수익은 정기적으로 지급될 이자액을 합산하여 현재가치로 환산한 값이다.
　③ 다른 지급조건이 같다면 채권의 액면 이자율이 높을수록 채권 가격은 하락한다.
　④ 지급불능 위험이 커진 채권을 매입하려는 투자자는 높은 순수익을 기대한다.
　⑤ 일반적으로 지급불능 위험이 낮으면 상대적으로 액면 이자율이 높다.

자, 답지를 한번 훑어봤지? 순서대로 일일이 확인하지 말고. 몇 번이 답 같니?

− 안 보이는데. 이건 '월리를 찾아라' 같은 문제 아닌가? 제시문하고 답지를 왔다 갔다 해야 하는.

= 그렇지. 그런데 내가 답지 하나를 조금만 바꿔볼게. '지급불능 위험이 커진 채

권을 매입하려는 투자자는 높은 순수익을 기대한다'는 4번 답지. 이 답지를 이렇게 바꿔볼게. '지급불능 위험이 커진 채권을 매입하려는 투자자는 이에 대한 보상을 요구한다.' 자, 이렇게 바꾸면 어떨 거 같니? 윗글로 미루어 알 수 있는 답지니?

— 미루어 생각하지 않아도 알 수 있는 답지 같은데. 제시문에 나온 거 같아.

= 그래. 한번 찾아봐.

— 아, 나오네. 네 번째 단락. "액면 금액과 이자액을 약정된 일자에 지급할 수 없는 지급불능 위험도 채권 가격에 영향을 준다. … 이런 채권에 투자하는 사람들은 위험을 감수해야 하므로 이에 대한 보상을 요구하게 되고, 이에 따라 채권 가격은 상대적으로 낮게 형성된다." 가만있어봐. '높은 순수익을 기대한다'는 말하고 '보상을 요구한다'는 말이 같은 건가? 아, 결국 똑같은 말이구나. 투자자들에게 '보상'이란 건 결국 '높은 수익'일 테니까. 이런.

= 맞아. 투자자들은 위험을 감수하는 데 따르는 보상을 원하기 때문에 지급불능 위험이 커진 만큼, 낮은 가격으로 채권을 구입해서 결국 더 많은 수익을 얻으려고 한다는 거지. 어찌 보면 매우 상식적이고 당연한 내용이야. 정보성이 없다는 말이지. 그런데 이 답지에 대한 선택률이 40%에 그친 이유는 두 가지였어. 하나는 제시문에 나온 '보상을 요구한다'는 표현이 답지에서는 '높은 순수익을 기대한다'로 변형된 거야. '말 바꾸기'라고 볼 수 있지. 또 하나는 아이들의 '익숙함'을 '역이용'한 거야. "지급불능 위험이 커진 채권을 사들여 높은 수익을 노린다"는 표현이 언뜻 보면 아이들이 받아들이기에 뭔가 이상하다는 느낌을 줬을 가능성이 높거든. '지급불능 위험'과 '높은 수익'이라는 표현이 한 답지 안에 같이 등장하는 게 말이지.

— 아.

= 사실 상식적으로 생각해도 당연한 답지고, 정보성도 크게 떨어지는 답지야. 승리할 가능성이 거의 없는 팀에게 베팅하는 투자자 심리를 떠올리면 쉽게 이해할 수 있어. 투자자는 우승 가능성이 높은 팀에 베팅하는 경우보다 더 많은 배당금을 받게 될 거라는 기대감에서 그런 위험을 감수하는 거잖아. 이 문제는 정답을 제외한 나머지 답지에 대한 선택률이 20, 15, 15, 10%로 골고루 퍼져 있거든. 답지 하나하나가 모두 '월리를 찾아라' 처럼 꼼꼼한 확인 작업이 필요했고, 거기에 추론까지 해야 하는 답지들이었어. 산수가 필요한 답지도 있었고.

― 음.

= 이런 문제에서는 먼저 '익숙함'을 경계해야겠지. 우리가 가진 익숙함이란 게 잘못된 익숙함인 경우가 많으니까 말이지. 그리고 나서 '말 바꾸기'를 감지한 후 4번 답지를 정답으로 용기 있게 확정하지 않는 이상, 이 문제는 맞힐 가능성이 정말 낮아. 물론 이때 다른 답지는 의도적으로 무시해야겠지. 이런 게 아닌 다른 방식으로 이 문제를 어떻게 해보려고 했다면, 시간은 시간대로 쓰고 결국 틀렸을 가능성이 높아. 국어 시험에서 발생하는 최악의 상황인 '이중고'를 체험할 가능성이 높은 문제였다는 거야.

― 아, '익숙함'을 역이용하거나 '말 바꾸기'를 묘하게 하면, 정말로 정답률이 '폭락' 하는구나.

= 자, 이제부터는 2012학년도 수능이야. 철학 지문 세트였는데, 모두 4문제야. 정답률이 각각 70, 92, 49, 47%야. 그중 49%짜리(19번)하고 47%짜리(20번)를 한번 풀어보자. 제시문 읽고, 답지는 전체적으로 훑어보렴.

비트겐슈타인이 1918년에 쓴 《논리 철학 논고》는 '빈 학파'의 논리실증주의를 비롯하여 20세기 현대 철학에 큰 영향을 주었다. 그는 많은 철학적 논란들이 언어를 애매하게 사용하여 발생한다고 보았기 때문에 언어를 분석하고 비판하여 명료화하는 것을 철학의 과제로 삼았다.

그는 이 책에서 언어가 세계에 대한 그림이라는 '그림 이론'을 주장한다. 이 이론을 세우는 데 그에게 영감을 주었던 것은, 교통사고를 다루는 재판에서 장난감 자동차와 인형 등을 이용한 ⊙모형을 통해 ⓒ사건을 설명했다는 기사였다. 그런데 모형을 가지고 사건을 설명할 수 있는 이유는 무엇일까? 그것은 모형이 실제의 자동차와 사람 등에 대응하기 때문이다. 그는 언어도 이와 같다고 보았다. 언어가 의미를 갖는 것은 언어가 세계와 대응하기 때문이다. 다시 말해 언어가 세계에 존재하는 것들을 가리키고 있기 때문이다. 언어는 명제들로 구성되어 있으며, 세계는 사태들로 구성되어 있다. 그리고 명제들과 사태들은 각각 서로 대응하고 있다. 이처럼 언어와 세계의 논리적 구조는 동일하며, 언어는 세계를 그림처럼 기술함으로써 의미를 가진다.

'그림 이론'에서 명제에 대응하는 '사태'는 '사실'이 아니라 사실이 될 수 있는 논리적 가능성을 의미한다. 따라서 언어를 구성하는 명제들은 사실적 그림이 아니라 논리적 그림이다. 사태가 실제로 일어나서 사실이 되면 그것을 기술하는 명제는 참이 되지만, 사태가 실제로 일어나지 않는다면 그 명제는 거짓이 된다. 어떤 명제가 '의미 있는 명제'가 되기 위해서는 그 명제가 실재하는 대상이나 사태에 대해 언급해야 하며, 그것에 대해서는 참, 거짓을 따질 수 있다. 만약 어떤 명제가 실재하지 않는 대상이나 사태가 아닌 것에 대해 언급하면 그것은 '의미 없는 명제'가 되며, 그것에 대해 참, 거짓을 따질 수 없다. 따라서 경험적 세계에 대해 언급하는 명제만이 의미 있는 것이 된다.

이러한 관점에서 비트겐슈타인은 기존의 철학자들이 다루었던 신, 영혼, 형이상학적 주체, 윤리적 가치 등과 관련된 논의가 의미 없는 말들에 불과하다고 보았다. 왜냐하면 그 말들이 가리키는 대상이 세계 속에 존재하지 않는, 즉 경험 가능하지 않은 대상이기 때문이다. 이와 같은 형이상학적 문제와 관련된 명제나 질문들은 의미가 없는 말들이다. 그러한 문제는 우리의 삶을 통해 끊임없이 드러나는 신비한 것들이지만, 이에 대해 말로 답변하거나 설명할 수는 없다. 그래서 비트겐슈타인은 "말할 수 없는 것에 대해서는 침묵해야 한다"라고 말했다.

자, 정답률 49%짜리 문제.

　㉠ : ㉡의 관계에 해당하는 것만을 〈보기〉에서 있는 대로 고른 것은?

〈보기〉
ㄱ. 언어 : 세계
ㄴ. 명제 : 사태
ㄷ. 논리적 그림 : 의미 있는 명제
ㄹ. 형이상학적 주체 : 경험적 세계

① ㄱ, ㄴ　② ㄱ, ㄷ　③ ㄴ, ㄹ　④ ㄱ, ㄴ, ㄷ　⑤ ㄴ, ㄷ, ㄹ

어때? 답이 보이니?

— 1번하고 4번이 헷갈리는데. 'ㄹ'은 아닌 거 같아.

= 그래? 그럼 보기의 'ㄷ'이 문제네. 포함시킬 건지 뺄 건지 말이야. 보기의 두 항목, 그러니까 ㄱ과 ㄴ은 어느 정도 확인된다는 느낌이 든다는 거지? 그런데 그것만으로 끝인지, 아니면 'ㄷ'이라는 항목을 하나 더 추가시켜야 하는지, 고민 된다는 말이잖아?

— 맞아. 그런데 둘 중에 답이 있기는 있니?

= 음. 이건 원래 말하면 안 되는 건데……. 있어. 둘 가운데 하나가 선택률 49%로 정답이고, 다른 하나가 37%의 선택률을 기록한 매력적 오답이야.

— 음. 'ㄷ'이 제시문을 봐도 여전히 애매하기는 한데, 그렇다고 아니라고 단정하기도 어렵고. 아, 괴롭다.

= 어떻게 할 거니? ㄷ을 포함시킬 거니, 뺄 거니?

— 재촉하지 마.

= 아니. 이러는 동안에도 시간은 계속 흘러가고 있으니까 그러는 거야. 실제 시험장에서도 똑같은 일이 벌어질 테고.

— 음.

= 아무래도 날 새겠다. 자, 내가 한번 정리해볼게. 어느 정도 분명히 확인되는 두 항목(ㄱ, ㄴ)이 담긴 답지(1번)와 확인이 필요할 것 같기는 하지만 이 정도면 됐다는 느낌으로 확인되지는 않는, 그리고 확인 작업이 번거롭고 애매해서 중간에 그만두고 싶은 충동이 생기는 또 다른 항목(ㄷ)이 추가된 답지(4번) 사이에 경쟁이 발생했다는 거잖아?

— 맞아.

= 그럼, 누구의 손을 들어 줄 거냐는 거지.

— 글쎄. 그걸 모르겠어.

= 맞는 거를 다 골라야 하는 '합답형' 문제에서는, 무조건 1번 답지의 손을 들어 주는 게 좋아.

─ 그래? 왜 그래야 하는 거야?

= 그 이유는 조금 있다 말해줄게. 먼저 답지를 한번 보자. '언어'와 그것이 대응하는 '세계'의 관계는 '모형, 그림, 명제'와 거기에 대응하는 '사건, 대상, 사태'의 관계와 같은 거야. 'ㄷ'의 경우 논리적 '그림'도 언어고, 의미 있는 '명제'도 언어인 거지. 사실 처음에는 '그림'이나 '명제'가 둘 다 '언어' 쪽이라는 판단이 금방 들거든. 대부분의 아이들이 그랬어. 그런데 문제는 그림은 그림인데 '논리적인 그림'이라는 거고, 명제는 명제인데 '의미 있는 명제'라고 하니까 뭔가 헷갈리는 거지. '논리적인', '의미 있는', 이 표현을 어떻게 해야 할지 고민이 시작되는 거야. 하지만 글 자체가 너무 낯설고 까다롭다보니까 이 부분이 분명하게 확인되지 않고, 설사 확인된다 하더라도 추론이 깔끔하게 안 되는 거야. 이쯤 되면 '그림'이나 '명제'가 둘 다 '언어' 쪽이라는 처음의 '감'을 믿고 그대로 밀어붙이기도 어려워지고. 시간만 소비하다가 결국 둘 중 하나를 '찍게' 되는 거지.

─ 시험 볼 때 "논리적 그림에서 중요한 건 여전히 '그림'이고, 의미 있는 명제에서 중요한 건 여전히 '명제'다. 그러니까 '그림'과 '명제'는 '언어' 쪽이지 '세계' 쪽이 아니다", 이런 판단은 도저히 하기 힘든 거니? 그렇게 푼 아이들이 있기는 있을 거 아니니?

= 그런 판단이 현장에서 가능했다면 49%라는 정답률이 안 나왔겠지. 그리고 엄밀하게 말하면, '논리적 그림'과 '의미 있는 명제'는 둘 다 '언어'이기는 한데 성격이 조금 다르거든. '논리적 그림'은 언어를 구성하는 명제인데, 그게 어떤 때는 '의미 있는 명제'가 되기도 하고 어떤 때는 '의미 없는 명제'가 되기도 한다는 거야. 일종의 상하관계 혹은 포함관계라는 거지. "논리적 그림에서 중요한 건 여전히 '그림'이고, 의미 있는 명제에서 중요한 건 여전히 '명제'다. 그러니까 '그림'과 '명제'는 '언어' 쪽이지 '세계' 쪽이 아니다"라는 판단도 하기가 힘든데, 그림과

명제는 '대응관계'가 아니라 '상하관계'라는 거까지 어떻게 파악했겠니? 그 까다로움과 복잡함이 하늘을 찌르고도 남는 이런 제시문을 놓고, 실제 시험장에서 과연 그게 가능했겠니? 이런 이야기도 결국 시험 보고 나서야 할 수 있을 뿐이지. 그나마도 몇십 분 머리 싸매고 분석해야 가능한 거고.

— 그래도 49%의 아이들은 맞았잖아? 수험생의 절반 정도가.

= 네 말은 이 문제를 맞은 모든 아이들이 시험 볼 때 앞에서 말한 사고 과정을 거쳐서 1번을 정답으로 골랐다는 거니? 가슴에 손 얹고 말해봐. 정말 그렇다고 생각하니?

— 음.

= 이 문제를 맞은 아이들 중에서 일부는 미안하지만 아마도 찍어서 맞았을 거야. 그 비율이 어느 정도인지는 정확히 모르겠지만 말이지. 그렇게 찍어서 맞은 아이들을 제외한 나머지 아이들은 정말 극소수를 빼고는 네가 생각하는 사고 과정을 거치지 않고 정답을 골랐어.

— …….

= 'ㄷ'을 포함시키려면 추론 과정이 길어지잖아? 그 과정이 '번거로워서' 안 한 거뿐이야.

— 에이. 그런 게 어디 있어?

= *내가 아까 어느 정도 분명히 확인되는 두 항목(ㄱ, ㄴ)이 담긴 답지(1번)와,*

확인이 필요할 것 같기는 하지만 이 정도면 됐다는 느낌으로 확인되지는 않는, 그리고 그 확인 작업이 번거롭고 애매해 중간에 그만두고 싶은 충동이 생기는 또 다른 항목(ㄷ)이 추가된 답지(4번) 사이에 경쟁이 발생할 경우 '무조건' 전자의 손을 들어주는 게 좋다고 했지? 바로 그게 국어를 잘하는 아이들이 실제 시험에서 자주 써먹는 '감'이야. 사실 너도 '감'대로 했으면 맞았을 테고.

— 아니지. 그건 '감'이 아니라 문제를 풀다가 '귀차니즘'이 발동한 거지. 문제를 제대로 푼 게 아니잖아?

= 확실한 부분으로 판단하고 희미한 부분에 집착하지 않는 것도 일종의 '감'이야. '확실한 부분으로 판단하고 희미한 부분에 집착하지 않는다', 이거 정말 중요한 '감'이거든. 특히 맞는 걸 모두 골라야 하는 '합답형' 문제에서는 이런 감이 굉장히 효과적인 거고. 희미한 부분에 집착하지 않는 걸 '귀차니즘'이라고 한다면, 그때의 '귀차니즘'은 절대 나쁜 게 아니야. 감의 힘을 믿고 편하게 문제를 푸는 거지.

— 아니지. 네가 전에 이런 말 한 적 있었잖아? "적절한 것으로 확인이 안 돼도 적절한 것으로 인정해라, 적절하지 않은 것으로 분명히 확인될 때만 다른 답지로 눈을 옮겨라." 그 말을 이 문제에 적용하면, 'ㄷ'이 적절하다는 게 확인이 안 된 거잖아. 그렇다고 적절하지 않은 것으로 분명히 확인된 것도 아니고. 그렇다면 결국 적절한 것으로 인정해야 하는 거 아닌가?

= 아니. 그건 '합답형' 문제를 풀 때 그렇게 하라는 말이 아니었어. 다섯 개 답지를 훑어보는 도중에 적절한 것으로 판단되는 답지가 1개 발견되면 그 답지를 제시문에서 확인할 때 적용하라는 거였지. 일반적인 형태의 문제 말이야. 그리고 군이 그런 방식을 이런 합답형 문제에 적용해도 네가 말한 식은 아니지. 처음에 적절하다는 느낌을 준 답지는 1번이었으니까 말이지. 제시문이 머릿속에 남긴 '흔적'과

거기에 따라 작동한 보편적 '감'에 비춰볼 때, 'ㄷ'은 처음부터 적절하다는 느낌을 절대 줄 수 없는 항목이야. 단지 '알 수 없다'거나 '확인이 필요할 거 같다' 정도의 느낌을 주는 정도지. 내 말이 맞지? 그렇다면 'ㄱ'과 'ㄴ'이라는 두 항목만 들어 있는 1번 답지를 잠정적인 정답으로 여기면 되는 거고, 그 답지가 제시문에서 확인만 되면 그대로 정답으로 확정하는 게 오히려 맞는 방식이지. 진짜 문제는 제시문의 위엄에 눌려서 '이렇게 쉽게 가도 되나?' 하는 의심이 든 거겠지. 그래서 치밀어 오른 '확인 욕구'를 잠재우지 못한 것일 테고.

− 음.

= 이번 문제는 정답률이 47%야. 매력적인 오답이 2개 있었는데, 선택률은 각각 21%였어. 앞에서 말한 문제가 정답률 49%였던 것이, 응시자의 37%가 특정 오답을 선택했기 때문이었다고 하면, 이번 문제는 선택이 조금 더 골고루 퍼진 경우겠지. 그러니까 좀 더 어려운 문제라고 볼 수 있어. 제시문 읽은 지가 조금 지나서 어떨지 모르겠네. 기억이 잘 안 나면 다시 읽어보렴. 안 읽어도 될 거 같으면 바로 풀고. 자, 일단 답지를 전체적으로 훑어보렴.

윗글로 미루어 볼 때 비트겐슈타인이 〈보기〉와 같이 말한 이유로 가장 적절한 것은?

〈보기〉
사다리를 딛고 올라간 후에 그 사다리를 던져 버리듯이, 《논리 철학 논고》를 이해한 사람은 거기에 나오는 내용을 버려야 한다. ㉮이 책의 내용은 의미 있는 언어의 한계를 넘어선 것이기 때문에 엄밀하게 보면 '말할 수 있는 것'의 범주에 속하지 않는다.

① ㉮는 자신이 내세웠던 철학의 과제를 넘어서는 주제들을 다루고 있기 때문이다.
② ㉮는 객관적 세계에 존재하는 대상을 과학적으로 분석하여 서술하고 있기 때문이다.

③ ㉮는 실재하는 대상이 아니라 논리적으로 가능한 사태에 대해 기술하고 있기 때문이다.

④ ㉮는 경험적 세계가 아니라 언어와 세계의 논리적 관계에 대해 언급하고 있기 때문이다.

⑤ ㉮는 기존의 철학자들이 다루었던 형이상학적 물음에 대해 관념적으로 답하고 있기 때문이다.

자, 답 같은 게 보이니?

— '살짝' 보이긴 보이는데, 글쎄.

= 몇 번?

— 4번.

= 왜?

— 경험적 세계에 대해 언급하는 명제만 '의미 있는 명제' 가 된다는 거 아닌가? 그리고 의미 있는 명제가 돼야 '말할 수 있는 것' 이 되는 거고. 4번 답지는 《논리 철학 논고》라는 책이 경험적 세계에 대해 언급하는 내용은 아니라는 거잖아? 그러니까 말할 수 있는 것의 범주에 속하지 않겠지.

= 음. 추론이 너무 짧은 거 아니니?

— 네가 적절한 걸 찾으라는 긍정발문에서는 추론이 가장 짧은 게 정답의 표지성이라고 했잖아?

= 네가 언제부터 내 말을 그렇게 잘 들었니?

─ 지금부터. 맞았니?

= 맞았어.

─ 와. 47%짜리를 이렇게 쉽게 맞히다니. 그런데 뭔가 '날로' 먹은 느낌이네.

= 날로 먹든 어떻게 먹든, 맞히면 되는 거잖아?

─ 그렇기는 하지만, 제시문의 '위엄'에 걸맞은 행동은 아닌 거 같아. 뭔가 진지하게 대응하지 않은 거 같아서 조금 미안한데.

= 누구한테? 비트겐슈타인한테? 출제자한테?

─ 둘 다.

= 그래. 그럼 많이 미안해 하렴. 어쨌든 "이 책의 내용은 말할 수 있는 것의 범주에 속하지 않는다"는 표현에 주목하고 답지를 보면 정답의 표지성이 보여. "말할 수 있는 것의 범주에는 경험적 세계를 언급하는 명제만 포함된다"는 내용이 머릿속에 흔적으로 남아 있거든. 설사 안 남아 있더라도 제시문에서 금방 확인되기도 하고. 그래서 다소 즉각적으로 4번 답지가 '살짝' 선호되지만, 적지 않은 수험생들은 네 말대로 제시문의 '위엄'에 눌려 '그냥 이렇게 가도 되나' 하는 불안감을 느꼈어. 결국 그 불안감이 각각 21%라는 높은 선택률을 보인 오답을 2개나 만들어냈고.

─ 괜히, 긁어 부스럼 만든 꼴이네.

= 처음에 '살짝' 선호된 답지를 정답으로 확정했으면 정말 '나이스'한 상황이었

겠지. 적어도 제시문을 한 차례 읽은 상황에서 어떤 답지가 '살짝 선호됐다'는 느낌은 절대 간단한 의미가 아니거든. 차라리 이 세트가 문제지 뒷부분에 배치됐더라면 물리적으로 남은 시간이 별로 없어서 그냥 4번을 선택한 아이들이 더 늘어났을지도 몰라. 그런데 이 세트는 문제지 앞쪽에 있었거든. 17번부터 시작되는 세트였어. 제시문의 '위엄'에다가 '시간도 있겠다', 뭔가 잘해보려는 마음에 당연히 그 '빌어먹을' 확인 욕구를 잠재우지 못했겠지.

— 빌어먹을? 표현을 순화시키렴.

= 그런데 문제는 오답지들이 상당히 복잡한 내용을 담고 있다는 거야. 21%가 선택한 5번 답지도 보면 볼수록 그럴듯하거든. 기존 철학자들의 형이상학적 질문이나 명제는 경험 가능한 대상이 아니기 때문에 '의미 없는 명제'고, 따라서 '말할 수 없는 것'이 맞아. 문제는 《논리 철학 논고》라는 책이 기존 철학자들의 이런 형이상학적 질문이나 명제와는 아무 관련이 없다는 거지. 제시문에 나온 구체적 사례(신, 영혼, 형이상학적 주체, 윤리적 가치)에 해당되지 않기 때문이라고 보는 것도 괜찮아. 만약 그 사례들에 '언어'가 포함돼 있었다면 적절한 것으로 인정할 수도 있었겠지. 그렇다면 '관념적'이라는 말이 거슬리기는 하지만, 5번도 답이 될 수 있어. '복수 정답' 말이야. 그런데 제시문에 사례로 제시되지 않았음에도 불구하고, 많은 수험생들은 '언어도 결국 형이상학적인 문제가 아닌가' 하는 생각으로 5번 답지를 선택한 거야.

— 아, 추론 과정이 길었구나.

= 그렇지. 그렇게 하는 게 잘한 건 아니지만 어쩔 수 없었겠지. 그러나 이 경우 항상 문제가 되는 거지만, 그렇다면 4번 답지를 어떻게 할 거냐가 남게 되잖아? 뭔가를 선택할 때 남는 문제는, 또 다른 유력한 답지에 대한 '뒤처리'니까 말이지. 여기

에서 할 수 있는 실제적인 조언은 이거야. 적절한 걸 찾아야 하는 문제에서는 '다소 명시적으로 확인'되는 답지와 '제시문에 명시되어 있는 것은 아니지만, 추론과정을 조금 길게 하면 가능할 것도 같은' 답지가 서로 충돌할 경우 무조건 전자의 손을 들어줘야 한다는 거. 실제 상황에서는 반드시 그렇게 해야 시간 낭비 없이 정답을 선택할 수 있어. 왜 그렇게 되는지는 시험이 끝난 후에 여유롭게 분석해볼 일이야. 절대로 시험 현장에서 '그 짓'을 하면 안 된다는 거지.

— 음.

= "실재하는 대상이 아니라 논리적으로 가능한 사태에 대해 기술하고 있기 때문"이라는 3번 답지, 이 답지는 적절성 여부를 판단하는 게 진짜 만만치 않아. 제시문에 따르면 '사실'은 아니지만 사실이 될 수 있는 '논리적 가능성'을 의미하는 말이 '사태'거든. '사태'가 실제로 일어나서 '사실'이 되면 그것을 기술하는 명제는 '참', 그렇지 않을 경우 '거짓'이 되는 거지. 그러니까 '논리적으로 가능한 사태'에 대해 언급하는 것은 어쨌든 '의미 있는' 명제고, '말할 수 있는' 명제야. 다만 그 사태가 사실이 아닐 경우, 그러니까 실재하지 않는 것으로 드러나는 경우 거짓 명제가 되는 거지. 논리적 가능성 여부는 실재 여부에 앞서는 단계이고, 그래서 말할 수 있는 것의 범주에는 어쨌든 포함된다는 말이야.

— 어렵다.

= 예를 들면 누가 "서울시 인구의 절반이 내일 아침 동시에 기상한다"고 말했다고 해보자구. 이 진술은 '논리적으로는 가능'하고, 그래서 '말할 수 있는 것'의 범주에는 포함되는 거야. 하지만 그런 진술이 내일 아침 사실이 아닌 것으로 밝혀지면, 그러니까 실재하지 않게 되면 '거짓'이 되는 거지. 반대로 "신은 존재한다" 같은 진술은 처음부터 있을 법한 사실에 대한 진술이 아니기 때문에, 그러니까 아예

실재할 가능성이 없기 때문에 논리적으로 불가능한 사태가 되는 거야. 당연히 '참', '거짓'을 판단할 수도 없어. 그래서 결국 '말할 수 있는 것'의 범주에 포함될 수도 없는 거고. 여기서 아이들은 "실재하는 대상이 아니라"는 표현에 유혹당한 측면이 많았어. 제시문이 충분히 이해되지 않은 상태에서 "실재하지 않으면 말할 수 없는 것 아닌가" 하는 느낌을 받았겠지. 하지만 실재(사실) 여부가 아직 확인되지 않아도, 그것이 실재할 수도 있다고 하는 것, 그러니까 그 논리적 가능성을 언급하는 것은, 어쨌든 '말할 수 있는 것'의 범주에 포함되는 거야.

— 음. 대충 무슨 말인지는 알겠다.

= 문제는 이렇게 자세하고 쉽게 설명해도 이해가 될까 말까 한 내용을 그 짧은 시간 내에 파악한 후에, 3번과 5번을 제거하고 4번을 정답으로 확정한 수험생이 과연 얼마나 되겠느냐는 거야. 사실 제시문의 의미 밀도가 너무 높아서 시간이 충분해도 이 정도 수준의 이해에 도달하기도 정말 힘든 일이었거든. 그러니까 여기서도 원칙을 하나 세우자는 거지. *적절한 것을 찾아야 하는 긍정발문에서는 '제시문에서 명시적으로 확인'되는 답지와 '제시문에 명시되어 있는 것은 아니지만, 추론 과정을 조금 길게 하면 가능할 것도 같은' 답지가 서로 충돌할 경우 무조건 전자의 손을 들어줘야 한다는 원칙.* 추론이 짧은 걸 적절한 것으로 판단하는 이런 원칙은 아이들이 가진 보편적인 '감'과도 더 잘 부합하는 거야. '재앙'은 그런 감의 '따뜻한 손길'을 애써 뿌리칠 때 발생하는 거지.

— 그래. 알았어. 그런데 네 설명이 그렇게 '쉽지는' 않았어.

= 자, 다음 문제. 언어학 제재였는데, 정답률은 58%였어. 41번 문제. 이건 제시문을 다 안 봐도 되니까 필요한 부분만 옮겨볼게. 제시문 읽은 다음 답지는 일일이 확인하지 말고 연속적으로 한번 훑어보렴.

— 그래. 계속 그렇게 하고 있어. 그래야 정답의 표지성이 눈에 들어온다는 거잖아.

= 그럼 제시문을 볼까.

조선 시대 역관들에게는 중국의 한자음을 정확히 익히는 일이 중요했다. 중국에서는 한자의 발음 사전인 운서(韻書)에서 한자음을 초성과 중·종성으로 이분하여 이를 두 개의 한자로 표시하는 반절법을 사용했다. 한자 '東'(동)의 발음을 중국의 운서에서는 반절법에 의해 '德'(덕)의 초성 [t]와 '紅'(홍)의 중·종성 [uŋ]을 이용해 표시했다. 이때 '德'과 '紅' 대신에 다른 한자들이 사용될 수도 있었으며, '東'이 다른 한자들의 발음 표시에 사용되기도 했다. ㉠이러한 발음 표시 방식은 조선의 역관들이 중국의 한자음을 학습하는 데 효율적이지 못했다.

반면 《사성통해》와 같은 조선의 운서에서는 한글로 발음을 표시했고, 학습자들은 이를 통해 비교적 정확한 중국의 한자음을 익힐 수 있었다. 《사성통해》에서는 한자 '東'의 발음을 한글 [둥]으로 표시했는데, 이는 음소 문자인 한글의 표음성을 이용해 중국의 한자음을 적은 것이다. 이와 같은 방식은 반절법과 달리 한자의 발음을 초성, 중성, 종성으로 나누어 표시한 것으로, 이때 한글은 일종의 발음기호와 같은 역할을 수행했다고 볼 수 있다.

자, 문제.

㉠의 이유를 추정한 내용으로 적절하지 않은 것은?

① 반절 표시에 사용된 한자의 정확한 발음을 모르면 읽고자 하는 한자의 발음도 알 수 없었기 때문에
② 어떤 한자가 둘 이상의 발음을 가질 때에는 그 발음을 표시할 수 없었기 때문에
③ 동일한 한자가 발음 표시의 대상이 되기도 하고 수단이 되기도 하였기 때문에
④ 동일한 한자의 반절 표시에도 다양한 한자들이 사용될 수 있었기 때문에

⑤ 두 한자의 발음을 조합해야 전체 발음을 알 수 있었기 때문에

자, 답지를 일일이 확인하지 않고 연속적으로 한번 훑어봤지? 적절하지 않은 답지가 보이니?

— '적절하지 않다' 까지는 모르겠는데, 언뜻 무슨 말인지 이해가 안 되는 답지가 하나 있기는 있어.

= 몇 번?

— 2번.

= 좋아. 그렇다면 어떻게 할 거니? 2번을 그냥 정답으로 고를 거니? 아니면 2번만 제시문에서 확인할 거니? 아니면 순서대로 일일이 확인할 거니?

— 그냥 2번으로 가는 건 무모한 거 같아. 2번만 확인해볼까?

= 그래. 확인해봐.

— 음. 확인이 안 되는데.

= 뭐가 확인이 안 된다는 거야?

— 적절하지 않은 것으로 확인이 안 된다는 말이야. "어떤 한자가 둘 이상의 발음을 갖는다"는 표현이 무슨 의미인지도 모르겠어. 제시문에도 추론할 만한 거리가 전혀 없고. "발음을 표시할 수 없다"는 이야기도 안 나온 거 같고.

= 그럼 어떻게 하라고 했니?

— 아. 여자, 남자 이야기. 부정발문에서 '적절하지 않다' 는 느낌을 주는 답지를 확인할 때 그 답지가 '적절한 것' 으로 분명하게 확인될 때만 다른 답지로 눈을 옮겨야 한다고 말했던 거? 기억난다. 단지 '적절하지 않은 것' 으로 확인이 안 된다는 이유만으로 답을 번복하면 틀릴 가능성이 몇 배나 높아진다고도 했었지. *처음에 판단한 정답은 그게 정답이 아니라는 근거가 분명하고 확실하게 확인되는 경우를 제외하고는, 처음 판단 그대로 '무조건' 정답으로 인정하라는 말.*

= 그래. 그럼 2번으로 가면 되잖아?

— 아, 아무리 그래도 불안한데. 너, 2번이 답이 아닌데, 괜히 나 테스트하려고 그러는 거지?

= 너의 의심은 참으로 넓고도 깊구나. 그럼 너 좋을 대로 하렴. 자, 답지를 한번 일일이 확인해보자. 어떠니?

— 3, 4번은 아닌 거 같아. 제시문에서 확인되는 느낌이야. 3번 답지는 표현이 바로 와 닿는 건 아니지만, 그래도 제시문에서 어느 정도 확인된다고 할 수는 있을 거 같아. "'東'이 다른 한자들의 발음 표시에 사용되기도 했다"로 말이지.

= 그래. 나머지 답지는?

— 1, 5번 답지는 상식적으로도 맞는 거 같고, 당연한 말 같기도 한데, 제시문에서는 분명하게 확인 안 되는 느낌이 들어.

= 발문에 '추정한 내용'이라고 적혀 있잖아? '언급한 내용'이 아니라.

— 그렇다면 여전히 2번이 남는데. 이런, 돌고 돌아 다시 제자리네. 2번 답지는 솔직히 말하면 무슨 말인지도 모르겠어. 추론을 많이 하면 납득될지도 모르겠지만, 다른 답지하고는 성격이 다른 거 같아.

= 자, 그럼 이제는 어떻게 할 거야? 2번으로 그냥 갈 거니? 아니면 1, 5번을 또 다시 꼼꼼히 읽고 긴 '사색의 시간'을 가질 거니?

— 제시문 내용이 많지 않아서 뭐, 꼼꼼히 생각하고 자시고 할 것도 별로 없어. 생각한다고 나아질 거 같지도 않고.

= 그래. 그럼 2번으로 가는 거지?

— 그래. 할 수 없지. 맞았니?

= 맞았어.

— 음.

= 자. 여기서 네가 문제 푼 과정을 다시 돌아보자. 필요한 일이야. 너 처음에 답지를 훑어봤을 때 2번이 적절하지 않다는 느낌이 왔지? 그 이유는 여러 가지였을 거야. '추론이 길다', '정보성이 높다', '상식에 부합하지 않는다', 그리고 '무슨 말인지 도저히 이해가 안 된다' 등등 말이지. 하지만 그대로 가는 게 불안해서 2번 답지만 제시문에서 확인한 거야. 그런데 적절한 것으로 분명히 확인이 안 되는 건 물론이고, 적절하지 않다는 것도 확인이 안 되는 거야. 사실 이쯤에서 *"적절하지 않다*

고 확인이 안 된다는 이유만으로 답을 번복하면 틀릴 가능성이 몇 배는 높 *아지니까 처음 판단 그대로 가자*"는 원칙을 떠올리면서 정답으로 확정하고, 다른 문항으로 신속하게 이동하면 정말 '나이스' 한 상황이 되는 거거든. 하지만 너는 그렇게 하지 못했어. '이렇게 쉽게 가도 되나' 하는 '의심병' 이 또 도진 거지. 제시문 내용도 생소하고 복잡한데 이런 낮은 수준의 판단으로 문제를 풀었다가 혹시 틀리는 건 아닐까 하는 불안감도 있었겠지. 그래서 확인을 했더니 2개는 확인되고, 2개는 명시적으로 확인은 안 되지만 상식적으로는 받아들일 만하다는 걸 알게 된 거야. 사실 여기서라도 2번을 정답으로 확정하고 다음 문제로 넘어가면 그나마 괜찮은 거야. 하지만 많은 아이들은 그렇게 하지 않았다는 거지. 그러니까 시간은 시간대로 썼으면서도 58%라는 낮은 정답률이 나온 거지.

— 음. 그런데 2번 답지 있잖아? 어떤 한자가 둘 이상의 발음을 가질 때에는 그 발음을 표시할 수 없다는 말이 도대체 무슨 말이야?

= 그게 이 문제 풀 때 꼭 알아야만 하는 걸까? 정답을 고르는 데 있어서 말이야. 주체할 수 없는 '지적 호기심' 이 발동한 거라면, 그건 시험 끝난 다음 집에 가서 편하게 해소하면 되는 거야. 수능 끝나고 과연 누가 '그 짓' 을 할까 정말 궁금하기는 하지만, 하여튼 궁금하다니까 설명은 해줄게. 중국의 운서는 두 개의 한자를 이용해 하나의 한자 발음을 표현한다고 했지? 그렇다면 두 개의 발음이 나는 한자는 4개의 한자를 이용하면 표현할 수 있는 거고, 3개의 발음이 나는 경우에는 6개의 한자를 이용하면 표현이 가능한 거야. 무슨 말이냐면, '東' 이라는 한자 발음이 '둥' 으로 날 때도 있고 '텅' 으로 날 때도 있다고 쳐보자는 거지. 발음이 '둥' 으로 나면 제시문대로 '덕(ㄷ)' 과 '홍(ㅎ)' 이라는 2개의 한자로 발음을 표현하면 되는 거고, '텅' 으로 나면 'ㅌ' 에 해당하는 다른 한자와 'ㅓ' 에 해당하는 다른 한자를 사용하면 된다는 거지. 같은 한자(東)인데 발음이 '둥' 과 '텅' 처럼 둘로 나는 경우에, 그 발음을 다 표시하려면 4개의 한자가 필요하다는 말이야.

— 설명을 들어도 엄청 복잡한데.

= 복잡하지? 그러니까 여전히 중요한 건 이거야. 이 문제를 맞힌 아이들이 이런 복잡한 사고 과정을 거친 다음, 2번을 답으로 고르지 않았다는 거.

— 음.

= 지금까지 내가 무슨 말을 하려고 한 건지, 잘 생각해봐. 50% 이하의 정답률이 왜 나오는지, 그리고 그런 상황에서도 정답을 고르는 아이들의 태도는 어땠는지에 대해서 말이야. 수능 시험장에서 실제로 벌어지는 모습은 우리가 평소에 생각했던 것과는 정말 많이 다르거든. 특히 국어에서는.

— 그래. 네가 무슨 이야기를 하려는 건지, 충분히 알겠어.

= 자, 이번 문제는 예술 지문이야. 음악 제재. 정답률은 43%였어. 문제 번호도 43번. 43번 문제가 정답률 43%를 기록한 거야. 재미있지?

— 아니.

= 제시문 읽고 답지를 전체적으로 훑어보렴.

서양 음악에서 기악은 르네상스 말기에 탄생하였지만 바로크 시대에 이르면 악기의 발달과 함께 다양한 장르를 형성하면서 비약적인 발전을 이루게 된다. 하지만 가사가 있는 성악에 익숙해져 있던 사람들에게 기악은 내용 없는 공허한 울림에 지나지 않았다. 이러한 비난을 면하기 위해 기악은 일정한 의미를 가져야 하는 과제를 안게 되었다.

　바로크 시대의 음악가들은 이러한 과제에 대한 해결의 실마리를 '정서론' 과 '음형론' 에서 찾으려 했다. 이 두 이론은 본래 성악 음악을 배경으로 태동하였으나 점차 기악 음악에도 적용되었다. 정서론에서는 웅변가가 청중의 마음을 움직이듯 음악가도 청자들의 정서를 움직여야 한다고 본다. 그렇게 하기 위해서는 한 곡에 하나의 정서만이 지배적이어야 한다. 그것은 연설에서 한 가지 논지가 일관되게 견지되어야 설득력이 있는 것과 같은 이유에서였다.

한편 음형론에서는 가사의 의미에 따라 그에 적합한 음형을 표현수단으로 삼는데, 르네상스 후기 마드리갈이나 바로크 초기 오페라 등에서 그 예를 찾을 수 있다. 바로크 초반의 음악 이론가 부어마이스터는 마치 웅변에서 말의 고저나 완급, 장단 등이 호소력을 이끌어내듯 음악에서 이에 상응하는 효과를 낳는 장치들에 주목하였다. 예를 들어 가사의 뜻에 맞춰 가락이 올라가거나, 한동안 쉬거나, 음들이 딱딱 끊어지게 연주하는 방식 등이 이에 해당한다.

바로크 후반의 음악 이론가 마테존 역시 수사학 이론을 끌어들여 어느 정도 객관적으로 소통될 수 있는 음 언어에 대해 설명하였다. 또한 기존의 정서론을 음악 구조에까지 확장하며 당시의 음조(音調)를 특정 정서와 연결하였다. 마테존에 따르면 다 장조는 기쁨을, 라 단조는 경건하고 웅장함을 유발한다.

그러나 마테존의 진정한 업적은 음악을 구성적 측면에서 논의한 데 있다. 그는 성악곡인 마르첼로의 아리아를 논의하면서 그것이 마치 기악곡인 양 가사는 전혀 언급하지 않은 채, 주제 가락의 착상과 치밀한 전개 방식 등에 집중하였다. 이는 가락, 리듬, 화성과 같은 형식적 요소가 중시되는 순수 기악 음악의 도래가 멀지 않았음을 의미하는 것이었다. 실제로 한 세기 후 음악 미학자 한슬리크는 음악이 사람의 감정을 묘사하거나 표현하는 것이 아니라, 음들의 순수한 결합 그 자체로 깊은 정신세계를 보여주는 것이라고 주장하기에 이른다.

윗글의 내용 전개 방식으로 가장 적절한 것은?

① 구체적 증거를 활용하여 통념이 잘못된 것임을 증명하고 있다.
② 비유적인 예를 통하여 문제를 제기하고 이를 반박하고 있다.
③ 문제상황을 소개하고 이를 해결하는 과정을 제시하고 있다.
④ 어떤 이론이 다양하게 분화하는 과정을 보여주고 있다.

⑤ 문답 형식으로 화제에 대해 구체적으로 설명하고 있다.

자, 답지를 전체적으로 훑어봤지? 답 같은 게 보이니?

— 보여. 4번.

= 네가 기억력이 좋지 않구나.

— 뭐라구?

= 아니야. 못 들은 걸로 해. 어떻게 할 거니? 제시문으로 다시 돌아가지 않고 그대로 확정할 거니? 아니면 4번 답지만 제시문에서 확인할 거니? 그것도 아니면 다섯 개 답지를 순서대로 하나하나 확인할 거니?

— 그냥 가도 될 거 같은데. 그런데 이 문제가 정답률이 43%라는 거니? 절대 그 정도로 어려운 문제는 아닌데. 4번 답지가 바로 눈에 들어오거든. 하여튼 맞았니? 당연히 맞았겠지.

= 어쩌지. 틀렸어.

— 뭐라고? 4번밖에 답이 없는데.

= 네가 고른 답지가 선택률 50%였어. 정답을 선택한 비율이 43%였으니까 그보다 7%포인트가 더 높았지. 특정한 매력적 오답으로 엄청난 쏠림 현상이 일어난 거야. 말하자면 '대규모 러시'. 결과적으로 잘못 낸 문제야. 난이도나 변별력에서 '실패한 문항'. 당연히 출제자들도 전혀 예상하지 못한 정답률이었겠지. 이 문항 배점이

'1점' 이었거든. 쉬운 문제라고 생각하고 출제한 건데, 생각지도 못한 결과가 발생한 거야. 수능에서 가끔 벌어지는 '대참사' 지.

― 하지만 그래도 여전히 다른 건 답이 안 되는 거 같아.

＝ 답지에 사용된 표현이 아이들의 '익숙함' 과 크게 어긋나서 그래. 그러니까 출제자들이 해당 어휘나 어구를 '사용하는 방식' 과 그걸 아이들이 '이해하는 방식' 사이에 큰 괴리가 발생한 경우지. 이런 경우 수험생들은 '속수무책' 으로 당할 수 있어. 그나마 다행인 건, 너처럼 '맞았다' 는 확실한 느낌으로 '신속하게' 오답을 선택하기 때문에 시간 낭비는 크게 없었다는 거 정도겠지.

― 아, 생각난다. 정답의 표지성 이야기하면서 말했던 거.

＝ 그래. '문제상황' 이라는 어휘를 출제자가 사용한 방식대로 수험생이 이해하지 못한 데서 비롯된 '비극적' 결과였어. *'가사 없는 기악곡도 의미를 가져야 하는 과제를 안게 된 것'* 이 출제자가 생각하는 *'문제상황'* 이었던 거지. 그리고 원래는 성악 음악에서 태동한 음악 이론, 그러니까 '정서론' 이나 '음형론' 을 기악 음악에도 적용하려는 여러 시도들은 출제자가 볼 때 이런 문제상황을 '해결하려는 과정들' 이었던 거고. 문제는 아이들 입장에서 '문제상황' 이라는 말이 주는 느낌은 절대 그렇지가 않았다는 거야. 말 그대로 뭔가 큰 문제가 발생해야 문제상황이라고 할 수 있다고 생각한 거지. 제시문 정도의 상황에 '문제상황' 이라는 이름을 붙이는 데 대해서 동의하기가 어려웠던 거야. 그래서 처음부터 같은 비중으로 거론된 정서론이나 음형론을 이전의 어떤 이론이 분화되는 과정으로 여겨버리는 오류가 발생한 거야.

― 음.

= 어쨌든 이 문항을 통해서 출제자들은 그 내용이 무엇이든, 또 그 정도가 어떻든 뭔가 과제를 안게 된 상황에는 모두 '문제상황' 이라는 이름을 붙인다는 점은 기억해둘 만해. 심지어, 친구가 빌려간 물건을 돌려주지 않는 것도 '문제상황' 이 될 수 있다는 거야. 가만히 생각해 보면, 그런 사소한 상황도 분명 문제상황은 문제상황이거든. 여전히 익숙하지는 않지만 말이지.

— 1점짜리가 43%, 거기에 특정 어휘에 대한 출제자와 수험생 사이의 '사용법' 차이까지. 국어 시험은 '지뢰밭' 이구나. 지뢰밭.

= 그래. 내가 지금까지 정답률 60%대나 50%대 이하 문제를 가지고 한 이야기들은 그 지뢰밭의 지뢰를 어떻게 제거하느냐, 그리고 아예 제거가 어려운 지뢰는 어떻게 피해서 도망치느냐에 관한 거였어.

— 그래. 고마워. 정말.

= 자, 오늘 내 이야기는 여기까지야. 다시 말하지만, 많은 사람들은 국어가 결국 감이라는 걸 이미 알고 있어. 국어 선생님들이나 강사들도, 교재 집필자들도, 학생들도 다 알고 있지. 그럼에도 불구하고 모두들 "그럴 리가 없다"며 머리를 가로젓고 있는 거야. 그동안의 생생한 체험이나 마음의 소리에 비춰보면 국어는 감이란 걸 충분히 느끼고 있지만 머리로는, 그리고 논리로는 도저히 그런 사실을 인정할 수가 없어서겠지. 그렇게 된 가장 큰 이유는 '감' 이라고 말하는 그 순간부터 더 이상 할 말이 없어지기 때문일 거야. '감' 은 우리가 국어 시험을 볼 때 끊임없이 의존하고 체험하는 그 무엇이지만, 정작 그것을 설명하려고 하면 거기에 대응하는 '언어' 가 없으니까 말이지. 내가 지금까지 너에게 한 이야기는 그 '감' 을 '언어' 로 풀어본 거야. 그건 이미 감으로 시험을 잘 치는 아이들에게도, 또 감의 존재를 애써 무시하면서 그동안 표상적 지식의 습득과 축적에만 주력했던 아이들에게도

두루 중요한 의미를 갖겠지. 그렇게 해야 '아, 그때 그렇게 문제를 해결했던 것은 감이 그런 방식으로 작동했기 때문이었구나' 하는 생각을 비로소 할 수 있게 될 테니까 말이지. 내가 원하는 건 두 가지야. 먼저 그동안 감으로 국어 시험을 잘 치던 아이들은 자기가 지금까지 잘하고 있었다는 '확인'을 하고 '격려'를 얻게 되기를 바라는 거야. 그리고 그동안 잘 못한 친구들은 자기가 경시하거나 무시했던 '감'의 존재를 새롭게 인식하고, '감'이 국어 고득점의 필수조건이라는 '불편한 진실'을 결국 '납득'하고 '수용'하게 되기를 바라는 거고. 마지막으로 다시 한 번 강조할게. '국어는 감'이야.

맺음말

필자 또한 강사 생활 초기에는 표상적 지식이나 원칙적인 문제풀이 과정에 '전적으로' 초점을 맞춰 수업을 진행한 경험을 가지고 있다. 다른 방식은 '감히' 생각조차 하지 못했다는 게 사실 더 정확한 표현이다. 하지만 고백하건대, 필자 자신은 그때도 '감' 으로 국어 문제를 풀었고, 지금도 그렇게 풀고 있다. '감' 과 반대되는 원칙적인 풀이와 표상적 지식은, 사실 필자가 문제 풀 때 생각조차 하지 않는 것들이다. 필자는 '내가 하지 않는 것을 남에게 가르쳤던' 것이다. 한때는 이런 모순적인 행동을 합리화하기 위해 '실제 문제를 해결하는 것' 과 '문제를 잘 해결하도록 가르치는 것' 은 전혀 다른 일이라고 스스로를 위로했던 '슬픈' 기억도 있다. 돌이켜보면, 그 시간은 '자기 배반' 의 시간이었다.

정말 안타까운 점은, 시험을 못 봤어도 아이들은 오히려 '선생님이 알려준 원칙적인 공부법을 더 열심히 하지 않아서 그랬다' 고 자기 탓을 한다는 것이다. 그리고 필자에게는 한없이 죄송해 했다. 이렇게 착한 아이들이 세상에 또 어디 있을까? 하지만 이런 일이 매년 반복되는 것에 대한 '두려움' 과 '자괴감' 은 도저히 어떻게 해볼 도리가 없었다. 그 당시 필자에게는 그것 말고는 다른 방식의 강의가 전혀 없었기 때문이다. 정말 미안하게도, 국어 때문에 흘린 눈물을 닦아주기를 그토록 간절히 바라는 아이들을 더 울게 만들었던 것이다.

결국 국어 강사 생활을 계속하고자 한다면, 이런 '오욕의 세월'을 이제는 끝내야 한다는 결론에 도달했다. 자기는 감으로 문제를 풀면서 아이들에게는 "감으로 풀면 큰일 난다"고 겁주는, 그런 '기만적인' 수업은 더 이상 견디기 힘들었다. 그건 아무리 해도 안 되는 것을 가르치면서 한편으로는 절대 포기하지 말라고 부추기는 '희망고문'을, 더 이상 아이들에게 '자행'하면 안 된다는 반성 끝에 나온 다짐이기도 했다.

그때부터 필자는 이런 '자기 배반'을 하지 않으려면 무엇을 해야 할지를 구체적으로 고민하기 시작했다. 이 책은, 말하자면 그런 고민의 작은 결과물이다. 시험을 잘 못 보고도 "선생님, 다음에는 꼭 좋은 결과 보여드릴게요" 하며 환하게 웃던 아이들. 그때 아이들은 그 웃음을 차라리 외면이라도 하고 싶었던 필자의 속마음을 알 수 없었을 것이다. 이제부터라도 아이들이 국어 때문에 흘리는 눈물을 닦아주고 싶다. 더 나아가 아이들의 '진짜' 웃음을 보고 싶다. 그러니 지금부터는 '감'이 그대들과 함께 하길!

부록

2009~2013학년도
수능(홀수형)과
교육과정평가원 주관
6·9월 모의평가
정답률

2009학년도 6월 모의평가
2008년 6월 4일 시행

번호	정답	정답률	선지별 선택비율				
			1	2	3	4	5
1	2	92%	4%	92%	2%	1%	1%
2	5	76%	12%	6%	3%	3%	76%
3	3	90%	3%	1%	90%	1%	5%
4	2	95%	3%	95%	1%	1%	0%
5	5	93%	4%	1%	1%	1%	93%
6	1	81%	81%	2%	3%	10%	4%
7	5	81%	2%	3%	9%	5%	81%
8	3	88%	2%	3%	88%	4%	3%
9	4	89%	4%	2%	2%	89%	3%
10	5	86%	3%	3%	2%	6%	86%
11	4	62%	5%	13%	13%	62%	7%
12	3	83%	3%	5%	83%	6%	3%
13	3	73%	3%	8%	73%	14%	2%
14	4	87%	2%	2%	4%	87%	5%
15	1	43%	43%	9%	23%	16%	9%
16	1	29%	29%	10%	6%	3%	52%
17	2	82%	7%	82%	3%	3%	5%
18	3	72%	14%	3%	72%	7%	4%
19	1	76%	76%	5%	7%	9%	3%
20	2	70%	5%	70%	6%	13%	6%

번호	정답	정답률	선지별 선택비율				
			1	2	3	4	5
21	2	67%	7%	67%	9%	3%	14%
22	5	62%	3%	4%	16%	15%	62%
23	4	72%	4%	5%	3%	72%	16%
24	3	64%	2%	3%	64%	22%	9%
25	1	46%	46%	18%	4%	3%	29%
26	5	34%	4%	28%	10%	24%	34%
27	5	77%	5%	7%	8%	3%	77%
28	1	78%	78%	4%	3%	2%	13%
29	4	89%	2%	2%	5%	89%	2%
30	5	67%	4%	1%	21%	7%	67%
31	5	59%	9%	4%	8%	20%	59%
32	3	88%	3%	6%	88%	1%	2%
33	1	70%	70%	7%	20%	2%	1%
34	3	70%	4%	16%	70%	3%	7%
35	4	91%	3%	1%	4%	91%	1%
36	5	75%	7%	6%	10%	2%	75%
37	4	78%	10%	5%	4%	78%	3%
38	5	75%	2%	4%	15%	4%	75%
39	2	89%	3%	89%	4%	3%	1%
40	2	87%	4%	87%	3%	4%	2%
41	4	74%	10%	4%	8%	74%	4%
42	1	60%	60%	7%	22%	5%	6%
43	1	77%	77%	5%	10%	6%	2%
44	3	54%	4%	25%	54%	12%	5%
45	5	65%	4%	5%	12%	14%	65%
46	2	72%	7%	72%	11%	4%	6%
47	2	57%	9%	57%	16%	13%	5%
48	2	82%	5%	82%	6%	4%	3%
49	4	55%	4%	15%	23%	55%	3%
50	1	72%	72%	6%	6%	8%	8%

2009학년도 9월 모의평가
2008년 9월 4일 시행

번호	정답	정답률	선지별 선택비율				
			1	2	3	4	5
1	4	91%	3%	2%	2%	91%	2%
2	5	89%	4%	4%	2%	1%	89%
3	2	91%	3%	91%	3%	1%	2%
4	2	55%	24%	55%	4%	14%	3%
5	1	89%	89%	3%	1%	6%	1%
6	4	94%	3%	1%	1%	94%	1%
7	2	84%	6%	84%	7%	1%	2%
8	5	65%	5%	15%	7%	8%	65%
9	4	86%	2%	3%	3%	86%	6%
10	3	84%	9%	2%	84%	3%	2%
11	5	69%	4%	10%	9%	8%	69%
12	1	94%	94%	2%	2%	1%	1%
13	4	94%	3%	1%	1%	94%	1%
14	4	92%	3%	2%	1%	92%	2%
15	1	59%	59%	2%	24%	13%	2%
16	5	88%	6%	4%	1%	1%	88%
17	3	78%	9%	1%	78%	11%	1%
18	4	94%	2%	1%	2%	94%	1%
19	2	32%	7%	32%	33%	16%	12%
20	2	66%	6%	66%	5%	21%	2%

번호	정답	정답률	선지별 선택비율				
			1	2	3	4	5
21	1	71%	71%	1%	14%	5%	9%
22	4	69%	2%	3%	22%	69%	4%
23	5	72%	9%	12%	3%	4%	72%
24	3	85%	2%	2%	85%	2%	9%
25	4	72%	5%	7%	7%	72%	9%
26	5	91%	3%	1%	2%	3%	91%
27	5	29%	8%	55%	5%	3%	29%
28	2	82%	4%	82%	8%	1%	5%
29	2	33%	25%	33%	17%	14%	11%
30	1	61%	61%	4%	10%	2%	23%
31	2	42%	13%	42%	9%	30%	6%
32	2	59%	3%	59%	31%	4%	3%
33	4	70%	3%	2%	3%	71%	21%
34	4	87%	2%	2%	5%	87%	4%
35	4	85%	2%	6%	3%	85%	4%
36	2	59%	29%	59%	3%	3%	6%
37	1	89%	89%	4%	5%	1%	1%
38	3	52%	11%	25%	52%	5%	7%
39	3	87%	4%	4%	87%	3%	2%
40	3	45%	5%	2%	45%	41%	7%
41	1	78%	78%	9%	5%	7%	1%
42	1	63%	63%	20%	6%	8%	3%
43	4	79%	3%	10%	6%	79%	3%
44	5	68%	2%	4%	14%	12%	68%
45	5	84%	3%	5%	4%	4%	84%
46	2	80%	4%	80%	7%	4%	5%
47	3	63%	5%	19%	63%	8%	5%
48	1	51%	51%	11%	19%	9%	10%
49	2	67%	9%	67%	14%	5%	5%
50	3	87%	3%	3%	87%	4%	3%

2009학년도 수능
2008년 11월 13일 시행

번호	정답	정답률	선지별 선택비율				
			1	2	3	4	5
1	5	95%	2%	1%	1%	1%	95%
2	1	94%	94%	3%	1%	1%	1%
3	5	77%	5%	13%	3%	2%	77%
4	3	90%	2%	2%	90%	4%	2%
5	4	86%	2%	2%	3%	86%	7%
6	3	96%	1%	1%	96%	1%	1%
7	1	81%	81%	2%	8%	3%	6%
8	4	87%	2%	3%	5%	87%	3%
9	4	86%	2%	2%	2%	86%	8%
10	5	94%	2%	1%	1%	2%	94%
11	2	87%	2%	87%	4%	5%	2%
12	3	78%	3%	7%	78%	9%	3%
13	3	85%	2%	1%	85%	4%	8%
14	4	81%	6%	9%	1%	81%	3%
15	4	47%	3%	3%	41%	47%	6%
16	3	63%	7%	6%	63%	4%	20%
17	1	68%	68%	5%	6%	8%	13%
18	2	64%	2%	64%	13%	17%	4%
19	1	60%	60%	7%	5%	11%	17%
20	3	68%	10%	7%	68%	11%	4%

번호	정답	정답률	선지별 선택비율				
			1	2	3	4	5
21	2	83%	2%	83%	4%	6%	5%
22	2	75%	11%	75%	4%	6%	4%
23	3	71%	6%	2%	71%	17%	4%
24	5	81%	1%	1%	2%	15%	81%
25	4	81%	3%	6%	4%	81%	6%
26	4	74%	2%	2%	16%	74%	6%
27	2	87%	2%	87%	8%	3%	0%
28	1	35%	35%	5%	9%	4%	47%
29	3	82%	8%	3%	82%	4%	3%
30	2	71%	10%	71%	6%	6%	7%
31	2	82%	6%	82%	3%	5%	4%
32	4	82%	2%	7%	6%	82%	3%
33	4	83%	5%	3%	6%	83%	3%
34	1	77%	77%	3%	11%	5%	4%
35	1	68%	68%	5%	7%	15%	5%
36	2	76%	4%	76%	4%	7%	7%
37	1	66%	66%	6%	3%	22%	3%
38	2	56%	2%	56%	6%	19%	17%
39	3	81%	1%	5%	81%	5%	8%
40	4	86%	3%	5%	3%	86%	3%
41	5	73%	5%	3%	6%	13%	73%
42	4	59%	3%	13%	5%	59%	20%
43	5	56%	11%	4%	14%	15%	56%
44	5	74%	2%	3%	10%	10%	75%
45	3	54%	6%	9%	54%	24%	7%
46	5	85%	4%	2%	6%	3%	85%
47	2	51%	22%	52%	11%	8%	7%
48	5	52%	10%	13%	12%	13%	52%
49	1	58%	58%	10%	9%	7%	16%
50	4	73%	8%	7%	10%	73%	2%

2010학년도 6월 모의평가

2009년 6월 4일 시행

번호	정답	정답률	선지별 선택비율				
			1	2	3	4	5
1	4	93%	2%	2%	2%	93%	1%
2	3	67%	5%	8%	67%	17%	3%
3	2	77%	10%	77%	4%	2%	7%
4	2	84%	4%	84%	2%	5%	5%
5	4	95%	2%	1%	1%	95%	1%
6	4	93%	3%	1%	2%	93%	1%
7	3	90%	1%	1%	90%	2%	6%
8	4	84%	3%	2%	3%	84%	8%
9	2	57%	10%	57%	10%	12%	11%
10	3	89%	3%	2%	89%	2%	4%
11	3	63%	7%	2%	63%	8%	20%
12	3	81%	3%	3%	81%	10%	3%
13	5	77%	6%	5%	9%	3%	77%
14	5	65%	7%	5%	15%	8%	65%
15	4	77%	3%	5%	12%	77%	3%
16	5	81%	4%	1%	9%	5%	81%
17	3	80%	2%	2%	80%	2%	14%
18	1	82%	82%	3%	3%	9%	3%
19	2	66%	2%	66%	6%	3%	23%
20	2	80%	8%	80%	7%	3%	2%

번호	정답	정답률	선지별 선택비율				
			1	2	3	4	5
21	1	41%	41%	8%	35%	11%	6%
22	5	44%	9%	7%	32%	8%	44%
23	2	68%	14%	68%	5%	4%	9%
24	3	45%	12%	18%	45%	15%	10%
25	3	85%	3%	5%	85%	5%	2%
26	4	58%	2%	3%	32%	58%	5%
27	4	86%	3%	2%	7%	86%	2%
28	1	79%	79%	6%	6%	5%	4%
29	5	74%	9%	7%	4%	6%	74%
30	1	41%	41%	38%	14%	4%	3%
31	1	62%	62%	15%	7%	13%	3%
32	4	65%	7%	6%	11%	65%	11%
33	3	52%	6%	11%	52%	16%	15%
34	3	69%	5%	9%	69%	10%	7%
35	5	69%	4%	6%	11%	10%	69%
36	1	54%	54%	14%	15%	10%	7%
37	1	51%	51%	17%	5%	16%	11%
38	4	83%	4%	3%	5%	83%	5%
39	2	70%	2%	70%	8%	14%	6%
40	2	50%	7%	50%	18%	13%	12%
41	1	71%	71%	6%	12%	4%	7%
42	3	55%	3%	15%	55%	16%	11%
43	1	59%	59%	5%	18%	10%	8%
44	1	47%	47%	13%	12%	10%	18%
45	4	68%	3%	16%	10%	68%	3%
46	3	63%	9%	9%	63%	10%	12%
47	5	32%	7%	33%	16%	12%	32%
48	4	60%	4%	16%	12%	61%	7%
49	1	36%	36%	12%	34%	8%	10%
50	5	70%	8%	7%	7%	8%	70%

2010학년도 9월 모의평가

2009년 9월 3일 시행

번호	정답	정답률	선지별 선택비율				
			1	2	3	4	5
1	3	85%	8%	3%	85%	2%	2%
2	1	90%	90%	4%	3%	1%	2%
3	1	88%	88%	3%	4%	2%	3%
4	4	84%	7%	3%	3%	84%	3%
5	4	82%	7%	3%	3%	82%	5%
6	5	87%	5%	2%	3%	3%	87%
7	2	88%	5%	88%	4%	1%	2%
8	2	79%	5%	79%	11%	3%	2%
9	4	85%	5%	3%	4%	85%	3%
10	2	49%	6%	49%	4%	28%	13%
11	2	75%	6%	75%	7%	6%	6%
12	1	82%	82%	3%	5%	7%	3%
13	4	72%	7%	8%	8%	72%	5%
14	2	81%	6%	81%	4%	3%	6%
15	1	61%	61%	5%	13%	16%	5%
16	4	67%	12%	6%	6%	67%	9%
17	1	90%	90%	2%	3%	3%	2%
18	5	78%	5%	8%	6%	3%	78%
19	4	86%	5%	5%	3%	86%	2%
20	5	68%	14%	6%	6%	6%	68%

번호	정답	정답률	선지별 선택비율				
			1	2	3	4	5
21	2	68%	7%	68%	17%	5%	3%
22	3	70%	7%	16%	70%	3%	4%
23	4	56%	17%	7%	10%	56%	10%
24	4	77%	8%	2%	5%	77%	8%
25	5	78%	6%	4%	4%	8%	78%
26	5	74%	7%	5%	7%	7%	74%
27	1	73%	73%	10%	5%	5%	7%
28	2	83%	6%	83%	3%	4%	4%
29	3	53%	16%	4%	53%	6%	21%
30	1	77%	77%	10%	4%	3%	6%
31	3	73%	8%	9%	73%	8%	2%
32	2	76%	7%	76%	7%	7%	3%
33	5	29%	6%	8%	20%	37%	29%
34	4	54%	28%	5%	5%	54%	8%
35	2	69%	7%	69%	11%	6%	7%
36	5	82%	7%	3%	4%	4%	82%
37	1	56%	56%	20%	6%	11%	7%
38	4	61%	10%	9%	11%	61%	9%
39	1	52%	52%	4%	26%	13%	5%
40	3	59%	9%	12%	59%	4%	16%
41	3	79%	9%	6%	79%	2%	4%
42	4	64%	7%	8%	16%	64%	5%
43	3	61%	8%	8%	61%	7%	16%
44	2	52%	13%	52%	13%	8%	14%
45	5	54%	13%	12%	10%	11%	54%
46	5	68%	8%	11%	7%	6%	68%
47	4	78%	6%	4%	9%	78%	3%
48	3	75%	7%	7%	75%	6%	5%
49	5	56%	7%	7%	11%	19%	56%
50	3	82%	6%	3%	82%	4%	5%

2010학년도 수능
2009년 11월 12일 시행

번호	정답	정답률	선지별 선택비율				
			1	2	3	4	5
1	3	97%	1%	1%	97%	1%	0%
2	1	92%	92%	2%	2%	1%	3%
3	3	96%	1%	1%	96%	1%	1%
4	2	92%	2%	92%	2%	3%	1%
5	4	87%	1%	1%	8%	87%	3%
6	2	88%	1%	88%	3%	1%	7%
7	4	81%	2%	2%	14%	81%	1%
8	4	88%	3%	3%	3%	88%	3%
9	5	95%	2%	1%	1%	1%	95%
10	3	92%	1%	4%	92%	2%	1%
11	3	78%	9%	2%	78%	2%	9%
12	4	91%	1%	6%	1%	91%	1%
13	4	86%	2%	1%	9%	86%	2%
14	2	88%	2%	88%	3%	5%	2%
15	1	65%	65%	9%	4%	8%	14%
16	3	80%	3%	13%	80%	3%	1%
17	4	73%	2%	2%	11%	73%	12%
18	2	89%	4%	89%	5%	1%	1%
19	1	86%	86%	1%	1%	1%	11%
20	5	92%	2%	1%	2%	3%	92%

번호	정답	정답률	선지별 선택비율				
			1	2	3	4	5
21	3	49%	7%	2%	49%	34%	8%
22	2	74%	4%	74%	5%	10%	7%
23	1	96%	96%	1%	1%	1%	1%
24	1	91%	91%	3%	3%	2%	1%
25	3	92%	2%	2%	92%	2%	2%
26	5	84%	3%	4%	4%	5%	84%
27	3	91%	2%	3%	91%	3%	1%
28	5	89%	1%	2%	6%	2%	89%
29	5	89%	1%	4%	3%	3%	89%
30	2	67%	5%	67%	8%	18%	2%
31	5	60%	5%	8%	11%	16%	60%
32	3	88%	3%	3%	88%	2%	4%
33	2	62%	3%	62%	11%	15%	9%
34	5	51%	4%	10%	6%	29%	51%
35	2	73%	4%	73%	6%	13%	4%
36	1	77%	77%	10%	5%	2%	6%
37	2	82%	3%	82%	5%	5%	5%
38	4	63%	4%	5%	9%	63%	19%
39	3	79%	2%	8%	79%	9%	2%
40	1	67%	67%	4%	5%	7%	17%
41	2	83%	3%	83%	6%	3%	5%
42	2	77%	5%	77%	5%	10%	3%
43	5	93%	2%	1%	2%	2%	93%
44	4	76%	2%	5%	7%	76%	10%
45	5	93%	4%	1%	1%	1%	93%
46	3	66%	6%	4%	66%	19%	5%
47	5	71%	19%	3%	4%	3%	71%
48	4	80%	3%	6%	6%	80%	5%
49	1	25%	25%	9%	14%	40%	12%
50	1	86%	86%	2%	9%	2%	1%

2011학년도 6월 모의평가
2010년 6월 11일 시행

번호	정답	정답률	선지별 선택비율				
			1	2	3	4	5
1	3	97%	2%	1%	97%	0%	0%
2	3	94%	1%	1%	94%	3%	1%
3	4	96%	2%	1%	1%	96%	0%
4	2	92%	2%	92%	1%	4%	1%
5	1	94%	94%	2%	1%	2%	1%
6	4	97%	1%	1%	1%	97%	0%
7	3	92%	1%	3%	92%	3%	1%
8	5	78%	3%	11%	6%	2%	78%
9	5	88%	8%	1%	2%	1%	88%
10	5	79%	6%	4%	8%	3%	79%
11	3	87%	5%	3%	87%	3%	2%
12	2	87%	3%	87%	6%	2%	2%
13	1	83%	83%	4%	6%	1%	6%
14	1	64%	64%	13%	13%	4%	6%
15	4	81%	1%	14%	2%	81%	2%
16	3	86%	8%	2%	86%	1%	3%
17	1	70%	70%	3%	19%	1%	7%
18	4	92%	2%	2%	2%	92%	2%
19	4	87%	4%	4%	4%	87%	1%
20	4	90%	2%	1%	2%	90%	5%

번호	정답	정답률	선지별 선택비율				
			1	2	3	4	5
21	3	92%	2%	2%	92%	2%	2%
22	4	83%	1%	5%	8%	83%	1%
23	1	84%	84%	8%	3%	4%	1%
24	3	88%	3%	2%	88%	5%	2%
25	3	76%	6%	5%	76%	9%	4%
26	5	90%	2%	2%	2%	4%	90%
27	5	43%	18%	8%	8%	23%	43%
28	2	78%	7%	78%	13%	1%	1%
29	3	64%	4%	9%	64%	9%	14%
30	4	94%	2%	1%	2%	94%	1%
31	2	95%	2%	95%	1%	1%	1%
32	5	90%	5%	2%	2%	1%	90%
33	3	92%	2%	4%	92%	1%	1%
34	5	84%	3%	5%	3%	5%	84%
35	1	85%	85%	6%	3%	2%	4%
36	2	75%	7%	75%	6%	7%	5%
37	2	73%	2%	73%	9%	3%	13%
38	1	64%	64%	5%	7%	19%	5%
39	1	89%	89%	1%	3%	4%	3%
40	4	59%	3%	23%	11%	59%	4%
41	5	87%	2%	3%	4%	4%	87%
42	2	60%	5%	60%	24%	9%	2%
43	5	85%	5%	2%	3%	5%	85%
44	1	82%	82%	4%	6%	5%	3%
45	2	66%	3%	66%	15%	4%	12%
46	2	83%	7%	83%	3%	4%	3%
47	5	78%	5%	2%	6%	9%	78%
48	1	56%	56%	5%	7%	28%	4%
49	2	70%	3%	70%	5%	19%	3%
50	4	58%	10%	16%	11%	58%	5%

2011학년도 9월 모의평가
2010년 9월 2일 시행

번호	정답	정답률	선지별 선택비율				
			1	2	3	4	5
1	3	92%	2%	3%	92%	2%	1%
2	4	95%	1%	1%	2%	95%	1%
3	4	83%	6%	1%	8%	83%	2%
4	1	94%	94%	3%	1%	1%	1%
5	5	95%	2%	1%	1%	1%	95%
6	2	88%	2%	88%	8%	2%	0%
7	4	94%	2%	1%	2%	94%	1%
8	1	78%	78%	3%	6%	2%	11%
9	5	96%	1%	1%	1%	1%	96%
10	3	92%	2%	1%	92%	3%	2%
11	3	86%	2%	1%	86%	11%	0%
12	5	86%	2%	4%	4%	4%	86%
13	1	94%	94%	2%	2%	1%	1%
14	4	84%	4%	1%	9%	84%	2%
15	4	92%	2%	2%	2%	92%	2%
16	5	69%	8%	3%	14%	6%	69%
17	2	82%	11%	82%	2%	1%	4%
18	3	48%	2%	7%	48%	34%	10%
19	2	84%	6%	84%	5%	2%	3%
20	1	86%	86%	3%	2%	3%	6%

번호	정답	정답률	선지별 선택비율				
			1	2	3	4	5
21	4	92%	3%	2%	2%	92%	1%
22	4	47%	3%	8%	21%	47%	21%
23	4	80%	2%	3%	12%	80%	3%
24	1	87%	87%	2%	9%	1%	1%
25	2	96%	1%	96%	2%	1%	0%
26	2	84%	6%	84%	2%	5%	3%
27	1	77%	77%	6%	12%	2%	3%
28	2	76%	4%	76%	8%	5%	7%
29	2	78%	4%	78%	3%	10%	5%
30	3	76%	9%	7%	76%	5%	3%
31	1	91%	91%	2%	2%	2%	3%
32	4	92%	2%	3%	2%	92%	1%
33	1	87%	87%	6%	1%	2%	4%
34	2	78%	8%	78%	6%	5%	3%
35	5	86%	5%	3%	3%	3%	86%
36	5	91%	3%	1%	3%	2%	91%
37	3	82%	3%	5%	82%	5%	5%
38	5	55%	22%	10%	8%	5%	55%
39	3	88%	3%	2%	88%	5%	2%
40	3	65%	2%	13%	65%	16%	4%
41	3	95%	2%	1%	95%	1%	1%
42	4	65%	9%	7%	13%	65%	6%
43	2	90%	2%	90%	1%	6%	1%
44	2	86%	3%	86%	4%	5%	2%
45	3	61%	3%	10%	61%	4%	22%
46	5	84%	4%	2%	4%	6%	84%
47	5	94%	3%	1%	1%	1%	94%
48	1	57%	57%	2%	4%	5%	32%
49	5	81%	2%	4%	6%	7%	81%
50	3	66%	4%	18%	66%	7%	5%

2011학년도 수능
2010년 11월 18일 시행

번호	정답	정답률	선지별 선택비율				
			1	2	3	4	5
1	5	91%	2%	1%	6%	1%	91%
2	1	90%	90%	3%	1%	5%	1%
3	4	85%	1%	4%	4%	85%	6%
4	4	91%	2%	2%	3%	91%	2%
5	1	88%	88%	2%	3%	4%	3%
6	1	94%	94%	3%	1%	1%	1%
7	4	94%	1%	2%	2%	94%	1%
8	4	85%	3%	4%	5%	85%	3%
9	3	84%	2%	5%	84%	7%	2%
10	1	65%	65%	1%	3%	8%	23%
11	3	88%	6%	4%	88%	1%	1%
12	5	75%	2%	2%	14%	7%	75%
13	4	79%	4%	7%	9%	79%	1%
14	4	75%	1%	13%	5%	75%	6%
15	2	86%	5%	86%	3%	3%	3%
16	4	71%	2%	6%	4%	71%	17%
17	5	95%	2%	1%	1%	1%	95%
18	5	82%	3%	2%	11%	2%	82%
19	1	77%	77%	17%	3%	1%	2%
20	2	73%	4%	73%	2%	3%	18%

번호	정답	정답률	선지별 선택비율				
			1	2	3	4	5
21	1	73%	73%	22%	2%	2%	1%
22	1	93%	93%	1%	1%	4%	1%
23	3	83%	2%	4%	83%	4%	7%
24	3	94%	2%	2%	94%	1%	1%
25	3	66%	4%	5%	66%	13%	12%
26	1	75%	75%	5%	9%	5%	6%
27	1	86%	86%	3%	4%	6%	1%
28	3	86%	4%	2%	86%	3%	5%
29	4	44%	4%	10%	21%	44%	21%
30	1	92%	92%	2%	1%	3%	2%
31	2	87%	5%	87%	3%	3%	2%
32	3	82%	5%	4%	82%	7%	2%
33	3	44%	11%	7%	44%	14%	24%
34	2	59%	7%	59%	16%	11%	7%
35	5	72%	4%	10%	3%	11%	72%
36	3	69%	9%	13%	69%	7%	2%
37	5	80%	3%	1%	9%	7%	80%
38	4	24%	7%	6%	40%	24%	23%
39	3	28%	3%	17%	28%	24%	28%
40	5	86%	4%	5%	2%	3%	86%
41	2	88%	4%	88%	5%	1%	2%
42	5	85%	2%	2%	8%	3%	85%
43	4	75%	3%	2%	5%	75%	15%
44	3	67%	4%	5%	67%	6%	18%
45	4	40%	10%	15%	20%	40%	15%
46	3	69%	6%	13%	70%	7%	5%
47	2	76%	6%	76%	5%	4%	9%
48	4	77%	7%	7%	3%	77%	6%
49	2	61%	15%	61%	5%	10%	9%
50	2	71%	9%	71%	8%	9%	3%

2012학년도 6월 모의평가
2011년 6월 2일 시행

번호	정답	정답률	선지별 선택비율				
			1	2	3	4	5
1	2	87%	9%	87%	2%	1%	1%
2	3	85%	8%	4%	85%	2%	1%
3	2	86%	7%	86%	4%	1%	2%
4	3	84%	7%	3%	84%	3%	3%
5	1	92%	92%	2%	2%	2%	2%
6	5	86%	8%	2%	2%	2%	86%
7	2	82%	8%	82%	4%	2%	4%
8	4	82%	7%	3%	5%	82%	3%
9	1	77%	77%	9%	3%	9%	2%
10	3	87%	7%	3%	87%	1%	2%
11	5	78%	8%	4%	7%	3%	78%
12	3	81%	7%	7%	81%	2%	3%
13	4	86%	7%	2%	4%	86%	1%
14	1	88%	88%	4%	3%	3%	2%
15	2	87%	7%	87%	2%	2%	2%
16	4	84%	8%	2%	4%	84%	2%
17	4	87%	7%	3%	2%	87%	1%
18	3	83%	7%	5%	83%	2%	3%
19	3	85%	8%	2%	85%	3%	2%
20	5	69%	9%	8%	5%	9%	69%

번호	정답	정답률	선지별 선택비율				
			1	2	3	4	5
21	2	76%	9%	76%	5%	2%	8%
22	3	71%	11%	5%	71%	7%	6%
23	5	85%	7%	2%	4%	2%	85%
24	2	61%	14%	61%	7%	10%	8%
25	4	73%	12%	4%	5%	73%	6%
26	5	82%	8%	3%	5%	2%	82%
27	3	57%	9%	16%	57%	13%	5%
28	5	72%	16%	4%	4%	4%	72%
29	1	87%	87%	3%	3%	4%	3%
30	4	77%	8%	3%	4%	77%	8%
31	4	80%	9%	3%	4%	80%	4%
32	1	89%	89%	4%	3%	2%	2%
33	2	85%	7%	85%	3%	2%	3%
34	5	85%	7%	3%	2%	3%	85%
35	5	80%	8%	3%	3%	6%	80%
36	4	84%	8%	3%	3%	84%	2%
37	4	64%	14%	8%	10%	64%	4%
38	3	81%	7%	4%	81%	4%	4%
39	2	85%	8%	85%	3%	2%	2%
40	1	60%	60%	4%	10%	17%	9%
41	3	79%	8%	4%	79%	6%	3%
42	5	82%	8%	3%	4%	3%	82%
43	1	89%	89%	2%	4%	2%	3%
44	3	85%	7%	3%	85%	3%	2%
45	2	69%	21%	69%	4%	4%	2%
46	1	77%	77%	3%	7%	4%	9%
47	5	82%	8%	4%	4%	2%	82%
48	3	79%	7%	4%	79%	3%	7%
49	2	78%	11%	78%	5%	3%	3%
50	4	84%	7%	3%	3%	84%	3%

2012학년도 9월 모의평가
2011년 9월 1일 시행

번호	정답	정답률	선지별 선택비율				
			1	2	3	4	5
1	5	94%	3%	1%	1%	1%	94%
2	3	94%	2%	2%	94%	1%	1%
3	1	88%	88%	3%	7%	1%	1%
4	2	62%	30%	62%	2%	1%	5%
5	4	90%	3%	1%	2%	90%	4%
6	2	93%	3%	93%	1%	1%	2%
7	1	95%	95%	2%	1%	1%	1%
8	2	94%	2%	94%	2%	1%	1%
9	5	88%	8%	1%	2%	1%	88%
10	3	84%	4%	4%	84%	5%	3%
11	1	80%	80%	7%	5%	6%	2%
12	5	76%	13%	4%	3%	4%	76%
13	1	92%	92%	2%	2%	3%	1%
14	3	85%	3%	2%	85%	5%	5%
15	4	94%	2%	1%	2%	94%	1%
16	5	91%	3%	2%	2%	2%	91%
17	1	88%	88%	2%	3%	1%	6%
18	2	88%	7%	88%	2%	2%	1%
19	1	93%	93%	1%	3%	2%	1%
20	4	89%	5%	2%	3%	89%	1%

번호	정답	정답률	선지별 선택비율				
			1	2	3	4	5
21	3	86%	3%	1%	86%	3%	7%
22	4	92%	2%	2%	2%	92%	2%
23	3	65%	9%	6%	65%	6%	15%
24	3	94%	2%	2%	94%	1%	1%
25	2	89%	4%	89%	3%	3%	1%
26	4	86%	3%	4%	2%	86%	5%
27	1	70%	70%	4%	4%	2%	20%
28	1	87%	87%	1%	3%	4%	5%
29	4	88%	3%	2%	2%	88%	5%
30	5	88%	3%	5%	2%	2%	88%
31	5	89%	3%	3%	4%	1%	89%
32	4	86%	5%	2%	5%	86%	2%
33	5	92%	3%	1%	2%	2%	92%
34	4	78%	3%	3%	4%	78%	12%
35	5	68%	3%	3%	19%	7%	68%
36	5	77%	4%	5%	7%	7%	77%
37	3	92%	3%	2%	92%	2%	1%
38	2	91%	3%	91%	3%	2%	1%
39	4	84%	3%	4%	7%	84%	2%
40	3	86%	3%	4%	86%	4%	3%
41	3	90%	4%	2%	90%	2%	2%
42	3	87%	5%	3%	87%	3%	2%
43	2	86%	4%	86%	6%	2%	2%
44	4	90%	3%	2%	3%	90%	2%
45	3	73%	4%	5%	73%	12%	6%
46	1	71%	71%	10%	5%	11%	3%
47	3	86%	3%	4%	86%	3%	4%
48	2	77%	12%	77%	5%	3%	3%
49	1	78%	78%	5%	10%	4%	3%
50	2	89%	4%	89%	3%	3%	1%

2012학년도 수능
2011년 11월 10일 시행

번호	정답	정답률	선지별 선택비율				
			1	2	3	4	5
1	3	94%	2%	3%	94%	1%	0%
2	4	89%	7%	2%	1%	89%	1%
3	1	94%	94%	2%	1%	2%	1%
4	4	95%	2%	1%	1%	95%	1%
5	1	93%	93%	1%	1%	2%	3%
6	3	85%	1%	2%	85%	4%	8%
7	5	85%	3%	2%	6%	4%	85%
8	4	92%	2%	1%	4%	92%	1%
9	3	88%	4%	5%	88%	2%	1%
10	1	72%	72%	16%	6%	5%	1%
11	4	80%	6%	5%	3%	80%	6%
12	2	72%	4%	72%	16%	4%	4%
13	5	77%	2%	11%	7%	3%	77%
14	2	93%	3%	93%	2%	1%	1%
15	2	91%	2%	91%	3%	1%	3%
16	5	90%	2%	1%	6%	1%	90%
17	4	70%	5%	8%	11%	70%	7%
18	5	91%	3%	3%	2%	1%	91%
19	1	49%	49%	10%	2%	37%	2%
20	4	47%	7%	4%	21%	47%	21%

번호	정답	정답률	선지별 선택비율				
			1	2	3	4	5
21	3	95%	2%	1%	95%	1%	1%
22	5	66%	8%	11%	5%	10%	66%
23	3	73%	2%	6%	73%	11%	8%
24	2	73%	7%	73%	5%	1%	14%
25	3	91%	2%	2%	91%	3%	2%
26	5	83%	2%	2%	3%	10%	83%
27	2	77%	3%	77%	13%	3%	4%
28	1	81%	81%	5%	5%	5%	4%
29	2	74%	2%	74%	7%	11%	6%
30	1	63%	63%	5%	9%	6%	17%
31	5	81%	5%	2%	6%	6%	81%
32	3	74%	3%	3%	74%	8%	12%
33	4	83%	3%	5%	7%	83%	2%
34	5	77%	4%	6%	9%	4%	77%
35	3	84%	3%	2%	84%	8%	3%
36	5	89%	3%	2%	4%	2%	89%
37	3	54%	8%	11%	54%	24%	3%
38	2	86%	2%	86%	3%	7%	2%
39	4	80%	2%	5%	10%	80%	3%
40	2	79%	3%	79%	7%	2%	9%
41	2	58%	6%	58%	13%	9%	14%
42	1	63%	63%	13%	9%	9%	6%
43	3	43%	3%	4%	43%	50%	0%
44	4	80%	3%	2%	7%	80%	8%
45	4	77%	4%	6%	10%	77%	3%
46	1	81%	81%	1%	4%	12%	2%
47	5	75%	4%	7%	9%	5%	75%
48	1	71%	71%	4%	13%	4%	9%
49	5	68%	4%	6%	13%	9%	68%
50	1	79%	79%	7%	3%	3%	8%

2013학년도 6월 모의평가
2012년 6월 7일 시행

번호	정답	정답률	선지별 선택비율				
			1	2	3	4	5
1	5	91%	5%	0%	2%	2%	91%
2	3	92%	3%	2%	92%	2%	1%
3	2	63%	14%	63%	4%	5%	14%
4	5	93%	2%	2%	2%	1%	93%
5	4	91%	4%	2%	1%	91%	2%
6	2	91%	2%	91%	4%	2%	1%
7	4	93%	3%	1%	2%	93%	1%
8	3	94%	2%	2%	94%	1%	1%
9	4	81%	2%	13%	2%	81%	2%
10	2	76%	5%	76%	3%	2%	14%
11	5	78%	8%	5%	7%	2%	78%
12	2	74%	5%	74%	6%	10%	5%
13	4	88%	4%	4%	3%	88%	1%
14	1	88%	88%	2%	2%	6%	2%
15	3	88%	2%	4%	88%	2%	4%
16	5	66%	3%	2%	20%	9%	66%
17	5	89%	4%	2%	2%	3%	89%
18	4	51%	4%	20%	17%	51%	8%
19	1	87%	87%	6%	1%	1%	2%
20	5	80%	6%	2%	2%	10%	80%

번호	정답	정답률	선지별 선택비율				
			1	2	3	4	5
21	2	70%	5%	70%	14%	4%	7%
22	5	82%	3%	5%	7%	3%	82%
23	3	92%	3%	2%	92%	2%	1%
24	4	78%	7%	8%	3%	78%	4%
25	2	52%	9%	52%	19%	10%	10%
26	3	79%	4%	2%	79%	4%	11%
27	3	90%	3%	3%	90%	3%	1%
28	1	93%	93%	1%	3%	2%	1%
29	4	66%	10%	7%	8%	66%	9%
30	4	90%	3%	2%	3%	90%	2%
31	5	84%	3%	7%	3%	2%	84%
32	4	85%	3%	6%	3%	85%	3%
33	5	91%	3%	4%	1%	1%	91%
34	2	84%	6%	84%	4%	2%	4%
35	5	77%	5%	6%	8%	4%	77%
36	5	79%	3%	3%	13%	2%	79%
37	1	89%	89%	6%	2%	2%	1%
38	2	78%	4%	78%	5%	6%	7%
39	3	80%	11%	3%	80%	3%	3%
40	2	87%	3%	87%	5%	3%	2%
41	3	86%	6%	3%	86%	3%	2%
42	1	56%	56%	8%	9%	23%	4%
43	2	85%	4%	85%	4%	5%	2%
44	1	66%	66%	4%	6%	21%	3%
45	3	62%	3%	21%	62%	10%	4%
46	1	57%	57%	9%	15%	12%	7%
47	1	88%	88%	3%	5%	2%	2%
48	5	76%	5%	10%	5%	4%	76%
49	4	66%	7%	5%	18%	66%	5%
50	1	79%	79%	3%	10%	6%	2%

2013학년도 9월 모의평가
2012년 9월 4일 시행

번호	정답	정답률	선지별 선택비율				
			1	2	3	4	5
1	2	94%	3%	94%	1%	1%	1%
2	5	94%	3%	1%	1%	1%	94%
3	1	93%	93%	2%	2%	2%	1%
4	4	93%	3%	2%	1%	93%	1%
5	3	93%	2%	2%	93%	1%	2%
6	2	94%	3%	94%	1%	1%	1%
7	2	94%	3%	94%	1%	1%	1%
8	4	93%	1%	3%	2%	93%	1%
9	1	79%	79%	11%	2%	5%	3%
10	4	91%	4%	2%	1%	91%	2%
11	1	74%	74%	9%	6%	4%	7%
12	5	71%	3%	2%	13%	11%	71%
13	5	92%	3%	2%	1%	2%	92%
14	4	90%	2%	1%	2%	90%	5%
15	5	88%	2%	4%	4%	2%	88%
16	4	75%	3%	17%	2%	75%	3%
17	4	79%	3%	2%	2%	79%	14%
18	3	80%	6%	3%	80%	4%	7%
19	2	91%	2%	91%	2%	3%	2%
20	5	91%	3%	2%	2%	2%	91%

번호	정답	정답률	선지별 선택비율				
			1	2	3	4	5
21	5	45%	3%	7%	10%	35%	45%
22	4	86%	4%	5%	3%	86%	2%
23	2	89%	3%	89%	4%	2%	2%
24	3	93%	3%	1%	93%	2%	1%
25	1	92%	92%	2%	2%	2%	2%
26	1	91%	91%	3%	3%	2%	1%
27	3	81%	5%	5%	81%	2%	7%
28	5	88%	3%	4%	3%	2%	88%
29	2	84%	4%	84%	8%	2%	2%
30	4	80%	3%	5%	6%	80%	6%
31	5	93%	2%	2%	2%	1%	93%
32	2	88%	6%	88%	2%	2%	2%
33	1	91%	91%	3%	3%	2%	1%
34	2	94%	2%	94%	2%	1%	1%
35	3	83%	3%	2%	83%	10%	2%
36	4	90%	2%	1%	3%	90%	4%
37	5	90%	3%	3%	3%	1%	90%
38	2	82%	5%	82%	4%	5%	4%
39	1	87%	87%	2%	3%	2%	6%
40	3	89%	3%	2%	89%	3%	3%
41	3	93%	3%	2%	93%	1%	1%
42	5	85%	3%	2%	8%	2%	85%
43	4	83%	5%	7%	2%	83%	3%
44	4	91%	3%	2%	2%	91%	2%
45	3	85%	3%	5%	85%	4%	3%
46	4	89%	3%	2%	4%	89%	2%
47	1	65%	65%	2%	18%	1%	14%
48	2	88%	3%	88%	3%	4%	2%
49	3	88%	3%	3%	88%	2%	4%
50	3	81%	3%	3%	81%	3%	10%

2013학년도 수능
2012년 11월 8일 시행

번호	정답	정답률	선지별 선택비율				
			1	2	3	4	5
1	3	96%	2%	1%	96%	0%	1%
2	1	96%	96%	1%	1%	1%	1%
3	4	97%	1%	1%	1%	97%	0%
4	3	95%	1%	2%	95%	1%	1%
5	1	96%	96%	1%	0%	1%	2%
6	5	97%	1%	0%	1%	1%	97%
7	4	84%	4%	1%	1%	84%	10%
8	2	86%	4%	86%	2%	7%	1%
9	3	96%	1%	1%	96%	1%	1%
10	5	93%	1%	1%	4%	1%	93%
11	1	79%	79%	3%	3%	4%	11%
12	5	87%	2%	2%	8%	1%	87%
13	2	94%	1%	94%	1%	3%	1%
14	4	97%	1%	1%	1%	97%	0%
15	1	95%	95%	2%	1%	1%	1%
16	1	93%	93%	1%	2%	3%	1%
17	2	88%	4%	88%	4%	2%	2%
18	5	91%	3%	2%	2%	2%	91%
19	4	93%	2%	2%	1%	93%	2%
20	2	69%	13%	69%	4%	3%	11%

번호	정답	정답률	선지별 선택비율				
			1	2	3	4	5
21	5	81%	3%	1%	2%	13%	81%
22	2	83%	6%	83%	4%	3%	4%
23	4	65%	1%	6%	6%	65%	22%
24	4	82%	1%	5%	2%	82%	10%
25	1	90%	90%	3%	1%	4%	2%
26	4	90%	1%	2%	4%	90%	1%
27	3	87%	4%	5%	87%	3%	1%
28	3	96%	1%	1%	96%	1%	1%
29	5	92%	2%	2%	2%	2%	92%
30	5	83%	2%	5%	4%	6%	83%
31	2	50%	8%	50%	12%	25%	5%
32	5	91%	6%	1%	1%	1%	91%
33	3	93%	1%	2%	93%	2%	2%
34	3	86%	2%	2%	86%	2%	8%
35	1	89%	89%	3%	3%	3%	2%
36	5	91%	2%	4%	1%	2%	91%
37	2	87%	2%	87%	2%	7%	2%
38	4	85%	2%	4%	4%	85%	5%
39	3	89%	2%	2%	89%	6%	1%
40	1	85%	85%	3%	3%	6%	3%
41	5	76%	2%	5%	9%	8%	76%
42	1	90%	90%	2%	2%	3%	3%
43	3	91%	2%	2%	91%	3%	2%
44	3	63%	5%	16%	63%	12%	4%
45	4	75%	5%	10%	5%	75%	5%
46	2	89%	4%	89%	3%	2%	2%
47	4	87%	2%	2%	4%	87%	5%
48	2	88%	4%	88%	2%	4%	2%
49	4	91%	2%	2%	3%	91%	1%
50	2	87%	3%	87%	3%	5%	2%